Jan Bürger

Zwischen Himmel und Elbe

Jan Bürger

Zwischen Himmel und Elbe

Eine Hamburger Kulturgeschichte

C.H.Beck

Mit 59 Abbildungen, davon 12 in Farbe

1. Auflage. 2020

2. Auflage. 2021
© Verlag C.H.Beck oHG, München 2020
www.chbeck.de
Umschlaggestaltung: Rothfos & Gabler, Hamburg
Umschlagabbildung: Hamburg Baumwall, © Plainpicture
Satz: Fotosatz Amann, Memmingen
Druck und Bindung: Pustet, Regensburg
Gedruckt auf säurefreiem, alterungsbeständigem Papier
(hergestellt aus chlorfrei gebleichtem Zellstoff)
Printed in Germany
ISBN 978 3 406 75814 0

myclimate
klimaneutral produziert
www.chbeck.de/nachhaltig

Hamburger ist man ganz und gar oder überhaupt nicht, und das Hamburgertum hat seine politischen wie gemüthaften Aspekte. Ganz gleich, was im Laufe der Zeiten aus Deutschland wurde, Hamburg hat seine eigene, hanseatische Geschichte, war eine zunächst zwar oligarchisch regierte, aber grundsätzlich doch demokratische Stadtrepublik, ein Staat im Staate, als welcher es sich bisweilen ein recht eigentümliches Gebaren erlaubt hat.
Joachim Maass, 1961[1]

Ein echt Hamburgischer Regen,
bei dem das Ende undenkbar zu seyn scheint.
Friedrich Hebbel, 1839[2]

Inhalt

Unterwegs. Fünf Betrachtungen vorab 11

Baumwall
(Elbphilharmonie)

1. Der zerbrochene Spiegel 18
2. Im Jahrhundert der Genies 31
3. Klopstocks Grab oder Pilgern nach Altona 37

Gänsemarkt

4. Vom Schönen und vom Nützlichen 46

Meßberg

5. Lessings Abenteuer 58
6. Bürgertum und seltsame Seefische 63

Mönckebergstraße

7. Über verschütteten Anfängen 71
8. Zentrale Speersort 79
9. Shoppen, Reisen, Handeln 90

Rödingsmarkt

10. Das höchste Gebäude der Welt 93
11. Gomorrha 97
12. Borcherts Billbrook 109

Dammtor

13. Als die Gelehrten an den Grindel zogen 116
14. Im Zeichen der Musen-Mutter 122
15. Pferdestall und Kammerspiele 128

Hallerstraße

16. Die Bücher-Arche 137
17. Nördlich der Lombardsbrücke 142
18. Musik als Tor zur Welt 151
19. Ekstase und Apokalypse 161

Hauptbahnhof

20. Strich und Idyll 171
21. Brockes, Ziegel und das große Theater 178
22. Lichtwark, Pauli und die Sezession 189

St. Pauli

23. Berühmt und berüchtigt 201
24. Beat und Tabulosigkeit 209
25. Schlangen, Seehunde und Pferdewürste 222

Königstraße

26. Große Religionsfreiheit 227
27. Hansen, Liliencron und die Liebe
in den Zeiten der Cholera 235

Altona

28. Die Heines in Ottensen 250
29. Bei Rühmkorfs in Övelgönne 260
30. Neuer Realismus und Kulturfabriken 270

Blankenese

31. Ein Park mit Tieren und Künstlern 278
32. Wir Welt! 288

Mit der Hochbahn nach Norden.
Sechs Betrachtungen 299

Anhang

Anmerkungen 319
Literatur 352
Hundert Bücher zum Weiterlesen 369
Dank 373
Bildnachweis 374
Namenregister 376

Unterwegs. Fünf Betrachtungen vorab

Mit dem Zug in die Zukunft. Die Mehrheit in der Bürgerschaft war überwältigend: Im Mai 1906 wurde der Bau einer Hoch- und Untergrundbahn endgültig beschlossen. Seitdem klaffen überall in der Stadt Gruben. Gut fünf Jahre soll es dauern, bis sich Hamburg zu den modernsten Städten der Welt zählen kann, zumindest verkehrstechnisch. Unter der Großen Johannisstraße, der späteren Mönckebergstraße und an vielen anderen Orten entstehen gewaltige Tunnel. Man reißt die Fahrbahnen auf, hebt das Erdreich aus, verschalt alles mit Beton und dichtet es ab. Dann werden die Gleise verlegt, um die Schächte schließlich abzudecken und die Straßen neu zu pflastern, damit alles wieder so aussieht, als wäre zwischenzeitlich nicht viel geschehen. Auch die riesigen eisernen Viadukte am Hafen und in der Isestraße stellen eine technische Höchstleistung dar. Aber die Errichtung von Brücken gehört in der amphibischen Hansestadt eher zum Alltag als der Tunnelbau.

17,5 Kilometer lang wird die erste Ringlinie sein, die das Leben rund um den Alstersee verwandelt. Von nun an herrscht ein anderes Gefühl für Raum und Zeit: Besonders die Arbeiterquartiere im ‹roten› Barmbek scheinen dem bürgerlich-prunkvollen Rathaus plötzlich viel näher. Auf diesem Streckenabschnitt – zwischen Barmbek und Rathaus – wird am 15. Februar 1912 die Ära der Hamburger U-Bahn feierlich eingeläutet, und bis heute dauert sie an.[1]

Schon im Sommer 1912 kann man weiter bis zum Millerntor fahren – von Barmbek bis zu den Landungsbrücken braucht man fortan nur 19 Minuten. Das ist auch nötig, denn seit 1871 hat sich Hamburgs Einwohnerzahl mehr als verdreifacht. Um immer mehr Menschen durch die boomende Metropole zu befördern, gab es seit 1866 neben den Alsterdampfern Pferdebahnen. Später kam eine Dampfbahn nach Wandsbek hinzu. Seit 1894 stellte man auf elektrische Straßenbahnen um, doch auch sie fahren gemächlich und sind meist höchstens doppelt so schnell wie die Fußgänger.[2]

Von einer Geschwindigkeitsrevolution kann erst die Rede sein, seit die Züge der Untergrund- und Hochbahn rollen. Beschleunigung ist eines der wichtigsten Merkmale der neuen Epoche: Dem Bahnverkehr folgen die Automobile und später die Flugzeuge. Der Hauptgrund für Hamburgs Attraktivität als Handelsstadt war hingegen traditionell die Lage am Wasser. Dies bleibt auch weiterhin so. Dennoch steht das 20. Jahrhundert auch an der Elbe im Zeichen des Land- und Luftverkehrs.

Als sich Ernst Eitner 1913 bei gutem Wetter von seinem Haus in Hummelsbüttel aus aufmacht, den Hochbahnbau zwischen Ohlsdorf und Fuhlsbüttel zu malen, bewegen vermutlich auch ihn Gedanken daran, dass mit der Verlegung der Schienenstränge eine Epochenschwelle überschritten wird, kennt er sich doch sehr gut in Paris aus, wo die Metro schon seit über zehn Jahren den Alltag verändert. Noch werden in Fuhlsbüttel viele Erdarbeiten mühsam mit Trägern und Pferden bewältigt. Aber das Maschinenzeitalter hat unübersehbar begonnen. Auch Dampfbagger und -loks kommen zum Einsatz und werden von dem lange unterschätzten Impressionisten mit derselben Hingabe gemalt wie Fassaden, Gesichter und Bäume (siehe Tafel 1). Eine Retrospektive zu Eitners 150. Geburtstag im Jenisch-Haus in Klein Flottbek erklärte ihn 2017 zum «Monet des Nordens». Angesichts des Leuchtens seiner Farben wirkt dieser Vergleich gar nicht abwegig.[3] Eitner gehört zu den wenigen Malern seiner Generation, die unmittelbar auf die Impulse der impressionistischen Revolution des Sehens reagierten, ohne dabei ihre künstlerische Eigen-

Ohne Fürsten

ständigkeit zu verlieren. Nicht nur die vielfältigen Nuancen des Himmels über der Elbe, auch die Farben des aufgegrabenen Erdreichs beim Hochbahnbau erinnern auf seinen Bildern an Landschaften der größten französischen Meister. Eitner, seine Freunde aus dem Hamburgischen Künstlerclub und vor allem ihr einflussreicher Förderer Alfred Lichtwark rufen gemeinsam das Ende der Historienmalerei aus. Sie soll genauso der Vergangenheit angehören wie romantisierende Naturbetrachtungen, auch wenn das in Hamburg viele noch nicht wahrhaben wollen und Eitners überraschende Farbkompositionen als Schmierereien abtun.

*

Ohne Fürsten. Während andere Metropolen durch ihre politische Funktion Bedeutung gewannen, durch Höfe oder Regierungssitze, wuchs die Stadt an der Elbe allein durch den Handel. Hamburg war sozusagen nie eine symbolische Größe. Deshalb fehlt hier vieles, was andere Städte unverwechselbar macht. Burgruinen, Exerzierplätze, prunkvolle Schlösser oder gar Wunderkammern sucht man vergebens. Es stimmt, was der Romancier und Essayist Hermann Peter Piwitt nicht ohne Bitterkeit über seine Heimatstadt feststellt: «Wo andere große Städte einen Markt, eine ehemals fürstliche oder bischöfliche Residenz haben und ums Eck eine alte berühmte Universität, da hat sie einen zu groß geratenen Feuerlöschteich, an den ein Büro- und Geschäftszentrum grenzt. Und drumherum ein Agglomerat von großen Dörfern.»[4] Nur ist dieser ‹Teich›, der vor bald 800 Jahren aufgestaute Alstersee in der Mitte der City, fast so schön wie der Zürichsee. Und was ist an der Kaufmannskultur eigentlich so verwerflich? Hat sie wirklich mehr Unheil und Hässlichkeit in die Welt gebracht als die Fürsten und Bischöfe?

Merkwürdig ist der Wunsch, Hamburg wäre eine ganz normale europäische Großstadt, ist es doch eine Durchgangsstation auf dem

Unterwegs

Weg zum Meer. Ein halbes Jahrtausend lang, bis zum Siegeszug der Luftfahrt, mussten die meisten, die nach Deutschland wollten oder ihm den Rücken kehrten, Hamburg passieren, Reisende genauso wie Aus- und Einwanderer. Vor diesem Hintergrund ist es kein Wunder, dass vor allem die Schiffe, Docks, Kaianlagen, Speicher und Kontorhäuser die Hansestadt unverwechselbar machen. Nicht zu vergessen die Vielfalt ihrer Bewohner: Durch die Bedeutung für den Welthandel wurde Hamburg früher als andere deutsche Städte zum Schmelztiegel der Lebensformen und Kulturen.

*

Zerstörungen, Neuanfänge. Das 19. Jahrhundert beginnt in Hamburg verheerend: Im November 1806 marschieren Napoleons Truppen in die Stadt ein. 1811 wird Hamburg Teil des Französischen Kaiserreichs. Wirtschaft und Handel werden von den Besatzern regelrecht in die Knie gezwungen. Es herrschen Lebensmittelknappheit und Versorgungsengpässe, weil alles, wirklich alles militärischen Zwecken untergeordnet wird. Die meisten Schiffe bleiben im Hafen, und sogar die Kirchen werden – mit Ausnahme des Michel – in Pferdeställe verwandelt. Tausende von alteingesessenen Bürgern müssen ihre Stadt unter dem ‹eisernen Marschall› Louis-Nicolas Davoût verlassen, damit die fremden Truppen versorgt werden können. Um freie Schussfelder zu schaffen, werden große Teile von Hamm und des heutigen St. Pauli einfach niedergebrannt. Die Gartenhäuser an der Alster im heutigen Harvestehude zerstört man noch im Herbst 1813, damit sie militärischen Operationen nicht länger im Weg stehen. Dabei sind die Franzosen schon geschlagen. Am 6. April 1814 tritt Napoleon zurück und geht ins Exil nach Elba.[5] Davoûts Truppen ziehen aber erst Ende Mai ab.

1815 wird die befreite Stadt Mitglied des Deutschen Bundes. Es beginnt eine Periode des Wiederaufbaus. Seit 1819 ist Hamburg offiziell ‹Freye und Hansestadt›, und endlich entwickelt sich diese über ihren engen, seiner Struktur nach mittelalterlichen Kern hinaus. Dann aber bricht am 5. Mai 1842 in der Deichstraße ein Feuer aus, das große Teile Hamburgs in Schutt und Asche legt. Die Katastrophe ist so grauenvoll, dass in ganz Europa über sie berichtet wird. Dieses Interesse sorgt für die frühesten fotografischen Aufnahmen der Stadt. Die berühmten Daguerreotypien, die Hermann Biow nach den Löscharbeiten vom Dach der vom Brand verschonten Börse macht, zeigen im Grunde nur eines: Es ist unglaublich viel kaputt.[6]

*

HH. Das Hamburg, das wir heute kennen, unser Hamburg ist vor allem in den vergangenen 150 Jahren nach dem Großen Brand entstanden. Es ist eine extrem moderne Stadt, die erstaunlich viel gemeinsam hat mit den Metropolen der Neuen Welt. Noch dazu wurde ihre Bausubstanz im Zweiten Weltkrieg zerstört wie in kaum einer anderen Weltstadt. Trotzdem oder gerade deswegen wecken auf Hamburgs Straßen sogar die Nummernschilder Erinnerungen, die bis ins Mittelalter zurückreichen, bis zur Gründung der Stadt und ihrer ersten Blüte im Zeichen der Hanse. Hansestadt Hamburg. HH. Ehe wir's uns versehen, springen wir durch die Zeitschichten, von Epoche zu Epoche, von Thema zu Thema. Erzählend bewegen wir uns fast so wie Kinder, die auf der Straße Himmel und Hölle spielen. Wir werfen einen Stein und hüpfen von Kästchen zu Kästchen.

Hinkepott hat der Zeichner und Gelegenheitsschriftsteller Horst Janssen seine beiden autobiografischen Bücher genannt.[7] Vor 30 Jahren konnte man seine virtuosen Porträts, Blumen und Landschaften in Hamburg an fast jeder Ecke finden. In großen Auflagen ließ der Künstler Poster drucken, die er massenweise persönlich signierte und durch zwei Buchstaben zu erschwinglichen ‹Originalen› aufwertete. Bald dekorierten sie Buchhandlungen, Wartezimmer und WG-Küchen. Eine Zeit lang schienen sie einfach zur Stadt zu gehören, unvermeidlich wie die Lieder von Hans Albers und Udo Lindenberg oder Hagenbeck. Aber auch das ist schon fast wieder vergessen. Für Horst Janssen war es keine Frage, dass unsere Erinnerungen, auch die kollektiven Erinnerungen, selten der starren Logik der Chronologie folgen. Das Vorher-und-Nachher unserer Geschichtsbücher ist auch nur eine Hilfskonstruktion.

*

Kunst und Kultur. Wer in die Archive einer Metropole eintaucht, geht in ihnen entweder unter oder er rechnet mit der Subjektivität seiner Einsichten und Entdeckungen. Selbstverständlich ist die vorliegende Kulturgeschichte jener Stadt, in der ihr Verfasser aufgewachsen ist, in erster Linie ein Spiegel seines Wissens, seiner Interessen und Erfahrungen.

Bei aller Vielfalt meiner Ausflüge ins Gedächtnis unserer Stadt werde ich mehr Anstöße bieten als Resultate, mehr Erzählungen als Urteile. Jeder Anspruch auf Vollständigkeit wäre vermessen. Stattdessen bin ich den Quellen der Geschichten und Lebensläufe, aus denen sich mein Hamburg-Panorama zusammensetzt, möglichst genau nachgegangen, bis hin zum Blick in persönliche Hinterlassenschaften, wie sie sich in der Hamburger Staats- und Universitätsbibliothek oder im Deutschen Literaturarchiv im schwäbischen Marbach finden. Auch hier, am schmalen Neckar, werden wichtige Nachlässe von Schriftstellern und Wissenschaftlern aufbewahrt, die mit der Hansestadt in enger Verbindung standen.

Dem subjektiven Zugriff auf unsere Erinnerungsspeicher entsprechen die Stationen, von denen aus das Vergangene rekonstruiert wird. Da ich vor allem die Stadt der Moderne in den Blick nehme, geht

Kunst und Kultur

April 1912: Am Baumwall ist die neue Hochbahn fast fertig

jedes Kapitel von einer der bekannten Haltestellen der S- und U-Bahnen aus. Geschichte wird also einmal nicht chronologisch erzählt, sondern im Raster der Topografie und damit stets von unserer Gegenwart her. In ihr scheint das Frühere vielfach gebrochen auf. Und da die Künste und die Literatur im Mittelpunkt stehen, gehe ich vor allem Ereignissen nach, die sich durch Bücher, Gemälde, Bauwerke und Kompositionen vergegenwärtigen lassen, ebenso durch Briefe, Tagebücher und Memoiren, seien sie von Friedrich Gottlieb Klopstock, Gotthold Ephraim Lessing, Wolfgang Borchert, Peter Rühmkorf, Brigitte Kronauer oder Marione Ingram.

Das Liniennetz des Hamburger Verkehrsverbunds dient dabei als Mind-Map: Es ist nicht mehr als ein Hilfsmittel, um sich im überwältigenden Dickicht der Kulturgeschichte zu orientieren. Aber auch nicht weniger. *Nächste Haltestelle Baumwall!*

Baumwall
(Elbphilharmonie)

1. Der zerbrochene Spiegel

Wer am Baumwall aus der U-Bahn steigt, sollte sich Zeit lassen, egal bei welchem Wetter, ein paar Schritte auf dem Bahnsteig ins Freie gehen und den Blick schweifen lassen – über Barkassen, kleinere Schiffe und Landungsbrücken hinweg bis hin zu den bunten Kränen des Containerhafens, die wie Zinken einer riesigen Harke hinter dem gegenüberliegenden Ufer in den Himmel ragen. Die Aussicht von der *High Line*, jener zum Park umfunktionierten Bahntrasse im Westen Manhattans, ist nicht aufregender. Und dazu die Elbphilharmonie, die, von hier oben betrachtet, ihre wahre Größe eher versteckt!

2016 ist sie schließlich fertig geworden. Zuletzt hatten viele es nicht mehr für möglich gehalten, zu oft waren die Pläne im Laufe von 15 Jahren über den Haufen geworfen worden. Währenddessen stiegen die Kosten in ungeahnte Höhen. Inzwischen hat man es fast vergessen: Rund 866 Millionen Euro soll der von politischen Querelen und haarsträubenden Pannen begleitete Bau letztlich verschlungen haben, und über 90 Prozent davon stammten aus Steuermitteln.

Je länger sich die Fertigstellung hinauszögerte, desto lauter wurden die Proteste. «Über vierzig Prozent der Ausgaben für Kultur entfallen derzeit auf die Elbphilharmonie», beklagte eine Initiative Hamburger Künstler im November 2009. «Damit wird die Kulturbehörde zur Geisel eines 500-Millionen-Projekts, das nach Fertigstellung bestenfalls eine luxuriöse Spielstätte für Megastars des internationalen Klassik- und Jazz-Tourneezirkus ist.»[1] Damals fand sich kaum noch jemand, der den Kritikern ernsthaft widersprechen wollte.

Und heute, seit das Gebäude viel mehr Publikum anzieht als erwartet?

Schön ist sie geworden. Schön und ungewöhnlich lagert sie auf dem früheren Kaispeicher A vor der City. Auch das alte Hamburg zeigt sich prächtiger, seit es die Elbphilharmonie gibt. Denn so spektakulär der architektonische Entwurf ist, das Konzerthaus passt sich ein in das, was Hamburg immer schon liebenswert gemacht hat. Sie harmoniert aufs Beste mit den Hafenanlagen; sie ist monumental, dabei aber deutlich niedriger als die Türme der großen Kirchen und nur ein kleines Stück höher als das Radisson Blu Hotel am Dammtor. Mitten im Strom ragt sie in einen Himmel, an dem sich die Wolken viel schneller bewegen als in südlicheren Gefilden.

Ja, das schwerelose Spektakel am Firmament, so typisch für Hamburg, versetzt auch die spiegelnde Glashaut der Elbphilharmonie in Aufruhr: Reflexe schießen über die Fassade, die Sonnenstrahlen brechen sich wie an einem gigantischen Eisblock; man könnte meinen, die Architekten des Baseler Büros Herzog & de Meuron hätten an Hans Christian Andersens Schneekönigin gedacht, als sie ihr Meisterwerk erträumten – an jene geheimnisumwitterte Regentin in ihrem Eispalast, mitten in ihrem «leeren unendlichen Schneesaale» mit dem zugefrorenen See, der in «tausend Stücke zersprungen» ist und aussieht wie ein «vollkommenes Kunstwerk». Die Schneekönigin hält ihren Scherben-See für einen «Spiegel des Verstandes».[2] Ist die Elbphilharmonie mit ihren 1096 seltsam gewölbten Glaselementen nicht auch so ein fantastisch zerbrochener Spiegel? Selten drücken sich hanseatische Geltungswünsche so unverstellt aus wie hier. Nirgends zeigt sich deutlicher, dass der größte Vorzug dieser Stadt ihre Lage ist: das Wechselspiel zwischen Himmel, Elbe, Alster und

Erde, die weiten Blicke über die Gewässer hinweg und die unzähligen Reflexe der Bauten und Lichter. Allein schon für sie kann man Hamburg, wie es der Schriftsteller Hans Erich Nossack einmal unübertroffen lakonisch feststellte, «jedesmal alles» verzeihen.[3]

Als es Hans Christian Andersen im Sommer 1831 nach Hamburg verschlug, empfand er der Stadt gegenüber vor allem tiefen «Respekt». Das lag allein schon an ihrer Größe. Der dänische Märchendichter kam nicht übers Wasser, sondern auf dem Landweg und mietete sich am Jungfernstieg ein. In seinem Reisebericht hielt er fest: «Hier, in ihrem Inneren, nimmt sich die Stadt prachtvoll aus, denn die breite, große Alster trennt gleichsam die alte Stadt von der neuen. Die hohen Türme spiegeln sich im Wasser, auf dem Schwäne schwimmen und Boote mit geputzten Menschen schaukeln.»[4]

Der Blick von der Plaza der Elbphilharmonie hätte Andersen wahrscheinlich vollends überwältigt. Und auch verstört; beunruhigte ihn doch allein schon der nicht sehr weite Fußweg von der Alster an die Elbe. Allerdings führte ihn dieser damals noch durch die berüchtigten Wohngebiete der Hafenarbeiter, und hier wurde dem Besucher unmittelbar klar, dass Hamburg damals die bei Weitem am dichtesten besiedelte Stadt Europas war.[5] In extremer Form galt dies für die Gängeviertel nördlich des Hafens, die im 19. Jahrhundert ein so massives Problem darstellten, dass sie nach und nach abgerissen wurden. Spätestens die große Choleraepidemie von 1892, bei der etwa 8600 Menschen ums Leben kamen, besiegelte ihr Ende.

Das Gängeviertel auf dem Großen Grasbrook hatte man bereits etwas früher dem Erdboden gleichgemacht, um den Hafen zu modernisieren. 24 000 Menschen verloren dadurch ihre Wohnungen und wurden in die äußeren Stadtbezirke umgesiedelt. Im Freihafen blieb es Hamburg weiterhin erlaubt, Waren zollfrei umzuschlagen, trotz der Gründung des Deutschen Reichs und des Zollanschlusses des Stadtgebiets. Unter der Leitung des Architekten Franz Andreas Meyer benötigte man damals nur sieben Jahre zur Errichtung des gigantischen Backstein-Ensembles der Speicherstadt, das im Oktober 1888 eröffnet und 2015 auf die Liste des UNESCO-Kulturerbes gesetzt wurde.

Im Sommer 1831 hatte Hans Christian Andersen Grund, sich auf seinem Spaziergang zum Hafen vorzusehen. Damals gehörte etwas Mut dazu, sich als Fremder ins Gewimmel der engen Straßen und Gassen zu stürzen, «zwischen Droschken, lärmende Kleinhändler, Blumenmädchen aus den Vierlanden und geschäftige Geldleute von der Börse»; die Gegend galt als gefährlich. Andersen kam es vor, als sei die Stadt ein «einziger Laden». Und die dunklen, schmutzigen Gänge, in die kein Sonnenlicht vordrang, machten ihm regelrecht Angst: «Die Straßen kreuzen sich, und zur Elbe hinunter findet man ein paar, die man durch einen Hausflur betritt [...]. Ich steckte in einige dieser Straßen den Kopf, wagte mich jedoch nicht weiter, denn sie erinnerten mich ganz lebendig an einen Traum, den ich einmal hatte: wie ich auf der Østergade von Kopenhagen spazierenging und auch die Häuser anfingen zu spazieren, doch so mit den Gesichtern aufeinander zu, daß sie wie diese Straßen von Hamburg aussahen, und als sie noch einen Schritt weiter machten, saß ich zwischen den Wänden eingeklemmt und konnte weder vor noch zurück.»[6]

Kaum jemand hat die Beklemmung, die fast jeder Fremde empfand, den es in die dem Hafen vorgelagerten Quartiere verschlug, so eindringlich beschrieben wie Andersen. Folgt man ihm, scheinen sogar die apokalyptischen Folgen der Cholera vorhersehbar gewesen zu sein. Dem reisenden Dichter fielen die katastrophalen hygienischen Verhältnisse in den übervölkerten Gebieten sofort auf: «Die Stadt wird von Kanälen durchschnitten. In diesem Viertel sah ich ein paar, die mir vorkamen wie wahrhaftige Kloaken. Hohe Häuser zu beiden Seiten, doch statt einer Straße nur der schmale Kanal, so weit die vorgebauten Balkons den Blick erlaubten. Auf diesen hing und lag allerlei, und tief unten floß, oder richtiger kroch das schmutzige Wasser. Einer der Balkons oder Schuppen in diesem Chaos war

Baumwall

Typische Straßenszene im 19. Jahrhundert:
Dovenfleet, fotografiert von Georg Koppmann 1883

grüngestrichen, und hier saß eine dicke Madam am Teetisch und genoß die schöne Natur.»[7]

Das Industriezeitalter hatte Hamburg in diesen Jahren noch nicht erreicht. Sogar den Siegeszug der Dampfschifffahrt schien man in der ersten Hälfte des 19. Jahrhunderts ein wenig zu verschlafen. Ernsthafte Pläne für die Erweiterung des Hafens und für dessen Anschluss an die Eisenbahn entstanden zwar Ende der Dreißigerjahre. In der Bürgerschaft stießen sie zunächst aber auf wenig Gegenliebe. Es mutet fast grotesk an, doch die Voraussetzungen für den Aufstieg zum modernen Handelszentrum und zur echten Großstadt wurden erst nach einer bis dahin unvorstellbaren Katastrophe geschaffen: Anfang Mai 1842 vernichteten verheerende Brände etwa ein Drittel der Innenstadt. Unter den Augenzeuginnen war auch die beliebte Schriftstellerin und Lehrerin Elise Averdieck. In ihren Memoiren schreibt sie: «In den Straßen war kaum durchzudringen. Flüchtlinge und Neugierige sperrten die Wege. Auf dem Walle bekamen wir etwas freiere Aussicht, aber damit nichts Tröstliches. In der Umgebung von lauter brennenden Häusern und Straßen brannte der Rest des Nikolaiturms wie eine große Feueresse.»[8] Der damals in Hamburg lebende Dramatiker Friedrich Hebbel spricht in seinem Tagebuch am 13. Mai schlicht von einer «Schreckenswoche», denn «ein Fünftel von Hamburg» liege «in Asche» und dazu auch noch sein Verlag.[9]

Der Wiederaufbau der zerstörten Gebiete verhalf der Stadt zu einem neuen Auftritt, der in die Zukunft wies: Endlich wurden die engen Grenzen der Innenstadt überwunden und das Umland ausgebaut. Ein entscheidender Modernisierungsschub setzte ein, als 1860/61 die Torsperre aufgehoben wurde. Nun konnten sich ländliche Gebiete wie Harvestehude, Rotherbaum, Eppendorf und Eimsbüttel zu ansehnlichen Vorstädten entwickeln.[10]

Die allgemeine Verstädterung Europas in den folgenden Jahrzehnten veränderte Hamburg besonders stark. Das Bevölkerungswachs-

Blick in Richtung Lombardsbrücke: Hermann Biow fotografierte 1842 die Zerstörungen nach dem Brand vom Dach der Börse

tum schien kaum aufzuhalten: Zählte man 1842 knapp 140 000 Einwohner, waren es 1910 bereits über 930 000.[11] 1912 galt der Hafen nach London und New York als einer der bedeutendsten der Welt, und bald rangierte Hamburg vor Budapest, Warschau, Brüssel und Madrid unter den zehn größten Städten des Kontinents.

Die norddeutsche Metropole, wie wir sie heute vor Augen haben, gewann also vor allem in der Ära der Hochindustrialisierung Gestalt. Nichts symbolisiert diesen Aufbruch eindrucksvoller als die Speicherstadt. Einerseits bestach die neue Backsteinarchitektur durch ihre Zweckdienlichkeit, andererseits blendete sie mit einer wahren Überfülle an Ornamenten. Die Türmchen und Windenerker, das Schmuckwerk aus Keramik und Glas, all das, was ursprünglich nur Dekoration war, haben das Ensemble zum gigantischen neogotischen Monument erhoben. Der Gesamteindruck ist überwältigend, ganz so, als wäre man beim Bau darauf aus gewesen, die Pracht der Hauptkirchen in den Schatten zu stellen. Schließlich stand das neue Hamburg im Zeichen der Wirtschaft. Welche Rolle spielten da noch die Religionsgemeinschaften?

Die aus heutiger Sicht unbegreifliche Entscheidung, 1804 den gotischen Mariendom abzureißen, einen großen Backsteinbau, der seit dem Mittelalter das Bild der Stadt geprägt hatte, spricht nicht nur für die Nischenexistenz des Katholizismus an der Elbe, sondern auch allgemein für den schwindenden Einfluss der Geistlichen im städtischen Alltag. Ende des 19. Jahrhunderts war es gar keine Frage mehr, dass die Ökonomie den Hamburgern über alles ging. Als sprichwörtliche Pfeffersäcke inszenierten sie ihre wirtschaftliche Macht nun selbstbewusster denn je. Ihre Kathedralen waren die Gewürzspeicher und Kontorhäuser. Ob Protestant oder Katholik, religiöse Bedürfnisse interessierten, sofern überhaupt vorhanden, nur noch am Rande, ebenso wie die Wissenschaften und die Künste.

Sicher sind jene Worte, die der Schriftsteller Hans Henny Jahnn seinem Tragödienhelden Thomas Chatterton in den Mund legte, überspitzt. Aber ebenso sicher trafen sie mitten ins Schwarze, als Gustaf Gründgens das Drama über den legendären englischen Dichter und Fälscher 1956 im Deutschen Schauspielhaus an der Kirchenallee inszenierte: «Es ist also ein für alle Mal bewiesen, daß ich ein Feind der redlichen Handelsstadt bin, ein Verlorener, ein Auszustoßender. Die gewaltigen Herren der Banken und Schiffe, die in der Woche sechs Tage Sklaven, Pfeffer, Tee, Taue, Häute und Bier verhandeln, um am siebenten in einer Kutsche in die Kirche zu fahren, weil es Gott beleidigen könnte, wenn sie zu Fuß gingen, – sie verachten die Künste, hassen sie, bekämpfen sie, indem sie über die Freiheit des Geistes herfallen. Poesie, Musik, Malerei sind für sie Papperlapapp, genau so wie die hingemordeten Neger, diese Hunderttausenden, bei der Gewinnung der Menschenware. Dreck ist, wer arm ist. Mit einem Augenaufschlag zum Himmel vertuschen sie den Gestank ihrer Hauptbücher.»[12]

Die Zuschauer der Hamburger Uraufführung mussten nicht lange darüber nachdenken, wem diese Worte galten. Natürlich ging es Jahnn um seine Heimatstadt, die in der jungen Bundesrepublik als Handels- und Medienzentrum wichtiger geworden war als jemals zuvor. Jahnn selbst war erst 1950 nach Hamburg zurückgekehrt. Vor den Nazis war er in die Schweiz und nach Dänemark ausgewichen, ohne dass seine Bücher verboten wurden. Veröffentlichen konnte er sie unterm Hakenkreuz allerdings auch nicht. Abgesehen davon hatte Jahnn sich schon vor 1933 in seiner Heimatstadt verkannt gefühlt – und das nicht unbedingt zu Unrecht.

Allzu viel scheint sich daran bis heute nicht geändert zu haben. Dieser Überzeugung folgte zumindest Wolfgang Rihm, als er den Auftrag erhielt, für das Eröffnungskonzert der Elbphilharmonie am 11. Januar 2017 ein neues Stück zu komponieren. Er widmete es niemand anderem als Hans Henny Jahnn, und um eine Begründung dafür war der berühmte Komponist nicht verlegen: «Jahnn ist der geistige Mittelpunkt meines Stücks. Es liegt ja auch nahe. Hamburg baut ein neues Wahrzeichen, das heißt für mich, dass an die bedeutendste geistige Gestalt des 20. Jahrhunderts, die mit dieser Stadt verbunden ist, zumindest erinnert wird. So wirklich bekannt dürfte er selbst eingefleischten Hamburgern nicht sein. Wenn man sich das vorstellt: Er hat nie den Nobelpreis erhalten.»[13]

Ob Jahnn den Nobelpreis verdient hätte, bleibe dahingestellt. Typisch für Hamburg ist allerdings, dass wieder einmal ein Fremder kommen musste, um auf das Potenzial der Stadt aufmerksam zu machen. Auch die Initiative zum Bau der Elbphilharmonie ging auf Zugereiste zurück: Die Kunsthistorikerin Jana Marko stammt aus Österreich, ihr Mann Alexander Gérard wurde in New York geboren, studierte in Zürich und kam erst in den Neunzigerjahren in den Norden. Sie beide waren es, die 2001 als Erste die Idee hatten, ein Konzerthaus am Hafen zu errichten. Sie entwickelten mit Jacques Herzog und Pierre de Meuron zusammen die ersten Entwürfe, und doch mussten sie 2004 aus dem Jahrhundertprojekt aussteigen. Der Entwurf der Baseler Architekten erwies sich unterdessen in der Umsetzung als immer aufwendiger und monumentaler.

Freilich hatten die beiden Projektentwickler damals mehr als klassische Musik und ein Luxushotel im Sinn. Jana Marko erinnert sich: «An der Kaispeicher-A-Westseite sollte nach den ursprünglichen Plänen des Architekten Werner Kallmorgen hoch im Gebäude eine Hafenarbeiter-Kantine liegen. Dazu kam es aber nie. Wir hatten uns damals überlegt, dort für die Stadt Hamburg und das, was das Gebäude sein soll, etwas sehr Verbindendes zu bauen – eine Art geistige Hafenarbeiter-Kantine. Oben im Gebäude die Hochkultur und im Bauch ein Ort für die Off-Szene, damit sie nicht für jede Kleinigkeit irgendwo betteln muss. Die Einnahmen der Film- und Fotorechte, die in eine Stiftung gehen sollten, wären für diese Location gedacht gewesen. Das hätten wir uns als Bindeglied zwischen all diesen seltsamen Formen und Disziplinen gewünscht.»[14]

Stattdessen ging es am Ende vor allem um die Errichtung eines Wahrzeichens. Dies ist gelungen, und zum ersten Mal in der Geschichte der Stadt handelt es sich bei der Elbphilharmonie um ein Monument, das im Zeichen der Musik steht. Im Gegensatz zur Köhlbrandbrücke oder zum nahen Chilehaus – dem international bekannten Hauptwerk des Architekten Fritz Höger – ist sie ein künstlerisches Wahrzeichen. Etwas in dieser Art hatte Hamburg bislang tatsächlich gefehlt, und es ist sicher kein Zufall, dass diese weltliche Kathedrale in einer Epoche entstanden ist, in der den Religionsgemeinschaften die Mitglieder ausbleiben und die Wirtschaft sich durch die Digitalisierung revolutionär verändert. Orientierten sich die Erbauer der neogotischen Speicher ebenso wie die führenden

Baumwall

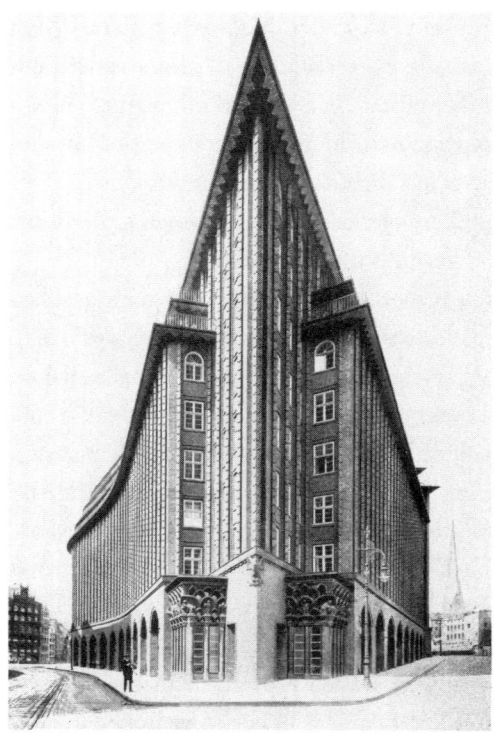

Monument der Moderne: Fritz Högers Chilehaus im Jahr seiner Eröffnung 1924

Architekten des Expressionismus an den typischen Backsteinkirchen der Hansestädte, so wurde nun ein funktionslos gewordener Zweckbau gleichsam sakralisiert und überhöht, indem man ihn in ein Podest für einen Musiktempel umwandelte.

Im späten 18. Jahrhundert erdachte Ernst Georg Sonnin die mit Kupfer verkleidete Turmhaube der Michaeliskirche und veränderte durch sie das Antlitz der Stadt. Es war, als hätte er eine bisher ungenutzte Ausdrucksform entdeckt. Der Michel wirkte wie ein neues, überaus schmückendes Organ, auf das man fortan nicht mehr verzichten wollte. Ähnlich definiert die Elbphilharmonie Hamburgs Erscheinungsbild im Informationszeitalter noch einmal neu. Sie tut dies entschiedener als alle anderen Bauten der Nachkriegszeit: Dabei geht es in ihrem Inneren genau betrachtet um nichts anderes als Software – um Abstraktionen, die in die Realität übertragen werden und diese erweitern und verwandeln. Was könnte zweckfreier sein, ungebundener, schwereloser als die Musik? Zugleich sind unsere Gedanken und Empfindungen in der Ära der globalen Datenströme möglicherweise stärker und unmittelbarer von den fast auf der ganzen Welt gehörten Präludien und Fugen eines Johann Sebastian Bach beeinflusst als von jenem Glauben, der für den frommen Komponisten ganz selbstverständlich war. Bei alledem muss die Elbphilharmonie ihre Bedeutung auf Dauer noch beweisen – genau wie Hamburg noch lange nicht wieder jene ‹Musikstadt› geworden ist, als die sie das Tourismusmarketing heute schon anpreist. Schließlich wurde die überragende Bedeutung, die Hamburg für die Oper und das Konzertleben einst besaß, im Laufe der vergangenen 250 Jahre gründlich verschüttet.

Von 1721 bis 1788 wirkten in der Hansestadt mit Georg Philipp Telemann und dessen Patensohn Carl Philipp Emanuel Bach nacheinander zwei Genies als Musikdirektoren. In St. Jacobi, keine zwei Kilometer von der Elbphilharmonie entfernt, entstand bereits Ende des 17. Jahrhunderts Hamburgs wohl wichtigstes musikalisches Monument: Hier baute der berühmte Arp Schnitger seine größte heute noch erhaltene Orgel. Schon in der Barockzeit zog sie Musiker aus ganz Europa an. Nach dem Ersten Weltkrieg war es niemand anderes als der junge Hans Henny Jahnn, der sich zusammen mit seinem Lebensgefährten Gottlieb Harms dafür einsetzte, das damals trostlos heruntergewirtschaftete Instrument zu retten, anstatt es dem Zeitgeschmack zu opfern. 1942 lagerte man dann die unersetzlichen Teile der Orgel in einen Bunker aus, wodurch sie die Zerstörung der Kirche im Zweiten Weltkrieg überstand und 1993 aufwendig restauriert werden konnte. Wolfgang Rihm kennt die Geschichte der Arp-Schnitger-Orgel und die Rolle, die Jahnn in ihr gespielt hat.

Mit seiner Komposition, die er für die Eröffnung der Elbphilharmonie geschrieben hat, schlägt er eine geistige Brücke zwischen dem neuen Konzerthaus und jenem einzigartigen Instrument in St. Jacobi, auf dem schon Johann Sebastian Bach gespielt haben soll.

Dass Bach an der Arp-Schnitger-Orgel saß, ist wahrscheinlich, beweisen lässt es sich nicht mehr. Überliefert ist, dass er im Herbst 1720 als Organist für St. Jacobi im Gespräch war, das Vorspiel hierfür fand allerdings in St. Katharinen statt, an einem Instrument, das Bach schon als junger Mann kennengelernt hatte, als er von Lüneburg aus den berühmten Organisten Johann Adam Reincken aufsuchte.[15]

Mehr als zwei Stunden lang soll der Virtuose aus der Fremde die Kommission aus Kirchen- und Ratsherren fasziniert haben. Bach hatte beste Chancen, die Stelle zu übernehmen. Letztlich fehlte ihm nur das Geld, das er hierfür an die Kirchenkasse hätte entrichten müssen. Von daher fiel die Wahl auf den namenlosen Johann Joachim Heitmann, der, wie der stets kritische Komponist und Musikschriftsteller Johann Mattheson berichtet, «besser mit Thalern, als mit Fingern praeludieren konnte».[16] Heitmann entrichtete am 6. Januar 1721 brav die «versprochene[n] viertausend Mark in Courant».[17] Ämterverkäufe waren damals auch andernorts üblich. Doch was aus Hamburg als Musikstadt hätte werden können, wenn Bach die Stelle bekommen hätte, lässt sich gar nicht ausmalen. Wenigstens trat noch im selben Jahr der mit ihm befreundete Georg Philipp Telemann seinen Dienst in der Hansestadt an: der zweite überragende Komponist der Epoche.

Dass Johann Sebastian Bach in St. Katharinen brillierte und dennoch wieder in sein Amt als Hofkapellmeister nach Köthen zurückkehren musste, ist eine der vielen verpassten Großchancen der Kulturgeschichte Hamburgs. Immer wieder hat sehr wenig gefehlt, um aus der mächtigen Handelsstadt auch ein Zentrum der Künste mit internationaler Ausstrahlung zu machen. Warum kam es nie dazu?

Die Frage ist müßig. Sie sollte auch nicht von der intellektuellen und künstlerischen Vielfalt ablenken, die im Laufe der vergangenen drei Jahrhunderte im Windschatten des ökonomischen Aufstiegs entstand. Und in Sachen Musik erlangte Hamburg auch ohne Johann Sebastian Bach im 18. Jahrhundert Weltgeltung.

2. Im Jahrhundert der Genies

Im März 1768 ist es so weit: Der Winter war hart, wochenlang wurden alle Reisepläne durch Schnee, Eis und Stürme vereitelt, aber jetzt kann Carl Philipp Emanuel Bach mit seiner Familie von Berlin nach Hamburg übersiedeln. Zu dieser Zeit ist er viel bekannter als sein 1750 verstorbener Vater Johann Sebastian. Ja, der Nachfolger des großen Telemann als Musikdirektor der Stadt Hamburg gilt als der berühmteste Instrumentalkomponist überhaupt. Trotzdem war die Entscheidung für ihn im Collegium Scholarchale, in dem Ratsherren sowie die Pastoren und Vermögensverwalter der Hauptkirchen sitzen, umstritten: Mit nur einer Stimme Mehrheit wurde Bach am 3. November des Vorjahres gewählt. Manchen plagten wahrscheinlich Zweifel, dass ein Tastenvirtuose ohne einschlägige Erfahrungen mit Chören und Kirchenmusik den Aufgaben organisatorisch gewachsen sein würde. In Hamburg soll Bach schließlich für die musikalischen Aktivitäten an allen fünf Hauptkirchen verantwortlich sein. Hinzu kommt das Amt als Kantor am Johanneum, dem bedeutenden Gymnasium, dessen oberste Klassen in Musiktheorie und Gesang unterrichtet werden müssen. Hierbei wird Bach sich im Normalfall aber vertreten lassen. Dies ist ohne Weiteres möglich, sofern er seinen Ersatzmann selbst finanziert – eine Praxis, die er von Telemann übernimmt.

Dennoch bleibt das Pensum enorm: In den Hauptkirchen leitet Bach jährlich die Figuralmusik an ungefähr 130 Terminen. Hierfür

Der Komponist Carl Philipp
Emanuel Bach mit etwa
60 Jahren, Pastell von seinem
Patensohn Johann Philipp Bach

steht ihm ein professionelles Ensemble an Instrumentalisten und Sängern zur Verfügung. Für die hohen Feiertage des Kirchenjahrs verfasst er regelmäßig neue Kompositionen, die er mit Werken seines Vaters, Telemanns und anderer kombiniert. Mit dem ihm eigenen Enthusiasmus bewältigt Bach dies alles bravourös. Darüber hinaus tritt er auch noch außerhalb des Pflichtprogramms auf. So ist er bereits am 28. April 1768 als Dirigent und Solist in «Clavier-Concerten» zu hören.[18] Hierbei geht es Bach offenbar nicht nur um die Präsenz seiner Hauptwerke in seiner neuen Heimat, er will auch seinem Amtsvorgänger eine Reverenz erweisen. Es war Telemann, der 1721 eine erste Serie von Aufführungen ins Leben gerufen hatte, aus der sich rasch Hamburgs höchst lebendiges Konzertwesen entwickelte.

Mit dem «Concertsaal auf der Kamp» findet sich in der Stadt seit 1761 sogar ein beheizbarer Saal, dem eine hervorragende Akustik nachgesagt wird, sozusagen ein Vorläufer der von Sophie und Carl

Laeisz gestifteten neobarocken Musikhalle und der Elbphilharmonie. Bach wird ihn in den kommenden Jahrzehnten gern für Instrumentalmusik nutzen; er selbst tritt dabei vor allem am Hammerflügel in Erscheinung. Konzertbesucher bemerken bisweilen kritisch, dass er nie an der Orgel zu hören sei. Dies hat vor allem gesundheitliche Gründe: Bach leidet an Gicht, aber das wissen nur seine engsten Vertrauten. Allen anderen erscheint seine Orgelabstinenz in einer Stadt, die stolz auf ihre hervorragenden Instrumente sein kann, reichlich sonderbar. Das ändert allerdings wenig daran, dass Bach in der Hansestadt glückliche und außerordentlich produktive Jahrzehnte verbringt und als der ‹Hamburger Bach› in die Geschichte eingehen wird.

Zwischen Alster und Elbe sind die Bedingungen für Komponisten im 18. Jahrhundert nahezu optimal. Es besteht eine große Bereitschaft, sich Musik etwas kosten zu lassen. Schon Telemann wusste das zu schätzen, und der schwäbische Musiker und Dichter Christian Friedrich Daniel Schubart gerät 1784/85 regelrecht ins Schwärmen, als er sich an einen Hamburg-Besuch erinnert.[19] Seine Hymne auf die Stadt wird oft zitiert, vielleicht auch deshalb, weil es die Künste in Hamburg in späteren Zeiten nicht immer leicht haben werden. Für Schubart hingegen gilt es noch als ausgemacht, dass die Stadt auf dem Gebiet der Musik durch Telemann und Bach weltweit führend geworden war. Besonders Letzteren hält er für ein überragendes Genie. Bach habe bereits eine eigene Schule gebildet und das Klavierspiel in ganz Europa auf revolutionäre Weise verändert: «So reich an Erfindungen, so unerschöpflich in neuen Modulationen, so harmonisch voll ist keiner wie dieser. Was Raphael als Maler und Klopstock als Dichter – das ist so ungefähr Bach als Harmoniker und Tonsetzer.»[20]

Was muss das für eine glückliche Stadt sein, die nicht nur den größten Musiker, sondern mit Klopstock auch noch den größten Dichter in ihren Mauern beherbergt! Für Schubart hat Bach sie mit nichts Geringerem als «Sphärenklang» erfüllt: «Alles ist daselbst Sang und Klang: die größten Virtuosen treten da auf und werden fürstlich belohnt; die Dilettanten erheben sich zur Meisterschaft.»[21] Diese Blüte sei auch die Folge des Nebeneinanders von Konzerten, Oper und Theater, die sich gegenseitig enorm befruchteten: «Ein Theater, an dessen poetischen und musikalischen Vollkommenheiten Lessinge, Klopstocke, Bache, Bode, Schröder und andere Jahre lang gearbeitet haben, muß sich nothwendig zu einem Gipfel erheben, der über alle andern Theater hinausreicht. Daher macht in Hamburg nichts mehr Sensation, als was außerordentlich groß ist. Ja ein berühmter Engländer behauptete erst kürzlich öffentlich, daß der allgemeine musikalische Geschmack zu Hamburg weit größer sey, als der in London.»[22]

Im Frühjahr 1768, einige Wochen später als Bach, zieht ein jüngerer Schriftsteller und begabter Organist an die Alster. Aber sein Mond ist noch lange nicht aufgegangen: Matthias Claudius hat sein berühmtes *Abendlied* noch nicht geschrieben und ist auch noch nicht Herausgeber des legendären *Wandsbecker Bothen*, sondern nur ein mäßig bekannter Verfasser volkstümlicher Verse. Im Juni übernimmt er eine Stelle als Redakteur der *Hamburgischen Addreß-Comtoir-Nachrichten*, dies allerdings nicht ungern und auch nicht ohne Ehrgeiz. Kein Wunder, dass er sich brennend für Carl Philipp Emanuel Bach interessiert, den wichtigsten Mann des städtischen Musiklebens, dessen Stücke er schon seit Jahren studiert. Er kann gar nicht anders.

Matthias Claudius packt die Sache investigativ an, fast wie ein moderner Journalist – um nicht zu sagen: wie ein Stalker. Im Anschluss an ein Sonntagnachmittagskonzert im Michel hat er keine Scheu, Bach «bis an sein Haus» in der keine 100 Meter entfernten Böhmkenstraße zu verfolgen, um ihn zwei Tage später unangemeldet aufzusuchen.[23] Dies alles berichtet Claudius umgehend seinem Freund und Förderer Heinrich Wilhelm von Gerstenberg nach Kopenhagen, der selbst ein namhafter Dichter ist und mit Herder, Klopstock, Nicolai und vielen anderen führenden Autoren in Verbindung steht.

Bach ist das erste Treffen mit Claudius unangenehm, zumal der Redakteur den «Virtuosen» zur Morgenstunde regelrecht überrumpelt und im «negligé» antrifft. Rücksichtnahme gehört nicht unbedingt zu Claudius' Stärken: Anstatt sich zu entschuldigen und von dannen zu ziehen, verwickelt er Bach in ein Gespräch, bei dem er ihm sogar Grundsätzliches über dessen Ästhetik entlockt. «Die Musik hat höhere Absichten», erklärt ihm der Musikdirektor im Morgenrock, «sie soll nicht das Ohr füllen, sondern das Herz in Bewegung setzen.»[24] Bach lässt sich allerdings nicht dazu hinreißen, für den unangemeldeten Besuch auch noch in die Tasten zu greifen.

Aber so schnell gibt Claudius nicht auf. Auf gar keinen Fall will er sich die Chance entgehen lassen, das Jahrhundertgenie besser kennenzulernen. Sein erklärtes Ziel ist es, sich Bachs Sonaten von ihm selbst vorspielen zu lassen.[25] Seinem Freund Gerstenberg rapportiert er jeden Annäherungsversuch, und schon bald wird seine Mühe tatsächlich belohnt: Der bewunderte Meister setzt sich nur für ihn an das «Silbermannsche Klavier». Oder fast nur für ihn, denn ohne Claudius' prominenten Begleiter hätte sich Bach wohl nicht darauf eingelassen. Gerstenberg gesteht Claudius unverblümt, Gotthold Ephraim Lessing um Hilfe gebeten zu haben: «Ich allein konnte Bachen nicht zum Spielen bringen, daher ich Lessingen bat, mich einmal mitzunehmen.»[26]

Auch wenn Claudius' Aufdringlichkeit in der Rückschau ein wenig peinlich berührt, wir verdanken ihm doch einen großartigen Bericht über den Musikdirektor während seiner ersten Monate in Hamburg. Außerdem muss man Claudius zugutehalten, dass ihm vor allem daran gelegen ist, Bachs Arbeit zu verstehen – die rhythmische Gestalt seiner Stücke und die Feinheiten der Phrasierung, die mit Noten immer nur angedeutet werden können. Es geht ihm also genau um das, was Schubart an Bachs Klavierkunst für epochal hält.

Bach spielt Claudius und Lessing auf seinem Clavichord einige Stücke vor, «die er ausdrücklich für dies Klavier gesetzt» habe.[27] Durch den Detailreichtum und die Präzision der Beschreibung dessen, was Claudius in der Böhmkenstraße zu hören bekommt, erweist er sich als hervorragender Autor und Kenner von Bachs Musik: «Die Stücke waren gar nicht schwer, indessen spielte er das Allegro so geschwind und so rein dabei, daß man leicht sahe, wie er mit den schwereren Stücken umgehen werde.» Claudius' Stil, seine Ausdruckskunst ist wendig und kreativ. Zusammenfassend stellt er fest, dass die schnellen Partien wie «Donnerwetter unter seinen Fingern» herausfuhren.[28]

Besonders überzeugend gelingt ihm die Schilderung eines Adagios: Er vergleicht Bachs Spiel mit einer Ansprache, und hierbei scheinen seine Worte auf jene viel späteren und ungleich berühmteren über die ‹allmähliche Verfertigung der Gedanken beim Reden› von Heinrich von Kleist vorauszuweisen. Bachs Spiel lässt Claudius an einen Rhetor denken, «der seine Reden nicht auswendig gelernt hat, sondern von dem Inhalt seiner Rede ganz voll ist, gar nicht eilt, etwas herauszubringen, sondern ganz ruhig eine Welle nach der andern aus der Fülle seiner Seele herausströmen läßt, ohne an der Art der Herausströmung zu künsteln, wohl aber zu denken».[29]

Man hört die ruhige Brandung dieses Adagios förmlich aus Claudius' Worten heraus. Ist es Zufall, dass solche Vergleiche von einem Autor gefunden werden, der in der Nähe des Meeres aufgewachsen ist? – Die regionalen Tönungen von Literatur lassen sich kaum fassen, und zugleich spielen sie eine enorme Rolle. Die Milieus und Landschaften, in die wir hineingeboren werden und in denen wir unser Leben einrichten, bestimmen den Möglichkeitshorizont unserer Imaginationen – sie sind sozusagen der Schauplatz für unsere Fantasien und bestimmen die Intonation unserer Sprache. Denken wir nur daran, wie sehr die Hochsprache Schillers durch süddeutsche Obertöne gefärbt ist. Oder an den norddeutschen Klang eines Theodor Storm. Oder an das Berlinerische bei Fontane, Alfred

Döblin und Gottfried Benn. Ebenso führen Claudius' Worte Spuren seiner holsteinischen Herkunft wie Treibholz mit sich.

3. Klopstocks Grab oder Pilgern nach Altona

Das Erstaunlichste, was Matthias Claudius' Aufzeichnungen über seine Begegnung mit Carl Philipp Emanuel Bach zeigen, ist der alltägliche Umgang zweier Künstler von europäischem Rang in der Hansestadt: Denn es ist ja auch Lessing mit von der Partie, jener Lessing, der, wie Claudius schreibt, «gewaltig» lachen kann.[30] Im Geiste spielen für Claudius während dieser Monate zudem zwei weitere Größen eine wichtige Rolle, wenn auch mehr in seinen Fantasien: Friedrich Gottlieb Klopstock (siehe Tafel 2) und dessen früh verstorbene Frau Meta, geborene Moller. 1758 wurde sie an der barocken Christianskirche in Ottensen beigesetzt, keine zehn Gehminuten vom heutigen Bahnhof Altona entfernt. Die Ehe zwischen ihr und Klopstock wurde in der frühen Goethe-Zeit – man könnte sie ebenso treffend Klopstock-Zeit nennen – rasch zur Legende. Vielen galt sie als Ideal einer in jeder Hinsicht erfüllten Gemeinschaft.

«Trunken von Liebe»[31] bereitet Klopstock selbst dieser Idealisierung 1752 und 1753 mit einem Reigen von Liebesoden den Boden. Am berühmtesten von ihnen wird *Das Rosenband*, ein Gedicht aus vier ebenso schlichten wie eindringlichen Dreizeilern:

> Im Frühlingsschatten fand ich Sie;
> Da band ich Sie mit Rosenbändern:
> Sie fühlt' es nicht, und schlummerte.
>
> Ich sah Sie an; mein Leben hing
> Mit diesem Blick' an Ihrem Leben:
> Ich fühlt' es wohl, und wußt' es nicht.

Doch lispelt' ich Ihr sprachlos zu,
Und rauschte mit den Rosenbändern:
Da wachte Sie vom Schlummer auf.

Sie sah mich an; Ihr Leben hing
Mit diesem Blick' an meinem Leben,
Und um uns ward's Elysium.[32]

Diese geradezu himmlisch anmutende Liebe entfaltet sich zwischen Hamburg und Kopenhagen: Klopstock lernt seine spätere Frau am 4. April 1751 auf der Durchreise in der Großen Reichenstraße kennen. Er ist von Zürich aus in die dänische Hauptstadt unterwegs, wohin er von König Friedrich V. berufen wurde. Im folgenden Jahr verloben sich die beiden, und am 10. Juni 1754 heiraten sie in Hamburg. Einige Jahre verbringt das Paar gemeinsam in Kopenhagen und im etwas nördlicher gelegenen Lyngby, bevor Meta am 28. November 1758 im Kindbett stirbt – im Hamburger Haus ihrer älteren Schwester, ebendort, wo sie Klopstock zum ersten Mal sah. Als Schriftstellerin in Erinnerung geblieben ist die liebe «kleine Mollerin» – so spricht Klopstock die 23-Jährige am 8. April 1751 an – vor allem durch ihre Briefe, die zu den eindrucksvollsten privaten Zeugnissen des 18. Jahrhunderts gehören.

Mit den Versen an seine Frau, die in seinen Oden den Kosenamen *Cidli* trägt, scheint sich die paradiesische Verzückung des Dichters sogar auf seine mitunter fanatischen Bewunderer zu übertragen. Die empfindsame Vervollkommnung des Menschen in sinnlicher und geistiger Liebe wirkt im besten Sinne ansteckend, und so gleicht der Gang zu Metas Grab (Klopstock hatte es einst wegen des freien Blicks auf die Elbe gewählt) für viele einer Wallfahrt. Die Erinnerungen des Senators Johann Michael Hudtwalcker an seine jungen Jahre sind beispielhaft. 1766 – Hudtwalcker, heute noch bekannt durch die nach ihm benannte Straße in Winterhude, ist 18 – begibt er sich eines Morgens mit einer Gruppe von Freunden feierlich an Metas Grab: «Mit Sonnenaufgang gieng der Zug an. Nach Beendigung desselben tranken wir unsern Kaffe unter den Bäumen, die in Einem Strich mit denen seines nachherigen Elisiums das Ufer der Elbe krönen. Da entstand die Idee: Jeder solle eine Grabschrift von vier Zeilen schreiben. [...] Sie wurden in einer Viertelstunde fertig; Begeisterung schwebte über uns; sie wurden vorgelesen, mit Blumen an das Grab geheftet; wir setzten keinen Wehrt darauf, sie zerflatterten mit den Blumen: Wir fuhren zur Stadt und um 9 saß jeder von uns in seinem Comtoir.»[33]

Matthias Claudius macht es zwei Jahre später so ähnlich: «Neulich bin ich in Ottensen gewesen und habe das Grab der Klopstock besehen», schreibt er Gerstenberg, um sogleich ein irritierendes Zeugnis seines überspannten Glaubens abzulegen: «Der Gedanke ans Begraben einer geliebten Frau ist mir seit langer Zeit süßer gewesen als der an die erste Nacht.»[34]

Klopstock würde dies sicher nicht unterschreiben, obwohl er sehr darauf hofft, einst mit seiner Frau und ihrem gemeinsamen Sohn, «der sobald aus der Hand des Schöpfers in die Hand des Begnadigers überging», aus dem Grab an der Elbe aufzuerstehen.[35]

Nie wieder wird er sich einer Frau hingeben wie Meta. Sie bleibt seine größte Liebe, die ihm in Hamburg geschenkt und wieder genommen wurde. Die Erinnerung an den tragischen November 1758 hindert Klopstock allerdings nicht daran, sich zwölf Jahre später in der Hansestadt niederzulassen und dort bis zu seinem Tod am 14. März 1803 zu bleiben. Acht Tage später wird er feierlich wie kein deutschsprachiger Dichter vor oder nach ihm beigesetzt. An dem Begräbnis beteiligt sich etwa ein Sechstel der Bevölkerung von Hamburg und Altona: Die gesamte politische, geistige und geistliche Elite begleitet zusammen mit Zehntausenden von Verehrern den Leichnam des Nationaldichters über die Stadtgrenze hinaus nach Altona.[36] Als der Zug am Sterbehaus in der Königstraße (der heutigen Poststraße) um zehn Uhr beginnt, läuten die Glocken der Hauptkirchen. Wie zu einem Staatsbegräbnis hat der Senat eine Ehrenwache zu Fuß und zu Pferd abgesandt. «Eine ungeheure Menge Menschen strömte neben dem Conduct in anständiger Stille», meldet die *Hamburgische Neue Zeitung*.[37] Andere Berichte sprechen davon, dass dem Leichenwagen acht Marschälle mit beflorten Stäben und drei weiß gewandete Jungfrauen voranschritten. «Trauerflaggen wehten von den Schiffen. [...] Unter den Worten: ‹Auferstehn, ja, auferstehn wirst du, mein Staub› wurde die Leiche nach ihrer Ruhestätte getragen. Die drei Jungfrauen streuten Blumen.»[38]

Seither ist die Grabstätte an der Ottensener Christianskirche einer der schönsten und wichtigsten literarischen Erinnerungsorte in Norddeutschland. Noch im 20. Jahrhundert inspirierte er enthusiastische Leser und Schriftsteller, so wie Peter Rühmkorf, der 1974 behauptete, auf Klopstocks Dichtung überhaupt erst durch das Grab aufmerksam geworden zu sein. Denn bei alledem hatte Friedrich Hebbel ja nicht unrecht, als er 1837 feststellte, dass dessen *Messias* an einen gotischen Dom erinnere, vor dem jeder Respekt habe, in den aber kaum jemand eintrete. Bezeichnend ist auch, dass Hebbel über zwanzig Jahre später einen Traum aufzeichnete, in dem er an Klopstocks Beisetzung teilnahm, sogar als Redner – und dabei kläglich versagte.[39]

Rühmkorf allerdings hatte sich vorgenommen, daran etwas zu ändern: «Unsere erste innigere Bekanntschaft war persönlicher Art», erinnerte er sich, kurz bevor er den «empfindsamen Revolutionär» mit seinem Buch *Walther von der Vogelweide, Klopstock und ich* gründlich vom Staub konservativer Gelehrsamkeit befreite. «Ich wohnte nur zweihundert Meter von seinem Grab entfernt.»[40] In Wahrheit lag ein Fußweg von fast einem Kilometer zwischen Klopstocks Grab und Rühmkorfs Studentenwohnung in der Altonaer Arnoldstraße 74, aber das ändert nichts daran, dass er mit seinem großen Vorläufer

Klopstocks Grab

Peter Rühmkorf vor Klopstocks
Grab in Ottensen, um 1975

wie mit einem Nachbarn umging. Noch am Ende seines Lebens verspürte er den Wunsch, auf demselben Friedhof wie Klopstock beigesetzt zu werden, was seine Witwe Eva nach seinem Tod am 8. Juni 2008 allerdings nicht realisieren konnte.[41]

Lange vor Rühmkorf hat sich Heinrich Heine zu Klopstock bekannt, unter anderem in seinen satirischen *Memoiren des Herren von Schnabelewopski*. Der windige Schnabelewopski beschreibt Hamburg hinreißend und zugleich sehr ungerecht. Er habe die Absicht, die Stadt all denjenigen zu erklären, die von ihr keine Vorstellung haben;

«und es giebt deren», wie es in dem Romanfragment heißt, «vielleicht in China oder Ober-Bayern».[42] «Die Stadt Hamburg ist eine gute Stadt; lauter solide Häuser», lässt Heine seinen Helden 1834 konstatieren. «Hier herrscht nicht der schändliche Makbeth, sondern hier herrscht Banko.» – Da sind sie wieder, die sprichwörtlichen Pfeffersäcke! Hemmungslos reproduziert Heine das Vorurteil, Hamburg sei eine Stadt, in der sich noch mehr als anderswo alles ums Geld drehe. Zugleich führt er die Klischees derart witzig und liebevoll zusammen, dass nur wenige Äußerungen über die Hansestadt so gern und oft zitiert werden wie die seinen: «Der Geist Bankos herrscht überall in diesem kleinen Freystaate, dessen sichtbares Oberhaupt ein hoch- und wohlweiser Senat. In der That, es ist ein Freystaat und hier findet man die größte politische Freyheit. Die Bürger können hier thun was sie wollen und der hoch- und wohlweise Senat kann hier ebenfalls thun was er will; jeder ist hier freyer Herr seiner Handlungen. [...] Hamburg ist die beste Republik. Seine Sitten sind englisch und sein Essen ist himmlisch. Wahrlich, es giebt Gerichte zwischen den Wandrahmen und dem Dreckwall, wovon unsere Philosophen keine Ahnung haben. Die Hamburger sind gute Leute und essen gut.»[43]

Weil der Mensch schließlich nicht erst seit Ludwig Feuerbachs berühmtem, aber einige Jahre jüngerem Bonmot ist, was er isst, fällt es Heines Helden schwer, die Stadt zu verlassen. Irgendwann reist er dann natürlich doch ab, und zwar die Elbe hinunter in Richtung Cuxhaven.

Der Anblick Altonas vom Schiff aus lässt ihn über den berühmtesten Dichter nachdenken, der hier einen Großteil seines Lebens verbrachte: «Unfern liegt Klopstock begraben. Ich kenne keine Gegend wo ein todter Dichter so gut begraben liegen kann wie dort. Als lebendiger Dichter dort zu leben, ist schon weit schwerer. Wie oft hab ich dein Grab besucht, Sänger des Messias, der du so rührend wahr die Leiden Jesu besungen! Du hast aber auch lang genug auf der Königstraße hinter dem Jungfernsteeg gewohnt, um zu wissen, wie Propheten gekreuzigt werden.»[44]

So geistreich Heinrich Heines Sätze auch sind, sie führen doch in die Irre: Genau wie Carl Philipp Emanuel Bach, dem er sich bald freundschaftlich verbunden fühlte, hat es Klopstock alles andere als schlecht gehabt in seiner dritten Heimat an der Elbe. Nicht einmal der rasche und schicksalhafte Verlust seines wichtigsten Vertrauten und Förderers Johann Hartwig Ernst Graf von Bernstorff konnte ihm das Leben in der Hansestadt auf Dauer vergällen. Klopstock war ein Star, als er sich 1770 entschloss, Kopenhagen den Rücken zu kehren, und seiner Ankunft sah man in Hamburg erwartungsvoll entgegen.

Zu den wichtigsten Kreisen des Bürgertums hatte er allein schon über Metas frühere Freunde enge Verbindungen. Dadurch wurde es ihm leicht, in Hamburg Fuß zu fassen. Bereits im November 1770 gründete er zusammen mit dem bekannten Ökonomen Johann Georg Büsch eine Art Club, die «Klopstock-Büsch'sche Lesegesellschaft». Klopstock selbst stellte diese ganz ins Zeichen der Aufklärung und Bildung: Das Sprechen und das Zuhören erhob er zur idealen Darbietungsform für große Dichtung. «Man kennt die Werke der Dichter, u. selbst einige Werke im prosaischen nicht genug», verkündete er bei einer dieser Lesungen, «wenn man nicht weiß, daß sie durch Hülfe der Vorlesung am richtigsten verstanden, u. am lebhaftesten empfunden werden. Man entbehret daher sehr viel, wenn man sich in einen einsamen Winkel sezt, u. den Schall sieht. Man entzieht sich auf diese Weise, schnellern, genauern u. lebhaftern Vorstellungen, von denen Dingen, durch welche uns gute Schriften unterhalten, u. zugleich das Vergnügen des Ohrs u. der gemeinschaftlichen Teilnehmung.»[45]

Eben darum ging es: Der vermeintlich entbehrungsreichen, stillen und einsamen Lektüre sollten sinnliche Gemeinschaftserlebnisse zur Seite gestellt werden. Zugleich brachen Klopstock und Büsch bewusst in die Domäne der Damen ein. Nicht anders als heute waren Frauen damals das Gros der Lesenden – gebildete Frauen wie die verstorbene Meta Klopstock oder Lessings spätere Ehefrau Eva König. Daher folgte auch ihrem Geschmack und ihrem Urteil die Auswahl der Dichtungen, die bei den Zusammenkünften dargeboten wurden.

Die Lesegesellschaft sorgte schon kurz nach ihrer Gründung für so viel Aufmerksamkeit, dass Spötter nicht lang auf sich warten ließen. Schließlich war es kein Geheimnis, dass Klopstock nicht bloß die Aufklärung am Herzen lag, sondern ebenso die Verbreitung der eigenen Werke. Seine guten Bekannten bemerkten das sofort: Lessing etwa glaubte viel stärker an Klopstocks Bedürfnis nach weiblicher Gesellschaft als an dessen hehre Bildungsideen. Letztlich verhielte es sich mit der Lesegesellschaft ganz ähnlich wie mit Klopstocks geliebtem Eislauf, den der Großdichter bereits 1764 besang. «Sie wissen doch, daß K. in Hamburg ist», schrieb Lessing Eva König, die sich damals in Wien aufhielt, am 12. Februar 1771. «Sie wissen auch, wie sehr er sich mit den Damen abgeben kann. Ich weiß nicht, wie viel Frauen und Mädchen er schon beredet haben soll, auf den Schrittschuhen laufen zu lernen, um ihm Gesellschaft zu leisten. Aber das ist noch gar nichts gegen eine Lesegesellschaft [...]. Doch man wird Ihnen ohne Zweifel schon von Hamburg aus davon geschrieben haben; und ich möchte nur gern von Ihnen wissen, ob Sie es nicht, wenn Sie nach Hamburg zurückgekommen, Ihr Erstes werden seyn lassen, ein Mitglied von dieser empfindsamen Gesellschaft zu werden?»[46]

Deutlich skeptischer wurde das alles von Georg Christoph Lichtenberg verfolgt: «Klopstock hat in Hamburg eine Schule der Empfindsamkeit errichtet, eine Lese Gesellschafft wie er es nennt, wo in einem herrlichen Saale Damen und Chapeaux zusammen kommen und sich etwas vorlesen. Ich habe jemanden gesprochen, der darin gewesen ist, es soll gantz überaus ätherisch da zugehen bis auf das

Geld das HE[rr] K. dafür zieht. Wenn ich wieder nach Hamburg gehe, so will ich hinein es koste auch was es wolle.»[47]

War es nur intellektueller Hochmut, der solche Kommentare provozierte, oder spielte auch Sozialneid eine Rolle? Abgesehen von seiner künstlerischen Reputation gelang es Klopstock nicht allein durch Bernstorffs Hilfe, wirtschaftlich gut in der Hansestadt dazustehen. Er hatte ein sehr treues Publikum, und die Idee der Lesegesellschaften machte bald in anderen Städten Schule. Für Verfasser von Lyrik und Prosa glichen sie einem Gegenstück zum florierenden Konzertwesen und zum Theater. Jenseits des geistlichen Lebens stifteten die Lesegesellschaften dauerhafte Gemeinschaften. Sie waren Ausdruck der zunehmenden Emanzipation des gehobenen Bürgertums und ermöglichten tief greifende weltliche Bildungserlebnisse im Zeichen der Künste.

Gänsemarkt

4. Vom Schönen und vom Nützlichen

Klopstocks Hamburger Lesegesellschaft existiert nachweislich 14 Jahre, wahrscheinlich sogar länger. Anfangs trifft man sich im Haus des Kaufmanns Johann Martin von Winthem, später kommt die Gesellschaft vor allem bei Büsch zusammen, dem wohlhabenden Leiter der ‹Handlungs-Akademie›, dessen Anwesen in der Fuhlentwiete genügend Platz bietet, um dort Streichersinfonien von Carl Philipp Emanuel Bach aufzuführen.[1] Der Kreis der intellektuell und künstlerisch einflussreichen Persönlichkeiten in Hamburg ist ebenso bedeutend wie überschaubar. Einige von ihnen wirken als Professoren am Akademischen Gymnasium und an der Gelehrtenschule, die beide im früheren Johanniskloster untergebracht sind, also auf dem Gelände des heutigen Rathausmarktes.

Unter Klopstocks Freunden und Verehrern sind mehrere Mitglieder der Patriotischen Gesellschaft, die 1765 im Zeichen der Aufklärung gegründet wurde. Von Anfang an sollte sie eine Privatinitiative bleiben, in vornehmster hanseatischer Tradition, und prinzipiell Abstand zur Stadtverwaltung halten. Mit ihr organisierte sich ein selbstbewusstes Bürgertum, das ‹patriotisch› vor allem im Sinne von gemeinnützig verstand. Zu den Initiatoren gehörten neben Büsch der Techniker und Architekt Ernst Georg Sonnin, der maßgeblich am Wiederaufbau des am 11. März 1750 durch einen Blitzeinschlag niedergebrannten Michel beteiligt war. Außerdem waren der Professor für orientalische Sprachen Hermann Samuel Reimarus, Besitzer einer stadtbekannten Privatbibliothek, und dessen Sohn, der Mediziner Johann Albrecht Heinrich Reimarus, unter den ersten Mitgliedern der Patriotischen Gesellschaft.[2]

Als ginge es darum, Lehren aus dem verheerenden Brand des Michel zu ziehen, setzt sich die Patriotische Gesellschaft im 18. Jahrhundert für den Ausbau der Feuerwehr und die Ausstattung möglichst vieler Gebäude mit Blitzableitern ein. Armutsbekämpfung und Straßenbeleuchtung stehen ebenso auf der Agenda wie die Förderung der Künste. Das Schöne und die «Nützlichen Gewerbe» werden hier nicht als Gegensätze verstanden.[3] Das Ziel dabei ist klar: Nach und nach sollen die Voraussetzungen für den Aufstieg der Stadt zu einer nicht nur in wirtschaftlicher Hinsicht führenden Metropole geschaffen werden. Die Patriotische Gesellschaft nimmt eine neue Ära ins Visier.

Hamburgs gebildete Kreise sind auch für Lessing von entscheidender Bedeutung, als er im Frühjahr 1767 von Berlin an die Elbe zieht, um daran mitzuwirken, den kriselnden Bühnenbetrieb am Gänsemarkt in neuer Form aufleben zu lassen.

Das Schauspiel wirkt immer nur im Präsens, und wenn die Gegenwart fad wird, nützt es wenig, dass man zu Lessings Zeiten in der Hansestadt bereits auf eine lange Opern- und Theatergeschichte zurückblicken kann: Die frühesten Aufführungen fanden im späten 16. Jahrhundert statt. Am 2. Januar 1678 öffnete am Gänsemarkt die erste bürgerliche Oper Nordeuropas ihre Pforten, die im Prinzip jeder gegen Eintritt besuchen konnte. Ins Leben gerufen wurde sie durch den Kirchenmusiker Johann Adam Reincken, den Ratsherrn und Diplomaten Gerhard Schott sowie den Juristen Peter Lütkens.[4] Das kommerziell betriebene Haus, das zeitweise von Telemann geleitet wurde, blieb unter verschiedenen Pächtern über Jahrzehnte hinweg erfolgreich und hatte Platz für bis zu 2000 Besucher. Noch unter Telemann bot es die seinerzeit übliche Mischung aus volkstümlichen Unterhaltungsstücken und Anspruchsvollem. Neben Deutsch und

Italienisch wurde zuweilen Platt auf der Bühne gesprochen. Allerdings gab es immer wieder auch künstlerisch herausragende Aufführungen, etwa der Werke Georg Friedrich Händels. Als 18-Jähriger – damals florierte die hamburgische Oper unter der Leitung des Komponisten Reinhard Keiser – spielte Händel selbst in deren Orchester drei Jahre lang Violine und Cembalo, bevor er 1706 weiter in Richtung Italien zog.

1738 musste am Gänsemarkt der reguläre Opernbetrieb eingestellt werden. Aufführungen im herkömmlichen Stil waren inzwischen so aus der Mode, dass es auch mit den Stücken der bekanntesten Komponisten nicht mehr gelingen wollte, das große Theater rentabel zu bewirtschaften. 1765 wurde der marode Altbau abgerissen, um ein neues Sprechtheater zu errichten, das mit zwei Rängen und einem Stehparterre ungefähr 800 Zuschauer fasste: das ‹Ackermannsche Comödiantenhaus›.[5] Doch auch der Prinzipal Konrad Ackermann hatte am Gänsemarkt zunächst wenig Glück. Künstlerisch gesehen waren die Voraussetzungen hervorragend: Das Ensemble war aus Ackermanns ehemaliger Wandertruppe hervorgegangen, der einige der besten deutschsprachigen Schauspieler angehörten. Aber als es gerade dabei war, sich an seiner neuen festen Spielstätte zu etablieren, erlitt Ackermann wirtschaftlich Schiffbruch. Der Zuspruch des Publikums blieb viel zu gering, zudem wurde der Prinzipal durch eine Intrige belastet.

Mitte 1766 spitzt sich Ackermanns Lage zu, und schließlich weiß er sich nur noch durch die Verpachtung des ‹Comödiantenhauses› zu helfen. Nun tritt eine Gruppe von Kaufleuten auf den Plan, die unter der Führung des hochgebildeten Dichters Johann Friedrich Löwen das Ziel verfolgt, das Sprechtheater auf eine solide Grundlage zu stellen. Die Ambitionen sind enorm: Die ‹Hamburger Entreprise› soll das Haus am Gänsemarkt als bürgerliches Nationaltheater zu neuer Größe führen.[6] Organisatorisch heißt dies, dass es in Hamburg erstmals ein von den Bürgern der Stadt finanziertes fes-

Vom Schönen und vom Nützlichen

Das Theater am Gänsemarkt, in dem Lessing von 1767 bis 1769 gearbeitet hat

tes Ensemble geben wird. Künstlerisch möchte man durch Qualität glänzen – wenn sich das Repertoire zunächst schon nicht deutlich von den Spielplänen der bekannten Wanderbühnen unterscheiden kann.

Den landesweit bekannten Dramatiker Lessing an das neue Nationaltheater zu holen, dessen Trauerspiel *Miß Sara Sampson* in Hamburg schon 1756 für Furore sorgte, könnte der entscheidende Coup sein. Lessing gilt als wichtigster Vertreter einer progressiven, naturalistischeren Bühnenkunst – von seiner Mitarbeit verspricht sich Löwen Signalwirkung (siehe Tafel 3).

Viele der Schauspieler, die bereits von Ackermann verpflichtet worden sind, übernimmt Löwen in sein Nationaltheater, allen voran Sophie Friederike Hensel, Ackermann selbst und den berühmten Conrad Ekhof, an den heute eine Tafel am Granitsockel des 1881 auf dem Gänsemarkt aufgestellten Lessing-Denkmals erinnert. Ekhof wird von Lessing in der *Hamburgischen Dramaturgie* mit den schmeichelhaftesten Worten gelobt, die für einen Bühnenkünstler gefunden werden können: «Indeß mag dieser Mann eine Rolle machen, welche er will; man erkennet ihn in der kleinsten noch immer für den ersten Akteur, und betauert, auch nicht zugleich alle übrige Rollen von ihm sehen zu können. Ein ihm ganz eigenes Talent ist dieses, daß er Sittensprüche und allgemeine Betrachtungen, diese langweiligen Ausbeugungen eines verlegenen Dichters, mit einem Anstande, mit einer Innigkeit zu sagen weiß, daß das Trivialste von dieser Art, in seinem Munde Neuheit und Würde, das Frostigste Feuer und Leben erhält.»[7] Heute sagt man überragenden Schauspielern nach, sie könnten auch das Telefonbuch oder eine Gebrauchsanweisung vorlesen, und es würde durch sie zum Ereignis. Lessing drückt seine Begeisterung im April 1767 ungleich eleganter aus.

Der in Hamburg aufgewachsene Ekhof setzt mit seinen Auftritten Maßstäbe. Vielen gilt er damals schon als Vater der deutschen Schauspielkunst. Noch 1813 wird Goethe dem Charakterdarsteller in *Dichtung und Wahrheit* höchstes Lob aussprechen. Von 1771 an spielte Ekhof in Weimar und Gotha: Durch seine «edle Persönlichkeit» habe er dem «Schauspielerstand» zu einer gewissen «Würde» verholfen und durch seine «Rechtlichkeit» die Hauptrollen auf ein neues Niveau gehoben.[8]

Doch kehren wir zurück in das Jahr 1767, in dem am Nationaltheater auch Lessings Lustspiel *Minna von Barnhelm oder das Soldatenglück* uraufgeführt wird, dessen epochale Bedeutung die Zeitgenossen sofort erkennen. Zunächst zögert ein preußischer Regierungsvertreter die Premiere hinaus, weil er starke Bedenken gegen den Realismus der Handlung hat. Schließlich findet sie am

30. September 1767 statt, und von nun an ist der Siegeszug des Dramas nicht mehr zu stoppen. Solche Ereignisse festigen Hamburgs Ruf als Zentrum der Künste. Die Idee eines Nationaltheaters aber scheitert kläglich, und hieran sind wiederum vor allem wirtschaftliche Gründe schuld.

Eigentlich soll die Existenz der Bühne durch das Engagement wohlhabender Bürger garantiert werden. Im entscheidenden Moment ist das Konsortium aus zwölf Förderern jedoch nicht dazu bereit, sie als Zuschussbetrieb zu halten. Außerdem erweist sich Löwen kaufmännisch als rundum unfähig. Für Lessing scheint dies allerdings nur die eine Seite des Desasters zu sein. Seiner Meinung nach spielen künstlerische Defizite eine ebenso große Rolle. Nur ein Jahr nach Eröffnung des Nationaltheaters analysiert er diese mit unübertroffenem Scharfsinn. Das Nationaltheater sei, so Lessing, nichts als ein gutherziger Einfall gewesen, da die Deutschen «noch keine Nation» seien. Damit spielt er weniger auf die fehlende politische Verfassung an als auf einen unsteten «sittlichen Charakter» und mangelndes Selbstbewusstsein.[9] Von der später vielbeschworenen deutschen Kulturnation kann überhaupt noch keine Rede sein. Lessing klagt darüber, dass man sich nach wie vor viel zu stark an Frankreich orientiere: «Der süße Traum, ein Nationaltheater hier in Hamburg zu gründen, ist schon wieder verschwunden: und so viel ich diesen Ort nun habe kennen lernen, dürfte er auch wohl gerade der seyn, wo ein solcher Traum am spätesten in Erfüllung gehen wird.»[10]

Ende 1768 schließt sich sogar der gescheiterte Löwen dieser Meinung an, freilich auch, um von seinem persönlichen Versagen abzulenken. Nun behauptet er, seinen Direktorenposten aus freien Stücken aufgegeben zu haben, «da, aller Versuche ohngeachtet, Deutschland nie die Hoffnung zu einem National-Theater wird erfüllt sehen».[11]

Viel interessanter als das zu erwartende Fiasko, das Lessing mit dem Nationaltheater erleben muss, sind aus heutiger Sicht die Hoffnungen, die er anfangs mit seiner Gründung verbindet. Was scheint ihm Ende 1766 bloß so aussichtsreich, dass er Berlin aufgibt, einen großen Teil seines Besitzes verkauft und mit immerhin schon 37 Jahren an der Elbe noch einmal ganz von vorn anfängt?

Löwen möchte ihn zunächst als Hausautor an den Gänsemarkt holen. Lessing erscheint das Angebot zugleich fragwürdig und extrem attraktiv. Deshalb entschließt er sich im Dezember 1766, die neuen Perspektiven bei einem persönlichen Treffen vor Ort auszuloten. Was er in der Hansestadt zu finden hofft, ist vor allem das Ende seiner finanziellen Sorgen und Ruhe zum Schreiben.

«Fragen Sie mich nicht: auf was ich nach Hamburg gehe?», schreibt er seinem Freund Johann Wilhelm Ludwig Gleim am 1. Februar 1767, um ihm zu gestehen: «Eigentlich auf nichts.» Dies kommt Lessing offenbar selbst erklärungsbedürftig vor: «Wenn sie mir in Hamburg nur nichts nehmen, so geben sie mir eben soviel, als sie mir hier [in Berlin] gegeben haben.»[12]

Bei aller Ironie, das klingt nicht hoffnungsfroh. Letztlich zweifelt Lessing Gleim gegenüber aber nicht daran, dass Hamburg wirtschaftlich und künstlerisch für ihn persönlich zum rettenden Hafen werden könnte: «Ich habe allerdings mit dem dortigen neuen Theater, und den *Entrepreneurs* deßelben, eine Art von Abkommen getroffen, welches mir auf einige Jahre ein ruhiges und angenehmes Leben verspricht.»[13]

In der Tat wird Lessing ‹Dramaturg› werden, obwohl es von dieser Funktion am Theater überhaupt noch keine klare Vorstellung gibt – eine Art Kritiker im eigenen Haus, der die Aufführungen fortwährend kommentiert. Hierfür erhält er ein Jahresgehalt von 800 Talern. Schlecht ist das nicht, und auch wenn das Glück nur ein gutes Jahr währt, verdanken wir ihm doch die *Hamburgische Dramaturgie*. Lessing verfasst sie von April 1767 an für ein Jahr im Auftrag des Nationaltheaters. Sie wird zugleich ein Sammelsurium aus ungleichen, mitunter auch nebensächlichen Stücken und ein Meilenstein der Essayistik werden; ein Buch, das wir, so der Literaturwissenschaftler und Lessing-Preisträger des Jahres 1997 Jan Philipp Reemtsma, bis heute «nicht ungelesen lassen können, wenn wir die Frage beantworten wollen: Was ist Aufklärung?».[14]

Lessing hat in Hamburg aber mehr vor, als nur am Theater zu arbeiten. Wahrscheinlich schon auf der Reise im Dezember 1766 lernt er den Musiker und Übersetzer Johann Joachim Christoph Bode kennen. Sein Name ist heute vergessen, doch als Freimaurer und früher Vermittler vor allem der englischen Literatur hat er nicht nur in der Hansestadt eine bedeutende Rolle gespielt.

Gemeinsam mit Bode möchte Lessing einen alten Traum verwirklichen: Als Autor genügt es ihm nicht, den Spielplan einer der wichtigsten deutschen Bühnen mitzugestalten. Er will in den Buchhandel einsteigen, weil dieser mit seinen veralteten Tauschprinzipien weder das stetig wachsende Lesepublikum noch die Autoren auf Dauer zufriedenstellen kann. Lessing sieht, dass sich daran bald etwas ändern muss. Entsprechend optimistisch bittet er Gleim am 1. Februar 1767 um Manuskripte: Bode baue in Hamburg eine Druckerei auf, und er selbst wolle «über lang oder kurz, auf eine oder die andere Weise, gemeinschaftliche Sache mit ihm» machen.[15] Genau das, was Lessing für sich selbst erhofft, dass in Hamburg die Möglichkeit bestünde, jene Dramen, «welche längst auf die letzte Hand gewartet haben», endlich zu vollenden, empfiehlt er auch Gleim.[16] In Zukunft sollten auch ihm die zermürbenden Verlagssorgen durch die Zusammenarbeit mit Bode genommen werden. Dieser sei «ein ehrlicher Mann», eben kein «Buchhändler» der üblichen Sorte, um nicht zu sagen: kein Wegelagerer an den Verkehrswegen des geistigen Lebens und schon gar kein Raubdrucker. «Eilen Sie», mahnt Lessing Gleim; «wer weiß, wie lange wir athmen; wir müßen machen, daß wir um so viel länger leben. Kann ein Autor den andern dringender ermuntern?»[17]

Getragen vom Selbstbewusstsein und auch von der ökonomischen Unbedarftheit des unabhängigen Schriftstellers, will Lessing in Hamburg also auch noch das Verlagsgeschäft neu erfinden. Seine Ideen weisen in die Zukunft, insbesondere geht es darum, die unselige Personalunion von Verleger und Sortimenter aufzugeben. Im Vordergrund steht der Wunsch nach optimalen Bedingungen für die Herstellung jener Bücher, auf die es Lessing vor allem ankommt, nicht zuletzt seiner eigenen. Aber er ist kein Egozentriker. Bode und er werden auch Klopstocks *Oden* und Gerstenbergs Tragödie *Ugolino* auf den Markt bringen.

Allerdings gelingt dies letztlich nur mit Unterstützung des Bremer Buchhändlers J. H. Cramer, dessen Name sich auch auf den Titelblättern findet. Die Verbindung mit Cramer ist nötig, weil das Verlagsgeschäft mit dem Druck der Bücher selbstverständlich noch lange nicht erledigt ist. Es bleibt der Vertrieb, und der ist viel schwieriger, als Lessing in seiner ersten Begeisterung wahrhaben will.[18] Sein Berliner Freund Friedrich Nicolai hingegen erkennt die wichtigsten Probleme sofort, als er von dem neuen Verlag hört. Er bewundert zwar Lessings Sinn für Qualität, bleibt aber realistisch: Im Gegensatz zu seinem Freund kennt er das Verlagsgeschäft seit Jahren und weiß, wie schwer sich Bücher verkaufen. Außerdem macht er sich keine Illusionen darüber, dass die Menge an überdurchschnittlichen Manuskripten begrenzt ist und sich das künstlerisch Überragende, ist es denn einmal gefunden, nicht unbedingt kommerziell durchsetzt.[19]

Es lässt sich nicht schönreden, das Nationaltheater und der Gelehrten-Verlag erweisen sich bald schon als Flops, mit denen Lessing seine gesamte bürgerliche Existenz aufs Spiel gesetzt hat. Im September des folgenden Jahres berichtet er Nicolai über seine geschäftliche Trennung von Bode. Nun bleibt ihm nichts mehr als das, was er in Hamburg zu Papier gebracht hat. Doch das immerhin ist nicht wenig: Er konnte *Minna von Barnhelm* vollenden, und mit der *Hamburgischen Dramaturgie* hat er auf bislang unerreichte Weise

Vom Schönen und vom Nützlichen

Fritz Schapers Lessing-Denkmal auf dem Gänsemarkt, links das Verwaltungsgebäude der ‹Finanzdeputation›, im Hintergrund das Deutschlandhaus, Foto von J. Hamann, 1932

vorgeführt, was Kritik in ästhetischen Dingen zu leisten vermag. Seine Urteile sind streng, aber stets nachvollziehbar. Niemals verkommt ihre Härte zum Selbstzweck. Für Johann Gottfried Herder steht bereits unmittelbar nach Lessings Tod fest, dass die *Hamburgische Dramaturgie* alle praktischen Fehlschläge aufwiegt: «Leßing lebte damals in Hamburg, und sollte einer Bühne vorstehen, die unter ihm erst deutsche Nationalbühne werden wollte. Warum sies nicht werden konnte? oder was überhaupt an dem ganzen Wort sey? hat er selbst zu Ende seiner Dramaturgie bescheiden und aufrichtig gesagt. Wären indessen auch nur die zwei Bände Dramaturgie die Frucht seines Aufenthalts in dieser Lage: so wäre das deutsche Theater überhaupt für die kleinen Veränderungen, die er dort machen oder nicht machen konnte, reichlich entschädigt. Sein Urtheil über einzelne Schauspiele und Schauspieler, so bescheiden, durchdacht und männlich es allemal ist, war ihm immer nur Veranlassung, sich über die Quellen der Schauspielkunst, über das Wesen des Trauer- und Lustspiels, von den Zeiten der Griechen bis zu uns herab, zu verbreiten.»[20]

Kannte der Bildhauer Fritz Schaper diese Worte, als er 100 Jahre nach Lessings Tod das Porträt eines gelassen, ja überlegen wirkenden Manns in die Mitte des dreieckigen Gänsemarkts stellte? Schapers Lessing posiert nicht, er steht auch nicht oder schreitet, wie so viele Säulenheilige der deutschen Kulturnation, entschlossen aus. Er sitzt einfach nur da und schaut. Dabei wirkt sein waches Gesicht schlanker als auf zeitgenössischen Porträts. Ganz ohne Idealisierung hob man im späten 19. Jahrhundert keinen Dichter auf den Sockel: Schaper zeigt uns Lessing als Inbegriff intellektueller Souveränität. In der linken Hand hält er ein Buch, und es sieht aus, als hätte er es gerade eben erst zugeschlagen, als wollte er nach einer kurzen Unterbrechung weiterlesen. Sein Zeigefinger steckt nämlich noch zwischen den Seiten.

Als das Denkmal am 8. September 1881 enthüllt wurde, nahm die ganze Stadt daran Anteil. Später geriet es, so prominent sein Standort auch sein mag, ein wenig aus dem Bewusstsein. Mit dem geschäftigen Leben um den Platz herum konnte es kaum konkurrieren. Optisch wird der Gänsemarkt schon lange vom stattlichen Verwaltungsgebäude der ‹Finanzdeputation› dominiert, das Fritz Schumacher nach dem Ersten Weltkrieg errichtete. Es gehört zu den wichtigsten Werken des Oberbaudirektors, der das moderne Hamburg als Architekt und Politiker wie kaum ein anderer geprägt hat. Im erst 2019 abgerissenen Deutschlandhaus, auf der gegenüberliegenden Seite des Valentinskamps, eröffnete 1929 der Ufa-Palast. Damals – der Siegeszug des Tonfilms begann gerade – feierte man den opulenten Neubau als Fanal gegen die Wirtschaftskrise: Der Depression sollte durch Entertainment, wie man es ansonsten nur in New York erleben konnte, entgegengesteuert werden. Mit 2667 Plätzen war der Ufa-Palast lange Zeit das größte Kino Europas, bis er im Zweiten Weltkrieg zerstört wurde.[21]

Bei den Bombardierungen am 18. Juni 1944 stürzte auch der bronzene Lessing von seinem Sockel. Immerhin vergrub man ihn daraufhin auf dem Heiligengeistfeld, um ihn 1955 wieder an seinem angestammten Platz aufzustellen. Die Eröffnung eines neuen Ufa-Palastes am Gänsemarkt ließ noch etwas auf sich warten. 1958 fand er seinen neuen Platz zwischen Büschstraße und Kalkhof. Das traditionsreiche, prächtig ausgestattete Lessing-Theater von 1912, das mit seinen gut 900 Plätzen den Krieg überstanden hatte, musste für den Neubau weichen. In den ersten zehn Nachkriegsjahren hatte es noch als Truppenkino für die britische Besatzungsmacht gedient.[22] 2006 schließlich wurde auch Hamburgs letzter Ufa-Palast durch die Insolvenz der Betreibergesellschaft in den Abgrund gerissen. Zwei Jahre später eröffnete an seiner Stelle der Opernhof, ein Geschäfts- und Bürohaus.

Meßberg

5. Lessings Abenteuer

Lessing konnte nur drei Jahre an der Elbe bleiben. Ansonsten hätten ihn seine Misserfolge ruiniert. Äußerlich gelang ihm in Hamburg fast nichts, und doch hat er die Stadt geprägt wie nur wenige Schriftsteller. Umgekehrt prägte die Stadt auch ihn. Er hat sie «geliebt», wie Hans Henny Jahnn in seiner Dankesrede zum Lessing-Preis 1956 pathetisch, aber nicht unzutreffend feststellte. Lessing habe Hamburg «über alle Städte gestellt, die er kannte: Berlin, Wien, Dresden, Leipzig, Breslau».[1] Bis zu seinem Tod am 15. Februar 1781 in Braunschweig fühlte er sich nie wieder vollkommen frei von Sehnsucht nach Hamburg. Letztlich können wir nur spekulieren, warum sich die kurzen 36 Monate, die er hier verbrachte, schon bald als entscheidend für sein weiteres Leben erwiesen.

Natürlich hatte das mit seiner wichtigsten Liebesbeziehung zu tun: mit Eva König, die er in Hamburg kennenlernte (siehe Tafel 4). Aber es lag auch daran, dass er in Hamburg von Anfang an vieles entschlossener in Angriff nahm als jemals zuvor. Die Zwangssituationen der Vorjahre, das unstete Leben und die finanziellen Engpässe hatte er im April 1767 offenbar gründlich satt. Es war höchste Zeit für eine Kehrtwende.

Seinem ganzen Wesen nach war Lessing ein radikaler Künstler. Vor ihm hatte in Deutschland niemand das Drama so überzeugend in ein Laboratorium der Ideen und Emotionen verwandelt. Keinem war es gelungen, starke Gefühle, ja, psychische Ausnahmezustände so anschaulich und damit verhandelbar zu machen, wie ihm. Mit seinen Stücken etablierte er nicht weniger als ein neues, ungleich komplexeres Menschenbild, eine Charakterkunde, die weit über die Sphäre der Schaubühne hinaus wirkte. Keiner hatte bis dahin Frauenfiguren wie Minna von Barnhelm oder Emilia Galotti erschaffen.

Entgegen jeder Vernunft stellte Lessing allerdings auch das Schicksal immer wieder auf die Probe. Er war spielsüchtig, bekannt ist seine Leidenschaft für die Lotterie – vielleicht erklärt diese Seite seiner Persönlichkeit den Mut, der vonnöten war, um mit der Übersiedlung an die Elbe alles auf eine Karte zu setzen. Lessing suchte das Risiko, das bewies er besonders durch seinen Einstieg in Johann Joachim Christoph Bodes Verlag. Eine Zeit lang hielt er die Zusammenarbeit mit diesem Tausendsassa – er war Musiker, Übersetzer und Verleger – für die größte berufliche Chance seines Lebens. Deshalb war ihm für ihr gemeinsames Unternehmen kaum ein Opfer zu groß. Das Ziel, das Lessing dabei vor Augen hatte, war nicht weniger als die künstlerische und ökonomische Selbstbefreiung: ein Leben ohne jene Verleger, die ihm intellektuell nicht gewachsen waren und die sich darüber hinaus auch noch an seinen Dramen gesundstießen, während er von einer Sorge in die nächste taumelte.

Bisher hatten die Einnahmen, die Lessing mit seinen Werken erwirtschaftete, für seinen Lebensunterhalt nie wirklich gereicht. An Rücklagen war schon gar nicht zu denken. Nun wollte er endlich etwas Sinnvolles aus seinen Einkünften machen. Er und Bode wollten sich mit ihrem Programm an die Spitze der Aufklärung stellen.

Auch Bode stürzte sich Hals über Kopf in jenes Abenteuer, das der Aufbau eines Verlags auch damals schon bedeutete, allerdings unter ganz anderen Voraussetzungen als sein Kompagnon. Bode war durch ein bedeutendes Erbe abgesichert, nur dadurch war er überhaupt in der Lage, die Druckerei auf dem Holzdamm, unweit des 1909 eröffneten Hotels Atlantic, zu kaufen. Außerdem rechnete er mit regelmäßigen Aufträgen des Nationaltheaters, die zumindest einen Grundumsatz garantierten: Ihm war in Aussicht gestellt worden, alle Flugblätter, Theaterzettel und sogar die Texte der aufgeführten Schauspiele zu drucken. Die Rentabilität seiner Druckerei war also nicht allein von den Verkäufen der von ihm und Lessing verlegten Titel abhängig.²

Dass ein Misserfolg des Unternehmens auch Bode empfindlich treffen würde, stand außer Frage. Lessings Einsatz war allerdings ungleich höher: Er verzichtete für den Verlag und den Umzug nach Hamburg zunächst einmal auf alles, was er besaß, sogar auf wesentliche Teile seiner etwa 6000 Bände umfassenden Bibliothek, die ihm in den Vorjahren ungeheuer wichtig gewesen war.³ Zusätzlich machte Lessing auch noch Schulden.

Dies alles nahm er nur deshalb in Kauf, weil er den Abschied von Berlin als endgültig verstand. Außer seinen Freunden ließ er dort kaum etwas zurück, und durch den Verkauf seiner Bücher warf er sogar in Sachen Literatur sehr viel Ballast ab. Schweren Herzens entschloss er sich, nur jene Bücher zu behalten, die er unmittelbar für seine geplanten Arbeiten brauchte.

Sein wohlhabender Freund Gleim hielt dies für einen unschätzbaren Verlust. Welch «ein Jammer» schrieb er ihm, «daß ich nicht den Augenblick Ihnen den Wehrt geben, und sie ihnen auf Lebenslang zum Gebrauch laßen kan! Wäre denn aber gar kein Rath sie zu erhalten? Sagen sie doch, sagen sie, liebster Leßing, was kann ich dazu beytragen? […] Zu allem zu allem bin ich bereit –».⁴

Lessing ließ sich von diesen sentimentalen Bedenken nicht irritieren. Schließlich hatte er Wichtigeres vor. Bücher waren ihm wahrscheinlich doch mehr Gebrauchs- als Sammlungsgegenstände, und zum Arbeiten konnte er, davon hatte er sicher schon in Berlin gehört, in der Hansestadt auf bedeutende Bibliotheken zurückgreifen. Dies mag ihm ein Trost gewesen sein, als er die meisten seiner eigenen Bände zu Geld machte.

Die seit 1735 aufgebaute Commerzbibliothek, die ihr erstes Domizil in der Waage hatte, genoss als Fachbibliothek einen hervorragenden Ruf und konnte bereits 1750 einen in 100 Exemplaren gedruckten Katalog vorweisen. Neben kaufmännischen Titeln fand sich hier eine umfassende Sammlung von Atlanten und Reiseberichten sowie Werken zur Länderkunde.

Wichtiger für Lessing dürfte allerdings die Stadtbibliothek gewesen sein, die seit der Reformation im Gebäude des Johanneums untergebracht war. In der Stadtbeschreibung von Jonas Ludwig von Heß, die Ende des 18. Jahrhunderts entstand, wird sie ausführlich gewürdigt. Hier konnte Lessing auf die gesammelte Gelehrsamkeit seiner Zeit zugreifen. Der Chronist lobt den überreichen Bestand von «ungefähr 100 000 Bänden, worunter wohl das Fach der classischen, griechischen, und römischen Schriftsteller und Kirchenväter, am vollständigsten sein mag».[5] Zu Lessings Zeiten war die Zahl der Bücher zwar noch deutlich geringer, aber der außergewöhnlichen Qualität der Sammlung tat das keinen Abbruch.

Ihr Grundstock wurde 1649 durch die Vereinigung der Bibliotheken des Johanneums und des Akademischen Gymnasiums gebildet. In den folgenden Jahrzehnten konnte die Bibliothek, an die seit 1696 jeder Hamburger Drucker und Verleger Pflichtexemplare abgab, vor allem durch Privatsammlungen enorm erweitert werden. In Norddeutschland am berühmtesten war jene des Orientalisten und Geistlichen Johann Christoph Wolf. Aus seinem Besitz übernahm man nach seinem Tod im Jahre 1739 mehr als 25 000 Bände. In der Stadt sagte man Wolf nach, dass er «unter nichts als Büchern leibte und lebte».[6] Darin ähnelte er nur seinem jüngeren Bruder Johann Christian, der 1770 starb und seine Sammlung ebenfalls der Stadtbibliothek vermachte. Von großer Bedeutung für die weitere intellektuelle Entwicklung der Stadt war, dass sich die beiden Wolfs nicht nur für Gedrucktes interessiert hatten, sondern ebenso für Gelehrtenbriefe und orientalische Handschriften. Diese Unikate machten ihre Sammlungen unschätzbar.

Meßberg

Der Brook von Osten aus gesehen, aufgenommen 1883

Als Lessing an die Elbe zog, war Hamburg keineswegs nur eine Kaufmannsrepublik. Auch die evangelische Kirche konnte in all ihrer Strenge wenig daran ändern, dass sich die Stadt mit ihren Bühnen, dem vielfältigen Musikleben, den Verlagen und Bibliotheken zu einem kulturellen Zentrum entwickelt hatte, das den Vergleich mit dem wesentlich größeren Berlin nicht scheuen musste. Lessing vermisste hier offenbar wenig, zumal er rasch neue Freundschaften schloss und als berühmter Dramatiker fast überall ein gern gesehener Gast war.

Seinen ersten Wohnsitz fand er auf dem Brook, also auf dem Gebiet der heutigen Speicherstadt, unweit des U-Bahnhofs Meßberg. Der Brook war zu dieser Zeit dicht besiedelt und gehörte zu den ältesten Straßen auf der dem Stadtkern vorgelagerten Elbinsel Kehrwieder. In der zweiten Hälfte des 18. Jahrhunderts lebten hier vor allem Schiffbauer. Historische Aufnahmen zeigen großzügige und vornehme Fachwerkhäuser mit vier, manchmal sogar mit fünf oder sechs Obergeschossen – in einem von ihnen wohnte Lessing.

Das Viertel in unmittelbarer Nähe des Hafens muss eher unruhig, ja quirlig gewesen sein. Der Messberg, heute fast nur noch Schnittpunkt tosender Hauptverkehrsadern, galt bis ins frühe 20. Jahrhundert hinein als einer der wichtigsten und lebendigsten Plätze der Stadt. Die sozialen Spannungen waren hier deutlicher zu spüren als anderswo. Zudem war die Gegend, rein praktisch gesehen, etwas abgelegen, doch das alles scheint Lessing nicht weiter gestört zu haben. So oder so orientierte sich die Ausdehnung der Stadt noch an den engen Grenzen der Wallanlagen, und bis zum Theater am Gänsemarkt konnte er ohne große Mühe laufen. Zu Bodes Druckerei am nördlichen Ende der Stadt war es weiter. Sie befand sich in den ländlichen Gebieten nahe der heute nicht mehr erhaltenen Windmühle und dem hölzernen Vorgängerbau der Lombardsbrücke. Doch auch hierher kam er notfalls zu Fuß.

6. Bürgertum und seltsame Seefische

Lessings Vermieter waren der Kaufmann und Gelegenheitsschriftsteller Johann Friedrich Schmidt und dessen Frau Johanna Christiana. Für den Neuankömmling bedeuteten die beiden ein seltenes Glück: Er verstand sich bestens mit ihnen, und das auf ganz unterschiedlichen Ebenen. Schon bald spielte er mit einem Kreis von gebildeten Damen regelmäßig *L'Hombre*, ein damals beliebtes, recht kompliziertes Kartenspiel für drei Personen, mit dem das Prinzip des Reizens eingeführt wurde, das heute beim Skat weiterlebt. Wichtiger war für ihn aber, dass ihn die Schmidts in die Hamburger Gesellschaft einführten, bestimmt nicht ohne Stolz, den berühmten Dramatiker und intellektuellen Kopf des neuen Nationaltheaters beherbergen zu dürfen.

Lessing fühlte sich bei den Schmidts so wohl, dass er 1768, anstatt sich eine eigene Wohnung zu nehmen, mit ihnen zusammen in die Neustadt in die Neue Straße umzog; später hieß sie Neustädter Straße. Genau wie Carl Philipp Emanuel Bach und bald auch Klopstock gehörten sie zum Kreis um Johann Georg Büsch, der mit seinen vielfältigen intellektuellen und künstlerischen Interessen Lessing ein willkommener Gesprächspartner gewesen sein dürfte. Wesentlich enger befreundet waren sie allerdings mit dem reichen Kaufmann Engelbert König, der nicht nur in Norddeutschland Geschäfte machte, sondern auch in Wien Fabriken für Seide und Tapeten unterhielt, und dessen Frau Eva. Mit ihr hatte Johanna Schmidt zeitweise täglich Kontakt.

Es dauerte nicht lange, bis auch Lessing zu den regelmäßigen Gästen der Königs am Neuen Wall gehörte, und als deren im Oktober 1768 geborener Sohn Friedrich Wilhelm getauft wurde, übernahm er das Patenamt. So war Lessing der Familie bereits vor Engelbert Königs Tod in Venedig eng verbunden: Mit 41 Jahren starb der Tuchhändler am 20. Dezember 1769 ungewöhnlich früh. Eva war damals 33 und stand mitten im Leben.

Bevor König nach Italien aufgebrochen war, um Rohseide einzukaufen, hatte er den Freund gebeten, sich seiner Frau und der Kinder anzunehmen, falls ihm etwas «Menschliches» zustoßen sollte.[7] War dies eine normale Vorsichtsmaßnahme? Und setzte König nur deshalb auf Lessing, weil er die Seinen bei ihm in guten Händen wusste? Oder ahnte er bereits, dass seine Witwe einmal Lessings Frau werden könnte? Erkannte er die Gefühle der beiden füreinander möglicherweise viel deutlicher als sie selbst?

Als Eva König die Nachricht vom Tod ihres Mannes erhielt, war Lessing noch in Hamburg. Wenige Tage zuvor war ihm eine Stelle als Bibliothekar in Wolfenbüttel zugesprochen worden. Es verstrichen aber noch vier Monate, bis er in Richtung Braunschweig aufbrach. Trotz seiner wirtschaftlichen Misere wollte Lessing nicht aus

Hamburg weg. Dies lag vor allem an Eva. Am 25. März wurden die beiden sogar gemeinsam Taufpaten der 1770 geborenen Charlotta Henriette Schmidt. Spätestens seit dieser Zeit fühlten sie sich eng miteinander verbunden. Entsprechend vertraulich ist der Ton ihres im darauffolgenden Sommer einsetzenden Briefwechsels. Im September 1771 verlobten sie sich, und doch vergingen noch einmal fünf Jahre, bis sie am 8. Oktober 1776 in Jork im Alten Land heirateten. Lessings Zögerlichkeit war wohl vor allem wirtschaftlich begründet. Allzu langsam erholte er sich von den Hamburger Fehlschlägen. Das Problem war, dass er nicht in der Lage gewesen wäre, eine Familie zu ernähren.

In der Zwischenzeit feierte das Theater am Gänsemarkt wieder Erfolge. Von 1771 an stand es unter der Leitung des Schauspielers Friedrich Ludwig Schröder, der mit Lessing gut bekannt war. Auch er musste gegen Widerstände kämpfen, besonders später, nach 1796, als Senat und Bürgerschaft das Theater der Vergnügungssteuer unterwarfen und es damit auf eine Stufe mit reinen Amüsierbetrieben stellten.[8] Zugleich wurde Schröder über Jahrzehnte hinweg als einer der bedeutendsten Bühnenkünstler seiner Zeit gefeiert. Sein größtes Verdienst bestand vielleicht darin, wie kein anderer Shakespeare auf deutschsprachigen Bühnen etabliert zu haben. Auch in seinen Augen war der Autor der 1772 in Braunschweig uraufgeführten *Emilia Galotti* der maßgebliche einheimische Dramatiker. Doch solche Bewunderung war für Lessing jetzt eher nebensächlich. Trotz aller Sehnsucht nach Hamburg sah er seine Zukunft mittlerweile in Wolfenbüttel. Hier wollte er sich eine neue Existenz aufbauen, für Eva und für sich. Dass sie an seiner Seite ein ähnliches Schicksal ereilen würde wie einst Meta Klopstock, konnte er ja nicht ahnen.

Ein einziges glückliches Jahr nach ihrer Hochzeit war den beiden vergönnt: Weihnachten 1777 kam ihr Sohn Traugott zur Welt. Er lebte nur 24 Stunden. Keine drei Wochen später, am 10. Januar 1778, starb auch Eva. «Ich wollte es auch einmal so gut haben, wie andere

Menschen», schrieb Lessing nach den wenigen Stunden seiner Vaterschaft und angesichts seiner im Sterben liegenden Frau dem Braunschweiger Freund Johann Joachim Eschenburg. «Aber es ist mir schlecht bekommen.»[9] Und am 14. Januar 1778 fügte er dem einige Worte hinzu, die das ganze Ausmaß des Verlustes deutlich machen: «Wenn ich noch mit der Einen Hälfte meiner übrigen Tage das Glück erkauffen könnte, die andre Hälfte in Gesellschaft dieser Frau zu verleben; wie gern wollte ich es thuen. Aber das geht nicht: und ich muß nur wieder anfangen, meinen Weg allein so fort zu duseln.»[10]

Als Lessing im Oktober 1780 drei Wochen in Hamburg verbrachte, waren seine früheren Freunde vom «Anblick seiner verfallenden Kräfte» schockiert.[11] Gut zehn Jahre waren vergangen, seit er mit ihnen durch die Hamburger Gasthöfe und Kaffeehäuser gezogen war, die damals wahre Zentren des bürgerlichen Lebens darstellten: Orte, an denen so etwas wie Öffentlichkeit überhaupt erst entstehen konnte. Hier tauschte man sich aus, hier erfuhr man Neuigkeiten: Klatsch hatte ebenso seinen Platz wie Politisches.

Besonders gern mochte Lessing das Eimbecksche Haus an der Ecke Kleine Johannisstraße und Dornbusch, wo, für den Spieler nicht unwichtig, die Ziehungen der staatlichen Lotterie stattfanden. Ein anderer Treffpunkt war das Baumhaus, das 1662 am Ostende des Baumwalls von Hans Hamelau, dem Leiter des städtischen Bauhofs, errichtet worden war. Bis zu seiner Zerstörung im Winter 1857/58 gehörte das Baumhaus zu den beliebtesten Wahrzeichen der Stadt. Es stand direkt an der Einfahrt zum Binnenhafen, der nachts mit einem Schlagbaum abgesperrt wurde.

Berühmt war das Baumhaus für die eindrucksvolle Sicht von seiner Dachterrasse auf die Prachtbauten der Stadt und den Hafen, die dem Blick von der 2016 eröffneten Plaza der Elbphilharmonie geähnelt haben muss.[12] Selbst der oft ironisch-rationale Lichtenberg fühlte sich im Sommer 1773 von dieser Aussicht tief berührt, wie er

Bürgertum und seltsame Seefische

Das einst beliebte Baumhaus, Lithografie von Wilhelm Heuer, 1853

seinem Bruder in einem Brief gestand. Er könne sie zwar nicht ausführlich beschreiben, aber ein paar Einzelheiten müsse er doch festhalten: «Ich erwähne nur dieses, daß man hunderte von dreymastigen Schiffen, wovon eines allein seinen Mann in Erstaunen setzen kan, auf einmal übersieht. Da liegt das leichte niedliche englische Schif mit dem scharfen Kiel […] neben dem runden und schweren Holländer, der, um mehr Käse laden zu können, lieber etwas schwerer segelt, und dann kommt ein Schif, das vor wenigen Tagen vom Wallfischfang zurück kam, wie eine Kirche plump und schwer, mit geflickten Seegeln, über und über schmutzig, da liegen Spanier und Portugiesen und Russen, und in dem Tauwerck, das in der Ferne einem Gewebe von Spinnen ähnlich sieht, klettern die Menschen wie die Spinnen. Alles lebt und wimmelt, das wird reparirt, gebaut, aus und eingepackt, und alles was wacht ist geschäfftig. […] Für mich, der das Wasserfahren und Seewesen beynah bis zur Aus-

Blick auf den Hafen, Fotografie von Georg Koppmann, um 1883

schweifung liebt, ist dieses ein Vergnügen, das ich allen vorziehe und das mir Thränen in die Augen bringen kan.»[13]

Im Festsaal des Baumhauses fanden etwa 200 Zuhörer Platz. Georg Philipp Telemann nutzte ihn regelmäßig für Konzerte. Die größte Attraktion des Baumhauses war allerdings seine Wirtschaft. Sie gehörte zu den wenigen, in denen Bier ausgeschenkt werden durfte; ansonsten trank man in der Stadt eher Wein. Als Spezialitäten des Hauses galten sogenannte Stockfisch- und Ochsenmahlzeiten.

Wenn man sich Hamburg zu Beginn des 19. Jahrhunderts mit dem Schiff näherte, so wie der junge Joseph von Eichendorff, waren das Baumhaus und das gegenüberliegende, ebenfalls von Hamelau entworfene Blockhaus kaum zu übersehen. Auch auf Eichendorff wirkte der Hafen überwältigend, und der junge Romantiker schildert ihn in seinem Tagebuch vom 18. September 1805 ähnlich wie vor ihm

Bürgertum und seltsame Seefische

schon Lichtenberg: «[...] ein Wald von 1000 u. abermal 1000 himmelhohen Mästen, gleich einem wilden Windbruche, deuteten uns den Hafen. Je näher wir demselben kamen, desto öfterer überraschten uns Ungeheuer von Schiffsgerippen, die am Ufer ausgebeßert wurden. Endlich langten wir im Hafen an. Welchen Eindruk dieses seltsame in der Welt eintzige Schauspiel auf uns machte ist unbeschreiblich. Mit staunenden Entzüken fuhren wir in das tosende Chaos hinein; wie eine fremde Feenwelt umschloßen uns rings die ungeheuren Seepalläste. Hier wurde gezimmert, dort gerudert, dort klommen Matrosen an den Masten hinan, hier schwebten andere am Thauwerke zwischen Himmel u. Waßer, und ein dumpfes Getöse von 1000 Stimmen in hunderterley Sprachen tönte darein.»[14]

Ostindien und Amerika scheinen dem jungen Eichendorff in Hamburg etwas näher als anderswo: Seeleute erzählen von fernen Ländern, und die verwirrende Vielfalt des Fischmarkts, «wo man die seltsamsten Seefische in Hauffen beysammen sieht»,[15] tut das Ihre, um in dem jungen Dichter ein Gefühl für Exotik und die Weite der Welt zu wecken.

Sicher hätte ihn auch ein Besuch des «im holländischen Geschmack» gehaltenen dreistöckigen Baumhauses inspiriert, dessen Inneres bei Weitem nicht so zweckmäßig, schlicht und geschmackvoll gewesen sein dürfte wie sein Äußeres. Den Festsaal zierte, das vermerkt eine zeitgenössische Stadtchronik, das gemalte Vollporträt eines Riesen, und das untere Stockwerk wartete noch mit ganz anderen Sensationen auf. Hier bekam man «einige Crocodille, Meerkrebse u. dergl.» zu sehen. Und nicht nur das – auch ein «ausgestopfter Grönländer mit seinem Canoe» fehlte hier nicht.[16]

Dies also war der Ort, an dem sich Hamburgs weltoffene Aufklärer und Künstler zum Bier verabredeten, die Dichter Hagedorn und Klopstock, die Musiker Telemann, Bach und ihre Freunde ebenso wie der Freimaurer Bode, der mit Lessing zusammen das epochemachende Wort *Empfindsamkeit* in die deutsche Sprache einführte, als es 1768 darum ging, eine passende Übertragung für den Titel von Laurence Sternes Roman *A Sentimental Journey* zu finden.[17] Wie lange wurde der tote «Grönländer» hier zur Schau gestellt? Auf alle Fälle gab es den präparierten exotischen Mann schon zu Lessings Zeiten. Aber betrachteten ihn die Besucher des Baumhauses als einen der ihren, als einen Menschen wie du und ich?

Mönckebergstraße

7. Über verschütteten Anfängen

Auch der geniale englische Maler und Zeichner William Turner skizzierte 1835 «The Baumhaus and the Vorsetzen from the Kehrweider, with the Spire of the Michaeliskirche behind». Das allerdings konnte damals nicht wirklich überraschen: Zum einen schlug Turners Herz für alles Maritime; zum anderen war das Motiv nicht originell. Fast zwei Jahrhunderte lang war das Baumhaus ein Wahrzeichen. Für Fremde, die Hamburg kennenlernen wollten, gehörte ein Blick von seinem Altan geradezu zum Pflichtprogramm. Heilig war das markante Gebäude den Hanseaten trotzdem nicht. Im Laufe des 19. Jahrhunderts ließ man es verkommen und schließlich abreißen. In den Augen der damals Verantwortlichen sollte die Zukunft nicht unter der Last der Vergangenheit leiden.

Traditionsreiche Bauten wurden schon lange vor dem Großen Brand von 1842 reihenweise dem Erdboden gleichgemacht. Alfred Lichtwark, unter dessen Ägide die Kunsthalle Weltgeltung erlangte, wusste sehr genau, warum er Hamburg zur «Freien und Abriß-Stadt» erklärte![1] Beim Baumhaus, das dem Zeitgeschmack nicht mehr entsprach und seine Funktion verloren hatte, mag man den Abbruch noch nachvollziehen können. Aus heutiger Sicht vollkommen indiskutabel wirkt hingegen die Zerstörung des Doms, der sich bis 1805 mit seinem gewaltigen Turm in der Mitte der Stadt erhob.

Es handelte sich um einen gotischen Sakralbau, der denen in Lübeck oder Bremen in nichts nachstand: Seit 1248 hatte man eine dreischiffige Kirche errichtet, die 1329 geweiht wurde. In den folgenden Jahrhunderten wurde der Dom zu einer monumentalen Basilika erweitert. Sein Niedergang und sein Bedeutungsverlust begannen mit der Reformation und wurden schließlich durch die Aufklärung besiegelt, die zur Folge hatte, dass die katholischen Kirchen in Norddeutschland immer leerer wurden.

Im lutherischen Hamburg des 16. Jahrhunderts war der Dom zur ungeliebten Enklave des Bremer Erzbistums geworden, ein, wenngleich unbedeutender, Staat im Staat und als solcher ein Fremdkörper. Politisch konnte man ihn aufgrund seiner Immunität sogar als Bedrohung inmitten des Gemeinwesens betrachten.[2] So gesehen war der Abbruch mitsamt den Gebäuden des Domkapitels in den Jahren 1804 bis 1807 für die Mehrheit der Hamburger ein längst überfälliger Akt der Befreiung. Entsprechend gründlich und planmäßig wurde er durchgeführt. Man wollte die monumentale katholische Kirche, die das Stadtbild über Jahrhunderte hinweg geprägt hatte, inzwischen allerdings ganz nutzlos geworden war, einfach loswerden, nachdem sie 1803 durch den Reichsdeputationshauptschluss endlich Staatseigentum geworden war. Von der Ausstattung des Doms wurde verkauft, was sich verkaufen ließ – das Bauwerk selbst schlachtete man als Steinbruch aus.

Das riesige Kirchenwrack, in dem schon seit Jahren Eulen und Fledermäuse hausten und dessen Inneres zum Schluss so dunkel und dreckig war, dass man es nur noch «mit Schaudern» betrat,[3] wurde damals vom Dach herab zerstört. Dabei erwies es sich als ausgesprochen solide und standfest. Schließlich türmte sich der Schutt zwischen Fragmenten von Gewölben, Mauern und Säulen. Den Abriss dokumentierte der auf Architektur spezialisierte Maler Jes Bundsen aus Altona mit einer Serie von Zeichnungen und Radierungen. Ihm lag es fern, die Brutalität des Unternehmens zu beschönigen.[4] Auch unter den Zeitgenossen gab es entschiedene Gegner der Domzerstörung, doch es waren viel zu wenige, um die Barbarei aufzuhalten.

Über verschütteten Anfängen

Der Maler Jes Bundsen hielt den Abbruch des Doms
von Monat zu Monat fest

Nach dem Zweiten Weltkrieg wurde auf dem Domplatz bei Ausgrabungen eine verschüttete Steinmadonna aus dem 15. Jahrhundert entdeckt, die neben Resten des Lettners heute im Museum für Hamburgische Geschichte aufbewahrt wird. Hier findet sich auch ein Modell der Domanlage um 1780 im Maßstab 1:100. Nirgends wird so anschaulich, was durch den Abriss verloren ging, wie vor diesem kleinen Nachbau. Der Eingriff in das Stadtbild war derart brachial, dass die imposante Kirche mit ihrer langen Geschichte nie ganz aus dem Gedächtnis der Hamburger verschwand. Der an der Elbe aufgewachsene Literaturwissenschaftler Peter Bürger erinnerte noch 2009 daran, wie Hans Henny Jahnn in den Fünfzigerjahren die «Kulturlosigkeit» der Hanseaten mit drastischen Bildern anprangerte: Die Steine des Doms habe man später vor allem für die Kanalisation verwendet. Deshalb könnte man, so der Schriftsteller, tief unter den Straßen noch immer «Reste gotischer Plastiken finden».[5]

Mönckebergstraße

Das Johanneum am Speersort am 9. Juli 1919,
auf dem Dach Reichswehrsoldaten (Foto: Atelier Schaul)

Die Tatsache, dass die Kanalisation erst nach dem Großen Brand von 1842 gebaut wurde, rückt Jahnns Beschreibung von mittelalterlichen Bildnissen als Spolien in unterirdischen Kanälen, durch die unablässig Ströme von Abwasser und Fäkalien fließen, ins Reich seiner blühenden Fantasie. Zutreffend hingegen ist, dass den Hamburgern das Praktische, das Nützliche stets näherstanden als das Geistige oder gar Geistliche. Immerhin blieb der Domplatz, auf dem sich einst die legendäre Hammaburg und die benachbarte, seit 831 aus Holz errichtete Kirche befanden, auch im 19. Jahrhundert so etwas wie ein intellektuelles Zentrum: Von 1838 bis 1840 erbaute man hier das neue Johanneum – wofür einige Jahre zuvor freilich das vollständig erhaltene mittelalterliche St.-Johannis-Kloster mitsamt der zugehörigen Kirche abgerissen worden war, das die Gelehrtenschule über 300 Jahre hinweg beherbergt hatte.

Von Denkmalschutz konnte damals einfach keine Rede sein, aber das galt nicht nur für Hamburg. Wenigstens war die neue klassizistische Anlage, die neben dem Johanneum auch die Bibliothek beherbergte, mit ihren großzügigen Arkaden architektonisch so überzeugend, dass sie noch 100 Jahre später als vorbildlich galt. Das benachbarte Pressehaus, dessen großzügige Bögen optisch ursprünglich an das Johanneum angelehnt waren, macht das besonders deutlich.

Die Gelehrtenschule selbst war bei der Planung des Pressehauses schon lange in einen Neubau in Winterhude umgezogen, für den Fritz Schumacher verantwortlich zeichnete. Die prächtigen, von Carl Ludwig Wimmel und Franz Gustav Joachim Forsmann entworfenen Flügelbauten am Domplatz dienten seit 1914 nur noch der expandierenden Staats- und Universitätsbibliothek – bis zur nahezu vollständigen Zerstörung 1943, bei der auch rund 700 000 Bände in Flammen aufgingen. Keine andere deutsche Bibliothek hat im Zweiten Weltkrieg so große Verluste erlitten.

Heute bildet der Domplatz, der über Jahrzehnte hinweg ausschließlich zum Parken genutzt wurde, immer noch eine denkwürdige Leerstelle inmitten des Stadtzentrums: eine gigantische Lücke, fast eine Brache auf halber Strecke zwischen der engen, 1912 eröffneten U-Bahn-Station Mönckebergstraße mit ihren beliebten Wurstbuden, der Petrikirche und den Hafenvierteln.

Mönckebergstraße

Denkwürdig ist dieser Ort auch, weil er in all seiner Unscheinbarkeit geschichtsträchtig wie kaum ein anderer ist. Inzwischen wissen wir, dass es sich bei der Hammaburg, von der sich lange keine Spuren fanden, keineswegs um einen Mythos handelt.[6] Im Januar 2014 konnte Rainer-Maria Weiss, der Direktor des Archäologischen Museums, eine Sensation verkünden: Nach aufwendigen Grabungen und einer mehrjährigen Auswertung aller Befunde stellten die Wissenschaftler fest, dass sich die Hammaburg tatsächlich am Speersort befunden haben muss, und zwar nicht erst seit 815, wie bisher angenommen, sondern seit dem achten Jahrhundert. Und mehr noch: Zur Zeit der angeblichen Gründung des Bistums um 831 durch Kaiser Ludwig den Frommen wurde hier bereits Handel getrieben. Es gab auch schon adlige Burgherren![7]

Der traditionellen, inzwischen widerlegten Geschichtsschreibung zufolge wurde der Benediktinermönch Ansgar 834 zum Erzbischof ernannt.[8] In Wirklichkeit war er offenbar nur ein sehr wichtiger Missionar. Über zehn Jahre lang hielt sich der sogenannte Apostel des Nordens, der von der römisch-katholischen Kirche als Heiliger verehrt wird, an der Elbe auf. Die Hammaburg und die zugehörige Wiksiedlung sollten als Ausgangspunkt für die Christianisierung Skandinaviens dienen. Aber die Verhältnisse waren schwierig und das Leben im Norden für Missionare ein Wagnis: 845 wurde die Festung einschließlich der Kirche und der umliegenden Häuser zerstört. Die Angreifer waren dänische Wikinger. Mit knapper Not konnte Ansgar nach Bremen entkommen, wo er bis 865 als Bischof lebte. Heute findet sich sein Bildnis auf der Trostbrücke, gleich neben dem wuchtig-wehrhaften Backsteinbau der Patriotischen Gesellschaft.

Vor dem Großen Brand stand an ebendieser Stelle das alte Rathaus. Das Nikolaifleet stellte einst die Hauptmündung der Alster in die Elbe dar und trennte die Alt- von der Neustadt. Seit dem Bau der Speicherstadt ist es weitgehend bedeutungslos geworden, im 12. Jahrhundert allerdings entwickelte sich von hier aus der Hafen. Die klas-

Über verschütteten Anfängen

sizistische Ansgar-Statue, die der Bildhauer Engelbert Peiffer 1883 schuf, trägt den Dom in der rechten Hand und schaut in Richtung Hafen, als hätte der Geistliche die Hauptursache für Hamburgs zukünftige Bedeutung bereits vorausgesehen – das Tor zur Welt. Graf Adolf III., sein steinerner Gegenspieler auf der anderen Seite der Brücke, hat die Elbe im Rücken und tritt als Gründer der weltlichen Neustadt vergleichsweise zurückhaltend auf.

Der Überfall durch die Wikinger von 845 sollte mitnichten die einzige Katastrophe dieser Art bleiben. 915 wurde die wiederaufgebaute Siedlung durch die Abodriten und einige Jahrzehnte später von Dänen und Wenden abermals gebrandschatzt. Die ersten Steingebäude entstanden im 11. Jahrhundert. 1037 wurde der Bau der Marienkirche, also des späteren Doms, des Klosters und des erzbischöflichen Palastes durch Bezelin Alebrand veranlasst. Dies alles fand im Umfeld des heutigen Domplatzes statt. Fällt es den Stadtplanern deshalb seit Jahrzehnten so schwer, eine angemessene Lösung für das Gelände zu finden? 2008 wurde der Platz zur Grünanlage umgestaltet, allerdings vorerst nur provisorisch. Offiziell handelt es sich bei dem Park um eine Zwischennutzung, für den Alltag in der Innenstadt ist er allerdings ein großer Gewinn. Seit es ihn gibt, kommt vor allem das architektonisch nicht sehr ambitionierte und etwas klotzige Pressehaus an der Ostseite des Domplatzes besser zur Geltung, der Redaktionssitz der Wochenzeitung *Die Zeit*.

2016 wurde es in Helmut-Schmidt-Haus umgetauft. Der Sozialdemokrat, sicher der beliebteste Kanzler der alten Bundesrepublik, arbeitete hier seit 1983 als Herausgeber der *Zeit*. So schien es dem Verlag und dem Chefredakteur Giovanni di Lorenzo nur folgerichtig, das Gebäude am Speersort unmittelbar nach Schmidts Tod unter seinen Namen zu stellen. Es solle, erklärte di Lorenzo, nun untrennbar mit Helmut Schmidt verbunden bleiben: «Häuser überleben ihre Bewohner, das war zu allen Zeiten so. Es muss schon ein Unglück passieren, damit dies nicht gilt.»[9]

Das stimmt – einerseits. Aber hätte sich auch Helmut Schmidt, den die Verbrechen des Nationalsozialismus sein Leben lang umtrieben, für dieses Haus entschieden? Im Gegensatz zu seinen jüngeren Redaktionskollegen wird ihm, er wurde 1919 geboren, in sehr lebendiger Erinnerung geblieben sein, wozu man das Pressehaus einst errichtet hatte. Das war 1938, unmittelbar vor dem Zweiten Weltkrieg, und die erste hier ansässige Zeitung war ausgerechnet das *Hamburger Tageblatt*, das regionale Organ der NSDAP, das von 1931 bis 1944 erschien. Sein Emblem war die ‹Tageblattkogge› mit einem Hakenkreuz auf dem Vorsegel (im Unterschied zu den historischen Koggen hatte sie merkwürdigerweise drei Masten und nicht bloß einen).

Bekannt und gefürchtet war das *Hamburger Tageblatt* für seine Denunziationen und Hetzartikel, die denen im *Völkischen Beobachter* glichen; manchmal erschienen die Beiträge auch in beiden Zeitungen. Wer sich seit März 1933 über die Konsolidierung der nationalsozialistischen Gewaltherrschaft unter dem Bürgermeister Carl Vincent Krogmann und dem NS-Gauleiter und Reichsstatthalter Karl Kaufmann informieren wollte, wer wissen wollte, welche Prominenten inhaftiert oder in die Emigration getrieben wurden, der erfuhr dies aus dem *Hamburger Tageblatt*. Ein wirklicher Publikumserfolg wurde diese Zeitung allerdings nie. Im Laufe der Hitler-Zeit gelang es zwar, regelmäßig ungefähr 100 000 Exemplare zu verkaufen. Beliebter aber blieben der ehemals liberale, freilich ebenfalls ‹gleichgeschaltete› *Hamburger Anzeiger* sowie das 1936 von den Nationalsozialisten enteignete *Hamburger Fremdenblatt*. In der letzten Phase des Krieges wurde dann vom Propagandaministerium verfügt, dass keine Tageszeitung mehr als vier Seiten haben dürfe. Im Zuge dieser Maßnahme wurden alle drei Zeitungen 1944 zur *Hamburger Zeitung* vereinigt. Offiziell handelte es sich um eine «Kriegsarbeitsgemeinschaft».

Die steinerne ‹Tageblattkogge› findet sich nach wie vor an der

Klinkerfassade zur Curienstraße. Das Hakenkreuz auf dem Segel wurde 1945 selbstverständlich abgeschlagen. Der Treuhänder, dem im Juni die Aufgabe zufiel, die Nazizeitung abzuwickeln, war der politisch unbescholtene Rechtsanwalt Gerd Bucerius. Im von Fliegerbomben schwer getroffenen, teilweise ausgebrannten Pressehaus, dessen untere Stockwerke aber immerhin noch benutzbar waren, musste er zunächst einmal gründlich aufräumen. Dies bedeutete in erster Linie, die komplette Mannschaft des *Verlags Hamburger Tageblatt* schleunigst vor die Tür zu setzen. Die Gründe dafür formulierte Bucerius in seinem Kündigungsschreiben ebenso höflich wie unverblümt: «Für eine Presse, wie sie in den hinter uns liegenden Jahren ihr Wesen trieb – ohne aufrechte Gesinnung, unwahrhaftig, höhnisch –, ist in der Zukunft kein Raum mehr.»[10]

Bucerius erledigte seine Aufgabe vorbildlich. Er brach sogar das allgegenwärtige Schweigen über die «Schrecken der Konzentrationslager», mit denen sich alle, ausnahmslos alle, die in Deutschland geblieben waren, «achselzuckend abgefunden» hätten.[11] Auf diese Weise schuf er die Voraussetzungen für einen Neuanfang. Dennoch lässt es sich nicht vergessen, dass kaum ein anderes Gebäude die Abschaffung der Presse- und Meinungsfreiheit unter Hitler deutlicher als das heutige Helmut-Schmidt-Haus symbolisierte. Den Nationalsozialisten war das Pressehaus so wichtig, dass Reichspropagandaminister Goebbels zur Grundsteinlegung am 22. Oktober 1938 persönlich in die Hansestadt reiste.

8. Zentrale Speersort

In den Wirtschaftswunderjahren gerieten Goebbels' Ambitionen und die Ausgabe von Hitlers *Mein Kampf* in der Zeitkapsel des Grundsteins am Speersort mehr und mehr in Vergessenheit, und vielleicht war das zunächst sogar ein Glück. Unmittelbar nach Kriegsende hielten die britischen Besatzer den Aufbau einer freien Presse für eine der wichtigsten Reeducation-Maßnahmen. 1946 lizensierte die Militärregierung in der Hansestadt eine Reihe von örtlichen Parteizeitungen; als überregionale und überparteiliche Blätter kamen *Die Welt* und *Die Zeit* hinzu.

Letztere erhielt die Zulassungsnummer sechs und sollte von Anfang an etwas Besonderes sein. Ihre vier Gründer, darunter der Architekt und Schriftsteller Richard Tüngel und eben Gerd Bucerius, verstanden Unabhängigkeit ernsthafter als die meisten ihrer Kollegen: Sie gehörten zu den wenigen, die auch vor Kritik an der britischen Militärregierung nicht zurückschreckten. Zugleich lehnten sie jede Form von Demagogie ab, denn Demagogie hatten sie unter Hitler als äußerste Schwundstufe des Journalismus fürchten gelernt. Zwischen den Trümmern und inmitten einer vollkommen zerrütteten bürgerlichen Öffentlichkeit wollten sie im Grunde das geistige Potenzial der Aufklärung reanimieren: Bewusst oder unbewusst verband sie mit Lessing, Büsch oder Bode intellektuell deutlich mehr als mit den meisten Zeitungsmachern ihrer eigenen Generation.

Die kleine Redaktion arbeitete zunächst unter bescheidenen Bedingungen. Die Büros im Pressehaus konnten nur notdürftig hergerichtet werden, die Räume ließen sich nicht heizen, und Papier war sowieso Mangelware.[12] Man musste improvisieren. Umso familiärer war die Atmosphäre und umso entschiedener der inhaltliche Anspruch: Jedwede Propaganda sollte durch nachvollziehbare Argumentationen unterlaufen werden. In der ersten Ausgabe vom 1. März 1946 verkündeten die Herausgeber der *Zeit* programmatisch: «Wir sprechen zu einem deutschen Leserkreis, der in dieser Zeitung seine Sorgen, Wünsche und Hoffnungen wiedererkennen und sie geklärt sehen soll. Wir werden niemandem nach dem Munde reden, und daß es nicht allen recht zu machen ist, ist eine alte Weisheit.»[13]

Nach wenigen Wochen stieß auch Marion Gräfin Dönhoff hinzu. Sie hatte Volkswirtschaft studiert und anschließend das Gut ihrer

Zentrale Speersort

Marion Gräfin Dönhoff als Chefredakteurin, 1972

Familie in Ostpreußen verwaltet. In den letzten Kriegsmonaten war sie auf abenteuerliche Weise gen Westen geflohen. Im Frühjahr 1946 konnte noch niemand ahnen, dass sie bald zu den maßgeblichen politischen Journalistinnen Deutschlands gehören würde, am wenigsten die 36-jährige Quereinsteigerin selbst. Entsprechend unsicher, aber auch stolz klang sie in einem Brief an den befreundeten Schweizer Historiker Carl Jacob Burckhardt vom 31. Dezember 1946: «Ich bin inzwischen in Hamburg gestrandet und helfe, eine Zeitung fabrizieren, die wohl die einzig lesbare Zeitung Deutschlands ist, und finde daran viel Freude und Befriedigung – ich schicke Ihnen unsere Neujahrsnummer mit, weil ich denke, daß es Sie vielleicht interessiert. Übrigens dürfen wir neuerdings ein paar Auslandsabonnements vergeben, und so wollte ich sie Ihnen eigentlich laufend schicken, weil sie doch ein ganz gutes Bild von der ‹geistigen Situation› (wie es so schön heißt) gibt.»[14]

Unterdessen wurde die Zeitungslandschaft vielfältiger. Zu jenen Titeln, die Dönhoff wohl kaum für «lesbar» hielt, die allerdings enorme Breitenwirkung entfalteten, gehörte die *Hör Zu!* aus dem

Axel Springer Verlag. Dass mit ihr ein ganz anderer journalistischer Anspruch verfolgt wurde als mit der *Zeit*, gab allein schon der Imperativ des Titels zu verstehen. Zu Beginn ihrer beispiellosen Erfolgsgeschichte war die *Hör Zu!* allerdings auch noch eine reine Programmzeitschrift für den Hörfunk, und die Auflage der Hefte, die von Dezember 1946 an erschienen, blieb auf immerhin beachtliche 250 000 Exemplare beschränkt. Erst nach dem Ende der Militärregierung und mit der Durchsetzung des Fernsehens kletterte sie höher und höher. Hierzu trug das erweiterte Profil der Zeitschrift entscheidend bei: Mit ihrer typischen Mischung aus Illustrierter, Fernsehzeitung und Boulevardblatt erreichte die *Hör Zu!* von Hamburg aus bald tatsächlich Millionen.

Der *Spiegel*, der heute aus der Stadt kaum wegzudenken ist, ging 1947 hingegen im niedersächsischen Hannover an den Start. Mit dem Nachrichtenmagazin, das zunächst *Diese Woche* hieß, wollten die britischen Besatzer den deutschen Journalismus aus seiner Provinzialität herausführen. Rasant, wie es nur in der Nachkriegsmisere möglich war, in der überall Führungspersönlichkeiten fehlten und es zugleich darum ging, eine verstörende Leere mit Inhalten zu füllen, etablierte sich dort der 1923 geborene Rudolf Augstein als Chefredakteur und Herausgeber. Fünf Jahre später, als Augstein den *Spiegel* nach Hamburg übersiedelte, hatte er die beiden Mitbegründer seines Magazins bereits ausbezahlt. Stattdessen gewann er den Hamburger Medienmogul John Jahr, der die erfolgreiche Frauenzeitschrift *Constanze* verlegte, für das Unternehmen. John Jahr hatte auch schon vor 1933 und genauso in der Zeit des Nationalsozialismus große Geschäfte gemacht, etwa bei der Vermarktung der Olympischen Sommerspiele in Berlin. Dies hinderte ihn nicht im Geringsten daran, in der jungen Bundesrepublik zum durch und durch liberalen Großverleger zu werden.[15]

Im Gegensatz zum kaufmännisch unerfahrenen Augstein wusste Jahr sehr genau, wie man den *Spiegel* für zahlungskräftige Anzeigen-

Zentrale Speersort

kunden attraktiv machen konnte. Dies war die ökonomische Voraussetzung für das enorme Wachstum des Nachrichtenmagazins in den folgenden Jahren. Sein erstes Hamburger Domizil fand der *Spiegel* ebenfalls in dem Kontorhaus am Speersort 1, in der sechsten Etage, dort, wo heute die Chefredaktion der *Zeit* residiert.

Mit diesem Neuzugang war die Hansestadt endgültig zur führenden Medienmetropole der Bundesrepublik geworden. Nun saßen hier die einflussreichsten Meinungsmacher, zumal die *Frankfurter Allgemeine Zeitung* der Adenauer-Regierung politisch viel zu nahestand, um sich als kritisches Korrektiv behaupten zu können, und die *Süddeutsche Zeitung* überregional vergleichsweise unbedeutend war. Hinzu kam aus Hamburg mit der *Tagesschau* auch noch die wichtigste Nachrichtensendung – seit 1952 wird sie in den Fernsehstudios des heutigen Norddeutschen Rundfunks produziert.

Wurde das beschauliche Bonn Parlaments- und Regierungssitz, zeigte sich die sogenannte vierte Gewalt in Deutschland nirgends präsenter als an der Elbe. Hier wurden die wichtigsten Informationen in Umlauf gebracht, hier äußerten sich die bissigsten Kommentatoren, und besonders Politiker aus dem rechten Lager konnte das empfindlich stören. Der prominenteste unter ihnen war Franz Josef Strauß: Als Bundesverteidigungsminister reagierte er zu Beginn der Sechzigerjahre mitunter geradezu hysterisch auf den *Spiegel* – wobei es kein Geheimnis war, dass der Liberaldemokrat Augstein den Kopf der bayrischen CSU um fast jeden Preis als Kanzlerkandidaten unmöglich machen wollte. So nutzte er den wachsenden Einfluss des *Spiegel*, um Korruptionsversuche und Finanzskandale aufzudecken. Damals schon glänzte das Magazin mit investigativen Enthüllungen, schließlich gehörte es zu Augsteins erklärten Zielen, dafür zu sorgen, dass in Deutschland nicht zu viele «faule Eier» ausgebrütet wurden.[16]

Legendär ist Franz Josef Strauß' Auftritt beim Empfang des Bundespräsidenten im Schloss Brühl am 24. Oktober 1962. Sturzbetrunken fordert er dort in geselliger Runde, den Hamburger Innensenator Helmut Schmidt als Landesverräter einzusperren, zudem verflucht er den *Spiegel* lauthals, bevor er sich in den Parkanlagen übergibt. Zu Strauß' Entschuldigung lässt sich allenfalls ins Feld führen, dass die Kubakrise in diesen Tagen auf ihren ersten Höhepunkt zusteuert, er als Verteidigungsminister extrem beansprucht und vermutlich in der aktuellen Lage schlicht überfordert ist. Die Welt schaut in einen Abgrund, und die Furcht vor einem Atomkrieg ist nicht nur weit verbreitet, sondern auch vollkommen berechtigt. Was scheren einen bayrischen Vollblutpolitiker angesichts seiner schärfsten Widersacher da noch Anstand und gutes Benehmen?

Freilich, Strauß ist ein extremer Charakter. Zugleich aber sind seine hilflosen Reaktionen auf den modernen Journalismus symptomatisch für eine Generation von Nachkriegspolitikern, die Pressefreiheit noch nicht unbedingt als Wert an sich betrachtet. Seit 1949 wird diese zwar durch Artikel 5 des Grundgesetzes geschützt, das hinderte die erste Regierung Adenauer jedoch keineswegs, über ein Pressegesetz nachzudenken, das es dem Bundesinnenminister möglich gemacht hätte, einzelne Zeitungen zu verbieten.[17] Diskutabel sind solche Forderungen überhaupt nur, weil man in Deutschland einen vom Staat unabhängigen Journalismus nach zwölf Jahren Nationalsozialismus kaum noch gewohnt ist. Von der vielbeschworenen *Stunde Null* kann in vielen gesellschaftlichen Bereichen kaum die Rede sein. Wie sollte es auch anders gewesen sein? Die persönlichen Karrieren verliefen oft weitgehend bruchlos über den 8. Mai 1945 hinweg, und die Journalisten bildeten da keine Ausnahme. Genau wie in anderen Berufen machte man in den Redaktionen, wenn es irgendwie ging, mit veränderten Vorzeichen schnellstmöglich weiter. Nicht nur im Axel Springer Verlag, sondern ebenso im Pressehaus gibt es ehemalige SS-Offiziere, ganz zu schweigen von den zahllosen Mitläufern. Sogar Bucerius mit seinem demokratischen Vorzeigeblatt drückt in dieser Hinsicht oft beide Augen zu, und

Rudolf Augstein erweist sich als ausgesprochen tolerant gegenüber früheren Parteimitgliedern und Funktionären, solange sie regulär «entnazifiziert» wurden.[18]

Für die *Zeit* wird diese Großmut im Laufe der Fünfzigerjahre unter dem Chefredakteur Richard Tüngel zum Auslöser einer ernsthaften Zerreißprobe. Die Auflage kriselt, was auch damit zusammenhängt, dass Tüngel die Wochenzeitung politisch weit über den rechten Rand der CDU hinaus steuert. Immer öfter lässt er frühere Nationalsozialisten zu Wort kommen, bis hin zu dem prominenten Staatsrechtler Carl Schmitt, der Hitler als bekennender Antisemit aktiv unterstützt hatte.[19] Für Marion Gräfin Dönhoff ist damit im Sommer 1954 eine Grenze überschritten. Sie reicht ihre Demission als verantwortliche Redakteurin ein.

Die *Zeit* traf dies bis ins Mark. Dönhoffs Ruf glich bereits jenem, den sie bis ins hohe Alter als *Zeit*-Herausgeberin genoss: Manche hielten sie nur für eine mäßige Stilistin. Andere störten sich am Aristokratischen, das sie nie verleugnete. Wieder andere sahen in ihr eine Art Witwe der Attentäter vom 20. Juli 1944. Aber nicht nur das machte sie zu einer unumstrittenen Instanz. Vor allem waren es ihre Weltläufigkeit, die Scharfsinnigkeit ihrer Analysen, ihr Gerechtigkeitssinn und ihre Gewissenhaftigkeit, die sie als Frau der ersten Stunde zu einer der anerkanntesten Publizistinnen der Bundesrepublik, wenn nicht Europas werden ließen. 1954 begründete sie ihre Kündigung einzig und allein mit den Erfahrungen, die sie unter dem Hakenkreuz gemacht hatte: «Ich habe nicht Jahre lang gegen die Nazis gekämpft und meinen ganzen Freundeskreis am 20. Juli verloren, um nun, nachdem für alle deutlich geworden ist, wohin jene uns geführt haben, ihnen die Spalten der Zeitung zu öffnen, an der ich seit dem Zusammenbruch mitgearbeitet habe.»[20]

Um 1968 herum wäre ein solcher Schritt völlig normal gewesen. 1954 war er hingegen die absolute Ausnahme. Doch für die kämpferische «Gräfin», wie sie bei der *Zeit* jeder nannte, stand die Alternative fest: entweder diese «Nihilisten mit Bügelfalten»[21] oder sie selbst. Folglich räumte sie ihr Büro, schrieb eine Zeit lang für Axel Springers *Welt*, die sich damals politisch links von der *Zeit* positionierte – und kehrte im Sommer des folgenden Jahres doch als verantwortliche Redakteurin an den Speersort zurück. Ihr alter Chef Richard Tüngel wurde unterdessen entlassen.[22]

Die politische Kurskorrektur tat der Wochenzeitung gut, inhaltlich und auch kommerziell. Fortan stieg ihre Auflage, und das Anzeigengeschäft florierte. Aus den roten Zahlen kam sie dennoch erst 1975 heraus; bis dahin finanzierte Bucerius sie aus den Gewinnen der Illustrierten *Stern*, die ihm mehrheitlich gehörte und ihn im Gegensatz zur *Zeit* reich machte.[23] Abgesehen davon änderte sich nicht viel daran, dass jene nationalkonservativen Kreise, denen Tüngel in der *Zeit* sehr viel Raum gegeben hatte, in der jungen Bundesrepublik einflussreich blieben, besonders in Bonn.

Umso erschütternder wirkt es gerade auf die jüngere Generation, dass die Polizei am Abend des 26. Oktober 1962, also kurz nach Strauß' Fauxpas im Schloss Brühl, die Redaktion des *Spiegel* am Speersort vollkommen auf den Kopf stellt. Mehrere Redakteure werden festgenommen, darüber hinaus beschlagnahmt man, legitimiert durch einen Beschluss des Bundesgerichtshofs, Archivmaterial und alle Schreibmaschinen.

Am folgenden Tag stellt sich Rudolf Augstein, der durch einen Zufall zunächst als unauffindbar galt, als verantwortlicher Herausgeber selbst der Polizei und wird sofort inhaftiert. Zu diesem Zeitpunkt kann niemand ahnen, dass er sage und schreibe 103 Tage in Haft bleiben wird. Die Durchsuchungen in den Redaktionsräumen werden bis zum 25. November 1962 fortgesetzt und könnten den *Spiegel* die Existenz kosten. Aber die Solidarität der anderen Hamburger Zeitungen und Verlage ist überwältigend. Die *Spiegel*-Redaktion selbst spricht erleichtert von einer spontanen Welle der Hilfsbereitschaft, bei der Parteigrenzen keine Rolle mehr spielen: «Streitbare

Fürsorge verdichtete sich zu einer Art Volksbewegung.»[24] In diesen Wochen erweist sich der von Polizeieinheiten umringte Speersort 1 als demokratische Pressezentrale im besten Sinn: Weil die eigenen Räume nicht betreten werden können, weichen die Mitarbeiter des *Spiegel* für die nächsten Hefte in die Büros der Kollegen von *Zeit* und *Stern* aus. Hinzu kommen die Räume der *Constanze* und des *Hamburger Echo*, der 1887 gegründeten sozialdemokratischen Tageszeitung, die ihr Erscheinen in den Sechzigerjahren einstellen wird.

Bei allen Erfolgen, eine Zwangspause von vier Ausgaben könnten Augstein und sein *Spiegel* wirtschaftlich kaum überstehen. Und genau darauf spekuliert Franz Josef Strauß: Jenes Nachrichtenmagazin, das ihm regelrecht den Kampf angesagt hat, soll wirtschaftlich ruiniert werden. Am 7. November beklagt sich die Redaktion völlig zu Recht über dieses unlautere Vorgehen. Zugleich nutzt sie die Situation äußerst geschickt, um das Publikum auf den *Spiegel* einzuschwören: «Der Durchsuchungsbefehl vom 23.10.1962, auf Antrag des Generalbundesanwalts vom Ermittlungsrichter des Bundesgerichts angeordnet gegen Person, Wohnung, sonstige Räume und sämtliche Geschäftsräume des Beschuldigten Rudolf Augstein in Hamburg und Bonn, hatte sich praktisch als Aussperrung erwiesen. [...] SPIEGEL-Leser wissen, daß die letzten Hefte einen Umfang erreicht haben wie bisher noch nie in den fünfzehn Jahren seit Bestehen des Blattes. SPIEGEL-Leser wissen vielleicht, daß die Auflage des SPIEGEL bei den letzten Heften die Halbmillionengrenze überschritten hat. Es ist klar, daß zur redaktionellen Bewältigung der Ausgaben, daß für die Verlagsarbeit, für Druck, Vertrieb und Versand, die Fünftagewoche keine Sekunde zuviel hat.»[25]

Auch so etwas gab es bisher selten: Die Herstellung eines Massenmediums wird plötzlich selbst zum Thema. Weil die Politik sich erlaubt, die Produktion massiv zu stören, sind ihre Bedingungen eine Nachricht wert. Auf dem Spiel steht schließlich keine x-beliebige Zeitschrift, sondern der *Spiegel*! Offenbar haben die Journalisten vom Speersort inzwischen deutlich mehr Einfluss und Macht, als sie jemals zu hoffen wagten. Und dadurch wird die Kernfrage der *Spiegel*-Affäre noch viel brisanter, über die nicht nur an der Elbe, sondern sofort im ganzen Land und auch international debattiert wird: Ist es in der immer noch jungen Republik schon wieder vorbei mit dem Recht auf freie Meinungsäußerung?

Erich Kästner, der auf eine jahrzehntelange Erfahrung als Autor zurückblicken kann und zu den Pionieren der Nachkriegspublizistik gehört, bringt das Problem sofort schlicht und überzeugend auf den Punkt: «Daß ich als alter Journalist über die ganzen Vorgänge aufs äußerste betroffen bin, versteht sich. Besorgt vor allem wegen der Pressefreiheit über die Methoden der Untersuchungsbehörden, die bis zur Versiegelung der Redaktionsräume gehen.»[26] Aus den Jahren des Kaiserreichs und der Weimarer Republik kannte man solche Vorfälle nicht. Soll die Presse etwa schon wieder gleichgeschaltet werden?

Angesichts der Inhaftierung Rudolf Augsteins wirkt der offizielle Anlass der Polizeiaktion belanglos, allemal willkürlich: Es ist der Artikel «Bedingt abwehrbereit» aus dem *Spiegel* vom 10. Oktober. In ihm bestreitet der stellvertretende Chefredakteur Conrad Ahlers die Verteidigungsfähigkeit der Bundeswehr im Fall eines dritten Weltkriegs. Strauß reagiert auf die Vorwürfe nicht etwa inhaltlich, sondern formal: Obwohl die von Ahlers ausgebreiteten Fakten nicht unbekannt waren, wird dem *Spiegel* Verrat von Staatsgeheimnissen in 41 Fällen vorgeworfen. Dass Strauß den Redakteur bis in seinen spanischen Urlaubsort verfolgen, auf illegale Weise festnehmen lässt und Kanzler Adenauer die fragwürdige Strategie seines Verteidigungsministers am 8. November in einer überhitzten Bundestagsdebatte unterstützt, wirkt auf die kritische Öffentlichkeit wie ein Sprengsatz. Vor dem Pressehaus kommt es zu Protestkundgebungen, und auch die konservativ-liberale Marion Dönhoff, die an den mitunter durchaus vulgären Methoden des *Spiegel* immer wieder

Anstoß nimmt, stellt sich nun ohne Wenn und Aber auf die Seite Augsteins: «So haben wir uns das neue Deutschland nicht vorgestellt. […] Dem *Kanzler* geht die Erhaltung der Koalition, die sein Regiment garantiert, über alles andere, denn er glaubt ja, daß nur er in der Lage sei, die Bundesrepublik sicher durch die Wirren der Zeit zu steuern. Und angesichts dieses ‹geheiligten› Zweckes scheint ihm dann jedes Mittel recht zu sein.»[27]

In den folgenden Wochen bewies die Presse zum ersten Mal in der Geschichte der Bundesrepublik ihre Stärke: Adenauers Regierung geriet ins Wanken. Strauß war als Minister nicht länger zu halten. Am 30. November erklärte er seinen Rücktritt. Glaubt man seinen Freunden, geriet auch Augstein in der Untersuchungshaft in eine schwere Krise, diese war allerdings persönlicher Natur. Augstein plagten Selbstzweifel, seinen *Spiegel* hingegen stärkte die Affäre nachhaltig.[28]

Das deutlichste äußere Zeichen für den anhaltenden Erfolg des Nachrichtenmagazins war der Umzug der Redaktion vom Speersort in ein von Werner Kallmorgen entworfenes Hochhaus an der Ecke der früheren Ost-West-Straße und der Brandstwiete im Januar 1969. Die Zeitungen und Verlage erlebten in diesen Jahren einen einzigartigen Boom, und wirtschaftlich wurde ihre Bedeutung für das städtische Leben immer größer. «Mit Presse konnte man viel Geld verdienen», erinnerte sich der stets zu Übertreibungen neigende Literaturkritiker Fritz J. Raddatz, der aber auch die Schattenseiten des Geschäfts mit den Meinungen unverblümt wie nur wenige seiner Kollegen in den Blick nahm. Augstein zum Beispiel habe sich zeitweise wie ein Mafiaboss aufgeführt: «Dadurch bekam alles etwas Halbseidenes. So hatte Augstein einen goldfarbenen Cadillac. Der Fahrer musste bei Theaterpremieren so lange herumfahren, bis er vor dem Eingang des Hamburger Schauspielhauses halten konnte. Und am Ende der Vorstellung musste er den Cadillac wieder vor dem Theater parken, damit Augstein mit seinem Zweitschlüssel einsteigen konnte.»[29]

Um das Spiegel-Hochhaus zu errichten, wurde zuvor der 1886 eröffnete Dovenhof zerstört, das älteste Kontorhaus der Stadt. Martin Haller hatte es nach nordamerikanischen Vorbildern erbaut. Der Dichter Hans Bötticher alias Joachim Ringelnatz absolvierte in diesen «weiten und bequemen Geschäftsräumen» von 1905 bis 1907 eine kaufmännische Ausbildung bei einer Firma für Dachpappe.[30] Beide Weltkriege hatte das prächtige Gebäude, in dessen Innerem sich der erste Paternoster des Kontinents befunden hatte, erstaunlich gut überstanden. Dies hinderte die Stadtplaner der Sechzigerjahre aber nicht daran, es abzureißen. Es musste dem Spiegel-Haus weichen, das zusammen mit dem ebenfalls von Kallmorgen erbauten ehemaligen IBM-Haus bis zur Fertigstellung der Elbphilharmonie lange das Gesicht der Stadt prägte, besonders für all jene, die sich ihr vom Wasser aus näherten. Von hier aus dominierte der *Spiegel* mit seinen immer wichtigeren Zusatzmedien wie *Spiegel TV* und *Spiegel Online* 33 Jahre die politischen und gesellschaftlichen Diskussionen der Republik. Erst 2012 bezog die Verlagsgruppe ihr neues Domizil in der HafenCity.

9. Shoppen, Reisen, Handeln

So bedeutend das Pressehaus als Medienstandort auch nach wie vor ist, in den benachbarten Einkaufsstraßen war von seiner überregionalen Ausstrahlung immer nur wenig zu spüren. Hier stehen die Mode und der Kommerz im Vordergrund, hier zeigt man sich und kleidet sich neu ein. Und nachts, wenn die großen Kaufhäuser schließen, wird es sehr einsam zwischen den weltstädtischen Fassaden der Geschäfts- und Kontorhäuser. Es sei denn, die Vorstellungen im Thalia Theater am Gerhart-Hauptmann-Platz oder in der *Passage*, dem ältesten Kino der Stadt, sind gerade zu Ende. Um 1900 hatte man damit begonnen, Wohn- und Geschäftsviertel konsequent von-

Mönckebergstraße, fotografiert von Heinrich von Seggern, um 1920

einander zu trennen. Bis zur Eröffnung des Hauptbahnhofs 1906 war die gesamte Altstadt dicht besiedelt. Hier, im früheren Jacobi-Kirchspiel, das bis zum heutigen Ballindamm reichte, lebten vor allem Arbeiter, Handwerker und Soldaten in Fachwerkhäusern und verwinkelten Gängen. Außerdem gab es Stifte für Kranke und Alte, woran heute nur noch der Name der Spitalerstraße erinnert, die bereits 1274 Straße zum Hospital genannt wurde. An ihrem Ende, wo die Fußgängerzone heute auf den Hauptbahnhof trifft, lag einst das Tor, durch das man zum Hospital St. Georg gelangte. Zudem gab es seit dem 16. Jahrhundert in der Spitalerstraße «dat elende Huus» St. Hiob, bekannter unter dem Namen «Pockenhaus».[31]

Nachdem einzelne Quartiere schon in der Folge des Großen Brands von 1842 radikal modernisiert worden waren, erklärte man 1892 das gesamte Areal zum Sanierungsgebiet Altstadt-Nord.[32] Im Klartext hieß dies: Abriss der verbliebenen Gänge und Neugestaltung. Zunächst wurden die repräsentativen Kontorhäuser am Ballindamm gebaut, allen voran die schlossartige Zentrale der «Hamburg-Amerikanischen Packetfahrt-Actien-Gesellschaft», der heutigen Hapag-Lloyd AG. Der Kern des Hauptsitzes der 1847 gegründeten Reederei wurde von 1901 bis 1903 von Martin Haller errichtet, ein Palazzo im italienischen Stil, ganz nach dem Geschmack des legendären Direktors Albert Ballin, unter dessen Führung sich die HAPAG besonders durch das Auswanderergeschäft zur größten Reederei der Welt entwickelte. Zwischen 1912 und 1923 folgte dann eine mondäne Umgestaltung unter der Leitung von Fritz Höger.

Buchstäblich einschneidend war der Bau der Mönckebergstraße. Seit gut 100 Jahren bildet sie für alle Bahnreisenden das Eingangsportal der City: Sie ist ein Aushängeschild, ein 800 Meter langes Wahrzeichen – dabei erhielt sie ihren berühmten Namen erst 1914, in Erinnerung an den Bürgermeister Johann Georg Mönckeberg. Im nächsten Dezennium feierte sie die Kulturzeitschrift *Der Kreis* bereits als Monument von historischer Bedeutung, ja, als eine «Starkstromleitung zwischen zwei Polen des öffentlichen Lebens», dem Bahnhof und dem Rathaus, «gefüllt von Energie und Kunstwillen».[33] Die Metapher kam nicht von ungefähr, denn mindestens ebenso wichtig wie die repräsentativen Bauten, deren Fassaden mustergültig miteinander harmonieren, war die elektrische Untergrundbahn, deren Schienen verlegt worden waren, bevor man die Röhren abdeckte und die 30 Meter breite Straße pflasterte. Am Anfang stand also die erste Strecke der Hamburger Hochbahn, die sogenannte Ringlinie, die 1912 in Betrieb genommen wurde. Am Rödingsmarkt verschwinden ihre Gleise in einem Tunnel, um die Rathausgegend unterirdisch mit dem Hauptbahnhof zu verbinden.

Rödingsmarkt

10. Das höchste Gebäude der Welt

Warum der Rödingsmarkt so heißt, wie er heißt, weiß niemand. Gesiedelt wurde an den Ufern des gleichnamigen Fleets, das mit dem Wiederaufbau nach dem Großen Brand Stück für Stück zugeschüttet wurde, schon im Mittelalter. Dort, wo bis 1886 Wasser floss, steht seit gut hundert Jahren das Hochbahnviadukt. Einst waren die schmalen Wasserwege, durch die zahllose Schuten gezogen wurden, unverzichtbar. Im Laufe des 19. Jahrhunderts verlagerte sich der Massentransport in allen europäischen Städten mehr und mehr auf die Straßen und Schienen, zugleich modernisierte man die Abwasserversorgung. Überall wurden Kanäle, Bäche und Stadtgräben zugeschüttet oder überbaut, die Fleete in Hamburg genauso wie zum Beispiel die Navigli in und um Mailand, an deren Planung sich in der Renaissance sogar das Universalgenie Leonardo da Vinci beteiligt hatte.

Am Rödingsmarktfleet wurde sicher schon immer Handel getrieben, doch einen Markt im eigentlichen Sinn hat es hier wohl nie gegeben. Eine feste Größe im städtischen Leben ist das Quartier im Grunde erst, seit die Hochbahnhaltestelle am 29. Juni 1912 in Betrieb genommen wurde. Außerdem steht hier das auffällige Stella-Haus, mit dem sich die Straße in Sichtweite der Elbphilharmonie zum Hafen hin öffnet. Es gehörte zu den ersten Hamburger Hochhäusern. Mit seinen unteren fünf Stockwerken wurde es bereits 1875 am Rödingsmarkt 52 bezogen. 1922/23 stockte man es um fünf weitere Staffelgeschosse auf und versah es mit jenen spätexpressionistischen Ornamenten, die sich heute noch an seiner Fassade finden.

Ansonsten bietet die Gegend wenig, außer Parkmöglichkeiten. Das liegt vor allem an der alles beherrschenden Willy-Brandt-Straße mit ihren sechs Fahrspuren – der früheren Ost-West-Straße. Als Teil der Bundesstraße 4 zerreißt sie das Stadtgebiet seit dem Zweiten Weltkrieg in ost-westlicher Richtung. Sie verbindet die Elbbrücken mit Altona und entlastet die Bezirke rund um die Binnenalster. Zugleich hat sie, womit bei ihrer Planung niemand rechnen konnte, durch das extreme Verkehrsaufkommen die anliegenden Gebiete fast unbewohnbar gemacht. Überall in ihrer Nähe stinkt es nach Abgasen, und die Geräuschkulisse erinnert an eine Autobahn. Es grenzt fast an ein Wunder, dass man als Fußgänger hier überhaupt noch geduldet wird. Dabei führt der kürzeste Weg, um von der Eisenkonstruktion der Haltestelle Rödingsmarkt, die an die legendäre *Chicago Elevated* erinnert, zur Ruine der neugotischen Nikolaikirche zu gelangen, die Willy-Brandt-Straße entlang.

Kein zweites Mahnmal macht die Schrecken des Zweiten Weltkriegs inmitten des städtischen Lebens so unmittelbar spürbar wie der vom Ruß des Feuersturms eingedunkelte Turm der früheren Hauptkirche, der nach seiner Fertigstellung drei Jahre lang das höchste Bauwerk der Welt war. 1874 bis 1877 war das, und die Kirche hatte nicht nur mit ihren imposanten Ausmaßen die Silhouette der Stadt verwandelt, sondern auch durch ihre verschwenderische Pracht, die nicht zufällig an den Kölner Dom erinnerte. Denn genau diesen Dom hatte man im Sinn, als der Engländer George Gilbert Scott mit der Errichtung der Kathedrale beauftragt wurde, während der ungleich erfahrenere und bekanntere Gottfried Semper, der einst das Johanneum besucht hatte, leer ausging. Dass er es gewesen war, der den vorangegangenen Wettbewerb souverän für sich entschieden hatte, spielte bei der Auftragsvergabe letztlich keine Rolle mehr.

Sempers Entwurf war traditionsverbunden und wies zugleich in die Zukunft. Der in Altona als Sohn eines Wollfabrikanten aufgewachsene Meisterarchitekt folgte der Idee, möglichst viel jener Bausubstanz, die 1842 von der Brandkatastrophe verschont geblieben war, zu retten, um den alten Charakter Hamburgs zu bewahren. Die mittelalterliche Nikolaikirche war allerdings so stark beschädigt, dass sich die Mehrheit im Stadtrat für die Abtragung der Ruine und einen radikalen Neubau aussprach. Zudem stieß Sempers heute genial wirkende Vorstellung, traditionelle Elemente durch einen zeitlos schönen Kuppelbau in die Gegenwart der wachsenden Metropole zu überführen, auf den Widerstand einer protestantischen Bewegung, die Abstand vom nüchternen Rationalismus der Aufklärung suchte. Die Gemeinde St. Nikolai war Hamburgs Hochburg der Erweckungsbewegung, die auf starke Gefühle setzte, und hierfür eignete sich architektonische Mittelalterromantik viel besser als Sempers vergleichsweise nüchterne Eleganz.[1] Mit der Aussicht auf ein hanseatisches Gegenstück zum Kölner Dom, dessen Fertigstellung zur gleichen Zeit in ganz Deutschland gespannt beobachtet wurde, ließen sich Massen mobilisieren. Dies war auch nötig, denn ein Großteil der Baukosten sollte durch eine damals beispiellose Spendenaktion gedeckt werden.

Was als monumentales Glaubensbekenntnis einer einflussreichen Gemeinde erbaut worden war, entwickelte sich allerdings bald zum ernsthaften wirtschaftlichen Problem: Die Instandhaltung der reich verzierten Kathedrale war kostspielig, und die Zahl der Gläubigen nahm seit Anbruch des 20. Jahrhunderts stetig ab. Vollends ins Tragische wendete sich das Schicksal der Nikolaikirche, als englische Bomber das Wahrzeichen aufgrund seiner Größe als Orientierungsmarke benutzten. Deshalb wurde St. Nikolai während der «Operation Gomorrha» noch schwerer getroffen als die anderen Hauptkirchen. Nur der Turm blieb stehen, inmitten der Trümmer eines vollkommen verwüsteten Viertels.

Rödingsmarkt

Die Börse und St. Nikolai, um 1880

Es lag daher nahe, dass der Senat nach dem Krieg beschloss, St. Nikolai nicht wiederaufzubauen und den Turm stattdessen in ein Mahnmal zu verwandeln. Die Kirchengemeinde verließ den Hopfenmarkt und erhielt 1962 einen Neubau in Harvestehude, direkt am Klosterstern. Eine künstlerische Verbindung mit der gut vier Kilometer entfernten Ruine stellt das auffällige Mosaik *Ecce Homines* her, das von Oskar Kokoschka entworfen wurde: Eine farbige Variante hängt im Altarraum am Klosterstern, eine schwarz-weiße findet sich in den Ruinen des alten Chors am Hopfenmarkt.

11. Gomorrha

Zwischen den Resten der Nikolaikirche kann man sich vorstellen, dass die Atmosphäre der ersten Nachkriegsjahre nicht nur in den zerstörten Vierteln oft sehr bedrückend war. Der 1948 in Hamburg geborene Schriftsteller Bodo Kirchhoff erinnert sich an eine frühe Kindheit in einer Stadt «der entmutigenden, ihrer Farbe beraubten Farben, mit dem rußigen Klinkerrot der Häuser, dem Grau des Hafenwassers, der Werften, des Himmels; dem Düsteren der Speicher mit den Spuren von Ebbe und Flut, dem Schwärzlichen der Kanäle». Überall sei der Krieg noch zu spüren gewesen, «mit Bunkern, mit wie ausgebrannten Hochbahnstationen» und natürlich durch die vielen Versehrten: «Männer mit leerem Jackettärmel» oder «leerem Hosenbein», «die hochgeschlagenen Hosenbeine oder Ärmel oft nur lose angenäht, als würden sie noch einmal gebraucht, weil das Bein und der Arm vielleicht wieder nachwachsen, wenn es auch allgemein aufwärtsgeht». Viele, so schien es dem Kind, lebten wie mit «eingezogenem Kopf», als müssten ihre Häuser immer noch verdunkelt werden.[2]

Keine Frage, 1945 war die Ausgangssituation für den Wiederaufbau verheerend. Daran lassen auch Augenzeugen wie der Dichter Stephen Spender, der seinerzeit als britischer Kulturoffizier nach Deutschland kam, keinen Zweifel: «Im August sah ich Hamburg nach sechzehn Jahren wieder: eine Stadt im Zwielicht, vielgestaltig und galgenhaft aus dem Düster ragend; Häuser, die oft nur Fassaden mit geborstenen Fenstern waren, andere Gebäude dagegen auffallend unversehrt, so wie eine Leiche frische Stellen aufweist, die noch zu leben scheinen – eine unfaßliche Wandlung, die ich in mich aufnahm, wenn ich spätabends den Kai entlang ging und das Wasser sich wie blauer Tüll um die spiegelnde Pflugschar der Sterne legte.»[3]

Der Feuersturm war in den Nachkriegsjahren fast noch zu riechen, so nah war die größte Katastrophe der Stadtgeschichte. Der Alltag war anfangs desolat, besonders im Winter. «Die Straßen zogen sich schwarz und leer dahin; keine Autos, keine erleuchteten Schaufenster, keine Reiter», heißt es in einer frühen Erzählung Hubert Fichtes über das Jahr 1947. «Es passierten viele Raubmorde. Zu Festtagen wurden gerupfte Krähen als Gänse verkauft. Büchertauschzentralen florierten. Die Schauspieler spielten mit Löchern in den Strümpfen ausländische Stücke und rauchten amerikanische Zigaretten. In den Kolonialwarenhandlungen konnte man Butteraroma kaufen und Hagebuttenmehl.»[4]

Fichtes Reminiszenzen stimmen mit den Beschreibungen der Engpässe und Nöte überein, die Alfred Andersch bereits im April 1947 in der Zeitschrift *Der Ruf* veröffentlichte. Der Winter bringt, so Andersch in seiner an amerikanischen Vorbildern geschulten Reportage, das städtische Leben weitgehend zum Erliegen: «Seit Monaten liegt Hamburgs Industrie völlig still. Das Hamburger Elektrizitätswerk liefert einmal am Tage, am Abend von neun bis elf, Strom. Dann flackert auch das Gas auf. Man kocht sich rasch eine Suppe und kriecht ins Bett. Hin und wieder einmal rollt ein Kohlenzug in die Stadt. Der kommt dann buchstäblich zur Hälfte ausgeraubt an.»[5] Bei jedem Halt des Zuges sprängen «Horden» junger Leute auf, um zu plündern, was ihnen bei der anhaltenden Kälte und den unbezahlbaren Preisen auf dem Schwarzmarkt auch nicht zu verdenken sei. «Das Leben der zweitgrößten Stadt Deutschlands ist reduziert auf Hunderttausende von Kleinkämpfen jedes einzelnen Menschen um seine nackte Existenz. Wer diesen Kampf nicht besteht, bleibt auf der Strecke.»[6]

Der Krieg war zu Ende, doch das Elend hielt an. Hitler konnte «sein Volk» noch mit «dem Raub aus den eroberten Ländern» füttern, erinnert sich der Liedermacher Wolf Biermann, der den Feuersturm als Sechsjähriger in Hammerbrook überlebte. «Nun erst, im Frieden, kamen die Hungerjahre.»[7] Alfred Andersch stand das 1947 deutlich vor Augen: «Das zauberhafte Leben der Elbe und des Hafens ist tödlicher Stille gewichen. Die Sonne scheint kalt über eine leere Wüste von Eis, über die unentwirrbaren Trümmermassen der zerbombten und gesprengten Werften, über zerbrochene Dockwände, rostende Schiffsleiber, aus dem Wasser ragende Schornsteine und Decksaufbauten gesunkener Schiffe.»[8]

An Wohlstand war überhaupt erst nach der Währungsreform wieder zu denken. Dann allerdings florierte das Wirtschaftswunder in Hamburg. Nur so lässt sich nachvollziehen, dass die Frankfurter Dichterin Marie Luise Kaschnitz geradezu geblendet wirkte, als sie ihrer Tochter Iris am 12. Februar 1950 berichtete, was sie zwischen Alster und Elbe alles zu sehen bekam: «Die ganze Innenstadt ist erhalten und sehr schön und ganz in Ordnung und die Geschäfte sind voll Luxuswaren […]. Man riecht das Geld und es wimmelt von feinen, in englische Stoffe gekleideten Herren – die Zauberworte Import-Export stehen ihnen auf der Stirne geschrieben. Ich war mit [dem Verleger Eugen] Cla[a]ssen zum Essen in einem feinen Restaurant, mit Herrn [Adolf] Frisé im Alsterpavillon.»[9]

Die verheerenden Folgen der «Operation Gomorrha» schien Kaschnitz gar nicht mehr wahrzunehmen. Dabei prägten sie nach wie vor den Alltag, denn die Stadt war, wie Wolf Biermann unmissverständlich feststellte, «platt gemacht» worden, und Tausende lebten immer noch in den notdürftig auf den weiten Brachen in Bahrenfeld, Eimsbüttel, Barmbek, Eilbek, Hamm und Borgfelde aus Wellblech errichteten «Nissenhütten». Ihren Namen hatten die provisorischen Unterkünfte von dem Kanadier Peter Norman Nissen, der sie für die britische Armee im Ersten Weltkrieg entwickelt hatte.[10]

Auch für den 1914 in Hamburg geborenen Schriftsteller Arno Schmidt, der in Hamm aufwuchs, bis er mit seiner Familie 1928 nach Schlesien zog, gab es überhaupt nichts zu beschönigen. Als er 1948 in die Gegend seiner Kindheit zurückkehrte, lag einfach alles in Trümmern: «Ich bin auf den 2–3 m hohen Schutthaufen, der mein

Geburtshaus darstellte, geklettert: ringsum, kilometerweit, Alles flach! Auf der Eiffestraße stand noch die rote Backsteinfront des Kinos; im Norden die Giebelwand der Hammer Kirche […]; im Westen halbhoch die Südwand der Volksschule : genau die mit der Treppe, auf der wir [auf einem Klassenfoto – J. B.] gestaffelt stehen. Ich hab mich wieder an meinen alten Platz gestellt; und ein paarmal den Kopf geschüttelt.»[11]

Arno Schmidts Eindrücke lassen keinen Zweifel daran, dass die Erinnerungen an die unvorstellbaren Bombennächte nach wie vor überwach waren. Jenes Inferno, das die 137 vorangegangenen Großangriffe zum relativ harmlosen Vorspiel machte, begann in der Nacht vom 24. auf den 25. Juli 1943 damit, dass die Royal Air Force unter dem Kommando des Marshall Arthur Harris erstmals Störfolien einsetzte: die sogenannten Düppel. Es handelte sich um etwa 92 Millionen mit Alufolie kaschierte Papierstreifen, mit denen die Trümmerkinder noch Jahre später in den Ruinen spielen und basteln sollten. Die Düppel machten die Radargeräte zur Ortung angreifender Flugzeuge weitgehend unbrauchbar, aber sie waren nur ein wichtiger Faktor jenes von Militärexperten genau geplanten Großangriffs, dessen Zerstörungskraft noch maßloser ausfiel als erwartet. Hinzu kamen das trockene Sommerwetter – nächtliche Temperaturen zwischen 20 und 30 Grad – und eine beispiellose Menge an Sprengstoff, um eine möglichst große Zahl an Brandherden zu erzeugen, die auch die Feuerwehren machtlos machte. Dies alles führte drei Nächte später zu einer Katastrophe, der man den alttestamentarischen Decknamen Gomorrha zu Recht gegeben hatte – *und siehe, da ging Rauch auf vom Lande wie ein Rauch vom Ofen.*

Der erste Feuersturm der Geschichte, bei dem sich die lokalen Brände zusammenschlossen, bis die heiße Luft senkrecht in die Höhe schoss wie in einem diabolischen Kamin, brachte in der Nacht zum 28. Juli den Asphalt zum Schmelzen und entzündete fliehende Menschen wie Fackeln – «the highest point of destruction reached in the campain», heißt es nüchtern-technokratisch in der offiziellen britischen Geschichtsschreibung.[12] Und dabei wurde das Hauptziel der Alliierten, die Vernichtung der Rüstungsindustrie, insbesondere der U-Boot-Werften, nicht einmal erreicht.[13]

Stattdessen traf es vor allem die Zivilbevölkerung: Bis zum 25. Juli 1943 gab es in Hamburg nach den Bombardierungen 1431 Tote und 4675 Verletzte – angesichts dessen, was noch folgen sollte, waren dies geringe Zahlen.[14] Die jüdische Künstlerin Marione Ingram, die als Achtjährige nicht in die Luftschutzbunker eingelassen wurde und gerade deshalb überlebte, erinnerte sich noch Jahrzehnte später mit erschütternder Präzision daran, wie sie an der Hand ihrer Mutter durch ihr brennendes Viertel irrte: «Verzweifelt versuchten wir, den Flammen und Explosionen rund um uns herum zu entkommen. Wir hatten vor, eine Straße, die scheinbar von den Bombern verschont worden war, hinunterzulaufen und uns in eine Toreinfahrt oder einen Hauseingang zu kauern. Aber schon schossen direkt vor uns neue Flammen auf und rasten züngelnd die Straße entlang, als ob sie sich, wie in einem Spiegelsaal, ins Unendliche fortsetzen wollten. [...] Der brüllend heiße Wind raste durch alle Gassen, aber in den größeren Straßen, die zur Alster führten, war es am schlimmsten. Heiße Luft und Gase schossen mit unglaublicher Wucht durch die Straßen und rissen alles, was nicht fest verankert war, mit sich auf den großen lodernden Scheiterhaufen, der eine Stunde zuvor noch Hamm und Hammerbrook gewesen war.»[15]

Für die Hansestadt wird dieser *Peak* dennoch erst der Anfang eines langen Endspiels sein. Nüchternen Beobachtern ist das sofort klar: So schnell wird sich Hitler nicht geschlagen geben, und solange die Nationalsozialisten an der Macht bleiben, stehen weitere Bombardements bevor. Der Schriftsteller Hermann Kasack sieht die Lage noch viel zu optimistisch, als er seinem Hamburger Kollegen Hans Erich Nossack unmittelbar nach der «Operation Gomorrha» aus Potsdam schreibt: «Sie sind mitten in der Zeit des

Purgatoriums – jener Epoche, wo die Hölle der Zeit schon die Läuterung des Geistes erlaubt – wir sind nun erst in der Vorhölle angelangt.» Diesen Brief schickt Kasack am 7. August 1943 ab. Wie lange wird er unterwegs sein, bis sein Empfänger den Umschlag aufreißen kann? Und wird Nossack darauf überhaupt antworten können?

Kasacks Worte klingen, als wären nicht erst wenige Tage seit der Katastrophe vergangen, sondern bereits Monate. Er erkundigt sich kaum danach, was passiert ist, sondern bringt vielmehr die Furcht vor den Kriegsereignissen zum Ausdruck, die noch bevorstehen könnten: In Potsdam und Berlin herrsche helle Aufregung, Krankenhäuser würden geräumt, die Vorräte aufgefüllt und Wertvolles, wenn möglich, aus dem Stadtzentrum geschafft. «Auch München wird *amtlich* evakuiert (wie Berlin). Ganz Deutschland ist übervoll mit Bombenflüchtlingen oder zur Flucht Aufgerufenen oder freiwillig Fliehenden.»[16]

Was soll Nossack dazu sagen? Als Hamburger scheint es für ihn ohnehin kein Entkommen mehr zu geben. Es ist bereits fast alles verloren. Dabei hat er noch enormes Glück gehabt, denn die schwersten Tage erlebte er außerhalb des Stadtzentrums. Der Zufall wollte es, dass er sich mit seiner Frau Gabriele in einer Sommerhütte am Nordrand der Lüneburger Heide aufhielt, im Weiler Horst, als seine Heimatstadt in Flammen aufging – mitsamt ihrer Wohnung in der Brahmsallee, allem Besitz und den meisten von Nossacks Manuskripten, an deren Veröffentlichung in den zehn Jahren seit Hitlers Machtübernahme kaum zu denken war.

Während unzählige ihrer Nachbarn ersticken, verglühen und ertrinken, beobachten die Nossacks das apokalyptische Feuerwerk und die sieben Kilometer hohe schwarze Wolke über der Stadt aus der Ferne. In seinem berühmten, im November 1943 geschriebenen Bericht *Der Untergang* betont er, dass ihn das «Schicksal» in die Rolle des Zuschauers versetzt habe: «Die Rauchwolke wuchs von Minute zu Minute und kroch langsam nach Osten. Ich achtete nicht, wie bei früheren Angriffen, auf die Richtung der Scheinwerfer und die Brennpunkte des Abwehrfeuers. Die Leuchtspuren der kleinen Flak sah man nur ganz zart, und die Granaten der schweren Geschütze explodierten überall. […] Einige wenige Flugzeuge gerieten in Brand und fielen wie Meteore ins Dunkel.»[17]

Das wirkliche Ausmaß der Zerstörungen realisiert er erst, als er die Warnungen, die 900 000 Menschen in die Flucht treiben, ignoriert und ein paar Tage später versucht, nach Hause zurückzukehren, in seine Wohnung, die es nicht mehr gibt. Was er in seinem Viertel zu sehen bekommt, übertrifft alle Befürchtungen. Einzig das Straßennetz hat die Luftschläge überstanden. Die meisten Gebäude sind ausgebrannt, oft bis auf die Grundmauern. Viele sind auch völlig verschwunden. Innerhalb einer Woche hat sich das seit Jahrzehnten Vertraute in Trümmer und Asche verwandelt. «In Gegenden, die ich zu kennen glaubte, habe ich mich völlig verirrt», notiert Nossack. «Ich habe eine Straße gesucht, die ich im Schlaf hätte finden müssen. Da, wo ich sie vermutete, stand ich und wußte mir nicht zu helfen. Ich habe die Querfurchen im Geröll an den Fingern abgezählt, doch ich habe die Straße nicht wieder entdeckt. Und wenn man nach Stunden einen Menschen traf, dann war es auch nur einer, der im Traum durch die ewige Einöde wandelte.»[18]

Zurückhaltende Schätzungen gehen davon aus, dass die Stadt bei Kriegsende etwa 45 000 Tote zu beklagen hatte – die genaue Zahl der Opfer ließ sich nicht ermitteln. Hinzu kamen mindestens dreimal so viele Verletzte.[19] Die Hälfte des Wohnraums wurde vernichtet und nahezu alle Kulturdenkmäler in der Innenstadt zerstört oder stark in Mitleidenschaft gezogen. Nachdem *Der Untergang* 1948 als Hauptstück der Prosasammlung *Interview mit dem Tode* erschienen war, sorgte der Bericht im Ausland für mehr Aufsehen als zu Hause, vor allem in Frankreich, wie der *Spiegel* im Mai 1952 mürrisch konstatierte: «Als Jean-Paul Sartre bei seinem letztjährigen Deutsch-

Hans Erich Nossack in den sechziger Jahren

landbesuch gefragt wurde, wen er für den bedeutendsten lebenden deutschen Autor halte, antwortete er: ‹Ohne Zweifel Nossack.› Wer Nossack ist, hätte von den Anwesenden, hauptsächlich Deutschen, wahrscheinlich niemand besser sagen können als Sartre selbst. Der Fürst der Existenzialisten gilt als Nossacks Entdecker für Frankreich. Für den Pariser Verleger Gallimard war Nossack eine lukrative Neuentdeckung. Er brauchte Anfang 1951 nur einen Monat, um seine 20 000er-Auflage der französischen Fassung von Nossacks ‹Interview mit dem Tode› abzusetzen.»[20]

Nicht von ungefähr hält Nossack den *Spiegel*, wie er seinem Tagebuch anvertraut, für eine «Klatschzeitschrift».[21] Die provinzielle Borniertheit gegenüber künstlerischen Leistungen, wie sie der anonyme Autor des Magazins an den Tag legt, der ihm implizit sogar vorwirft, aufgrund einer Gehbehinderung am Krieg nicht als Soldat teilgenommen zu haben, entspricht ganz dem Geschmack einer Gesellschaft, deren Mehrheit sich weigert, die Verantwortung für den Nationalsozialismus und seine zerstörerischen Folgen zu übernehmen. Schließlich sind die Hamburger drauf und dran, ihre Trümmerlandschaften zurück in eine ansehnliche Großstadt zu verwandeln. Die Effizienz, mit der dies gelingen wird, ist ebenso erstaunlich wie charakteristisch für eine Metropole, in der über Jahrhunderte hinweg jede Generation kaum vorstellbare Vernichtungsschläge erlebte. So zynisch es klingen mag, solche Phasen des Wiederaufbaus waren den Hamburgern nicht fremd. Zu Beginn des 19. Jahrhunderts hatte die französische Besatzung die Stadt an den Rand des Ruins getrieben. Anfang Mai 1842 waren große Teile des Zentrums in politisch vergleichsweise friedlichen Zeiten abgebrannt. 50 Jahre später erschütterte die Cholera das Gemeinwesen, und auch vom Ersten Weltkrieg blieb die Hansestadt nicht verschont: Als Folge der Seeblockade brach die Lebensmittelversorgung zusammen, und die Hungersnot, unter der besonders Kinder litten, und der «Steckrübenwinter» 1916/17, in dem es nur noch Rübenbrot und Rübenschnitzel zu essen gab, wurden legendär.[22]

Vielleicht war es nur deshalb möglich, dass die Stadt nach der Zäsur von 1945 so rasch in einen Zustand der Normalität zurückfand. Hans Erich Nossack irritierte das, aber es überraschte ihn nicht wirklich. Schließlich stammte er aus einer Kaufmannsfamilie, wie sie typischer kaum hätte sein können: Reich hatte sie der Überseehandel mit Kaffee gemacht, und der abtrünnige Sohn, der sein Studium abbrach, Kommunist wurde, im Grunde aber nur davon träumte, Schriftsteller zu sein, und zwar in einem anderen Staat als dem nationalsozialistischen, dieser Sonderling, dem Jahre später die höchsten Literaturpreise verliehen wurden, arbeitete, weil er zwar für das Schreiben existierte, aber nicht im Entferntesten davon leben konnte, bis 1956 im väterlichen Unternehmen mit, das seinen Sitz am Sandthorquai 1 in der Speicherstadt hatte.

Am 10. September 1945 versuchte Nossack seinem Förderer Hermann Kasack gegenüber zum ersten Mal, die Nachkriegssituation und auch die eigenen Probleme mit ihr zu analysieren: «Die künstlerischen Versuche hier (Theater etc.) sind bislang kläglich. In Berlin

Zerstörter Hafen: Die gekenterte ‹Dockenhuden› am Kronprinzkai

soll es besser sein. Hamburg verpasst seine Chance. Menschen wären genug da und die sonstigen Schwierigkeiten müssten eben überwunden werden. Es fehlt an Elan. Die Leute versuchen sich so durchzuschlängeln, das ist es. Ängstlich wegen evtl. Nazivergangenheit kleben sie wie Brei zusammen und lassen nicht Neues oder Jüngeres aufkommen.»[23]

Aber war es nicht vollkommen vermessen, vier kurze Monate nach Kriegsende die Präsenz der Jüngeren einzufordern? Schließlich waren sie ganz anders vom Nationalsozialismus betroffen als Nossack selbst. Die Schriftsteller, Künstler und Intellektuellen der Jahrgänge 1910 bis 1935, die das kulturelle Leben der Bundesrepublik einige Jahre später prägten, waren teils noch in Gefangenschaft, teils viel zu jung, um mit bedeutenden Werken hervortreten zu können. Maßgebliche Autoren wie Günter Grass, Peter Rühmkorf oder Hans

Magnus Enzensberger waren 1945 nicht einmal volljährig. Und Wolfgang Borchert, der Ende 1947 viel zu jung starb, ließ Nossack sonderbar kalt. Rückblickend glaubte er in seinem Erfolg sogar das Symptom einer geistigen Leere zu erkennen – der «entsetzlichen Armut» einer ganzen Generation, die Borchert, «der nichts Neues und das Alte nur schlecht und dünn sagte, als Symbol des jungen Menschen in unserer Zeit pries».[24]

Für die Qualität der künstlerisch sicherlich unausgewogenen, zuweilen unbeholfenen und sentimentalen Texte Borcherts fehlte dem 20 Jahre älteren Nossack das Sensorium. Ganz anders reagierte der Erfolgsdramatiker Carl Zuckmayer auf die neue literarische Stimme. Er schrieb Borchert im November 1947, kurz vor dessen Tod, spontan einen Brief, in dem er die «Stärke» seiner «Sachen» auf den Punkt brachte: «[S]ie wirken nicht wie ‹Gedrucktes›, sie begegnen uns, wie uns die Gesichter der Leute oder ihre Schatten in den zerbombten Städten begegnen.»[25]

Daran hat sich bis heute wenig geändert: Nicht zuletzt Borcherts Beschreibung der weiten Ruinenlandschaften östlich der Stadtmitte gehört zu den eindrucksvollsten Zeugnissen der Nachkriegssituation in Hamburg, und sie hat einen ähnlichen Erfahrungshintergrund wie Nossacks *Untergang*. Auch der 1921 in der Eppendorfer Tarpenbekstraße 82 geborene Schauspieler und Schriftsteller war ein «Zuschauer» im Sinne Nossacks, denn auch er kehrte erst nach der Katastrophe in seine Heimatstadt zurück. Im Vorjahr war er als Panzergrenadier an der Ostfront bei Kalinin gewesen, das heute wieder Twer heißt. Er war an Gelbsucht erkrankt, wurde – leicht verwundet – in ein Lazarett in Schwabach überführt und anschließend in Nürnberg inhaftiert, weil ihm unterstellt wurde, «sich willentlich dienstuntauglich gemacht zu haben».[26] Dies hätte mit Tod durch Erschießen enden können. Borchert aber wurde freigesprochen und auf «Frontbewährung» geschickt, abermals in die Sowjetunion, wo er abermals schwer erkrankte.

Rödingsmarkt

Nach der «Operation Gomorrha»: Blick vom Turm des Michel in Richtung Elbe, 1943

Im August und September 1943 durfte er endlich Urlaub in Hamburg nehmen. Einerseits lebte er zu Hause auf, andererseits waren Horrortrips in die ausgelöschten Stadtteile unvermeidlich. Was ihm dort widerfuhr, schilderte Borchert nach Kriegsende ebenso erschütternd wie Nossack. Allerdings finden sich diese Passagen weder in dem weltweit aufgeführten Heimkehrer-Drama *Draußen vor der Tür* noch in der meisterlichen Miniatur *Die Küchenuhr*, die von einem jungen Mann handelt, der durch die «Operation Gomorrha» seine Eltern und seinen gesamten Besitz verloren hat, für den also schlicht alles «weg» ist, sondern in der langen, heute recht selten gelesenen Erzählung *Billbrook*. Veröffentlicht wurde sie erstmals 1947, also noch vor Nossacks *Untergang*.

12. Borcherts Billbrook

«Das Hamburg, welches ich kannte, wird es niemals mehr geben», prophezeite Klaus Mann, als er 1943 im amerikanischen Exil Meldungen über die Bombardierungen in Deutschland las. «Sicherlich, die Stadt wird wiederaufgebaut werden; vielleicht wird sie sogar zu gegebener Zeit ihre frühere Stärke und ihren Wohlstand zurückgewinnen. Aber ihr Antlitz und ihre Atmosphäre werden wesentlich verändert sein.»[27]

Für den kanadischen «Fliegerfeldwebel» mit dem Namen Bill Brook in Wolfgang Borcherts *Billbrook* scheint sogar die Rückkehr des bürgerlichen Wohlstands in jener Geisterstadt unmöglich, in deren Hauptbahnhof er eines Abends aussteigen muss. Davon, dass sie noch vor Kurzem «ein fortschrittlicher, kosmopolitischer Ort» wie London oder Amsterdam war, den der weltläufige Emigrant Klaus Mann geliebt hatte, fehlt ihm jede Vorstellung.[28] Wie sollte er davon auch etwas ahnen angesichts seiner Herkunft und einer toten und ganz und gar fremdartigen Stadt? Zu allem Überfluss wird er am nächtlichen Hauptbahnhof auch noch mit einem Schild begrüßt, das nur für ihn gemacht zu sein scheint: «Neun schwarze Buchstaben, lackblank, auf einem großen weißen Emailleschild mit vielen anderen unverständlichen schwarzbuchstabigen Worten. Er sah auf das Schild. Mein Name, dachte er. Ganz klar, ganz offensichtlich. Und in Lack und Emaille. Verrückt, dachte er, verrückt.»[29]

Auf den ersten Blick irritiert, dass Wolfgang Borchert seine Erzählung über das Trauma seiner Heimatstadt kalauerverdächtig beginnt. Einen Helden namens Bill Brook nach Billbrook suchen zu lassen, das könnte durchaus albern wirken. Borchert weicht dieser Gefahr allerdings aus, indem er seinen kanadischen Soldaten als rührend naiv vorstellt, ohne ihn dabei zu denunzieren. Es handelt sich bei ihm schlicht um einen sehr unerfahrenen Mann aus der tiefsten

Provinz, aus dem abgelegenen «Hopedale am Atlantischen Ozean»[30]. Seine Zimmerkameraden machen sich über ihn lustig. Den Militärdienst hat man ihm genauso aufgezwungen wie den meisten gleichaltrigen Deutschen.

Nicht ihr verspielter Beginn ist das Wagnis an Wolfgang Borcherts Erzählung. Viel merkwürdiger und auch mutiger ist es, die zerstörte Stadt so kurz nach der Kapitulation nicht aus der Perspektive ihrer Bewohner darzustellen, sondern aus jener der früheren Gegner, derjenigen, die die Bomben abwerfen mussten. Hat Borchert deshalb einen Kanadier anstelle eines Briten oder US-Amerikaners zur Hauptfigur gemacht? Wäre es ihm zu heikel gewesen, die Verwüstungen mit den Augen eines Mitglieds der Royal Air Force zu betrachten? Nahm er Rücksicht auf die britische Militärregierung? Wir wissen es nicht, aber einen Kanadier zu wählen, war sicher unverfänglicher, und das, was dieser Bill Brook dann auf seinen Gängen durch Hamburg erkennt, lässt die Unterschiede zwischen den Nationen und politischen Lagern ohnehin marginal erscheinen. Denn Bill Brook erfährt nicht weniger, als dass die gesamte Menschheit im 20. Jahrhundert ihre Unschuld verloren hat: nicht nur in Auschwitz und Warschau, nicht nur in Hiroshima und Nagasaki, sondern auch in Hamburg, Köln, Dresden, Berlin, Duisburg, Kassel, Darmstadt, Pforzheim, Stuttgart, Heilbronn und in vielen anderen Städten.

Erzählend umkreist Borchert eine Einsicht, die vielleicht niemand deutlicher formuliert hat als der acht Jahre jüngere Schriftsteller und Auschwitz-Überlebende Imre Kertész, und auch ihm gelang das erst Jahrzehnte später. Die apokalyptischen Dimensionen des Zweiten Weltkriegs und der Holocaust, dies unterstreicht Kertész, gehören nicht zu Hitler allein. Das Unfassbare lässt sich nicht einem Individuum oder einer Gruppe von Kriegsverbrechern zuschreiben: «Hitler mag das Produkt eines historischen Augenblicks sein, in Auschwitz aber offenbart sich die menschliche Natur [...]. Nicht Auschwitz selbst ist die radikal neue Qualität; Auschwitz ist lediglich

Wolfgang Borchert, um 1946 fotografiert von Rosemarie Clausen

diese radikal neue Qualität als Realität; möglich ist, was geschieht, und es geschieht nur, was auch möglich ist – so ähnlich schreibt Kafka. (Noch nicht über Auschwitz, noch allein als Möglichkeit, die jedoch offenkundig immanent ist.)»[31]

Der Feldwebel Bill Brook kann dies nicht auf den Begriff bringen. Stattdessen erläuft er es sich im Wortsinn, und das gleich an seinem ersten freien Nachmittag. Von der Alster aus bricht er nach Südosten auf. Guter Dinge, ja ahnungslos sucht er nach jenem Viertel, das seinen Namen trägt. Erst Stunden später wird er stutzig, weil er in eine Gegend geraten ist, in der niemand mehr wohnen kann: «Er sah die vier endlosen Straßenzüge entlang: Kein Haus. Kein Haus! Nicht einmal ein Häuschen. Nicht einmal eine Hütte. Nicht einmal eine vereinsamte, stehengebliebene, zittrige, wankende Wand.

Rödingsmarkt

Nur die Schornsteine stachen wie Leichenfinger in den Spätnachmittagshimmel. Wie Knochen eines riesigen Skelettes. Wie Grabsteine.»[32] Je weiter Bill Brook sich vorwagt, desto deutlicher wird ihm, dass weite Teile Hamburgs in einem für ihn bisher unvorstellbaren Maß zerstört wurden, Eilbek genauso wie Hamm, Hammerbrook oder eben Billbrook. Und dass dies in nur zwei Nächten geschah, wie ihm zwei Männer zu verstehen geben, denen er am Rand der Ruinenfelder begegnet, kann er nicht fassen. Es ist für ihn so unbegreiflich, dass er inmitten der «unermeßlichen unvergeßlichen Wüste von Steinen und Toten» hysterisch zu lachen beginnt: «Zehntausend Tote. Flach, platt und tot. Zehntausend in zwei Nächten. Eine ganze Stadt! In zwei Nächten. Flach, platt, tot.»[33]

Bill Brook lacht, weil sein Vorstellungsvermögen versagt. Zugleich spürt er, dass die Feuerstürme nicht allein Hamburg verändert haben, sondern das Menschsein an sich, genau wie es Kertész beschreibt; sogar in seinem geliebten, weit abgelegenen Hopedale in Labrador. Diese «tote Stadt» liegt nicht nur zwischen Bille und Alster. Billbrook ist überall.[34]

Dennoch irrte sich Klaus Mann, als er 1943 glaubte, dass das «Antlitz und die Atmosphäre» Hamburgs für immer verloren wären. Sein melancholischer Pessimismus war angesichts der Nachrichten aus Deutschland allzu verständlich. Aber im Laufe der Jahrzehnte hat er sich doch als übertrieben erwiesen: Hamburg blieb erkennbar. Im Gegensatz zu kleineren Städten, die vergleichbare Zerstörungen erlitten, behielt es seine Identität. Ohne die unverwechselbare Topografie, ohne den amphibischen Charakter der Metropole und die überwältigenden Ausmaße des Hafens wäre das unmöglich gewesen.

Zudem wurde das Zentrum zwar stark ramponiert, aber nicht ausgelöscht wie viele der äußeren Bezirke und die historische Altstadt Altonas. Erstaunlich und für den Wiederaufbau wichtig war, dass viele der höchsten Gebäude den Krieg überdauert hatten. Nicht nur der als Landmarke missbrauchte Turm von St. Nikolai blieb stehen, sondern ebenso der gigantische Wasserturm im Sternschanzenpark, die Türme von Rathaus und St. Petri und natürlich der Michel. Mancher Fremde, der sich Hamburg 1945 aus der Ferne näherte, konnte der Illusion erliegen, die Stadt wäre vergleichsweise intakt.

So geht es auch Borcherts Bill Brook, als er am Hauptbahnhof aus dem Zug steigt: Die Straßen wirken auf ihn übel zugerichtet, aber sie sind immer noch Straßen. Es leben Menschen in ihnen, und dazu gibt es auch noch die Stadtsilhouette, beherrscht von Nikolaiturm und Michel. Diese weithin sichtbaren Wahrzeichen bemerkt Bill Brook auch dann noch, als er auf seinem Ausflug schon den Boden unter den Füßen zu verlieren glaubt: «Er sah ganz dünn die Türme der Kirchen. Sie sind nicht wahr, sie sind gelogen, dachte er. So nah waren die Leichenfinger. Nur die Leichenfinger sind wahr, und die Krümel.»[35]

Fast jeder, der sich an Hamburg im Zweiten Weltkrieg erinnert, kommt auf die Bedeutung der Kirchen für das Lebensgefühl zu sprechen, und besonders eindringlich wird die Zerstörung der Katharinenkirche beklagt. Hans Erich Nossack berichtet im *Untergang* von einem Ingenieur, der bei ihrem Einsturz geweint habe. Dieser Trauernde stand für ihn stellvertretend für viele. «Es nützte uns nichts, daß wir uns einredeten: Es ist nur eine Kirche, die hunderttausend Wohnungen und die Menschen, das ist viel schlimmer», schreibt Nossack. «Es war wohl ein Symbol. Wir alle, die dort [in der Speicherstadt] zu tun hatten, liebten den Turm über alle Maßen, jeder auf seine Art, vielleicht ohne es zu wissen.» Aus seinem Büro in der elterlichen Firma sah Nossack direkt auf das Gotteshaus. «Das Blaugrün des barocken Kirchendaches verzauberte das opalisierende Wasser des Fleets. Besonders im Frühjahr und Herbst wurde man dadurch zu Träumereien verführt. Das Wissen um eine alte Orgel und daß diese Kirche als einzige den Brand Hamburgs hundert Jahre früher überlebt hatte, war gar nicht notwendig.»[36]

Der Schriftsteller und Zeichner Hans Leip, dessen Gedicht *Lili*

Marleen während des Zweiten Weltkriegs durch die Sängerin Lale Andersen weltberühmt wurde, schildert St. Katharinen in seinen Memoiren ebenso eindringlich. Auch Leip kam ein paar Tage nach der «Operation Gomorrha» in die Stadt zurück und irrte durch die Trümmer der Altstadt am Nikolaifleet: «Ein paar uralte Speicher hingen dort noch schief im Dunst. Eine einstürzende Mauer drohte mich zu erschlagen. Die Brocken krachten auf ein Sammelsurium von Kontormöbeln, Sofas, Bettzeugballen und mit Kleinkram und Kontobüchern gefüllte Waschkörbe.» Mit Staub in den Augen suchte er nach Vertrautem: «Mußte hier nicht ein Kirchturm gen Himmel ragen? Aber ach, das war also von unserer geliebten St. Katharinen übriggeblieben, nur ihr solider Backstein-Unterbau mit dem Zifferblatt. Die Zeiger standen auf zehn Minuten vor sechs. Darüber die drei Buchstaben DEO, als sei es der Verantwortungsstempel dessen, der einst auf lateinisch zu uns gekommen war. Und nun seinen Himmel darüber mit übelriechendem Opferrauch verbarg.»[37]

Hans Leip veröffentlichte seine Erinnerungen erst, als er weit über achtzig war. Was er beschreibt, entspricht jenen Fotografien, die nach der «Operation Gomorrha» gemacht worden waren. Nicht unwahrscheinlich, dass er sie vor Augen hatte, als er an seinen Erinnerungen arbeitete. Sicher kannte er auch den *Untergang*. Aus dem unmittelbaren Erleben heraus beschreibt Nossack die Kirchenruine 1943 ganz ähnlich. In Details weicht Leip von ihm ab, doch dass der Turm aussah, als sei er direkt über der Uhr abgebrochen worden, ist auch Nossack wichtig. Allerdings sind die Zeiger bei ihm um kurz nach eins stehen geblieben, nicht um zehn vor sechs; und über dem Zifferblatt liest er «in goldenen Lettern» *Gloria*, nicht *Deo*. Wie lassen sich diese unterschiedlichen Wahrnehmungen erklären?

Wir wissen, dass der Turm am 30. Juli 1943 um 5.40 Uhr einstürzte.[38] Aber blieb auch die Uhr sofort stehen? In der Tat ist auf den Fotos der zerstörten Kirche zu erkennen, dass die vier Turmuhren zu verschiedenen Zeiten anhielten. Leip betrachtet St. Katharinen von einem anderen Standort als Nossack. Die Wahrnehmung von Einzelheiten sollte ihre Berichte glaubwürdiger wirken lassen, dabei tritt gerade durch sie ihre Subjektivität zutage. Die Ausmaße der Katastrophe überforderten alle und luden selbst die gewöhnlichsten Beobachtungen symbolisch auf. Alles wirkte, als stammte es aus einer anderen Wirklichkeit. «Das Kupfer des Kirchendaches hatte sich wie ein Leichentuch nach innen über das Kirchenschiff gelegt», lesen wir bei Nossack weiter. Ein Bild wie aus einem Film. Vermutlich betrachtete der Autor das Wrack der traditionellen Seefahrer-Kirche vom Balkon seines teilweise zerbombten Kontors im dritten Stock aus: «Nur ganz hinten auf einem Mauerrest der Sakristei stand noch der goldene Heilige mit seinem Steuerrad und wies mit dem Finger in die Ferne.»[39] Dass von der Innenausstattung der Kirche lediglich zwei steinerne Epitaphe aus dem 17. Jahrhundert den Krieg überstanden, konnte Nossack nicht wissen.[40]

Dammtor

13. Als die Gelehrten an den Grindel zogen

Im Mai 1945 stand Hamburg vor einem mühsamen Neuanfang. Die Lage konnte in keiner Weise mit jener nach dem Ersten Weltkrieg verglichen werden, an die sich die meisten Überlebenden des Feuersturms noch gut erinnerten. Auch damals wirkte vieles katastrophal, doch 1918 gingen die Schwierigkeiten mit der Novemberrevolution einher, und diese stimmte viele hoffnungsvoll, zumal sie eine spürbare Modernisierung auslöste, nicht zuletzt in kultureller Hinsicht. Zu den wichtigsten Folgen des Neuanfangs nach dem Ersten Weltkrieg gehörte die Universität im Grindelviertel. Dieses war seit Mitte des 19. Jahrhunderts deutlich jüdisch geprägt. Nicht nur hier, sondern in der ganzen Stadt verlor der Antisemitismus an Bedeutung. Heute wissen wir, dass diese Ruhe trügerisch war, aber für eine kurze Zeitspanne schien der Judenhass tatsächlich kaum noch eine Rolle zu spielen. Der 1928 in Reinbek geborene und als Kind vor den Nazis geflohene Schriftsteller Georges-Arthur Goldschmidt rief das eindringlich in Erinnerung, als er seine Familiengeschichte rekonstruierte: «Ab 1871 nahm der jüdische Teil der Bevölkerung deutlich zu. Hamburg, das Tor zur Welt, war eine Insel der Sicherheit für die vielen Ostjuden, die nach Amerika weiterwollten und denen dazu die Bank Warburg zu Hilfe kam. [...] Die Juden hatten ihr Möglichstes getan, die Stadt und sich selbst zum allgemeinen Wohlstand zu bringen.»[1]

Zu den einflussreichen Familien des 19. und frühen 20. Jahrhunderts gehörten die Goldschmidts genauso wie die Familien Warburg und Bernays, aus der Sigmund Freuds Frau Martha stammte. Allen voran die Warburgs forderten und förderten über Jahre hinweg die Gründung einer Hochschule. Durch ihre Hartnäckigkeit verhalfen sie letztlich der ganzen Stadt zu neuem Ansehen: Mit der Universität gab es zum ersten Mal ein offizielles Zentrum für Forschung und Lehre. Endlich wurde man der Verantwortung für zukünftige Generationen gerecht, anstatt geradezu blind auf die segensreichen Kräfte des freien Handels zu vertrauen. Dass dies wirklich der Fall war, daran lassen Erinnerungen wie jene des Architekten, stilbildenden Stadtplaners und Oberbaudirektors Fritz Schumacher wenig Zweifel. «Als ich 1909 nach Hamburg kam», schrieb Schumacher im Mai 1942, «mußte man in den meisten Kreisen sehr vorsichtig von einer Universität sprechen; sehr einflußreiche Leute sahen in ihr nicht nur etwas Überflüssiges, sondern ein Bleigewicht für die wirtschaftliche Stoßkraft Hamburgs, das alle seine Mittel dem Hafen zuwenden sollte. Daneben spielte als Unterton eine Art Eifersucht mit, denn man fürchtete, daß die geistige Führerschaft des Gemeinwesens von einer selbstbewußten Gelehrtenkaste angefochten werden könnte.»[2]

Einige Bildungs- und Forschungseinrichtungen gab es in der Stadt zwar auch schon früher, etwa die 1907 von Werner von Melle initiierte Hamburgische Wissenschaftliche Stiftung, das beliebte «Allgemeine Vorlesungswesen» und das 1908 gegründete «Kolonialinstitut». Beide waren seit 1911 im heutigen Hauptgebäude der Universität beheimatet, dessen Bau durch den Reeder und Kaufmann Edmund Siemers finanziert wurde. Aber vor dem Hintergrund des enormen Bevölkerungswachstums erschien vorausschauenden Angehörigen der Bürgerschaft eine national, wenn nicht gar international konkurrenzfähige Hochschule schon lange als unverzichtbar. Mochten mächtige Kaufleute auch uneinsichtig bleiben, so galt doch auch für die Hansestadt, dass ein großes Gemeinwesen auf Dauer nur mit einem leistungsfähigen Bildungssystem erfolgreich bleiben kann.

Politisch wurde die Universität vor allem von dem Senator und Ersten Bürgermeister Werner von Melle durchgesetzt, nach dem später der Campus zwischen Schlüterstraße und Grindelhof benannt wurde. Schumacher bewunderte sehr, wie von Melle, dessen persönliches Auftreten oft trocken gewirkt habe, «ohne viele programmatische Erörterungen einen Stein nach dem anderen in den Bau der Hamburger Kultur hineinschob, damit er eines Tages vorhanden und richtig zugehauen wäre, wenn es sich um Sein oder Nichtsein der krönenden Kuppel handelte»[3] – und diese Kuppel, das sollte natürlich eine Hochschule sein.

Nach dem Krieg kaum weniger dringlich waren allerdings umfassende Reformen des Schulwesens. Sie standen noch vor der Universitätsgründung auf dem Plan. Sobald der revolutionäre «Arbeiter- und Soldatenrat» im Herbst 1918 auch an der Elbe dem Kaiserreich den Garaus gemacht hatte, wurde unter Beteiligung von etwa 2300 Lehrern im Curiohaus ein «Lehrerrat» gewählt. Was fortschrittliche Pädagogen und jugendbewegte Schüler schon lange gefordert hatten, sollte nun endlich in die Tat umgesetzt werden: Der Drill an den wilhelminischen Bildungsanstalten und ihre durch und durch autoritäre Struktur stießen auf immer größere Ablehnung. Auch die sozialen Ungerechtigkeiten, die sie stets zementiert hatten, sollten nun ein Ende haben. Man wusste ja, dass Emanzipationsbewegungen Strohfeuern gleichen, wenn sie die Schulen vernachlässigen.

Das Programm, das der Lehrerrat am 23. November 1918 verabschiedete, erwies sich dann allerdings als nicht durchsetzbar. Seine Ziele wirken auch heute noch ambitioniert. Es ging um eine «öffentliche, allgemeine schulgeldfreie Schule für die gesamte nicht berufliche Erziehung und Bildung beider Geschlechter mit gemeinsamer Grundschule und gegliedertem Oberbau, mit freiem Aufstieg nach der körperlichen, geistigen und sittlichen Entwicklung und Leistungsfähigkeit der Schüler» – also um nichts anderes als Chancengleichheit.[4]

Inmitten der politischen Turbulenzen blieb die Oberschulbehörde unter ihrem Präses Werner von Melle erstaunlicherweise weitgehend intakt, und gerade sie erwies sich bald als ein unüberwindbares Hindernis für allzu radikale Reformen. In Bewegung waren allerdings auch die herrschenden Politiker geraten. Bald bestand Konsens darüber, dass die staatlichen Schulen gestärkt werden mussten, um der wachsenden Bedeutung der Millionenstadt gerecht werden zu können. Die allgemeine Schulpflicht wurde von sieben auf acht Jahre erhöht. Besonders für Mädchen verbesserte sich die Situation in den folgenden Jahren erheblich, und nach der Universitätsgründung, die am 28. März 1919 durch ein sogenanntes Notgesetz besiegelt wurde, galt das Bildungswesen der Hansestadt als außergewöhnlich fortschrittlich.

Schließlich war die Hamburgische Universität, wie sie zunächst hieß, die erste demokratische Gründung ihrer Art in Deutschland. Über diesen wichtigen Schritt in der Stadtentwicklung wunderte sich damals zwar niemand mehr, dennoch hatten ihn viele zuletzt kaum noch für möglich gehalten. So sah es rückblickend auch der Kulturjournalist Hans W. Fischer: «Die Gründung der Universität war unmittelbare Frucht der Revolution; vorbereitet war sie allerdings von langer Hand, und es hat genug Schwierigkeiten gekostet, die Frucht so reif zu machen, daß sie beim Windstoß fiel.» Die hartnäckigen Widerstände hätten viel mit der Mentalität der Hamburger zu tun gehabt, auch mit der Dominanz eines reaktionären Nützlichkeitsdenkens: Dass die zweckfreie Wissenschaft außerordentlich wertvoll sein kann, das habe zwischen Alster und Elbe lange «nur eine Minorität» begriffen. Deshalb wurde die Universität von der Bürgerschaft 1913 und sogar noch in einer Sitzung am 18. März 1919 abgelehnt. «Der Gedanke an eine Universität war jahrelang ganz unpopulär; und wer weiß, ob er sich trotz aller Bemühungen durchgesetzt hätte, wenn nicht Edmund J. A. Siemers seinen Zweimillionenbau vor das Dammtor gebaut hätte, dessen Name Kolonialinsti-

Das alte Hauptgebäude der Universität und die Rothenbaumchaussee, 2019

tut von Anfang an nur ein Deckname für die künftige Universität war.»[5]

Noch viel erstaunlicher als ihre Gründung wirkt aus heutiger Sicht, dass der wissenschaftliche Ruf der neuen Hochschule rasch hervorragend wurde. Ein paar Jahre nach ihrer Eröffnung wirkten in der Hamburgischen Universität Gelehrte von Weltrang, allen voran der Psychologe William Stern, der den Intelligenzquotienten erfunden hatte. Er war bereits 1916 nach Hamburg gekommen. Drei Jahre später folgte ihm der damals schon überregional bekannte Philosoph

Ernst Cassirer. Dass zwei so wichtige Posten mit Juden besetzt wurden, war seinerzeit an deutschen Universitäten alles andere als normal. Ob hierbei auch das Umfeld am Grindel eine Rolle gespielt hat? Immerhin befand sich in der unmittelbaren Nachbarschaft die prächtige Hauptsynagoge am Bornplatz, die größte in Nordeuropa.

Einzigartig waren an der Hamburgischen Universität die Auslandswissenschaften, die sowohl in medizinischer Hinsicht – etwa bei der Erforschung und Behandlung von Tropenkrankheiten – als auch im internationalen See- und Handelsrecht und in den Sprachwissenschaften Maßstäbe setzten, nicht zuletzt mit dem ersten Lehrstuhl für afrikanische Sprachen überhaupt.[6]

Aufsehen erregte bald auch die Kunstgeschichte. Dies lag zum einen an dem jungen Erwin Panofsky, der bis zu seiner Emigration 1934 in Hamburg die Ikonologie zu einer Methode entwickelte, Kunstwerke auf komplexe Weise aus ihrem kulturhistorischen Kontext heraus zu deuten. Zum anderen gab es in Hamburg ein einzigartiges privates Forschungsinstitut: die Kulturwissenschaftliche Bibliothek Warburg, kurz K.B.W. Ins Leben gerufen hatte sie Aby Warburg, der zu den Erben des Bankhauses M.M. Warburg & Co. gehörte und als Kunsthistoriker aus der Familientradition ausgebrochen war. In der Bankiersdynastie irritierte der 1866 geborene Aby schon in jungen Jahren durch seine extravaganten Interessen. Zudem litt er sein Leben lang unter schweren Krankheiten und psychischen Krisen. Dies alles hinderte seine Verwandten allerdings nicht daran, ihm den kostspieligen Aufbau und die Pflege seiner einzigartigen Büchersammlung zu ermöglichen. Im Gegenteil: Schenkt man Fritz Schumacher Glauben, so konnte der «geistsprühende» Warburg genüsslich von den Entstehungsvoraussetzungen der K.B.W. berichten.[7] Eigentlich hätte er als ältester Sohn ja das Bankenimperium übernehmen sollen. Dies sei für ihn aber nie infrage gekommen. Sein Lebenswerk setzte er deshalb durch einen geschickten Rückzug aus den Geldgeschäften ins Werk: «Er [Warburg] habe seine Erstgeburt den Brüdern angeboten, wenn sie ihm dafür das Linsengericht versprächen, seinen wissenschaftlichen Zielen mit dem ganzen Apparat eines geisteswissenschaftlichen Laboratoriums nachgehen zu können. Es sei beschlossen worden, dieses Angebot anzunehmen, und so erkläre es sich, daß ein Bankhaus den Luxus einer Filiale betreibe, in der nicht irdische, sondern kosmische Probleme finanziert würden.»[8]

Toni Cassirer, die seit 1902 mit Ernst Cassirer verheiratet war und mit ihm und ihren drei Kindern nach Hamburg zog, hinterließ mit ihrer Autobiografie ein ungewöhnliches Dokument über das damalige intellektuelle Milieu am Grindel, in Harvestehude und Pöseldorf. Als Cassirer nach Hamburg kam, sei die K. B. W. für ihn eine echte Überraschung gewesen, die seine weitere Arbeit von Grund auf veränderte. Die ungewöhnliche Sammlung wirkte auf ihn wie ein fruchtbarer Schock der Erkenntnis: Plötzlich schienen Forschungsperspektiven möglich, von denen er bis dahin kaum zu träumen gewagt hatte. Nach seinem ersten Besuch in der K. B. W. sei er, erinnerte sich seine Frau, «in einer für ihn sehr ungewöhnlichen Erregung nach Hause» gekommen. Diese Bibliothek, habe er gesagt, sei «etwas unerhört Einmaliges und Großartiges». Dabei hatte Ernst Cassirer Aby Warburg selbst noch nicht einmal kennengelernt. Dieser war zu Beginn der Zwanzigerjahre «schwer nervenleidend».[9] Regelmäßige Arbeit war für ihn ausgeschlossen. Stattdessen ließ er sich drei Jahre lang in der Heilanstalt *Bellevue* in Kreuzlingen am Bodensee therapieren, die von dem berühmten Psychiater Ludwig Binswanger geleitet wurde.

14. Im Zeichen der Musen-Mutter

Wie aber konnte eine nicht einmal übermäßig große Büchersammlung – 1920 hatte sie etwa 20 000 Bände – einen arrivierten Universalgelehrten wie Cassirer so in Aufruhr versetzen, dass er zunächst vor ihr zurückweichen wollte, wie er seiner Frau gestand, «da er sonst ganz sicherlich in diesem Labyrinth verloren gehen würde».[10]

Es hatte mit der intellektuellen Kombinatorik zu tun, mit der Überwindung der Grenzen zwischen den akademischen Disziplinen, die durch die ungewöhnliche, oft intuitive Zusammenstellung von Warburgs Büchern provoziert wurde und die Cassirer inspirierte, als er seine bahnbrechende *Philosophie der symbolischen Formen* entwarf. Denn auch Cassirer führte in seiner Theorie unterschiedlichste Forschungsgebiete und Traditionslinien zusammen, und in der K. B. W. fand er hierfür so etwas wie eine intellektuelle Heimat.[11] Sie wurde ihm zugleich Refugium und Bühne. Bei ihrem Aufbau war Warburg ganz ähnlichen Prinzipien gefolgt wie der Philosoph. Er habe, wie Cassirer selbst es 1923 formulierte, «von allen historisch Arbeitenden am schärfsten» jene Probleme erkannt, zu denen er selbst «auf rein systematischem Wege hingeführt worden» sei.[12]

Die Bibliothek, die Warburg Mnemosyne widmete, der griechischen Musen-Mutter und Göttin der Erinnerung, sollte sein eigentliches Hauptwerk werden. Davon waren schon Zeitgenossen wie Gustav Pauli überzeugt, der berichtete, Warburg habe einmal gesagt, «er sei dazu da, um für andere die Instrumente wissenschaftlicher Feinarbeit herzurichten».[13] Ganz ähnlich sieht es heute der Ägyptologe Jan Assmann, für den die K. B. W. ein sehr frühes und bahnbrechendes Beispiel einer Kulturwissenschaft darstellt, die durch den Austausch zwischen unterschiedlichsten Disziplinen überhaupt erst möglich wird.[14]

Unter Warburgs Obhut bildet sich in der Heilwigstraße nach und nach eine Art Thinktank aus Philosophen, Orientalisten, Judaisten, Kunsthistorikern und Philologen. Dabei spiegelt sogar die Ordnung der Bibliothek das fächerübergreifende intellektuelle Profil ihres Gründers wider: Denn in ihr sind die Bücher nicht etwa auf gewöhnliche Weise nach Epochen oder Wissensgebieten sortiert.

Stattdessen stehen sie in vier Abteilungen, die Außenstehenden esoterisch vorkommen müssen: Sie heißen *Orientierung, Bild, Wort* und *Handlung*. Zudem hat Warburg unter *Orientierung* keinesfalls nur wissenschaftliche Abhandlungen zusammengeführt, sondern ebenso solche über Magie und Religion. Es geht ihm in dieser Abteilung um das Weltverhältnis des Menschen an sich, und so werden hier alle Werke versammelt, die ihn im Kosmos verorten, auf welche Weise auch immer. Unter *Wort* und *Bild* stehen die Künste und Theorien der Ästhetik im Mittelpunkt, und unter *Handlung* finden sich vor allem gesellschaftswissenschaftliche Abhandlungen, aber auch solche zum Theater, zur Festkultur und zu Geheimlehren.[15]

Was so unterschiedliche Gelehrte wie Panofsky, Cassirer oder den Ethnologen Theodor-Wilhelm Danzel vom Museum für Völkerkunde in der Rothenbaumchaussee mit Warburg und dessen Bibliotheksleiter Fritz Saxl verbindet, ist der Versuch eines synthetisierenden Denkens: Im Grunde arbeiten sie alle komparatistisch. Hierfür finden sie in der K. B. W. ein optimales Werkzeug und in Warburg einen unvergleichlichen Anreger und Förderer.

Am 1. Mai 1926 zieht die Bibliothek in den bis heute erhaltenen Neubau in der Heilwigstraße 116. Warburgs Privathaus in der unmittelbaren Nachbarschaft ist für die Bücher schon lange zu klein. Zur Eröffnung spricht Cassirer, ihr prominentester und wohl auch intensivster Benutzer. Nur wenige Wochen später dankt Cassirer Warburg ein weiteres Mal, diesmal aus Anlass seines 60. Geburtstags: «In stiller und beharrlicher Arbeit hat die Bibliothek Warburg seit drei Jahrzehnten das Material für die geistesgeschichtliche und für die kulturwissenschaftliche Forschung bereitzustellen gesucht», schreibt Cassirer zum 13. Juni 1926. In einfachen Worten skizziert er damit das Grundanliegen der Forscher aus dem Umkreis der K. B. W., die sich inzwischen als *Hamburger Schule* einen Namen gemacht haben. «Aber sie hat zugleich mehr als dies getan, indem sie uns mit einer Eindringlichkeit, wie selten zuvor, die Maxime vor Augen gestellt hat, unter der diese Forschung stehen muß. In ihrem Aufbau und in ihrer geistigen Struktur hat sie den Gedanken der methodischen Einheit und des methodischen Zusammenschlusses aller Gebiete und aller Richtungen der Geistesgeschichte verkörpert.»[16]

Bemerkenswert ist, dass Cassirer diese «methodische Einheit» gerade in einem Jahrzehnt beschwört, in dem sich die Wissenschaften ausdifferenzieren wie niemals zuvor. Universalgelehrte alter Schule sind nicht nur zur Ausnahme geworden, sie wirken meist wie aus der Zeit gefallen, wie aus einer anderen Ära: Das Zeitalter der Spezialisten ist angebrochen und ruft zugleich eine Gegenbewegung auf den Plan, die auf die Dominanz der Auswahlgelehrsamkeit entschieden skeptisch reagiert. Einerseits setzte sich seit Kriegsende immer mehr die Gewissheit durch, dass die komplexe Wirklichkeit der modernen Lebenswelten nicht mehr als ein systematisches Ganzes erfasst werden könne. Andererseits wird eine gleichsam umgekehrte Strategie der Weltbildgewinnung immer populärer, oft aus antirationalistischen Impulsen heraus: Man stützt sich auf bewusst isolierte Details, auf einzelne Aspekte und leitet aus diesen globale Erklärungen ab.[17] In seinen pathologischen Varianten führt eine solche Denkweise zu Verschwörungstheorien oder zumindest ins Irrationale und Rauschhafte. Es kann aber auch, so wie im Umfeld von Warburg, außerordentlich produktiv werden und gerade im Widerspruch zu den Meinungsführern des Zeitgeistes in die Zukunft weisen.

Vielleicht ist es kein Zufall, dass sich die *Hamburger Schule* gerade im Abseits so gut entwickelt. Für den Bibliotheksleiter Saxl zumindest steht fest, dass der Standortnachteil, eine Forschungsbibliothek jenseits der traditionellen Universitäten und damit in der akademischen Diaspora aufzubauen, in diesem Fall von Vorteil ist. Denn in Hamburg gibt es weniger Konkurrenz und, viel wichtiger, weniger Vorurteile. Die wissenschaftlichen Pfade scheinen noch nicht seit Generationen ausgetreten, so wie in Göttingen, Heidelberg, Tübingen oder Jena. Zugleich besteht, wie Saxl betont, trotz der Dominanz des Merkantilen hier ein erstaunlich ausgeprägtes Bedürfnis nach Bildung und Forschung. Deshalb konnten sich Institutionen wie das «Allgemeine Vorlesungswesen» etablieren, die aus dem städtischen Leben schon lange nicht mehr wegzudenken sind. Auch die Schulen seien bereits um 1900 relativ «fortschrittlich» gewesen und die Erwachsenenbildung «hoch entwickelt». Hinzu kommt eine Blüte der öffentlichen Sammlungen, der Museen und Archive. Kurz: «Hamburg schaute nach vorn, blieb aber isoliert, sowohl in seiner fortschrittlichen wie in seiner ganz stark traditionsgebundenen Haltung.»[18]

Für die Umsetzung von Warburgs Ideen seien das gute Voraussetzungen: Hier könne sich die Sammlung «ungestört vom Lärm eines alteingesessenen Universitätsbetriebs» entwickeln.[19] Saxl, dieser ungewöhnliche, gelegentlich menschenscheue und äußerst sprunghafte Gelehrte, der, wie Toni Cassirer berichtet, in der Straßenbahn nach dem Krieg manchmal eine «alte österreichische Uniform» trägt, «von der die Abzeichen entfernt waren», arbeitet schon seit 1913 für Warburg.[20] In dieser Zeit hat die Bibliothek mit ihren 15 000 Bänden noch eher privaten Charakter und scheint vor allem ein Spiegel der intellektuellen Statur ihres extravaganten Gründers. Deswegen werden die Bücher wieder und wieder neu geordnet: Sie sollen «seine Vorstellung von der Geschichte des Menschen so gut wie möglich» ausdrücken.[21] Zu den prägenden Erfahrungen der Gelehrten aus Warburgs Generation gehört die sprunghafte Steigerung der Buchproduktion. Diese hat überall dazu geführt, dass die öffentlichen Sammlungen nicht mehr thematisch oder nach inhaltlichen Systematiken aufgestellt werden, sondern nach pragmatischen Gesichtspunkten. Jetzt werden die Zettelkataloge und Schlagwortketten, mit denen man sozusagen von Buch zu Buch und Gebiet zu Gebiet springen kann, zum A und O des Wissens, und daran wird sich bis zum Zeitalter der Computer, die zum ersten Mal maschinelle Volltextrecherchen möglich machen, kaum etwas ändern.

Im Zeichen der Musen-Mutter

Im Zeichen der Göttin Mnemosyne verfahren Warburg und Saxl beim Ausbau der K. B.W hingegen zugleich erzkonservativ – es geht ja um Bewahrung und das historische Gedächtnis der Künste – und experimentell. Denn für sie bleiben die Verknüpfungen und Übergänge zwischen den unterschiedlichsten Epochen, Disziplinen und Wissensgebieten entscheidend. Warburg will die intellektuellen Energien der Vergangenheit für die Gegenwart und die Zukunft aktivieren, und in vielem hat dieser Versuch sogar etwas typisch Hanseatisches: Seine kulturwissenschaftliche Arbeit stützt er weniger auf Theorien als auf jahrzehntelange Erfahrungen.

Dies hat besonders für die Ordnung seiner Bücher Folgen: Sie zielt nicht darauf ab, die Werke mit einem systematischen Katalog möglichst effektiv zu verwalten. Stattdessen möchte Warburg sie mit all ihren individuellen Qualitäten zur Geltung bringen. Für ihn muss man ein Buch nicht unbedingt lesen, um mit ihm vertraut zu werden. Aber zumindest in Händen halten sollte man es und in ihm blättern. «Er sprach vom ‹Gesetz der guten Nachbarschaft›», erinnert sich Saxl. Damit ist das gemeint, was heute oft *Serendipity* genannt wird: «Ein Buch, das man kannte, war meist nicht das, was man brauchte. Der unbekannte Nachbar auf dem Regal aber enthielt die wichtige Information, obwohl man das aus dem Titel nicht ohne weiteres erschlossen hätte. Der Gedanke dahinter war natürlich, daß die Bücher zusammen [...] durch ihre Titel den Studenten zur Erkenntnis der wesentlichen Triebkräfte des menschlichen Geistes und seiner Geschichte führen sollten. Bücher waren für Warburg mehr als reine Forschungsinstrumente. Versammelt und gruppiert, veranschaulichten sie die Gedanken der Menschheit in ihrer Beständigkeit und in ihrem Wechsel.»[22]

Dieses Programm bestimmt bis heute das Innenleben des äußerlich eher schlichten Institutsgebäudes in der Heilwigstraße 116. Der Entwurf mit der für die Zwanzigerjahre typischen Backsteinfassade stammt von Gerhard Langmaack. Im Lesesaal fällt sofort die elliptische Form des Raumes auf. Sie geht auf eine Idee Warburgs zurück, der in der Ellipse – an Johannes Kepler anknüpfend – die Einheit und Harmonie polarer Gegensätze und auch den Anfang des modernen naturwissenschaftlichen Denkens symbolisiert sah.[23] Sicher stand für ihn der pythagoreische Mystiker Kepler, der zugleich mathematisch, musiktheoretisch, astronomisch und astrologisch dachte, auch für die Kraft des synthetisierenden Denkens, das in der arbeitsteiligen Gesellschaft mehr und mehr verloren ging.

15. Pferdestall und Kammerspiele

Ernst Cassirer erregte nicht nur in Warburgs Umfeld Aufsehen. Sein Renommee war so groß, dass er für das akademische Jahr 1929/30 von der Professoren-Vollversammlung zum Rektor der Hamburgischen Universität gewählt wurde. Für einen Juden und entschiedenen Befürworter der parlamentarischen Demokratie war das die absolute Ausnahme. Die Stadt und ihre Universität bewiesen dadurch einmal mehr ihr liberales Potenzial. Zugleich gab es aber auch am Grindel einflussreiche reaktionäre Zirkel, die eine Vielzahl nationalistischer Studenten hinter sich wussten.

Am 7. November übernahm Cassirer sein neues Amt. Seine Antrittsvorlesung stellte er unter den Titel «Formen und Formenwandel des philosophischen Wahrheitsbegriffs», und mit ihr präsentierte er sich abermals als kompromissloser und durchaus elitärer Aufklärer in der Tradition Kants. In seinem Jahr als Rektor überraschte er dann allerdings sowohl seine Anhänger als auch sein Gegner durch hochschulpolitisches Geschick und Eloquenz – nicht zuletzt seine Frau Toni, die ihn wahrscheinlich am besten kannte. Die Veränderungen durch die neuen Aufgaben griffen sogar, wie sie sich erinnerte, auf Cassirers Sprache über: «Er begann sich einen ganz neuen Sprachschatz anzueignen. Er, der bis dahin nie ein ‹Füllwort›

Ernst Cassirer mit Amtskette als Rektor der Universität, 1929/30

oder einen ‹Füllsatz› verwendet hatte, plauderte vergnügt und angepasst über alles, was der andere hören wollte.»[24] Von den massiven politischen Schwierigkeiten und antisemitisch motivierten Anfeindungen während dieses Rektoratsjahrs, in dem die NSDAP ihre ersten großen Erfolge feierte, schweigt Toni Cassirer.[25]

Im November 1930 kehrte Cassirer in den Professorenalltag zurück. Sein Büro hatte er im sogenannten Pferdestall am Bornplatz, dem ältesten Gebäude der Universität, in dem sich zuvor tatsächlich ein Fuhrgeschäft mit Pferden und Kutschen befunden hatte. Heute beherbergt es die Sozialwissenschaften. Im selben Gebäude residierte William Stern mit seinem Psychologischen Laboratorium. Der Verleger Max Tau, der damals zu den ersten Studenten der Universität gehörte und zeitweise in Cassirers Haus an der Außenalster zur Untermiete wohnte, erinnerte sich: «Unsere Professoren waren miteinander befreundet. Da sie Freude an ihren Schülern hatten, entschlüpfte ihnen manche Bemerkung, die nicht für uns bestimmt war, aber uns gerade deshalb überraschend auf den Weg half, wenn sie uns zugetragen wurde. William Stern zog mich in eine Ecke und verriet mir mit einem Lächeln, Cassirer habe gesagt: ‹Merkwürdig, dieser Tau! Er macht alles anders, kommt aber zu den gleichen Resultaten.›»[26]

Dominiert wurde der Bornplatz aber weniger von der familiären Gemeinschaft der Studenten und Professoren als von der weithin sichtbaren Hauptsynagoge, in deren Nachbarschaft 1911 die Talmud-Tora-Schule am Grindelhof 30 eröffnet wurde. Sie war 1805 als erste jüdische Schule in Hamburg gegründet worden. Ihr neues, nach wie vor erhaltenes Gebäude hatte sie vor allem dem kurz vor ihrer Einweihung verstorbenen Mäzen Moritz M. Warburg zu verdanken – dem Vater von Aby Warburg.

Die von Ernst Friedheim und Semmy Engel entworfene und 1906 eingeweihte Synagoge galt mit ihrer 40 Meter hohen Kuppel als Symbol eines selbstbewussten Judentums, das zumindest am Grindel aus dem städtischen Alltag nicht wegzudenken war. Koschere Lebensmittelgeschäfte und zahlreiche Einrichtungen der jüdischen Gemeinde waren hier vor dem Zweiten Weltkrieg eine Selbstverständlichkeit. In der Reichspogromnacht wurde der monumentale Tempel stark beschädigt und 1939 abgerissen. Erst 50 Jahre später zeichnete man seinen früheren Grundriss als Bodenmosaik nach und nannte einen Teil des Bornplatzes, der heute Allende-Platz heißt, nach dem Hamburger Oberrabbiner Joseph Carlebach. Anfang 2020 wiederum sorgte die Bürgerschaft mit dem einstimmigen Beschluss für Aufsehen, die Synagoge möglichst bald wieder für die stetig wachsende jüdische Gemeinde aufzubauen.[27]

Die Universität gewann nach dem Zweiten Weltkrieg wieder an Bedeutung, nicht unbedingt durch die Qualität der Ausbildung, aber durch ihre ungewöhnliche Größe und die Vielfalt der Angebote: Heute sind in ihr mehr als 40 000 Studierende eingeschrieben. Das

Pferdestall und Kammerspiele

Synagoge der Deutsch-Israelitischen Gemeinde am Bornplatz, 1908

alte jüdische Leben am Grindel hingegen ist seit dem Holocaust für immer verloren, wenn auch das Gebäude der Talmud-Tora-Schule, in dem inzwischen wieder Kinder unterrichtet werden, 2002 endlich der Jüdischen Gemeinde zurückgegeben wurde. Daran ändert auch das beliebte Café Leonar schräg gegenüber nur wenig: Hier kann man seit 2008 nicht nur essen wie in Jerusalem, sondern in seinem «Salon» auch hervorragende Lesungen, Vorträge und Konzerte erleben. Für Sonia Simmenauer, die das Café gegründet hat, steht denn auch die Gegenwart stärker im Vordergrund als die Verluste und Verbrechen der Vergangenheit. «Wir definieren uns nicht über den Holocaust», sagt sie. «Wir sind kein Museum, sondern ein lebendiges Haus. Dass das zu unserem Leben gehört, das wollen wir gar nicht leugnen, und so kommen hier auch immer wieder Themen auf, die davon getragen sind. Aber es gab ein Davor – und es gibt auch ein Danach. Gott sei Dank.»[28]

Der Name Leonar stammt von einer Firma für Fotopapier, die Sonia Simmenauers Großvater betrieb, bis er 1938 aus Hamburg fliehen musste. Das Logo der früheren Leonar-Werke gleicht dem heutigen des Cafés. Technischer Direktor der Leonar-Werke war Fritz Albert, der Schwager des damals noch völlig unbekannten Münchner Schriftstellers Alfred Andersch. Albert holte Andersch 1937 als Assistenten des Werbeleiters in die Firma in der Wandsbeker Zollstraße. Ein Jahr später wurde dem jungen Angestellten die Werbeleitung komplett übertragen. Andersch erlebte die Leonar-Werke inmitten des Nationalsozialismus als eine Art Insel des unabhängigen Denkens und Arbeitens, bis der 50-jährige Albert am 7. Mai 1938 starb. Er hatte beim Tennisspielen auf den Plätzen am Rothenbaum einen Herzschlag erlitten. Zuvor war ihm mitgeteilt worden, dass er die Leonar-Werke verlassen musste, weil er als «Mischling 1. Grades» nicht länger in leitender Funktion toleriert wurde.[29]

Andersch blieb noch bis zu seiner Einberufung im März 1940 in dem Unternehmen, auf das er in seinen autobiografischen Erzählungen immer wieder zurückkam, besonders in dem «Bericht» *Die Kirschen der Freiheit*, der ihn 1952 berühmt machte: «Die Fabrik war aus rotem Backstein, produzierte fotografische Papiere und bestand aus einem modernen Kontorgebäude und älteren Fabrikationsanlagen. Ich saß im obersten Stockwerk und entwarf Texte für Anzeigen, stellte sie mit Zeichnungen zusammen und gab sie in den Druck. Dabei achtete ich darauf, daß die Anzeigen sich aus so wenigen Teilen wie möglich zusammensetzten.» Sogar die Sachlichkeit dieser Werbung schien Andersch rückblickend ein Antidot zur reißerischen Propaganda der Zeit. «Ich war froh, wenn es mir gelang, Entwürfe durchzusetzen, die außer Bild und Text nichts enthielten und, in ausgewogenem Spiel von leeren und bedeckten Flächen, sehr ruhig wirkten. Freilich müssen Text und Bild dann wirklich etwas zu sagen haben, mit der Ruhe allein ist es nicht getan.»[30]

Pferdestall und Kammerspiele

Ohne Simmenauer und Albert wurde es auch für Andersch schwer bei Leonar. Seine Erinnerungen an diese Zeit zeigen den jungen Familienvater in einer Phase der Depression. Am liebsten habe er sich damals ans Meer zurückgezogen, nach Wismar oder an die Nordsee bei Husum: «Es gab keine Zeit mehr. Für mich nicht. Über der Kimmung, weit im Westen, zerging eine Wolke im Äther. Ich klemmte mein Buch unter den Arm und ging den Deich entlang, immer weiter weg von den letzten Häusern.»[31]

Folgt man dem Grindelhof weiter in Richtung Hallerplatz, vorbei an den Cafés, Boutiquen und kleinen Geschäften, gelangt man bald zur Hartungstraße und zu dem unscheinbaren Gebäude der Hamburger Kammerspiele. Wolfgang Borcherts *Draußen vor der Tür* wurde hier am 21. November 1947 uraufgeführt, jenes «Drama einer verdorbenen Heimkehr», über den kriegsversehrten Wehrmachtssoldaten Beckmann, dessen existenzielle Fragen fünf düstere Akte lang unbeantwortet bleiben, wie Peter Rühmkorf feststellte.[32]

Rühmkorf, der überragende Lyriker, war acht Jahre jünger als Borchert und schrieb über ihn 1961 eine erste, durchaus kritische Biografie. Aber wie für Millionen andere gehörte *Draußen vor der Tür* auch für ihn zu jenen Leseerlebnissen, denen man sich schwer entziehen kann. Bereits am 13. Februar 1947 wurde das Drama als Hörspiel im Nordwestdeutschen Rundfunk präsentiert, dessen Chefdramaturg Ernst Schnabel, selbst Schriftsteller, die Kraft des Textes sofort erkannt hatte und Borchert als repräsentative Stimme der jugendlichen Kriegsteilnehmer feierte. Schnabel verdankt das Stück auch jenen Titel, der so eingängig ist, dass er rasch sprichwörtlich wurde. Borchert selbst hatte es zunächst schlicht *Ein Mann kommt nach Deutschland* genannt. Den sensationellen Erfolg der Theateraufführungen, die zusammen mit dem Siegeszug von Carl Zuckmayers Dreiakter *Des Teufels General* den Beginn der westdeutschen Nachkriegsdramatik markierten, konnte der junge Autor nicht mehr erleben. Er war einen Tag vor der Premiere gestorben.

Zu denjenigen, die sich sehr früh für das Drama und seinen Autor einsetzten, gehörte Ida Ehre, die Intendantin der Kammerspiele. In die Hansestadt war sie ursprünglich gezwungenermaßen gekommen: Als Jüdin wollte sie zusammen mit ihrer Familie im August 1939 vom Hamburger Hafen aus nach Chile emigrieren. Doch durch den Kriegsausbruch musste ihr Schiff kurz vor den rettenden Azoren umkehren. So verschlug es Ida Ehre an die Alster. Unter dem Schutz ihrer «privilegierten Mischehe» überlebte sie die folgenden Jahre in Uhlenhorst. Sie entkam dem Feuersturm und sogar dem KZ Fuhlsbüttel, in dem sie sieben Wochen lang gefangen gehalten wurde, nachdem sie von Nachbarinnen denunziert worden war. Ihre Festnahme hatte ihr allzu deutlich vor Augen geführt, wie stark sie gefährdet war: Selbstverständlich hätte auch sie jederzeit deportiert und ermordet werden können, so wie ihre Mutter. Doch Ida Ehre und ihr Ehemann, der Frauenarzt Bernhard Heyde, kämpften unverdrossen mit den Behörden. Sie suchten sogar die Hilfe von Heinrich Himmler, der einst dieselbe Schule wie Heyde besucht hatte, und hatten nicht zuletzt einfach mehr Glück als andere.[33]

Die Kammerspiele, die Ida Ehre bis zu ihrem Tod 1989 leitete, konnte sie bereits wenige Monate nach Kriegsende ins Leben rufen. Unterstützt wurde sie dabei von dem britischen Theateroffizier James F. Olden, der wie sie selbst aus Wien stammte. Olden war 1939 nach London emigriert und als Brite nach Hamburg gekommen, wo er später vor allem für den Norddeutschen Rundfunk arbeitete.

Das kleine Theater in der Hartungstraße war als Einziges der Stadt vom Krieg vollkommen verschont geblieben. Dabei stand seine Vergangenheit im Zeichen einer äußerst bedrohten jüdischen Gemeinschaft: Erst im Januar 1937 war es von einer GmbH unter dem Vorsitz des Bankiers Max Moritz Warburg übernommen worden. Das Ziel war es, das Haus für Veranstaltungen zu nutzen, insbesondere des seinerzeit noch zugelassenen Jüdischen Kulturbunds. Die Idee war naheliegend, denn bis zur Weltwirtschaftskrise war das

Pferdestall und Kammerspiele

Plakat der Uraufführung des Welterfolgs von Wolfgang Borchert

Gebäude schon einmal ein Zentrum des jüdischen Lebens gewesen. Seit 1904 residierten hier die Henry-James-Loge, ein jüdischer Orden in der Tradition der Freimaurer, die Steinthal-Loge und die Nehemia-Nobel-Loge. Außerdem beherbergte das Haus den «Israelitisch-humanitären Frauenverein», eine Sprachenschule und verschiedene andere jüdische Einrichtungen. Im Logensaal fanden regelmäßig Trauungen statt.[34] Erst 1930, mitten in der Weltwirtschaftskrise, musste das Haus an den «Bau-Verein Hamburger Anthroposophen» verkauft werden. Die Anthroposophische Gesellschaft allerdings wurde von den Nationalsozialisten reichsweit verboten, nur deswegen kam die «Jüdische Gemeinschaftshaus GmbH» 1937 unter Einwilligung der Gestapo zum Zuge.

Rasch wurde das Gebäude umgebaut und modernisiert, wobei das Hauptinteresse dem Theatersaal für rund 450 Zuschauer galt. Hinzu kamen ein Restaurant, eine Bibliothek und zwei Kegelbahnen. Zur offiziellen Eröffnung, die bereits am 9. Januar 1938 stattfand, wurde *Romeo und Julia* gespielt. Das jüdische *Familienblatt* berichtete damals über die Feierlichkeiten, die «den Charakter dieses Hauses» gezeigt hätten: Es sei eine «unabwendbar gewordene Notwendigkeit für jüdische Kunst, Bildungsarbeit, Geselligkeit, Kultur und Entspannung» gewesen, gleichsam ein Notbehelf.[35] Als solcher wurde es allerdings sofort zu einer sehr beliebten Institution. Im Restaurant bekam man kaum einen Platz, und die Franz-Rosenzweig-Gedächtnisstiftung lud namhafte Gelehrte zu Vorträgen ein, darunter Martin Buber, Hans Joachim Schoeps und die Kunsthistorikerin und -sammlerin Rosa Schapire, die 1904 in Heidelberg als eine der ersten Frauen ihres Faches promoviert worden war.[36] Ihre kleine Wohnung in der Uhlenhorster Osterbekstraße hatte Karl Schmidt-Rottluff, der zu ihren engen Vertrauten gehörte, in ein expressionistisches Gesamtkunstwerk verwandelt. Im November 1936 konnte der junge irische Dichter Samuel Beckett Schapire noch in ihrer gewohnten Umgebung besuchen, also inmitten ihrer Sammlung. Fasziniert und wohl auch ein wenig abgestoßen notierte er in sein Tagebuch: «Even furniture designed & painted by him. Whole dwelling a shrine to him.»[37] Erst im August 1939 – so spät wie möglich – floh die Sammlerin nach London. Große Teile ihres bedeutenden Kunstbesitzes wurden zwei Jahre später von der Gestapo beschlagnahmt und als «Judengut» versteigert.

Dem Gemeinschaftshaus in der Hartungstraße erging es nicht besser: Am 11. September 1941 wurde der Jüdische Kulturbund in ganz Deutschland liquidiert. Einen Monat später begannen die Deportationen der meisten Hamburger Juden nach Minsk, Rīga und Łódź, darunter auch der Rabbiner Joseph Carlebach. Im Logenhaus befand sich nun eine Volksküche, und am 11. Juli des Folgejahres startete von hier aus erstmals ein Transport nach Auschwitz.[38]

Hallerstraße

16. Die Bücher-Arche

Mit Gedanken an Helmut Heißenbüttel kann man gut an der Hallerstraße aus der U-Bahn steigen, so wie seine Figuren in *D'Alemberts Ende* von 1970. Es ist ein Buch, das alle Lesegewohnheiten unterläuft. Heißenbüttel studierte nach dem Ende des Nationalsozialismus in Hamburg, um 1957 nach Stuttgart zu ziehen und dort als Rundfunkredakteur zu arbeiten. Bis er 1969 mit dem Büchner-Preis ausgezeichnet wurde und sich damit endgültig als einer der führenden Schriftsteller seiner Generation etablierte, trat er ausschließlich mit kürzeren Arbeiten hervor, mit Gedichten und Prosatexten. Seine ersten Lyrikbände von 1954 und 1956 hießen *Kombinationen* und *Topographien*. Allein schon durch diese beiden Buchtitel machte er deutlich, dass die Strukturmodelle, auf die er am liebsten zurückgriff, oberflächlich betrachtet nichts mit Poesie zu tun hatten, sondern naturwissenschaftlich-mathematisch inspiriert waren. Zugleich enthielt sein Debüt einige Gedichte, die auch Anhänger traditioneller Schreibweisen unmittelbar berührten, etwa den jungen Peter Härtling, der Heißenbüttels *Kombinationen* noch im Manuskript kennenlernte. Härtling – viel später erst sollte er zu einem der beliebtesten Erzähler der Bundesrepublik werden – genügten wenige Verse, um restlos von Heißenbüttel überzeugt zu sein. In seinen Erinnerungen *Leben lernen* behauptet er sogar, 1953 mit dessen Gedichten sich selbst entdeckt zu haben, «aber in einer anderen, neuen Sprache».[1] Besonders hatte es ihm ein Gedicht angetan, das in nur

sechs Versen das Lebensgefühl der Kriegsüberlebenden gleichsam
destilliert:

EINFACHE SÄTZE:

während ich stehe fällt der Schatten hin
Morgensonne entwirft die erste Zeichnung
Blühn ist ein tödliches Geschäft
ich habe mich einverstanden erklärt
ich lebe[2]

Auf Peter Härtling machte diese Form von Einfachheit so großen
Eindruck, dass er dem Autor sofort einen Brief schrieb und ihn kennenlernen wollte. Heißenbüttel hielt sich damals mit einer unbedeutenden akademischen Stelle und als Literaturkritiker über Wasser.
Er wohnte in einem sechs Quadratmeter kleinen Zimmer in der
Heinrich-Hertz-Straße in Uhlenhorst. Seine täglichen Wege führten ihn zur Universität auf der anderen Seite der Alster. Härtling
erinnert sich, dass sie nach seiner Ankunft mit einem Dampfer zur
Rabenstraße fuhren, um in der Mensa zu frühstücken. Dem 20-jährigen Journalisten und Lyriker aus Nürtingen am Neckar schien in
der Hansestadt zunächst einmal alles faszinierend. Während in Heißenbüttels frühen Gedichten Hamburg nur gelegentlich erkennbar
wird, etwa wenn eine Bö «das Klappern der Hochbahn auf den Viadukten» wie «eine Melodie» durch die Gärten und Straßen trägt,[3]
brannten sich Härtling die neuen Eindrücke regelrecht ins Gedächtnis.

In seinen Memoiren findet sich eine der dichtesten Beschreibungen der Gegend zwischen Alster und Universität überhaupt: Heißenbüttel, der zwölf Jahre Ältere und sehr viel Erfahrenere, habe
Härtling alles gezeigt. Und er habe die Wege durch die Stadt dermaßen genau beschreiben können, dass er sie mit seinen Worten regel-

Die Bücher-Arche

recht nachempfand. Dabei muss er überaus treffend auf Eigentümlichkeiten hingewiesen haben, die Einheimischen viel zu vertraut sind, um öfter über sie nachzudenken: «Seine Sätze, leise, ohne Punkt und Komma gesprochen, bereiteten mich auf die nächsten Ansichten vor, bauten die Stadt Schritt für Schritt im Voraus, die Binnenalster mit den einander gegenüberliegenden Hotelburgen, die Brücke, und dahinter der ins Wasser drängende Pavillon [...]» – Härtlings Erinnerungen spiegeln bis in Details die damalige Situation. Er lernte sogar die Bücherstube Stolterfoht in der Rothenbaumchaussee 100 kennen und hörte von dem umstrittenen Ordinarius Hans Pyritz, der seinerzeit die Germanistik in Hamburg dominierte, obwohl oder gerade weil er überzeugter Nationalsozialist und Mitarbeiter Alfred Rosenbergs gewesen war: «der bei klarem Wetter hochgespannte Himmel, der, wenn es diesig sei, wie ein flaches Zeltdach über allem hing, dann die von grünen Inseln überwucherte Wüstenei vor dem Dammtorbahnhof, Rot[h]enbaum und eine Buchhandlung, in der seine [Heißenbüttels] Selbstgespräche, schien es, von der Buchhändlerin protokolliert wurden, und schließlich die Universität, das Tageshaus, aus dem er sich auch während der Pausen nicht fortbewegte, das Germanische Institut, die Bibliothek, in der er für das von Professor Pyritz herausgegebene Goethe-Wörterbuch exzerpierte, seine Spaziergänge in Gedanken fortsetzte, Suchaktionen nach Wörtern, und zum Frühstück wie zum Mittagessen die Diskussion am Invalidentisch, dem Tisch, der grundsätzlich für Kriegsversehrte reserviert war, für die gefürchteten Alten, lauter Rentenempfänger für verlorene Arme, Beine, Augen.»[4]

Heißenbüttel selbst hatte an der Front seinen linken Arm verloren. Als Härtling sich 2003 an ihn erinnerte, schien er sich mit den langen Perioden und Assoziationsketten den Klang jener Prosa anzuverwandeln, mit der Heißenbüttel den «Versuch der Rekonstruktion einer Stadt» aus Zitaten und Erinnerungsfetzen unternahm, besonders in seinem romanlangen Text *D'Alemberts Ende* von 1970.[5]

In den Jahren, als er *D'Alemberts Ende* schrieb, hatte sich Heißenbüttel von traditionellen literarischen Formen schon lange verabschiedet. Deshalb sprach er in den Sechzigerjahren programmatisch von «Texten» und nicht mehr von Prosa, Gedicht oder Drama. Umso stärker missfiel es ihm, dass sein Verlag *D'Alemberts Ende* bei Erscheinen als «Roman» anpries, während er selbst diese allzu konventionelle Gattungsbezeichnung vermied. Für ihn ist das Buch schlicht ein «Projekt».

In der Tat handelt es sich bei *D'Alemberts Ende* um eine großformatige Zitatcollage, die zwar nichts mit herkömmlichen Erzählverfahren gemein hat und auf psychologisch überzeugende Charaktere verzichtet, aber doch planvoll konstruiert ist. Mit Peter Härtling könnte man das Buch als eine Kette von «Spaziergängen in Gedanken» betrachten, und die Fronarbeit, die sein Autor einst für das Goethe-Wörterbuch verrichtete, das heute noch an der Universität fortgeführt wird und eine wohl nie abzuschließende «vollständige Erfassung der Wörter (gut 90 000) und eine differenzierte, auf das Individuelle und Spezifische des Goetheschen Sprachgebrauchs gerichtete Bedeutungsbeschreibung» anstrebt, wie es in einer Selbstdarstellung heißt, könnte es wider Erwarten sogar befruchtet haben.[6]

Heißenbüttel verglich die Präzisionsarbeit an seinem «Projekt» mit der eines Komponisten. Die Handlung, sofern sie sich überhaupt nachvollziehen lässt, besteht aus den Ereignissen eines willkürlich gewählten Tages, des 26. Juli 1968, und der Schauplatz ist Hamburg. An diesem Tag kann man zum Beispiel «in die Stadt fahren und im Kasino des Funkhauses essen und mit irgendwelchen Redakteuren irgend etwas besprechen». Der forcierte Hinweis auf Unbestimmtes hat Methode. Dem Autor geht es um das Zufällige und Austauschbare. Topografisch ist er hingegen präzise. Das Funkhaus steht an der Rothenbaumchaussee, und der Sender ist ohne Zweifel der NDR. Zuvor fährt der Protagonist mit der S-Bahn von Wohltorf zum Hauptbahnhof. Und dann? – «Am Hauptbahnhof in die U-Bahn umsteigen und bis Hallerstraße fahren.» So weit, so banal. Bemerkenswert hingegen wirkt die en passant besuchte Buchhandlung. Warum sollte sie sonst beim Namen genannt werden: «Im Vorbeigehen in die Bücherstube Stolterfoht gehen und sich mit Frau Drascher unterhalten. Eduard treffen, der vom Funkhaus kommt und in die Stadt will. Wer eine dicke Zunge hat, hat Schwierigkeiten beim Schnalzen.»[7]

Es ist kein Zufall, dass sich Heißenbüttels Figuren ausgerechnet bei Lisi Drascher und Greta Stolterfoht treffen, in der wohl kleinsten Buchhandlung der Stadt, an die sich auch Härtling erinnerte und die es heute noch gibt. Das Gebäude ist kaum größer als ein Marktstand, aber es fällt sofort auf. Denn es sieht aus wie ein zu einem Häuschen angewachsener Retroschrank. Errichtet wurde es 1948, vor allem aus Holz, und inzwischen wirkt der Pavillon wie eine Arche aus vergangenen Zeiten. Werner Kallmorgen hat ihn damals als Provisorium entworfen, weil er mit Greta Stolterfoht befreundet war – derselbe Kallmorgen, der auch den monumentalen Kaispeicher erbaut hat, auf dem heute die Elbphilharmonie thront. Wenn man die Hamburger Kulturgeschichte nüchtern betrachtet, gleichsam aus etwas größerem Abstand, so ist die heute von Frank Bartling mit ungebrochener Leidenschaft für das Auserlesene geführte Bücherstube nicht weniger bedeutend als der Renommierpalast am Hafen.

Denn so bescheiden dieser Pavillon mit seinen gerade mal 44 Quadratmetern Nutzfläche auch ist, symbolisiert er doch wie kaum ein anderer Ort in Hamburg den intellektuellen Neuanfang, nachdem zwölf Jahre Diktatur die Menschen innerlich regelrecht entstellt hatten. Die Bücherstube Stolterfoht gab den jungen Schriftstellern und Lesern Helmut Heißenbüttel, Peter Härtling und vielen anderen Hoffnung wie ansonsten wohl nur die legendäre Buchhandlung von Felix Jud, die dieser bereits 1923 in den Colonnaden eröffnet hatte. Weil Felix Jud auch während des Zweiten Weltkriegs von den

Nationalsozialisten verbotene Bücher verkaufte und Kontakte zu Widerstandsgruppen hatte, wurde er 1943 festgenommen und in Fuhlsbüttel und Neuengamme inhaftiert. Er überlebte die Konzentrationslager und konnte bald nach der Befreiung mit seinem Geschäft an den Neuen Wall ziehen, wo es nach wie vor in der Mellin-Passage zu finden ist. Ende der Vierzigerjahre standen die Bücherstuben von Felix Jud und Greta Stolterfoht für nichts Geringeres als den Aufbruch in ein besseres Zeitalter. Ob man Ähnliches in 70 Jahren auch über die Elbphilharmonie sagen kann?

17. Nördlich der Lombardsbrücke

Bei allen Schwierigkeiten, mit denen junge Schriftsteller in den Fünfzigerjahren zu kämpfen hatten, waren Peter Härtling und Helmut Heißenbüttel von der Stadt doch ebenso begeistert wie Friedrich Hebbel, der 100 Jahre vor ihnen feststellte: «Hamburg ist und bleibt eine der allerinteressantesten Städte Deutschlands! Aeußerlich mahnt es, so auffallend dieß auch klingen mag, vielfach an Venedig. Die Alster mit ihren beleuchteten Böten, aus denen Gesang und Musik erschallt, steht an einem reizenden Sommerabend gar nicht zu weit hinter der Riva oder dem Canal grande zurück.»[8] Der Dramatiker Hebbel beteuerte, dies sagen zu können, weil er Venedig fast so gut kannte wie die Hansestadt, in der er seit 1835 immer wieder für längere Zeit wohnte, in der seine Tragödien *Judith* und *Genoveva* entstanden und er – *last, not least* – seinen Verlag Hoffmann und Campe hatte. Seit 1826 erschienen dort auch die Bücher Heinrich Heines. Unter der Leitung von Julius Campe, der den schon 1781 gegründeten Verlag zu einem der wichtigsten des Landes machte, kamen in diesen Jahren führende Autoren des ‹Jungen Deutschland› wie Ludwig Börne, Karl Gutzkow und Heinrich Hoffmann von Fallersleben hinzu. Auf Helgoland, «einsam auf der Klippe» wandelnd, «nichts als Meer und Himmel» um ihn, schrieb Hoffmann von Fallersleben sein *Lied der Deutschen*, nach der Melodie von Joseph Haydns «Gott erhalte Franz den Kaiser, / unsern guten Kaiser Franz!». Am 4. September 1841 veröffentlichte es Hoffmann und Campe erstmals als Einzeldruck, wenig später wurde es vor *Streit's Hotel* auf dem Jungfernstieg öffentlich gesungen.[9]

Heute verbinden viele mit Hoffmann und Campe in erster Linie den 1926 in Ostpreußen geborenen Erzähler Siegfried Lenz, der im Anschluss an den Zweiten Weltkrieg nach Hamburg kam und als Journalist bei der *Welt* arbeitete. 1951 erschien sein Romandebüt *Es waren Habichte in der Luft*, und seither veröffentlichte Lenz all seine Bücher bei Hoffmann und Campe. Sein größter, bis heute nachwirkender Erfolg wurde 1968 der Roman *Die Deutschstunde*. In der Bundesrepublik gehörte Lenz zu den bedeutendsten Fortführern des bürgerlichen Romans. Dabei harmoniert seine fast schon klassische Erzählweise erstaunlich gut mit dem gediegenen Sitz seines Verlags am Harvestehuder Weg – in unmittelbarer Nähe des Alstervorlands, dessen Schönheit seit Jahrhunderten von den unterschiedlichsten Besuchern fast gleichlautend gepriesen wird.

Die Alster lehre die Hamburger, «gesellig» zu sein, meinte der Rokokodichter Friedrich von Hagedorn bereits Mitte des 18. Jahrhunderts. Zu Lebzeiten wurde er in ganz Deutschland bewundert, und auch der deutlich jüngere Klopstock schätzte ihn.[10] Eines der wenigen Gedichte, mit denen er seinen Platz bis heute in Anthologien behaupten kann, ist *Die Alster*. In ihm überhöht Hagedorn die Anmut der damals noch ländlichen Gegend mythisch und blendet sie mit dem Reiz der hanseatischen Frauen ineinander:

Das Ufer ziert ein Gang von Linden,
In dem wir holde Schönen sehn,
Die dort, wann Tag und Hitze schwinden,
Entzückend auf- und niedergehn.

> Kaum haben vorzeiten
> Die Nymphen der Jagd,
> Dianen zur Seiten,
> So reizend gelacht.

Auf einer Alsterpartie müsse man vor allem ausgelassen sein, befreit von der Fron des Alltags. Den «steifen Ernst» und alles «Wortgepränge» verweise das Gewässer «auf das Land».[11] Auch Harvestehude, damals noch ein Flecken, den Johanniterinnen prägten und in dem es ein beliebtes Klosterwirtshaus gab, widmete Hagedorn eine ausführliche Huldigung. Er lobt die «beblühmten Triften» am Lauf des Flusses, in dem Schwimmen ein Genuss sei.[12]

Im folgenden Jahrhundert wird sich Friedrich Hebbel ein ähnliches Bild geboten haben. Auch wenn sich die Idylle da bereits in eine Vorstadt mit Gärten und Wochenenddomizilen verwandelt hatte, bewahrte sich Harvestehude immer eine gewisse Entrücktheit. Nach einem nächtlichen Gang über die Lombardsbrücke notierte Hebbel 1839 zum Beispiel: «[U]nter mir die schwarze, brausende Alster, vor mir den von den Lampen des Jungfernstiegs umschriebenen Lichtkreis und die Feenpaläste im Wasser. Die Schildwache, die mein Hineinschauen in die Wellen bemerkte, stand auf dem Sprung, mich zurück zu halten, falls ich, wie ich Miene zu machen scheinen mogte, hinein springen sollte.»[13]

Seit der Aufhebung der Torsperre 1860 baute man viele Landsitze zu ganzjährig nutzbaren Wohnhäusern aus, zunächst vor allem im Gebiet zwischen der Außenalster und der Rothenbaumchaussee. 1871 wurden Harvestehude und Rotherbaum offiziell Vororte der Hansestadt. An der vornehmen Abgeschiedenheit der Gegend änderte das wenig.

Noch zu Beginn des 20. Jahrhunderts schwärmt Rudolf G. Binding in *Der Opfergang* ganz so wie einstmals Hagedorn von dem «lautlosen Baumgewölbe» am Ufer der Alster, in dessen Schatten sein Alter Ego Albrecht von einer geheimnisvollen Schwimmerin verführt wird.[14] So gleitet der Erfolgsautor mit seiner in einer Million Insel-Bändchen verbreiteten Novelle, die eigentlich um das Verhängnis der Cholera im Sommer 1892 kreist, endgültig in schwülstigste Spielarten des Jugendstils ab. Angesichts jener Villen und Gärten in Uhlenhorst und Harvestehude, deren Pracht er mit seinen Worten gerecht werden möchte, versagt sein künstlerisches Darstellungsvermögen komplett. Was er seiner getreuen Anhängerschaft bietet, wirkt unbeholfen, bemüht und mitunter unfreiwillig komisch, wenn auch nicht untypisch für das großbürgerliche Hamburg der Kaiserzeit: «In dem kleinen Kanal, zu dem die Rasenflächen des Gartens auf der der Straße abgewendeten Seite des Anwesens sanft hinabsteigen und überhängende Bäume ihre begehrlichen Äste zum Wasser niederneigen, liegt ein rennmäßiges Boot zu stetem Gebrauch bereit. Wenn Albrecht auf ihm zur offenen Alster hinausrudert, so sind seine Schläge noch so stark, wie je, als er seinen Körper aus Lust an seiner Kraft stählte.»[15]

Der überragende Journalist und Pazifist Carl von Ossietzky wuchs in Hamburg auf. Ihm fiel es wesentlich leichter als Binding, die einzigartige Atmosphäre des aufgestauten Flusses inmitten der Metropole einzufangen. 1907, also etwa zur selben Zeit wie der Erfolgsautor Binding, schilderte er mit knapp 18 Jahren eindrucksvoll und vergleichsweise sachlich den «Anblick der klaren Wasserfläche» am Rand des «Häusermeers»: «Bietet schon die Binnenalster ein ungemein reizvolles Bild, so sind doch alle freudig überrascht, wenn nach dem Passieren der Lombardsbrücke die Außenalster wie ein See vor ihnen liegt. Schöne grüne Ufer mit prunkvollen Häusern grüßen von beiden Seiten. Auf dem Wasser selbst, welch buntes Bild! Ruder- und Segelboote sind an jedem schönen Tage reichlich vertreten; weißleuchtende Schwäne ergötzen das Auge des Fahrenden. Dann verengt sich die Alster wieder etwas, und wir können die Villen von Schwanenwiek, Uhlenhorst und Harvestehude anschauen. Hier sind

Hallerstraße

die Wohnungen des Reichtums, Stätten der Erholung, der Annehmlichkeit.»[16]

Mit ein paar kleinen Aktualisierungen könnte man all das auch heute noch schreiben. Abgesehen davon, dass in einer der Villen am Schwanenwik 1989 das *Literaturhaus* eröffnet wurde, dessen mit Putten und Deckengemälden dekorierter Saal sich tagsüber in eines der schönsten Cafés der Stadt verwandelt, gibt es kaum eine Gegend, die sich in den vergangenen 100 Jahren so wenig verändert hat wie das Umland der Außenalster. Die Lombardsbrücke bildet von jeher eine deutliche Zäsur: Es gibt die Urbanität in ihrem Süden und die Ruhe und Weite in ihrem Norden. An der Brücke, in deren Schatten immer einige Obdachlose zelten und an der sich mittlerweile nicht nur weiße Schwäne, sondern auch schwarze Kormorane tummeln, scheint sich der Rhythmus des Alltags vollkommen zu ändern. Sie wirkt wie die Pause zwischen dem Allegro des ersten Satzes eines Konzerts und dem folgenden Adagio. So hat sie auch Eingang in die Erinnerungspoesie der Berliner Lyrikerin Gertrud Kolmar gefunden, die 1943 deportiert und in Auschwitz ermordet wurde. 1934 war sie zum letzten Mal in Hamburg gewesen, um sich mit einem Geliebten zu treffen, dem vollkommen vergessenen Dichter und Abenteurer Karl Joseph Keller aus Ludwigshafen, der im Gegensatz zu ihr kein Jude, sondern national-konservativ war, was ihrer Beziehung von Anfang an eine tragische Dimension gab. Die beiden machten, so wie fast alle Touristen, eine Hafenrundfahrt und besuchten die Kunsthalle. Und sie sind offenbar auch an der Alster gewesen.

Ihre gemeinsamen Stunden in Hamburg klingen intensiv in Kolmars überragendem Gedicht *Die Stadt* nach, das sie 1937 schrieb, das aber erst vier Jahre nach ihrer Ermordung veröffentlicht werden konnte. Kolmar zeigt uns ein Paar, das am winterlichen Ufer der Alster, vorbei an grünen, glitschigen Stegen und verrotteten Kähnen spaziert, «Hand in Hand». Hamburg wirkt dabei nah und zugleich unerreichbar, wie die Vision eines besseren Lebens:

Nördlich der Lombardsbrücke

Unter starrenden Eichen,
Die Äste, schwarz, verrenkt, wie gemarterte Glieder streckten,
Schritten sie an den fröstelnden Rasen, efeuumwucherten Pfeilern verschlossener Gärten dahin.
Als sie die lange steinerne Brücke betraten,
Riß Sonne den Nebel von sich wie ein Gewand,
Und die Stadt stieg auf, schräg hinter dem breiten Becken des Flusses.
Ineinander, übereinander schoben sich Dächer, schwarzgrau glänzend wie Dohlengefieder, einzelne höhere patinagrün; goldene Turmhauben blitzten.
Möwen umkreischten, hungrig flatternde Bettler, das Brückengeländer.[17]

Jenseits der Brücke ist alles anders: Hier gleichen die roten Backsteinmauern den «Ratsherren alter Zeit», Bahnen lärmen «fröhlich» durch die Straßen, es gibt Garküchen und Laden an Laden mit Wildbret, Fisch und Korinthen. Dazwischen allerdings übermannt die Frau die Gewissheit, dass ihr Leben in Gefahr ist, denn sie hat «finsteres Haar» und ein «blasses dunkeläugiges Antlitz».[18]

Es ist nicht unwahrscheinlich, dass Kolmar ihrem Geliebten 1934 die Außenalster zeigen wollte, so wie in ihrem Gedicht, weil sie die Gegend sehr gut kannte. Die erste Hälfte des Jahres 1927 hatte sie als Erzieherin im Frauenthal verbracht, und von dort waren es nur ein paar Schritte zum Eichenpark und zur Krugkoppelbrücke. An diese Monate, die so wichtig für ihren eigenen Bildungsweg waren, erinnerte sie sich noch in ihrem letzten überlieferten Brief, den sie am 20. und 21. Februar 1943 als Zwangsarbeiterin aus Berlin an ihre in die Schweiz geflohene Schwester schrieb. Denn am «Landschaftskranz um das Alsterbecken» habe sie gelernt, «malerisch» zu sehen. Hier habe sie ihr Gespür für Lichtstimmungen entwickelt, geschult

Hallerstraße

auch an den frühromantischen Bildern von Philipp Otto Runge und Caspar David Friedrich in der Kunsthalle: «Ich hatte damals die Erzieherinstellung, die mir wenig behagte, und doch war ich gern dort, weil mir die Stadt so gefiel. Sie ist es, die mir in dem Gedicht ‹Die Stadt› (Sammlung ‹Welten›) vorschwebte [...]. Ich entsinne mich eines Abends auf dem Stintfang, und der ‹Kap Polonio› lag da [dieser berühmte Passagierkreuzer fuhr damals vor allem nach Südamerika – J. B.], mit seinen rotgekrägelten Schornsteinen... Und die Fleete und die vergoldete Spitze der Katharinenkirche und das Patinagrün des Petriturms... Und der Stadtpark und der Botanische Garten und die Rasenflächen der Villengärten in Harvestehude, die im Vorfrühling schon von Scilla und Krokus überschüttet sind... Und die Möwen am Jungfernstieg... Das alles und noch viel mehr bewahrt meine Erinnerung als einen Saal schöner Bilder [...].»[19]

Die Wirkung der Lombardsbrücke kommt nicht nur dadurch zustande, dass sie die Außen- von der Binnenalster trennt. Es liegt vielmehr daran, dass hier, eben durch die Teilung des Stausees, immer noch die Grenze der gigantischen Verteidigungsanlagen spürbar ist, jener Wälle und Mauern, die Hamburg einst schützend umgaben und die ansonsten aus dem Stadtbild weitgehend verschwunden sind. Errichtet wurden sie im frühen 17. Jahrhundert. Die Hanse zerfiel. Das Verhältnis zwischen Hamburg, das inzwischen zu einer Handelsmetropole von internationaler Bedeutung angewachsen war, und Dänemark kriselte. In ganz Europa standen die Zeichen auf Krieg, besonders im Heiligen Römischen Reich deutscher Nation. Für die Planung der Sicherheitsmaßnahmen gewann man den niederländischen Festungsexperten Johan van Valckenburgh, der zuvor auch schon in Lüneburg, Bremen, Lübeck und Rostock zurate gezogen worden war. Sein Werk sollte das Erscheinungsbild der Stadt von 1616 bis 1626 von Grund auf verwandeln und ihre innere Struktur über die Zeiten hinweg prägen wie nach ihm wohl erst wieder der Bau der Hochbahn.

Nördlich der Lombardsbrücke

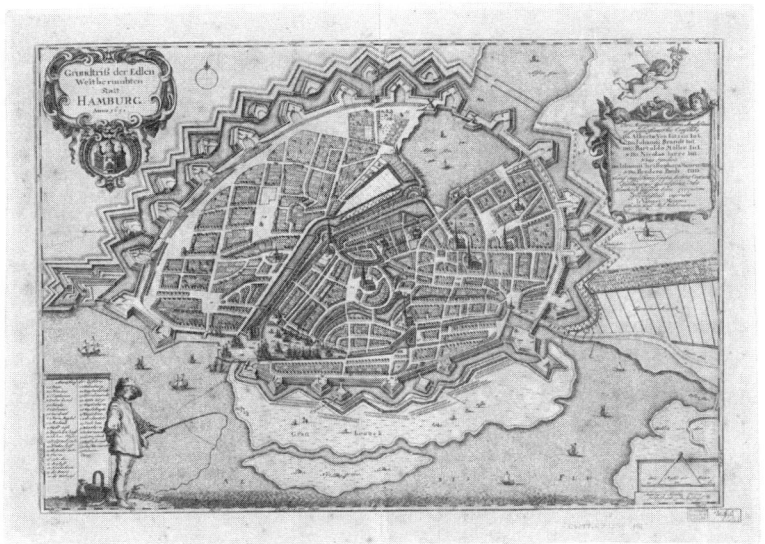

Grundriss der Hamburger Wallanlagen,
Stich von Johannes Mejer, 1651

Während das noch dörfliche Altona 1627 von marodierenden kaiserlichen Truppen verwüstet wurde, blieb Hamburg im Dreißigjährigen Krieg vor allem deshalb verschont, weil die Hansestadt die modernsten Befestigungen überhaupt besaß und als uneinnehmbar galt. In einem Radius von über einem Kilometer um die alte Nikolaikirche herum erbaute van Valckenburgh eine Fortifikation, deren 22 Bastionen wie die Zacken eines Zahnrads hervorragten. Dieser Ring, genauer gesagt: dieses Oval wiederum war mit einem tiefen Wassergraben umgeben und lässt sich heute noch durch die früheren Wälle auf dem Stadtplan erkennen.

Die Trennung der Alster ging ursprünglich mit dem Ausbau der Verteidigungsanlagen einher. Es wurde ein Damm aufgeschüttet, der nur von einer 30 Meter breiten Durchfahrt unterbrochen war, über die eine Holzbrücke führt – die früheste Lombardsbrücke. Der Name stammte von einem in ihrer Nähe gelegenen Pfandhaus.[20] Als die Festung ihre militärische Bedeutung um 1800 immer mehr verlor, wurden die Wälle zu Parkanlagen verwandelt. Auf ihnen wurden Alleen gepflanzt, und sie luden zum Flanieren ein.

Die Torsperre freilich bestand noch ein gutes halbes Jahrhundert lang. Ihre Auswirkungen auf das Alltagsleben sind heute schwer vorstellbar. Doch sie werden deutlich, wenn man etwa in den Jugenderinnerungen liest, die Pauline Kirsten 1904 für ihre Enkel geschrieben hat. In Pauline Kirstens Kindheit war die Sperre noch eine lästige Selbstverständlichkeit: «Einige meiner Freundinnen wohnten ‹vor dem Tor›, das war der Rothebaum, Fontenay, Rabenstraße und ein Stückchen Mittelweg, darüber hinaus gab's nur Wiesen und Weiden. Bei diesen Landhäusern waren nun große Gärten, für mich Stadtkind ideal, und war's herrlich für mich, wenn ich einmal eingeladen war [...]. Von diesen Besuchen mußte man aber vor der Torsperre zurück sein und mahnte das Läuten zehn Minuten lang zum Aufbruch [...] stürmte jeder beim Läuten in eiliger Hast dem Tore zu.»[21]

Die heutige Lombardsbrücke wurde 1868 von Johann Hermann Maack erbaut. Ihr Sinn war sozusagen die Öffnung der Stadt, denn sie war für die Verbindungsbahn zwischen dem Berliner Bahnhof am Klosterthor und Altona nötig geworden. 1901 wurde sie erstmals stark erweitert, und damals ergänzte man auch die Kugelkandelaber. Ihre Vorgängerin, entworfen von Hamburgs erstem Baudirektor Carl Ludwig Wimmel, war inzwischen schon vergessen. Dabei bildete sie drei Jahrzehnte lang zusammen mit einer Badeanstalt, der seit 1827 angelegten Pappelallee und einer Windmühle ein Ensemble, das als beachtliche Zierde der Binnenalster galt.[22]

18. Musik als Tor zur Welt

In einem Anwesen am Harvestehuder Weg 12, etwa zwei Kilometer von der Lombards- und der Kennedybrücke entfernt, befindet sich seit 1956 die Hochschule für Musik und Theater. Die Gebäude, in die sie sechs Jahre nach ihrer Gründung einziehen konnte, stammen allerdings aus einer anderen Ära. Ihr erster Besitzer, ein Schiffsmakler, hatte das älteste von ihnen bereits seit 1884 bewohnt. Seine Gestaltung geht wie bei so vielen klassizistischen Bauten aus der Kaiserzeit auf Martin Haller zurück. Für Henry und Emma Budge, seine zweiten Besitzer, verwandelte Haller das Palais in die größte Villa an der Alster. Nach und nach wurden Gewächshäuser, Stallungen und ein Teepavillon hinzugefügt. Es gab eine Kegelbahn und einen Spiegelsaal, den Henry Budge seiner Frau als Geburtstagsgeschenk für private Theateraufführungen und Konzerte errichten ließ. Keine Geringeren als das Streichquartett des Komponisten Paul Hindemith und der Startenor Enrico Caruso traten hier auf.[23] 1980 wurde der Spiegelsaal demontiert und sieben Jahre später im Museum für Kunst und Gewerbe am Hauptbahnhof originalgetreu rekonstruiert. Dort wird er seitdem wieder für Konzerte genutzt.

Die aufwendigen Erweiterungs- und Modernisierungsmaßnahmen am Budge-Palais waren um 1900 begonnen worden. Damals war Henry Budge dabei, sich aus seinen Bankgeschäften in den USA zurückzuziehen. An der Alster wollte er sich zur Ruhe setzen. Der Reichtum des kinderlosen deutsch-amerikanischen Paares war überwältigend. Bald nach ihrem Umzug gehörten sie zu den wichtigsten Stiftern der Hansestadt, und so wirkt es fast wie eine Selbstverständlichkeit, dass sich Henry Budge auch auf der Tafel der wichtigsten Förderer der Hamburgischen Wissenschaftlichen Stiftung im Hauptgebäude der Universität findet, genauso wie die Familie Warburg.

Hallerstraße

Wie die Warburgs waren die Budges Juden. Auch ihr Haus und ihre Stiftung wurden von den Nazis «arisiert», nachdem Emma Budge 1937 kurz vor ihrem 85. Geburtstag gestorben war. Fortan residierte in dem ausgerechnet nach amerikanischen Vorbildern modernisierten Budge-Palais der despotische Karl Kaufmann. Im Nationalsozialismus bekleidete er die wichtigsten regionalen politischen Ämter, und zwar in Personalunion: Er war gleichzeitig Reichsstatthalter, NSDAP-Gauleiter und «Führer» der Landesregierung, zudem hatte er die hamburgische Staats- und Gemeindeverwaltung unter sich. Eine solche Machtkonzentration war auch unter den Bedingungen der Gewaltherrschaft unüblich. Der in den Zwanzigerjahren bekannt gewordene Schriftsteller Heinz Liepmann porträtierte Kaufmann in seinem frühen Roman... *wird mit dem Tode bestraft* bereits 1935 als unvorstellbar korrupten faschistischen Bonzen. In Hamburg konnte man also schon früh wissen, mit wem man es bei Kaufmann zu tun hatte. Die Statthalter, so Liepmann, glichen in ihrer Machtfülle Päpsten, sie durften «Bürgermeister und Senatoren ernennen oder absetzen». Ebenso erließen sie Gesetze oder bestimmten die Preise für Brot. Verantworten mussten sie sich allein Hitler: «Der Statthalter Kaufmann ist Mitte Dreißig. Er ist wegen Orden[s]schwindel und Urkundenfälschung nicht nur gerichtlich bestraft, sondern auch aus der nationalsozialistischen Partei ausgeschlossen gewesen. Er war im Kriege noch zu jung, um fürs Vaterland zu sterben. Jetzt lebt er vom Vaterland. – Als er zum Statthalter ernannt wurde, ohrfeigte ihn der oberste SA.-Führer des norddeutschen Bezirks, [Arthur] Böckenhauer, einer der ersten Nationalsozialisten, ein alter Frontkämpfer. Böckenhauer wollte einen Prozeß provozieren. Aber Kaufmann schlug nicht zurück. Er wurde Statthalter, und Böckenhauer wurde nach Schlesien strafversetzt.»[24]

Heinz Liepmann verstand seine beiden ersten Exilromane als Instrumente der Gegenpropaganda, die von ihm zusammengetragenen Fakten entsprachen allerdings weitgehend den Tatsachen. 1918, kurz vor Kriegsende, wurde Kaufmann gerade noch eingezogen, kam jedoch nicht mehr an die Front. Seither hatte er ein unstetes Leben als Hilfsarbeiter und Aktivist im gewalttätigen rechtsradikalen Milieu geführt, bis er 1928 für die NSDAP in den Preußischen Landtag einzog und Berufspolitiker wurde. Seit 1925 gehörte er zum engsten Freundeskreis von Joseph Goebbels. Auch der Ordensschwindel lässt sich belegen.[25]

Kaufmann zeichnete verantwortlich für die Terrorwelle der berüchtigten Hamburger SA-Trupps unmittelbar nach der Machtübernahme, die vor allem Sozialdemokraten, Kommunisten, Juden und Ausländer traf, aber anfangs auch Oppositionelle innerhalb der NSDAP. Er war es auch, der im Herbst 1933 das Konzentrationslager Fuhlsbüttel einrichten ließ, mit der ausdrücklichen Begründung, dass die Behandlung der Häftlinge im ersten KZ Wittmoor in Glashütte «zu lasch» gewesen sei.[26] Zugleich griff der Nepotismus in Hamburg unter seiner Herrschaft um sich wie niemals zuvor: In den ersten Jahren nach 1933 wurden über 10 000 Parteimitgliedern Stellen zugewiesen, während sich an dem Problem der Massenarbeitslosigkeit ansonsten kaum etwas änderte. In die Stadtgeschichte hat sich Kaufmann vor allem deshalb dauerhaft eingeschrieben, weil das «Groß-Hamburg-Gesetz» von 1937 unter seiner Ägide erlassen wurde, mit dem Altona, Harburg, Bergedorf und Wandsbek ihre Eigenständigkeit verloren und zu Teilen der Hansestadt gemacht wurden. Hamburgs Einwohnerzahl erhöhte sich dadurch um fast eine halbe Million.

Sieben Jahre lang verwandelte sich das weiße Budge-Palais für alle Gegner des Nationalsozialismus in eine Stätte des Schreckens, bis das Gelände von den britischen Besatzern beschlagnahmt und als Lazarett, Offiziersclub und Hotel genutzt wurde. Währenddessen prozessierten die Anwälte der in den USA lebenden Mitglieder der Familie Budge – bis es zu einem Vergleich kam, durch den die Stadt das Palais Ende 1952 zu einem unverhältnismäßig günstigen Preis erwerben konnte. Die heutige Nutzung jedoch dürfte ganz im Sinne der 1937 verstorbenen Emma Budge sein. Besonders durch die Verpflichtung einer Reihe von namhaften Komponisten, darunter ihr Gründungsdirektor Philipp Jarnach, Alfred Schnittke und György Ligeti, gewann die Musikhochschule bald einen hervorragenden Ruf.

Kaum jemand wirkte so stark in das städtische Kulturleben hinein wie Ligeti, der von 1973 bis zu seiner Emeritierung 1989 an der Alster unterrichtete. Seine Kompositionskurse galten unter jungen Musikinteressierten als legendär, weil er oft in seiner Privatwohnung in der Mövenstraße unterrichtete – und hier soll ein wildes Durcheinander aus Büchern und Noten geherrscht haben.[27] Diese Wohnung behielt der für seinen anarchischen Humor bekannte Komponist auch nach seiner Emeritierung, neben einer zweiten in Wien. In allem, was er tat, war er undogmatisch: Jedes Sowohl-als-auch schien ihm sympathischer als ein Entweder-oder.

Trotzdem war Hamburg für Ligeti wohl nie eine Wahlheimat, vielmehr hatte es ihn aus pragmatischen Gründen hierher verschlagen. Die Musikhochschule hatte ihm in den Siebzigern eben das beste Angebot gemacht, und bis dahin war sein Leben alles andere als einfach gewesen. Zwei Diktaturen hatte er als Jude erlebt, und die Nazis hatten einen Großteil seiner Familie ermordet. Im Dezember 1956 war Ligeti nach dem ungarischen Aufstand aus seiner Heimat nach Österreich geflohen, zuvor hatte er an der Musikhochschule in Budapest Harmonielehre, Kontrapunkt und Formanalyse unterrichtet. Seinen internationalen Durchbruch erlebte er 1961 bei den Donaueschinger Musiktagen, wo seine Komposition *Atmosphères* uraufgeführt wurde. Mit ihr ließ Ligeti alle Konventionen zugunsten einer außerordentlich differenziert gearbeiteten Klangfläche hinter sich. Die Komposition wurde tatsächlich weltberühmt, als der Regisseur Stanley Kubrick sie 1968 für seinen Science-Fiction-Film *2001: Odyssee im Weltraum* verwendete.[28] In seinen Hamburger Jahren schrieb Ligeti unter anderem seine einzige Oper *Le Grand Macabre* und die oft aufgeführten *Études* für Klavier.

Neben dem Opernintendanten Rolf Liebermann war Ligeti unter den bedeutenden Hamburger Musikern wohl der bekannteste. Es ging ihm hier offensichtlich gar nicht schlecht, und doch stimmte auch er mitunter in den altbekannten Klagegesang ein, an der Alster habe man mit Kultur nicht viel am Hut. «In Hamburg gibt es wunderbare Leute», stellte er 1988 fest. «Es gibt eine Bürgerschicht. Es gibt viele Intellektuelle. Es gibt viele Professoren. Es gibt viele Künstler. Es gibt sogar eine Freie Akademie der Künste. Irgendwie gibt es aber keine richtige Atmosphäre – jedenfalls keine richtige Atmosphäre für die schaffenden Künstler. […] Also es gibt viele gute Leute hier, aber die schaffenden Künstler, die frösteln hier.»[29] Nichts anderes haben Jahrzehnte vor ihm schon Hans Henny Jahnn und viele andere behauptet.

Dennoch galt Ligeti, ob er es selbst wahrhaben wollte oder nicht, in Hamburg als eine polyglotte Instanz, geradezu als Verkörperung der europäischen Intellektualität. Auf ihn wurde gehört, und das nicht nur in ästhetischen, sondern auch in politischen Fragen. Bei wichtigen Konzerten konnte man ihn mit seinem markanten Lächeln und den schlohweißen Haaren manchmal im Publikum entdecken, am häufigsten bei der Reihe *das neue werk*, das seit Januar 1951 vom Rundfunk veranstaltet wird und für die Verbreitung Neuer Musik schon lange Geschichte geschrieben hat. So gut wie alle einflussreichen Komponisten des vergangenen Jahrhunderts wurden hier präsentiert, oft mit Uraufführungen, seien es John Cage, Luigi Nono oder Karlheinz Stockhausen. Für den jungen Hans Werner Henze war die Zusammenarbeit mit dem Nordwestdeutschen Rundfunk ein entscheidender Karrieresprung: Am 29. November 1951 wurde seine 25-minütige Funkoper *Ein Landarzt* gesendet. Das Libretto beruhte auf der gleichnamigen Erzählung von Franz Kafka.

Auch wenn die Reihe nie ein großes Publikum erreichte, fand die

Hallerstraße

Mitglieder der Freien Akademie der Künste unterwegs auf St. Pauli, um 1955, vorne links Hans Henny und Ellinor Jahnn, rechts Gabriele und Hans Erich Nossack (halb verdeckt)

Stadt besonders durch das *neue werk* Anschluss an die internationale Kultur. Plötzlich nahm man wieder teil an der europäischen Avantgarde, fast so wie im Berlin der Jahre vor dem Nationalsozialismus. Und die Hauptspielstätte für das *neue werk* wurde ausgerechnet ein umgebauter, 1931 eingeweihter jüdischer Tempel – das Studio 10, das man 2000 in Rolf-Liebermann-Studio umtaufte, um den Schweizer Komponisten zu ehren. 1957 kam Liebermann als Leiter der Hauptabteilung Musik zum NDR, und von 1959 an war er für 14 Jahre Intendant der Staatsoper. Dass er diese in eines der aufregendsten Opernhäuser der Welt verwandelte, lag an seinem Charisma, seinem Gespür für Qualität, seinem Verhandlungsgeschick und auch an seiner Neugier. Diese beschränkte sich nicht auf unbekannte Komponisten, Sänger und Virtuosen. Für seine Zeit völlig untypisch war, dass sich Liebermann, der 1933 in Zürich eine Beziehung mit der

Musik als Tor zur Welt

Sängerin Lale Andersen hatte, wenig um die Grenzen zwischen den Genres kümmerte und auch keine Scheu vor sogenannter Unterhaltungsmusik hatte. Schon 1954 wurde sein *Concerto for Jazzband and Symphony Orchestra* aufgeführt, das zuweilen noch etwas akademisch wirkte, aber einen Weg für das bereitete, was viel später Cross-over genannt wurde.

Von 1985 bis 1988 übernahm Liebermann abermals die Leitung der Oper. Auch das Publikum der jüngeren Generationen staunte über seine Weltläufigkeit und die Offenheit des mit allen Wassern des Musikbetriebs gewaschenen Intendanten, der das Rentenalter eigentlich schon lange erreicht hatte. Nachts, nach den regulären Vorstellungen, öffnete er das Opernhaus zuweilen für gefeierte Jazzstars wie Miles Davis oder Dizzy Gillespie. Als zum Ende seiner Intendanz die multimediale Oper *Cosmopolitan Greetings* über das tragische Leben der Blueslegende Bessie Smith in der Kampnagelfabrik uraufgeführt wurde, war dies womöglich die Erfüllung eines künstlerischen Jugendtraums. Die Texte stammten von Allen Ginsberg, dem Hohepriester der amerikanischen Popliteratur, die Musik von George Gruntz und Rolf Liebermann selbst. Der Regisseur Robert Wilson realisierte auf einer mehrfach geteilten Bühne eine architektonische Fantasie aus Gaze und Licht, die in ihrer Strenge und Opulenz auch Skeptiker des Großprojekts zum Verstummen brachte. Sogar die *New York Times* musste zugeben, dass die dreistündige Aufführung beachtlich war.[30] Robert Wilson habe unverkennbar eine Liebe für *black culture*, und vor Stereotypen hätten ihn seine «important black performers» bewahrt.

Cosmopolitan Greetings folgte dem Traum vom opulenten multikulturellen Gesamtkunstwerk. Die für viele eindrucksvollste Szene der Oper aber glich einem Lehrstück der Sparsamkeit: Auf einmal saß der Jazzpionier Don Cherry allein in der Mitte des weiten Bühnenraums und begann zu improvisieren, nicht auf seiner kleinen Taschentrompete, die er zur Seite legte. Er spielte auf einem sonderbaren, vermutlich selbst gebauten Saiteninstrument und einer Flöte. So, als gäbe es kein Publikum, kein Kostüm, keine Light Show. Als spielte er sich selbst Erinnerungen an seine afroamerikanische Weltkarriere vor. Begonnen hatte er an der Seite von Ornette Coleman mit der Erfindung eines neuen Stils, des Free Jazz. Sicher hätte er sich damals nicht vorstellen können, 30 Jahre später ausgerechnet von einer deutschen Staatsoper engagiert zu werden. Und doch hatte auch sein Weg viel mit dem tragischen Leben der Bessie Smith gemein. Vom Alter her hätte sie seine Großmutter sein können. 1937, als Don Cherry noch ein Baby war, starb sie nach einem Verkehrsunfall. Die weißen Ärzte hatten sich geweigert, die schwarze Sängerin rechtzeitig und nach allen Regeln der Kunst zu behandeln.

Ende der Fünfzigerjahre machte Rolf Liebermann beim NDR auch das *neue werk* zu seiner Sache. Das Ziel der Reihe, stilbildenden Komponisten der Gegenwart ein größeres Echo zu verschaffen, war ganz in seinem Sinn, und das interessierte Publikum nahm die Anregungen dankbar auf.

Hans Erich Nossack, der damals in der Schlüterstraße 44 wohnte, hatte es nicht weit in die Oberstraße. Hier entdeckte er die Werke von Olivier Messiaen für sich und notierte sogleich in sein Tagebuch: «Messiaen selbst anwesend. Seine Sachen gut. Besonders die von zwölf Stimmen gesungenen Sonette [...]. 49 Proben notwendig, um die Darbietung zustande zu bringen.» Als Autor fühlte sich Nossack durch den französischen Komponisten sogleich zu einer Überlegung angeregt, die seine eigenen Texte genauso wie einen großen Teil der Nachkriegs-Avantgarde betraf und ein landläufiges Missverständnis in den Blick rückte: «Der Ausdruck ‹abstrakt›, mit dem man das, was wir heute in der Kunst wollen, belegt, ist unrichtig. Wie kann etwas abstrakt genannt werden, das sinnliche Wirkung hervorruft.»[31]

Im Mai 1952 war der Schriftsteller mit seiner Begeisterung nicht allein. Messiaen sei als ein umstürzlerischer junger Meister angekündigt worden, berichtete die *Zeit*: «Typ des Gelehrten in besten Mannesjahren – gelichtetes Haar, Brille, zerstreute Gesten –, so verneigte sich Messiaen, ehe er sich am Orgeltisch zurechtsetzte und sich nach umständlicher Vorbereitung als ein Meister erwies, der vor Manualen, Pedalen, Registern zu Hause ist.» Danach habe er vor allem Uraufführungen gespielt. «Das war ein großes Kompliment für das zum ‹Neuen Werk› versammelte Publikum. Und dies beste Musikpublikum der Hansestadt verhielt sich vortrefflich. Niemand zeigte sich schockiert. Als die unwahrscheinlich virtuose Singgemeinschaft *La Chorale Conraud* (Paris) Messiaens zwölfstimmige *Cinq Rechants* vortrug, erhielt auch der Komponist seinen Anteil an dem Dank, der dem schon sagenhaft großen Können dieser Sänger stürmisch gezollt wurde.»[32]

Rolf Liebermann wagte auch noch einen zweiten Schritt, um der Verödung des Musiklebens durch Krieg und Nationalsozialismus abzuhelfen: 1958 rief er zusammen mit dem Redakteur Hans Gertberg den NDR Jazzworkshop ins Leben. Mit ihm rückte der Sender in die Rolle des Produzenten und stellte für ein Konzert jeweils eigene Bands mit internationalen Musikern zusammen, die im Funkhaus ungewöhnlich gute Probenbedingungen vorfanden. Die abschließenden Konzerte wurden aufgezeichnet und gesendet. Unter Gertbergs Nachfolger, dem Pianisten Michael Naura, der in den Fünfzigerjahren mit seinem Quintett in den Clubs der Stadt aufgetreten war, setzte die Reihe besonders auf die Entdeckung junger Musiker. Nauras Stärke war sein Instinkt für kommende Größen, die kurz vor einer Weltkarriere standen: Keith Jarrett spielte zusammen mit Charlie Haden und Paul Motian schon 1972 im NDR.[33] In den Siebzigern war auch der Gitarrist Pat Metheny zu Gast, mit gerade mal 21 Jahren. Das Studio 10 entwickelte sich für den internationalen Jazz genau wie für die Neue Musik zu einer festen Größe.

Dass Hamburg als Musikstadt nach dem Krieg vergleichsweise schnell wieder Weltniveau gewann, war aber nicht nur das Verdienst

Hallerstraße

Früher Israelitischer Tempel, heute Rolf-Liebermann-Studio des NDR in der Oberstraße 120

einer vorausschauenden Rundfunkpolitik. Es hing mindestens ebenso stark mit dem gelungenen Neuanfang der großen Orchester und der Staatsoper zusammen. Trotz massiver Kriegsschäden nahm sie unter ihrem Intendanten Günther Rennert den Betrieb bereits im Januar 1946 wieder auf. Mit dem Wirtschaftswunder konnte am 15. Oktober 1955 dann auch der Neubau der Oper eröffnet werden. Ihr neues, forciert sachliches Erscheinungsbild entsprach ganz dem Stil der Zeit, doch es provozierte natürlich auch. Besonders die sogenannten Schubladenlogen, die ungewöhnlich weit in den Zuschauerraum hineinragen, sorgten anfangs für viel Kritik. Sie ermöglichen allerdings auf allen Plätzen eine ungewöhnlich gute Sicht, und akustisch überzeugt der Entwurf des Architekten Gerhard Weber bis heute.

Dies alles strahlte jedoch nicht unbedingt auf die anderen Künste ab. Hans Erich Nossack, der bald im Frankfurter Suhrkamp Verlag veröffentlichte und mit dem Georg-Büchner-Preis ausgezeichnet wurde, fühlte sich an der Elbe ebenso als Einzelgänger wie sein älterer Freund und Kollege Hans Henny Jahnn. Dem in Paris lebenden Schriftsteller Joseph Breitbach hat Nossack dieses besondere Verhältnis einmal mit folgenden Worten erklärt: «[W]ir helfen und stützen uns immer, wir stehen beide ausserhalb des Kreises, an verschiedenen Enden zwar, aber der Akzent liegt auf ‹ausserhalb›.»[34] Auch wenn die beiden zusammen mit anderen bekannten Künstlern – darunter die Maler Ivo Hauptmann und Karl Kluth sowie der Stadtplaner Gustav Oelsner – 1950 die *Freie Akademie der Künste in Hamburg* ins Leben riefen, um ein Gegengewicht zur kaufmännischen Tradition zu bilden, änderte sich daran im Laufe der Jahrzehnte kaum etwas. Liegt es doch an der spezifischen Atmosphäre der Stadt, wie György Ligeti 1988 behauptete? Und hatte Hans Erich Nossack recht, als er seinem Verleger gegenüber feststellte, dass man in der hanseatischen Luft unweigerlich «nüchtern» denke?[35]

19. Ekstase und Apokalypse

Zumindest bei den Künstlerfesten im Curiohaus an der Rothenbaumchaussee geht es in den *Roaring Twenties* alles andere als nüchtern zu. Sie gehören zum Kuriosesten, was die Stadt außerhalb St. Paulis bis dahin gesehen hat. Eine Zeit lang machen bei ihnen fast alle mit, die Rang und Namen haben. Jahr für Jahr scheinen für ein paar Januar- und Februartage die meisten Regeln außer Kraft gesetzt, fast wie beim rheinischen Karneval, und das mitten in der evangelischen Handelsmetropole.

Das früheste Fest findet 1914 in der Kunstgewerbeschule am Lerchenfeld statt. Es wird von dem Bildhauer Friedrich Adler und seiner Klasse ausgerichtet. Das ebenso alberne wie optimistische Motto lautet *Futurumbumbum*. Doch zunächst sind die Zukunftsaussichten alles andere als rosig. Die Kriegswirtschaft bringt die zwanglosen Partys sofort wieder zum Erliegen. Erst 1919 und 1920 steigen die ersten Feste der neuen Ära. Ein Verein wird gegründet, um den organisatorischen Rahmen zu konsolidieren, und 1921 nimmt Hans Leip die Gestaltung und Leitung in die Hand. Manchen gilt er als «unbändiges Talent», anderen nur als populärer Aufschneider im Gewand des Alleskönners.[36] Sein erstes Fest heißt *Die Götzenpauke*, und dieser Titel ist programmatisch: Möglichst laut, blasphemisch, schräg und furios soll es zugehen. Das verspricht allein schon Leips expressionistisch-dadaistische Einladung zum Exzess: «Tattrata!!! Baal, Baby-Bumann, Butzemann und Babockarakkaka schieben gierig ihre Wänste ans Licht. Duliöh! Lachend poltert ihr Zwerchfell. Die Sonne, hep, ein besoffener Klöppel, hochgeschleudert und niedergetrimmt, wrumms! auf die Urochsenschwarte, den dröhnenden Erdbauch.»[37]

Unter Leips genialischer Regie machen sich zahlreiche Maler, Musiker, Architekten, Schauspieler und Tänzer ans Werk. Das Innere des Curiohauses, das von 1908 bis 1911 für die «Gesellschaft der Freunde des vaterländischen Schul- und Erziehungswesens» errichtet wurde und ansonsten eher als Versammlungsort für sozialdemokratische und linksliberale Gruppierungen bekannt ist, wird zu einem exotischen Märchenpalast umgebaut. Der Erfolg ist umwerfend, auch in den folgenden Jahren.[38] «Ort der dionysischen Handlung ist das Curiohaus an der Rothenbaumchaussee, das bei solchen Gelegenheiten in ein unwirkliches Labyrinth und Zauberschloß verwandelt wird», schwärmt der Schriftsteller und Dramaturg Hans Harbeck. «Treppauf, treppab schiebt man und wird man geschoben. Das ganze Gebäude bebt wie ein schlingerndes Schiff.»[39]

Nicht zuletzt geben die Feste jungen künstlerischen Talenten die

Ekstase und Apokalypse

Chance zu größeren Auftritten. Unter sie mischt sich auch Gustaf Gründgens. Als Regisseur und Tänzer beteiligt er sich maßgeblich an der Gestaltung der Feste *Der siebente Krater* und *Noa Tawa. Das Auftauchende Eiland*. Neben Revue-Elementen spielen jedes Jahr die Darbietungen der Ausdruckstänzerinnen Gertrud und Ursula Falke eine wichtige Rolle. Die beiden sind Töchter des bekannten Dichters Gustav Falke und gehören zu den führenden Vertreterinnen dieser noch relativ jungen Kunstform. Sie stehen zwar deutlich unter dem Einfluss der berühmten Mary Wigman, aber sie führen deren Anregungen, davon ist wenigstens der in Hamburg maßgebliche Kritiker Hans W. Fischer überzeugt, «so persönlich weiter, daß der Abstand trotz des gemeinschaftlichen Einschusses wuchs».[40] Eine Zeit lang betrieb Gertrud Falke ihre *Neue Schule für den freien, künstlerischen Tanz* sogar im Curiohaus selbst.

Das Wichtigste und für Hamburg Neue bei den Festen allerdings ist die Entdeckung der «Ausgelassenheit einer Menge», die kollektive Ekstase beim unermüdlichen Tanzen im gemeinsamen Rhythmus.[41] Und wenn die Sperrstunde die Hauptveranstaltungen abrupt beendet, wird umso intensiver in den intimen Ateliers nachgefeiert, die sich in den oberen Stockwerken des Curiohauses befinden. «Man kann wohl bestreiten, ob Feste überhaupt gefeiert werden sollen», stellt Hans W. Fischer als Chronist der Ereignisse 1923 fest. «Bejaht man es aber, so können sie nur so gefeiert werden, daß man mit einem Hechtsprung aus dem Alltag in eine andere Existenz saust und sich dem großen Dreh völlig anvertraut.»[42]

1927 wird manches anders, denn plötzlich gibt es sogar zwei Künstlerfeste. Weil die traditionellen Feste sehr populär und organisatorisch immer aufwendiger werden, verlieren gerade die kreativsten Mitwirkenden zunehmend den Spaß an der Sache. Inzwischen feiern sogar, wie man sagt, wohlsituierte Spießer mit, und das erscheint zunehmend als Problem. Deshalb aktiviert Leip die kleine, doch renommierte ‹Hamburger Gruppe› für einen Neuanfang. Beziehungsweise eine Konkurrenzveranstaltung. Harbeck berichtet: «So stark war trotz mancher Gegnerschaft aus Ethepetete-Kreisen der Erfolg dieser künstlerisch beschwingten Veranstaltungen, daß heute außer dem eigentlichen Künstlerfest auch noch das auf gleicher Ebene liegende Fest der sogenannten Hamburger Gruppe alljährlich mit Hingebung gefeiert wird. Und zwar dauern diese Feste nicht einen Tag, nicht zwei oder drei Tage, sondern das eine fünf, das andere vier Tage!»[43]

Zur ‹Hamburger Gruppe› gehören vor allem Schriftsteller, darunter Hans Henny Jahnn und der Jurist und völkische Dichter Hans Friedrich Blunck, der mit historischen Romanen wie *Hein Hoyer*, niederdeutschen Gedichten und Märchen bekannt geworden ist. Als Jurist tritt er als Syndikus der Universität in Erscheinung. Vielen gilt er als skrupelloser, vom Ehrgeiz zerfressener Karrierist. Später, im Nationalsozialismus, wird es der unverbesserliche Antimoderne bis zum Präsidenten der Reichsschrifttumskammer bringen.

In den Erinnerungen Hans Henny Jahnns, der erst seit 1926 wieder in Hamburg wohnt, wirkt manches aus dem Umfeld der Künstlerfeste durchaus nicht so harmonisch wie in den Berichten von Fischer und Harbeck. Die Gründung des zweiten Künstlerfestes habe nicht weniger als ein «großes Wettrüsten» provoziert. Nicht ohne Melancholie weist Jahnn darauf hin, dass die ‹Hamburger Gruppe› aus der früheren, lockereren ‹Tafelrunde› um Hans W. Fischer hervorgegangen ist. Nachdem die *Hamburger Neuesten Nachrichten* Konkurs gemacht und Fischer die Stadt verlassen hat, fehlt ihr der Spiritus Rector, und sie habe etwas Dünkelhaftes bekommen. Dabei gilt sie schlicht als «das Feinste» weit und breit. Letztlich habe das alte Künstlerfest nur mit Unterstützung dieses elitären Kreises sofort in den Schatten gestellt werden können: «Wir starteten unser erstes Fest: ‹Die silbergrüne Dschunke›. Schon der Titel zeigte, wie auch der in Silber gebundene Almanach, den Stich ins Feinere, Literarische. [Fritz] Höger schuf für den Hauptsaal eine

Ekstase und Apokalypse

‹Curioser Circus›, eines der beiden Künstlerfeste des Jahres 1927:
oben links neben dem Maler Willy Davidson, der auch Mitglied der
Hamburgischen Sezession war, vermutlich Ellinor Jahnn

phantastische, wirklich wunderbare Dekoration, der chinesische Gesandte in Berlin hatte das Patronat übernommen. Wir hatten einen Riesenerfolg, das Künstlerfest war gleich beim ersten Mal aus dem Feld geschlagen.»[44]

Für Jahnn, der sich jahrelang vor allem in Orgelbaukreisen und im Umfeld seiner kleinen Glaubensgemeinde *Ugrino* bewegt hatte, die das tollkühne Ziel verfolgte, in der Lüneburger Heide weitläufige heidnische Tempelanlagen zu errichten, war die Mitwirkung an den Künstlerfesten eine gute Möglichkeit, neue Beziehungen zu knüpfen.[45] Seinen Einstand feierte er dabei mit einer kleinen literarischen Chinoiserie. Anna Seghers soll sie später einmal als das «schönste Märchen der Welt» bezeichnet haben.[46] Die Erzählung heißt *Polarstern und Tigerin*. Es ist eine gleichnishafte Geschichte über die Liebe eines jungen Paares, die nicht einmal durch den Tod zerstört, sondern lediglich verwandelt werden kann. Das exotische Märchen klingt, als hätte Jahnn es vor den Exponaten des Völkerkundemuseums zusammengeträumt, an dem er damals täglich vorbeikam. Denn für zwei Jahre mietete er, der stets auf Mäzene und Stipendien angewiesen war, in der Rothenbaumchaussee 187 die teuerste und vornehmste Wohnung seines Lebens: «Sie kostete 200 Mark Miete monatlich, hierzu kamen entsetzliche Nebenkosten, die wir noch vermehrten, indem wir sie auf unsere Kosten ausmalten, wobei wir natürlich nur die schönsten und teuersten Farben auswählten usw.»[47]

Jahnn, seine Frau Ellinor und sein Geliebter Gottlieb Harms konnten es sich unmöglich leisten, länger in dieser großbürgerlichen Gegend zu bleiben. Wirtschaftlich und politisch waren die Zeiten turbulent, das Curiohaus blieb dabei als Bildungs- und Versammlungszentrum ein wichtiger Schauplatz. Hier traf sich der Schutzverband Deutscher Schriftsteller ebenso wie die DDP: die Deutsche Demokratische Partei, zu deren prominenten Hamburger Mitgliedern nicht nur der Rektor der Lichtwarkschule und spätere Schulsenator Heinrich Landahl und der Bürgermeister Carl Wilhelm

Ekstase und Apokalypse

Petersen zählten, sondern auch Ernst Cassirer, die 1930 verstorbene Frauenrechtlerin Helene Lange und der Kaufhausbesitzer Hans Robinsohn, der bald eine wichtige Rolle im Widerstand gegen den Nationalsozialismus spielte.

Auch am 5. März 1933, am Abend nach den alles verändernden Reichstagswahlen, trafen sich die Mitglieder und Anhänger der Deutschen Staatspartei im Curiohaus. Sie war die Nachfolgepartei der DDP. Heinz Liepmann – er hatte ebenfalls bei einigen Künstlerfesten mitgewirkt – schilderte die bittere Ernüchterung in dieser Schicksalsnacht in seinem Reportageroman ... *wird mit dem Tode bestraft*: «Ich war ins Curio-Haus gefahren, in dem die Mitglieder der Demokratischen Partei nach jeder Wahl ihre Siegesfeier abzuhalten pflegten, obgleich ihre Partei von Wahl zu Wahl mehr aufgerieben wurde. Vor zehn Jahren war sie noch die drittstärkste Partei des Reichstages und die Stütze der Weimarer Koalition, jetzt besaß sie noch zwei Abgeordnete. / Bürgermeister Petersen sprach; nach ihm der Spitzenkandidat, der Lehrer Landahl. Beide kommentierten die Ergebnisse der Reichstagswahl auf ihre Art. Sie sagten, sie seien sehr *erstaunt* über die Zunahme der nationalsozialistischen Stimmen, denn bei der vorhergehenden Wahl hätten die Nationalsozialisten doch bereits zwei Millionen Stimmen verloren und ‹eigentlich› hätten alle Anzeichen darauf hingedeutet, daß sie jetzt noch bedeutend mehr hätten verlieren müssen. / Ein Zwischenrufer fragte, ob denn die Zählung der Wahlergebnisse stimme.»[48]

Für jüdische Intellektuelle wie Liepmann oder Ernst Cassirer blieb jetzt eigentlich nur noch der Weg ins Exil. Cassirer stieg mit seiner Frau Toni bereits am 12. März 1933 am Dammtor in einen Zug gen Süden. Ihre ersten Stationen waren Basel, Cadenabbia und Bellagio am Comer See – noch waren Juden im faschistischen Italien sicher. Wahrscheinlich warfen sie bei ihrem Aufbruch vom Bahnsteig aus einen letzten Blick auf das Hauptgebäude der Universität, die Cassirer sehr viel zu verdanken hatte, sicher mehr als der Philosoph umgekehrt ihr.⁴⁹ Ihr guter Ruf war auch ein Teil seines Lebenswerks. Und das alles sollte jetzt nichts mehr bedeuten? Toni Cassirer erinnert sich: «Als wir [...] Hamburg verließen, hatten wir noch nicht das Gefühl, daß dies einen endgültigen Abschied bedeutete. Auf Schritt und Tritt aber wurde uns klarer, daß das Land, in dem wir gelebt hatten, und in dem Ernst seine Leistung vollbracht hatte, sich vor unseren Augen, im Ablauf weniger Tage, erschreckend verändert hatte. Die schlechten Elemente schwammen schon obenauf. Was sie bisher nur zu flüstern gewagt hatten, sprachen sie laut aus, und die guten begannen zu flüstern oder sie verstummten ganz und gar.»⁵⁰

Heinz Liepmann blieb noch länger in Hamburg, vielleicht zu lange. Auch er begann zu flüstern, aber er verstummte nicht, sondern bewegte sich im sozialistischen Untergrund, dem er nach seiner Flucht mit seinen Büchern frühe Denkmale setzte. Schon im April 1933 standen seine Romane und Dramen auf der «Schwarzen Liste» neben denen von Bertolt Brecht, Max Brod, Alfred Döblin, Heinrich Mann, Anna Seghers, Kurt Tucholsky und vielen anderen bedeutenden Autoren. Ihm gelang noch die Uraufführung einer in St. Pauli spielenden Komödie unter dem Tarnnamen Jens C. Nielsen, aber auch dieser bot keinen Schutz und führte dazu, dass Liepmann noch stärker ins Visier der SA geriet. Wahrscheinlich blieb er bis Juni in Hamburg. Danach entkam er auf unbekannte Weise nach Paris.⁵¹ Sein antifaschistischer «Tatsachenroman» *Das Vaterland* erschien 1933 im Amsterdamer Verlag Van Kampen & Zoon. Er enthält heute noch erschütternde Schilderungen des sogenannten Judenboykotts vom 1. April 1933. Als die Moorweide achteinhalb Jahre später zum Ausgangspunkt jener Massentransporte wurde, an die das Mahnmal auf dem Platz der Jüdischen Deportierten vor dem früheren Logenhaus erinnert, lebte Liepmann bereits in New York.

Nach der «Operation Gomorrha» diente ausgerechnet die grüne Oase vor dem Dammtorbahnhof als rettende Anlaufstation. Unter den Hilfsbedürftigen fanden sich die Kinder Marione Ingram und

Ekstase und Apokalypse

Wolf Biermann. Obwohl sie beide noch sehr jung waren, war die Moorweide für sie damals schon kein normaler Park und auch kein Festplatz mehr, sondern vor allem ein Ort des Schreckens, von dem aus ihre Verwandten nach Minsk oder anderswohin abtransportiert worden waren und voraussichtlich für immer verschwanden. Und doch versprachen die «guten Bäume» Trost und Linderung der Not, schreibt Biermann in seiner Autobiografie: «Verteilung von Lebensmitteln vom Lastwagen runter. Die viel zu großen Butterstücke in die grapschenden Hände. Das Gezerre. Die Gier. Konserven in die Kinderwagen. Kommissbrot. Panisch die Essensausgabe. Besänftigung der Überlebenden. Mund stopfen. Herz stopfen.»[52] Mit hämmernden Ellipsen versucht der Liedermacher Jahrzehnte später seine Erinnerungsbilder unmittelbar wirken zu lassen, um schließlich zu beteuern, kein Kind habe im Feuersturm geweint.

Frühere Berichte über das Elend der Bombenopfer lassen an solchen Aussagen zweifeln. Zu den Wohnungslosen auf der Moorweide, welche man gegen Kriegsende umpflügte, um sie für den Gemüseanbau zu nutzen,[53] gehörte auch die Familie des Altonaer Stadtarchivars Paul Theodor Hoffmann. Die Hoffmanns überlebten die schlimmsten Angriffe in dem turmartigen Rundbunker des ‹Systems Zombeck›, der 1940 an der Rothenbaumchaussee errichtet worden war. Heute befindet sich in ihm eine Bar. Insgesamt gab es in Hamburg elf Bunker dieses Typs. Abend für Abend begaben sich die Menschen entlang der Moorweide in diesen «trotzig-klobigen» Luftschutzraum: «Eng aneinandergedrückt saß man auf harten Holzbänken. Manche mußten zwischen den Reihen stehen. Langsam flossen die Stunden in der stickigen Luft dahin. Die Menschen harrten ängstlich. [...] Plötzlich ein Sirren und dumpfes Dröhnen, dann die Erschütterung einschlagender Bomben. Unser Bunkerturm zitterte bald leiser, bald stärker.»[54] Am Morgen nach diesen Nächten war die Luft voller gefährlichem Rauch.

Den Feuersturm östlich der Alster beobachtete Hoffmann bei

Freunden von einem Dach aus. Am Tag danach habe sich die Welt für jeden in der Stadt verwandelt. Die Katastrophe verschonte keinen, auch nicht jene, deren Häuser unzerstört blieben. 1949 rief Hoffmann die apokalyptischen Zustände jener Wochen noch einmal ins Gedächtnis. Damals wurden nicht nur Menschenleben ausgelöscht: «Es gab kein Gas, kein Wasser, keine Elektrizität. Mit Eimern schöpften wir Wasser aus der Alster. Doch sehr bald war auch das nicht mehr möglich. Zerstörte Siele hatten zu einer Vergiftung des Alstersees geführt, so daß die Fische zu Tausenden starben. Eine unabsehbare Flut toter Fischleiber bedeckte die Wasserfläche, und ein pestilenzialischer Geruch stieg zum Himmel auf.»[55]

Dies also war das wahre Gesicht von Hitlers totalem Krieg.

Hauptbahnhof

20. Strich und Idyll

Wenn man sagt, der Hafen sei Hamburgs Herz, so könnte man den Hauptbahnhof als den Hals der Stadt betrachten. Und welches Lebewesen kommt ohne Hals aus? Ein Topmanager der Bahn nannte die riesige Halle mit ihrer Spannweite von 73 Metern sogar einmal den größten Flaschenhals im deutschen Schienennetz. Etwas mehr Leben als einem Stück Glas oder Plastik kann man dem stattlichen Bauwerk allerdings schon zuschreiben. 1906 wurde es in Betrieb genommen. Die früheren Kopfbahnhöfe waren nun überflüssig geworden. Für vornehmere Reisende gab es noch die prächtige Station am Dammtor, den «Kaiserbahnhof». Hier stieg Wilhelm II. bei seinen Besuchen in der Hansestadt aus.

Der Hauptbahnhof, für den einst Friedhöfe weichen mussten, zählt heute zu den verkehrsreichsten Orten Europas, und Teile der um 1200 erstmals urkundlich erwähnten Vorstadt St. Georg gleichen einem echten Bahnhofsviertel. Besonders nachts kann die Stimmung am Steintorplatz auf Fremde bedrohlich wirken. Sicher, die Gegend ist großstädtisch, sie ist international. Aber vieles hier ist auch einfach nur verwahrlost und folgt offensichtlich dem Gesetz der Straße. Auf den Grünstreifen lassen sich Kondome und Einwegspritzen kaum übersehen. Die Drogenszene und die Prostitution scheinen hier nach wie vor härter als in den vergleichbaren Vierteln der meisten deutschen Städte. Es gibt wenig Menschliches, dem man jenseits der Kirchenallee nicht begegnen könnte.

Hauptbahnhof

Der Schriftsteller Hubert Fichte feierte in seiner nachgelassenen Romanserie *Die Geschichte der Empfindlichkeit* die Subkultur von St. Georg. Mit vielen einschlägigen Treffpunkten übt das Viertel in den Sechzigerjahren auf Fichtes Protagonisten eine unvergleichliche Anziehungskraft aus. Hier scheint es keine Tabus zu geben. Unermüdlich frequentieren sie den «kleinen Hauptbahnhof der Stricher» mit seinen Spitzeln und Zivilbeamten und der «gefährliche[n] Herrentoilette in der Wandelhalle».[1] Tonangebend sind allerdings die aus allen Gesellschaftsschichten stammenden «Freier, die drei Tage, vierzehn Tage, drei Wochen von der Arbeitslosenunterstützung, der Rente, dem Berufsschullehrergehalt sparen auf den Schicksalsstoß in der Goldenen Kugel, auf das dionysische Moment in der Wilfredo-Bar, das Ozeanische Gefühl in der Koppelklause».[2]

Seit den Siebzigerjahren genoss Hubert Fichte weit über Hamburgs Grenzen hinaus Kultstatus. Er schrieb meist über das, was er selbst am besten kannte, besonders über seine Obsessionen, denen er ohne Rücksicht auf seine Gesundheit nachging. Fiktionen waren seine Sache nicht. Stattdessen suchte er das Gespräch und näherte sich den unterschiedlichsten Szenen mit den Mitteln der Ethnopoesie, nicht nur afroamerikanischen Religionen auf ausgedehnten Reisen durch Südamerika und Afrika, sondern ebenso dem Milieu der Zuhälter und Prostituierten zu Hause. Legendär sind seine Gespräche mit dem Bordellbetreiber Wolfgang «Wolli» Köhler und mit Hans Eppendorfer, die unter dem Titel *Der Ledermann spricht mit Hubert Fichte* veröffentlicht wurden.

Schenkt man Fritz J. Raddatz Glauben, der zeitweilig zu Fichtes Freundeskreis gehörte, so konnte man den Autor leicht in St. Georg treffen. Oft habe er dabei einen extravaganten Mantel getragen, «mit dem er, wie eine riesige Pelz-Litfaß-Säule, Nacht für Nacht auf seine ‹Opfer› lauerte».[3]

Als Quartier der Außenseiter und gesellschaftlichen Randgruppen hat St. Georg Tradition. Sein Name geht auf ein mittelalterliches

Strich und Idyll

Hospital für Aussätzige zurück, zudem fanden sich hier seit dem 16. Jahrhundert die Richtplätze der Stadt.[4] Früher war es auch das Viertel der Schweinezüchter und Schnapsbrenner, doch das alles ist lange vergessen. Sogar das Armenstift schloss 1951 seine Tore. Der Alltag wird inzwischen von ganz anderen Leuten dominiert, und diese sind nicht nur quirlig und unkonventionell, sie sind vor allem wohlhabend.

Das reiche St. Georg beginnt gleich hinter dem modernisierten Bieberhaus. Seit 2019 logiert hier der Rowohlt Verlag, der 1960 aus wirtschaftlichen Gründen ins ländliche Reinbek gezogen war, von dort aus überaus erfolgreich agierte und wie kein anderer deutscher Verlag vom Boom der Taschenbücher profitierte. Ein paar Jahre früher fand das Ohnsorg-Theater im Bieberhaus sein neues Domizil. Als traditionelle Bühne für niederdeutsche Dramatik genießt es unter Literaturkennern nicht unbedingt den besten Ruf, und doch ist es aus dem kulturellen Leben der Stadt nicht wegzudenken. Auch den Schriftsteller Uwe Timm scheint es rückblickend merkwürdig zu berühren, dass ausgerechnet dieses Theater für seine frühe Entwicklung eine wichtige Rolle gespielt hat. Damals trat das Ensemble um Heidi Kabel, dessen Produktionen seit 1954 regelmäßig im Fernsehen übertragen werden, noch in den Großen Bleichen auf.

Uwe Timm wurde 1974 mit dem teilweise in Hamburg spielenden Roman *Heißer Sommer* bekannt. Als 69-Jähriger erinnerte er sich in einer Vorlesung, bei der er seinen Werdegang Revue passieren ließ: «Ich war vielleicht neun Jahre alt, als ich zum ersten Mal von den Eltern mit in ein Theaterstück für Erwachsene genommen worden war. Nicht ins Schauspielhaus, sondern in ein plattdeutsches Stück im Ohnsorg-Theater. Die Erinnerung daran ist von einer ganz erstaunlichen Frische und umfasst alle Sinne. Geruch, Geräusche, das Bühnenbild, die Handlung, die Figuren, und auch das blieb im Gedächtnis, die Melancholie des Stücks, das ‹Die Königin von Honolulu› hieß. Sogar der Geschmackssinn ist in der Erinnerung aufgehoben, denn in der Pause gab es Frankfurter Würstchen mit Kartoffelsalat. Über Jahre habe ich diese Stimmung als eine freudige Erwartung mit ins Theater getragen, habe später im Studententheater gespielt, bis irgendwann die Lust und die Neugierde auf die Theaterbesuche nachließen, nicht aber die Lust auf Kartoffelsalat mit Frankfurter Würstchen, die mich, bestelle ich sie mir, wiederum an das Theater erinnern.»[5]

Selbstironisch spielt Uwe Timm hier nicht nur auf jene berühmte Stelle in Marcel Prousts *Auf der Suche nach der verlorenen Zeit* an, in der dem Erzähler durch den Geschmack einer Madeleine plötzlich wieder seine Kindheit präsent wird, sondern ebenso auf eines seiner eigenen Bücher – auf die sehr erfolgreiche Novelle *Die Entdeckung der Currywurst*. In ihr erzählt Timm die Geschichte der Imbissbesitzerin Lena Brücker, die im April 1945 in der Nähe des Großneumarkts den fahnenflüchtigen Soldaten Hermann Bremer versteckt und sich in ihn verliebt. Weil sie weiß, dass die Zuneigung eher einseitig ist, hält sie in ihrer Wohnung die Illusion aufrecht, der Krieg sei noch nicht vorbei, trotz der gespenstischen Stille, die sogar tagsüber in den zertrümmerten Straßen herrscht. Als verheiratete Mutter von über vierzig Jahren fällt ihr nichts Besseres ein, um den stadtfremden Liebhaber möglichst lang an sich zu binden. Sie will einfach Zeit gewinnen.

Nicht weit weg vom Großneumarkt, an den Kohlhöfen, eröffnete 1899 die erste Hamburger Bücherhalle (siehe Tafel 5). Initiiert wurde sie, wie so vieles in der Stadt, durch die Patriotische Gesellschaft. Eine Innovation war in Deutschland, dass es sich nach dem Vorbild der englischen und amerikanischen *Public Libraries* um eine Freihandbibliothek handelte und die Bücher in den Sälen direkt an den Regalen ausgesucht werden konnten.[6] Die Benutzung war quasi kostenlos, bis auf eine Einzeichnungsgebühr von zehn Pfennigen beim ersten Besuch. Die Bücherhalle hatte bis zehn Uhr abends geöffnet, und der Zuspruch übertraf alle Erwartungen; bald kamen Filialen in den Arbeitervierteln Barmbek, Hammerbrook und Rothenburgsort hinzu.[7] Das schöne neobarocke Gebäude, das Hugo Groothoff zehn Jahre nach Gründung der Bücherei errichtete, wurde nach dem Zweiten Weltkrieg rekonstruiert und steht noch. Ermöglicht wurde der Bau seinerzeit durch eine Schenkung der jüdischen Julie-Kusel-Stiftung.[8] Die Erinnerung daran ist seit dem Nationalsozialismus weitgehend erloschen. Inzwischen findet sich in der früheren Bibliothek das indische Generalkonsulat. Die Buchausleihe wurde an andere Standorte verlegt. Nur die Inschrift auf der Fassade und eine steinerne Eule als Symbol der Weisheit über dem Eingangsportal rufen noch den früheren Zweck ins Gedächtnis. In der Nachbarschaft wohnte übrigens 1805–06 auch die Familie des Philosophen Arthur Schopenhauer, der zu Beginn seiner Laufbahn in Hamburg im prosperierenden Unternehmen der Familie Jenisch zum Kaufmann ausgebildet wurde. Die Lehre brach er allerdings schon 1807 wieder ab.

Die Idee einer großen öffentlichen Bücherhalle gab man nie auf, aber die Konzepte wurden fortwährend den medialen Umbrüchen und Lesebedürfnissen angepasst: Die Zentralbibliothek zog zunächst in die *Volkslesehalle* am Mönckebergbrunnen, in der sich heute eine Filiale von *Starbucks* und das *Elbphilharmonie Kulturcafé* befinden, später mit dem Ohnsorg-Theater zusammen in ein Gebäude in den Großen Bleichen und schließlich, seit 2004, ebenfalls in Sichtweite des Hauptbahnhofs, allerdings an seine Südseite.

Dort, am schon zu Hammerbrook gehörenden Hühnerposten, hat sie ihren Sitz im wuchtigen Bau des früheren Bahnpostamtes. Sie reiht sich in die Kulturmeile am Wallring ein, gleich hinter dem Museum für Kunst und Gewerbe und nicht weit entfernt von der Markthalle, in der seit über vierzig Jahren international bekannte Bands auftreten, den Räumen der Freien Akademie der Künste und den Deichtorhallen. Dennoch ist die Lage schwierig für eine Biblio-

Hauptbahnhof

thek mit mehreren Millionen Besuchern pro Jahr. Der donnernde Verkehr auf der Altmannbrücke schreckt Fußgänger eher ab. Auch in den Lesesälen ist er ununterbrochen zu hören. Und dass der Platz vor dem Haupteingang nach Arno Schmidt benannt wurde, ist zwar eine hinreißende Idee, um an einen Schriftsteller zu erinnern, den nicht nur Uwe Timm zu seinen wichtigen Vorbildern zählt. Sie verwandelt den unwirtlichen Winkel zwischen den Bahngleisen aber auch nicht zwangsläufig in eine Insel der Kontemplation.

Ruhiger, mitunter idyllisch geht es in St. Georg auf der anderen Seite des Bahnhofs zu. Hat man das Deutsche Schauspielhaus hinter sich gelassen, sind es nur ein paar Schritte bis zur Langen Reihe, zur parallelen Koppel und zur Gurlittstraße, in denen die Mieten seit einigen Jahren zu den höchsten der Stadt gehören. Die Bausubstanz stammt zum Teil noch aus dem 19. Jahrhundert, und in der Langen Reihe finden sich sogar einige Fachwerkhäuser. Die schmale Straße bildet ohne Frage die Hauptschlagader des reichen Quartiers, das sich bis zum berühmten Hotel Atlantic und dem Ufer der Alster erstreckt. An keinem anderen Ort ist Hamburg so quirlig und beschaulich, so liberal und freizügig zugleich wie in der Langen Reihe mit ihren Boutiquen, Restaurants und Bars. Sie zieht sich bis zum Marien-Dom, und in der Nummer 71 wurde 1891 der Ufa-Star Hans Albers als Sohn eines Schlachters geboren.

Das Hotel Atlantic, dessen bekanntester Bewohner seit Jahrzehnten der Altrocker Udo Lindenberg ist, wurde 1909 für die Erste-Klasse-Passagiere der Hamburg-Amerika-Linie eröffnet. Wer es sich leisten konnte, bereitete sich hier luxuriös auf die Reise in die Neue Welt vor. Die Mehrheit der Auswanderer allerdings wartete auf der Elbinsel Veddel auf ihre Einschiffung. In der Regel dauerte das zwei Wochen, unter Bedingungen, die weder unwürdig noch besonders angenehm waren.

Als Direktor der Hapag hatte Albert Ballin auf der Veddel um die Jahrhundertwende Hallen für mehrere Tausend Emigranten bauen

Strich und Idyll

lassen. Viele von ihnen kamen aus Osteuropa, manche waren auf der Flucht, andere hofften nur auf ein besseres Leben. Seit 2007 erinnert das interaktive *Auswanderermuseum BallinStadt* mit einem angegliederten Zentrum für Familienforschung an die Massenunterkünfte. Drei der Hallen wurden an historischer Stätte nachgebaut. Als Vorbild hierfür diente das *National Museum of Immigration* auf Ellis Island, jener kleinen Insel im Hafen von New York City, auf der die Passagiere nach der strapaziösen Atlantikpassage landeten.

Um 1900 hatte die Emigration über Hamburg bereits eine lange Geschichte. Seit der Unabhängigkeit der Vereinigten Staaten gewannen die Überseelinien immer mehr an Bedeutung. Von 1856 an fuhren die Dampfschiffe monatlich nach New York, 1871 wurde zudem eine Verbindung nach Westindien etabliert. Bis 1934 wuchs die Gesamtzahl derjenigen, die über Hamburg ausgewandert waren, auf über fünf Millionen an. Zudem hatte Ballin noch ein weiteres Geschäft erfunden, um die Kapazität der Hapag-Schiffe möglichst gut auszunutzen: die Kreuzfahrt.

Der geniale Reeder war also auch ein Pionier des modernen Massentourismus. Am Ende seines Lebens hielten ihn viele für den ungekrönten König des Stadtstaates. Dabei war der überragende Handelsherr ein Selfmademan, der nie ein Hehl daraus machte, aus der jüdischen Unterschicht zu stammen. Umso erstaunlicher war sein enges, ja freundschaftliches Verhältnis zu Kaiser Wilhelm II. Und noch erstaunlicher war es, dass nicht einmal der Kaiser Ballin daran hindern konnte, 1914 als einer der wenigen einflussreichen Deutschen seine Stimme als Kriegsgegner zu erheben.

Das nützte wenig. Ballin aber ließ sich auch in den folgenden Jahren nicht entmutigen und suchte unermüdlich nach einer Möglichkeit, den fatalen Krieg auf dem Weg der Diplomatie wenigstens bald wieder zu beenden. Dabei ging es ihm genauso um die Zukunft Deutschlands wie um die Rettung seines Lebenswerks. Erst 1918, als die Hapag in den revolutionären Unruhen vor dem Zusammenbruch stand, verzweifelte er. Am 8. November ließ der Hamburger Arbeiter- und Soldatenrat Teile des Hauptsitzes der Reederei an der Alster besetzen. Einen Tag später starb Ballin. Mit 61 Jahren hatte er eine Überdosis Beruhigungsmittel genommen. Wollte er nicht mehr leben? Unwahrscheinlich ist das nicht.[9]

21. Brockes, Ziegel und das große Theater

Am Besenbinderhof befand sich mit den Hamburger Kammerspielen einst eines der wichtigsten deutschen Theater. Das Gesicht der kleinen Straße wurde auch damals schon durch das imposante Gewerkschaftshaus mit seinen großen Sitzungs- und Versammlungssälen geprägt, das etwa zur selben Zeit wie der einen halben Kilometer entfernte Hauptbahnhof errichtet wurde. Der von Heinrich Krug und Wilhelm Schröder entworfene Bau mit seinen reichen Jugendstil-Ornamenten wirkt geradezu prächtig. Bei der Fassadengestaltung hatte man mit Sicherheit auch die neuen Kontorhäuser auf der anderen Seite der Bahntrasse im Auge, hinter die man keinesfalls zurückfallen wollte. Am 29. Dezember 1906 wurde das Gewerkschaftshaus mit einer Ansprache von August Bebel feierlich eröffnet. Als Kind seiner Zeit pries es der ‹Arbeiterkaiser› recht martialisch als «geistige Waffenschmiede» des Proletariats.[10]

Der Deutsche Gewerkschaftsbund residiert hier noch immer. Von den künstlerisch durchaus revolutionären Kammerspielen unter ihrem Intendanten Erich Ziegel findet sich hingegen kaum noch eine Spur. An den Sturm auf das Haus durch Nationalsozialisten am 2. Mai 1933 erinnert eine Messingtafel. Zudem wird an der linken Gebäudeseite darauf hingewiesen, dass die expressionistische Tanzkünstlerin Lavinia Schulz von 1920 an die letzten Jahre ihres tragischen Lebens zusammen mit ihrem Mann am Besenbinderhof unter größten wirtschaftlichen Problemen in einer Kellerwohnung hauste.

Brockes, Ziegel und das große Theater

Der Text der Tafel erwähnt immerhin die unmittelbare Nachbarschaft der Kammerspiele. Aber ansonsten? Im rechten Nebengebäude findet sich die *Büchergilde*, die ebenfalls in der Tradition der Arbeiterbewegung steht. Hier deutet ein Bronzerelief noch viel weiter in die Vergangenheit und erinnert an Barthold Heinrich Brockes. Mit Gewerkschaften hatte der 1680 geborene Ratsherr, Verwalter der Exklave Ritzebüttel und Dichter selbstverständlich nicht das Geringste zu tun. Allerdings befanden sich an genau dieser Stelle sein Sommersitz und vor allem sein Garten.

Revolutionen stand Brockes denkbar fern, trotzdem gehörte er zu den bahnbrechenden Erneuerern der deutschen Literatur. Zu Lebzeiten waren seine Werke populär, doch nach seinem Tod gerieten sie rasch in Vergessenheit. Dazu trugen auch Polemiken wie jene von Johann Gottfried Herder bei, der sich darüber lustig machte, dass Brockes an jeder Blume und an jedem Tautropfen gehangen habe wie ein Liebhaber an seiner Geliebten. Spätestens seit der Goethe-Zeit haftete Brockes das vernichtende Etikett des Spießigen, Patriotischen und Weltfremden an. Im Grunde wurde es überhaupt erst im 20. Jahrhundert wieder möglich, seine Dichtungen nicht ausschließlich religiös zu lesen, sondern als Schule der Wahrnehmung und virtuose Sprachkunstwerke.[11]

Alfred Lichtwark, der erste Direktor der Kunsthalle, setzte ihn immerhin schon Ende des 19. Jahrhunderts in Beziehung zu den wichtigsten holländischen und hamburgischen Blumenmalern seiner Zeit und hielt ihn für den einflussreichsten Dichter vor Klopstock. Für ihn war Brockes' Naturliebe selbstverständlich Ausdruck seiner Religiosität, dabei aber weniger sentimental als ästhetisch hochdifferenziert. In seinem Empfinden durchaus modern, habe sich Brockes auf eine lebenslange Suche nach dem möglichst treffenden Ausdruck begeben. Deshalb habe er niemals damit aufhören können, die Farben und den Duft der Blumen zu beschreiben. «Brockes», so Lichtwark, «war eine überaus fein organisierte Natur. Sein

Auge empfand Farbe und Form mit einer Kraft, die man sonst nur bei Künstlern antrifft, und er hatte diese natürlichen Gaben mit vollem Bewusstsein und unermüdlicher Selbstzucht ausgebildet. Auch wo seine Form stellenweise veraltet ist, überrascht er doch immer wieder durch die Frische und Neuheit seiner Anschauung, die Zartheit seiner Empfindung und den Reichtum an Bezeichnungen und Wendungen, die ihm zu Gebote stehen. Was er uns bietet, sind ganz ernsthafte, breit ausgeführte Naturstudien, wie sie ein Maler macht [...].»[12]

Nach dem Zweiten Weltkrieg gingen Arno Schmidt und Peter Rühmkorf deutlich weiter. Schmidt brachte Brockes 1955 – ähnlich wie Lichtwark – als Vorläufer einer realistischen Schreibweise in Anschlag, und Rühmkorf spielte 1959 mit seinem ersten Gedichtband unübersehbar auf Brockes' Hauptwerk *Irdisches Vergnügen in Gott* an. Dabei verkürzte er den Titel des hanseatischen Vorläufers zur vieldeutigen «Schrumpfform» *Irdisches Vergnügen in g*. Geht es Mitte des 20. Jahrhunderts statt um Gott nur noch um Sex? Oder um das physikalische «Symbol der Fallbeschleunigung»?[13] Oder einfach nur um Gedichte?

Dem in Lübeck aufgewachsenen Philosophen Hans Blumenberg, der sich 1981 in seiner Abhandlung *Die Lesbarkeit der Welt* en passant auch mit Brockes beschäftigt, scheinen solche modernen, vielleicht auch modernisierenden Lesarten eher abwegig. Für ihn bleibt Brockes fast so harmlos wie schon für Herder. Die Denkfigur der «Lesbarkeit der Welt» sei ihm zwar bereits erstaunlich geläufig gewesen, aber in eher einfältiger Weise: «Für Brockes war die Lesbarkeit der Welt der Inbegriff des Behagens in ihr gewesen. Die Gemächlichkeit eines wohlversorgten Lebensganges erlaubt ihm, neun umfangreiche Bände nach dem konstanten Grundmuster der Auslegung des Kleinen im Hinblick auf das Größte zu füllen. Zwar beherrscht der deutsche metaphysische Optimismus nach Leibniz und Wolff das Ensemble seiner Voraussetzungen, aber zugleich ist dessen Anschauungsarmut kompensiert durch die für Hamburg immer lebenswichtigen englischen Importe: Empirismus und Sensualismus.» Im Gegensatz zu Schmidt und Rühmkorf fasziniert und inspiriert Blumenberg das Minutiöse, das oft Hypergenaue von Brockes' Beschreibungskunst nicht. Vielmehr stört er sich an dessen Einverständnis mit dem Dasein: «Das Buch der Natur, wie Brockes es lesbar machen wollte, war ein Hausbuch, eine Postille für den unaufgeregten Sinn.»[14]

Dass das *Irdische Vergnügen in Gott*, dessen letzter Band 1748 postum veröffentlicht wurde, wenn man sich auf die Gedichte einlässt und am Religiösen keinen Anstoß nimmt, in seinem sprachlichen Reichtum, der Differenziertheit der Wahrnehmungen und durch das Serielle der Wortkaskaden auch heute noch überraschen, wenn nicht überwältigen und auf alle Fälle *aufregend* sein kann, scheint dem Philosophen entgangen zu sein. Dennoch findet auch Blumenberg bei Brockes Aspekte, die ihm überzeitlich und für die eigene Denkfigur der Lesbarkeit geradezu bahnbrechend scheinen. Er staunt über «die implizite Verwicklung der Lesbarkeitsmetapher» auf engstem Raum und zitiert Verse aus Brockes' *Die Welt*: «Laß, großer Schreiber, mich im Buche dieser Erden / Zu Deines Namens Ruhm ein lauter Buchstab werden!»[15]

Liest man Brockes' Verse im Zusammenhang des Gedichts, wirken seine Gedanken bei allem Gotteslob sogar noch moderner und eindringlicher: Er setzt mit einem erkenntniskritischen *Cantus* ein, für den er eine meisterliche Metapher findet, indem er feststellt, dass die menschliche Wahrnehmung einem Fernglas gleiche, das man verkehrt herum hält, sodass alles «verkleinert und entfernet» erscheint, nur nicht man selbst.[16] Und jene Strophe, die für Blumenberg besonders bedeutend ist, lautet vollständig:

O unbegreiflichs buch; o wunder=A, B, C!
Worin, als leser, ich, und auch als letter, steh!
Laß, grosser Schreiber, mich im buche dieser erden,
zu deines namens ruhm, ein lauter buchstab werden![17]

Große Teile seines *Irdischen Vergnügens* schrieb Brockes eben hier, wo sich heute das Gewerkschaftshaus befindet. Es ist schwer vorstellbar, wie idyllisch die Lage der bürgerlichen Gärten und Sommerhäuser am Rande der Elbmarsch vor 300 Jahren gewesen sein muss. Nur der Geesthang lässt sich an der Abschüssigkeit der benachbarten Repsoldstraße noch erahnen.

Im Zeitalter der Aufklärung geriet Barthold Heinrich Brockes ins Abseits. Nun wussten allenfalls noch Experten und Literarhistoriker mit ihm etwas anzufangen. Reihungstechniken und Worthäufungen, wie sie sich in seinen Naturanrufungen finden, werden in der deutschen Literatur erst wieder im Expressionismus attraktiv – in den gewaltigen, mitunter auch brachialen Sprachgesten einer Poesie und Dramatik, für die sich von 1918 an in Hamburg besonders Erich Ziegel mit seinen Hamburger Kammerspielen am Besenbinderhof stark machte, bis sein Theater nach zehn erfolgreichen Jahren abgerissen wurde und er in den Neuen Wall umziehen musste.

Damals, unmittelbar nach dem Ersten Weltkrieg, brauchte es nicht viel Fantasie, um sich vorzustellen, dass es hier früher einmal Barockgärten gab. Vom Hauptbahnhof aus führte noch «die stattliche, mit hohen alten Bäumen bepflanzte Brockesallee unmittelbar zu den Kammerspielen», wie es in den Erinnerungen eines Zeitgenossen heißt.[18] Ein anderer, Hans Harbeck, der eine Zeit lang in den Kammerspielen als Dramaturg gearbeitet hatte, bemerkte allerdings auch schon 1930 nüchtern, dass auf den Bänken unter «den betagten Bäumen» sehr viele «Invaliden des Daseins unfreiwillig jener Muße obliegen, der sich der alte Brockes nach vollbrachtem Tagwerk hingab».[19]

Invaliden des Daseins, Arbeits- und Wohnungslose, offenkundig am Alltag Verzweifelnde findet man hier immer noch. Es sind überwiegend Männer im mittleren Alter, die bei gutem Wetter im kleinen August-Bebel-Park zwischen den Bahngleisen und dem Besenbinderhof irgendwelchen Geschäften nachgehen, trinken, rauchen oder kiffen. Der Baumbestand ist übersichtlicher geworden, von einer Allee kann nicht mehr die Rede sein, und die teilweise sechsspurige Kurt-Schumacher-Allee sorgt für eine massive Geräuschkulisse. Dem Lärm entkommt man nicht einmal in der schmalen Brockesstraße vor dem Eingang des Museums für Kunst und Gewerbe.

Dass die Kammerspiele am Besenbinderhof allein aus stadtplanerischen Gründen keine Zukunft hatten und ihr schönes Jugendstil-Gebäude abgerissen wurde, bedauerte auch schon Hans Harbeck. Man ahne ja kaum noch, schrieb er 1930, dass sie einmal hier gewesen seien: «In der Mitte zwischen dem umfangreichen, aber architektonisch bedeutungslosen Gewerkschaftshaus und dem äußerst bemerkenswerten Gebäude der Gesundheitsbehörde, nämlich in der rückwärtigen Fortsetzung des Hauses Nr. 50, befanden sich von 1918 bis 1927 die Hamburger Kammerspiele. Man mußte einen Torweg durchschreiten und eine mehrfache Treppe hinabsteigen, um in das Theater zu gelangen.» Dies aber habe man gern getan, denn nur so kam man in das «Mekka aller Theatergläubigen».[20]

Im Mittelpunkt von Ziegels Programm standen Gegenwartsautoren wie Frank Wedekind, Walter Hasenclever, Georg Kaiser, Ernst Toller und Bertolt Brecht.[21] Sogar Ernst Barlachs Dramen *Der arme Vetter* und *Die echten Sedemunds*, die vielen als unspielbar galten, brachte er zur Aufführung, und dies tat er nicht nur, weil der berühmte Bildhauer in Wedel geboren worden war und an der Hamburger Kunstgewerbeschule studiert hatte, sondern aus künstlerischer Überzeugung.[22] Mit ihrem Schwerpunkt auf zeitgenössischer Dramatik festigten die Kammerspiele ihren überregionalen Ruf, während das nahe Schauspielhaus, das damals noch ein Privattheater war und sich stark am Publikumsgeschmack orientierte, als eher konservativ galt.

Ende der Zwanzigerjahre scheiterte auch Erich Ziegel daran, das größte deutsche Sprechtheater künstlerisch auf Vordermann zu bringen, und danach – unter seinem neuen Intendanten Hermann

Röbbeling, der zugleich das Thalia leitete – wurde das Schauspielhaus für jüngere Kritiker wie Heinz Liepmann zum Inbegriff des Verschlafenen. In der namhaften *Weltbühne* wetterte Liepmann im Mai 1930: «Der Spielplan [...] umfaßt berliner Erfolge und mißglückte Uraufführungen vorwiegend ausländischer Stücke, weiterhin pathetische Klassikerinszenierungen. Für diese ist aber nicht Herr Röbbeling sondern der merkwürdig konservative Kunstdilettantismus des hansischen Publikums verantwortlich. Richtung, Zweck und irgend welche Gesinnung fehlen hier, wie in fast jedem Provinztheater, ohne daß dies bemerkt würde. Das Abonnentenpublikum guckt gar nicht mehr hin und geht nicht zum Vergnügen ins Theater sondern weil Großvater und Vater schon abonniert waren.»[23]

Hans Henny Jahnn hatte fünf Jahre vor ihm in dasselbe Horn gestoßen und war sogar noch etwas weiter gegangen, indem er im *Berliner Börsen-Courier* konstatierte, das Theater an sich sei «nicht nur scheintot, sondern wirklich gestorben», da es sich ganz in den Dienst der «kleinen bürgerlichen Gefühle des Publikums gestellt» habe.[24]

Die Klagen von Autoren über die künstlerische Qualität des Schauspielhauses an der Kirchenallee scheinen zu allen Zeiten ähnlich gewesen zu sein. Auch für Hubert Fichte ist es nach 1945 kein Ort für aktuelle Diskussionen, sondern ein kitschig-hochdekorierter Schutzraum für reiche Spießer, dem erstaunlicherweise nicht einmal die alliierten Bomben etwas anhaben konnten: «Man möchte es anbeißen und aufessen, so appetitlich ist es, das Deutsche Schauspielhaus. Geschmackvolle Verzierungen an den Wänden. Kirschenrot und Erdbeerenrot. Haferflockentortenfarbener Plüsch.» Während die meisten jungen Leute Hunger litten, verdeckten an der Kirchenallee feierliche Anzüge jede Erinnerung an den Krieg. Hier bekomme man alles zu Gesicht, nur keine «halben Beine, halben Hände» oder «Ohrverbände» wie an fast jedem anderen Ort in der Stadt.[25]

Für Heinz Liepmann bestand schon vor der Katastrophe des Nationalsozialismus an der fundamental geistlosen Atmosphäre der Hansestadt kein Zweifel. Nur deshalb sei es hier für einen fortschrittlichen Theatermann wie Ziegel nicht besonders schwer, als revolutionär zu gelten und zum Stadtgespräch zu werden. Dass die Kammerspiele ihren anhaltenden Erfolg vor allem einem hervorragenden Ensemble verdankten, wollte oder konnte der aufbegehrende Kritiker und Dramatiker nicht wahrhaben. Das unterschied ihn von Klaus Mann, der 1926 seine Schwester Erika besuchte und mit ihr und deren Mann Gustaf Gründgens für ein paar Monate in der Oberstraße 125 wohnte.[26] Für ihn war das Theater, in dem man Größen wie Asta Nielsen, Wolf von Beneckendorff, Fritz Kortner, Ernst Deutsch und viele andere erleben konnte, schlichtweg überragend. Auch Klaus Mann stand damals noch ganz am Anfang und wusste nicht, ob er eher als Schriftsteller oder Schauspieler reüssieren sollte. So oder so war es eine Hypothek, das Kind eines weltberühmten Autors zu sein. Am meisten begeisterte ihn an den Kammerspielen sein Schwager: Gründgens sei «der vielseitige Star» des kleinen Theaters gewesen. «Er glitzerte und sprühte vor Talent, der charmante, einfallsreiche, hinreißend gefallsüchtige Gustaf! Ganz Hamburg stand unter seinem Zauber. Welche Verwandlungsfähigkeit! Welch Virtuosität der Dialogführung, der Mimik, der Gebärde! Sein Repertoire umfaßte alle Typen und Altersstufen. [...] So begabt war Gustaf, daß er auf der Bühne gertenschlank aussehen konnte, obwohl er in Wirklichkeit schon als junger Mensch eher zum schwammig-weichen Fettansatz neigte.»[27]

Keine zehn Jahre später, nachdem Hitler ihn in die Emigration gezwungen hatte, sollte Klaus Mann die Erfahrungen mit Gründgens in seinem bekanntesten Buch verarbeiten, das erstmals im Amsterdamer Querido Verlag veröffentlicht wurde, in *Mephisto – Roman einer Karriere*. Gründgens, dem unter Hitler trotz seiner Homosexualität ein beispielloser Aufstieg gelang, tritt in ihm leicht erkennbar

Will Quadflieg und Gustaf Gründgens als Faust und Mephisto, 1960 im Film nach Gründgens' legendärer Inszenierung am Deutschen Schauspielhaus

als Hendrik Höfgen auf, und das sorgte nach dem Krieg für einen der größten Skandale der deutschen Literaturgeschichte. Gründgens' Adoptivsohn Peter Gorski klagte gegen die Veröffentlichung in der Bundesrepublik, und die Gerichte bestätigten ihm, dass der Roman den berühmten Theatermann denunziere und dessen Persönlichkeitsrechte postum verletze. Das gedruckte Buch verschwand aus dem westdeutschen Handel, während es in der DDR seit 1956 verkauft und dort zu einem der bekanntesten Werke der Exilliteratur wurde.

Die Kammerspiele werden in dem Roman zum «Hamburger Künstlertheater», Erich Ziegel zu Oskar H. Kroge, und das opportunistische Verwandlungsgenie Hendrik Höfgen ist einfach nicht zu bremsen: «Höfgen gewann sich die Kinderherzen als witziger und schöner Prinz im Weihnachtsmärchen; die Damen fanden ihn unwiderstehlich in französischen Konversationsstücken und in den Komödien von Oscar Wilde; der literarisch interessierte Teil des Hamburger Publikums diskutierte seine Leistungen in ‹Frühlings-Erwachen›, als Advokat in Strindbergs ‹Traumspiel›, als Léonce in Büchners ‹Léonce und Lena›.»[28]

Im Frühjahr 1928, nachdem Gründgens nach Berlin weitergezogen und die Kammerspiele den Besenbinderhof bereits verlassen hatten, führte er dort noch einmal Regie. Auf dem Programm stand die Uraufführung von Hans Henny Jahnns Tragödie *Der Arzt / Sein Weib / Sein Sohn*,[29] doch dies war, wie der Autor sich noch kurz vor seinem Tod erinnerte, alles andere als eine normale Aufführung. Erich Ziegel wollte das Stück nicht verantworten. So habe Jahnn sich denn selbst kurzerhand zum «Theaterdirektor» machen müssen: «Ich mietete die Kammerspiele. Freunde von mir verfertigten eine Anzahl schwarz angestrichener großer Prismen, die, von Szene zu Szene gegeneinander verschoben, unterschiedlich geformte Räume bildend, den jeweiligen Ort in expressionistischer Weise ausdrückten.»[30] Gründgens habe das Stück mit «unermüdlichem Eifer» einstudiert. Künstlerisch war Jahnn mit dem Ergebnis zufrieden, doch das Publikum fühlte sich überfordert. Sogar noch 1954 erinnerte Gründgens sich an das finanzielle Fiasko, das diese Uraufführung bedeutete. Jahnn selbst aber habe sich bei ihm nie darüber beklagt.

Hans Henny Jahnn und Gründgens nahmen ihr freundschaftliches Verhältnis in der Adenauer-Zeit wieder auf. 1955 kehrte der Schauspieler und Regisseur als Generalintendant ins Deutsche Schauspielhaus zurück. An der Kirchenallee baute er ein Ensemble auf, das noch überzeugender war als das legendäre der Kammerspiele unter Erich Ziegel. So wurde das Haus bald zum führenden westdeutschen Theater. Unvergessen ist Gründgens' Inszenierung von Goethes *Faust* mit Will Quadflieg in der Titelrolle und ihm selbst als Mephisto, die 1960 sogar verfilmt wurde. Drei Jahre später starb Gründgens. Sein Grab findet sich auf dem Ohlsdorfer Friedhof. Das Schauspielhaus erlebte nach seinem Tod immer wieder Krisen, aber auch großartige Zeiten, sei es unter Ivan Nagel,

Hauptbahnhof

Pferdemarkt mit Blick auf St. Jacobi und das Thalia Theater, 1887

Peter Zadek, Frank Baumbauer oder Karin Beier, die es seit 2013 leitet.

Das deutlich ältere, 1843 gegründete Thalia Theater am früheren Pferdemarkt wurde keinesfalls zufällig nach der Muse der Unterhaltung und komischen Dichtung benannt. Mit seinem heutigen Kunstanspruch konnte man es bis vor einem halben Jahrhundert kaum in Verbindung bringen. Zur unmittelbaren Konkurrenz des Schauspielhauses wurde es erst, nachdem das im Krieg stark beschädigte und von Werner Kallmorgen restaurierte Theatergebäude Ende 1960 wieder bezogen werden konnte. Es dauerte noch einmal zehn Jahre, bis sich das Thalia unter seinem Intendanten Boy Gobert als erste Adresse für zeitgenössische Inszenierungen etablierte, und Jürgen Flimm machte es seit 1985 zu einem der wirtschaftlich erfolgreichsten Staatstheater des Landes. Einerseits goutierte man gerade dies in einer Handelsstadt besonders. Andererseits eröffnete es Flimm neue künstlerische Möglichkeiten: Mit dem stetigen Erfolg im Rücken konnte er sogar internationale Regiestars wie Ruth Berghaus oder Robert Wilson verpflichten. Das Musical *The Black Rider*, das Wilson zusammen mit dem Sänger und Komponisten Tom Waits inszenierte, wurde 1990 zum Welterfolg. Die Texte dazu lieferte niemand Geringeres als William S. Burroughs, der damals schon lange zur Ikone der Popliteratur geworden war.

22. Lichtwark, Pauli und die Sezession

Um 1900 ließ Hamburg nicht nur in wirtschaftlicher, sondern auch in künstlerischer Hinsicht das Provinzielle weit hinter sich. Letzteres wäre ohne den 1852 als Sohn eines Landwirts im ländlichen Reitbrook geborenen Alfred Lichtwark (siehe Tafel 6) kaum vorstellbar gewesen: Der erste Direktor der Kunsthalle hatte nicht nur großes Gespür für die untergründigen Verbindungen zwischen den Künsten, zwischen Malerei, Architektur, Musik und Literatur – so setzte er sich ebenso für die Lyrik eines Barthold Heinrich Brockes wie für den Impressionismus eines Max Liebermann ein. Vor allem schrieb er als Vermittler, Förderer und Pädagoge Geschichte, und nicht zuletzt war er es, der in der Kunsthalle eine Sammlung von Weltgeltung aufbaute. Mit etwas zeitlichem Abstand betrachtete der Maler Ivo Hauptmann diese beispiellose Einzelleistung illusionslos, doch nicht ganz falsch: In Hamburg sei die Kunst im Grunde immer etwas Fremdartiges gewesen, und wenn man sich um sie kümmere, so tue man dies, «weil man Geld hat und sich nicht lumpen lassen möchte». Auch Lichtwark erkannte sofort, dass er an der Elbe für seine Ziele stärker kämpfen musste als in Städten mit traditionsreichen Kunstsammlungen wie Dresden oder München. Dem Desinteresse der meisten Hamburger wirkte er deshalb auf vorausschauende und verführerische Weise entgegen, «indem er bedeutende Maler» einlud, die Stadt darzustellen und damit den Patriotismus der ignoranten

Bürger herauszufordern. «Im übrigen», so Ivo Hauptmann, «kümmerte er sich um Hamburger Maler, als er sie förderte. Die Kunst muß in den eigenen Mauern beginnen; aufgepfropfte Zutaten, sie mögen noch so gut sein, kommen erst in zweiter Linie.»[31]

Ivo Hauptmann glaubte genauso wie Lichtwark daran, dass Kunstwerke auf subtile Weise unsere Wahrnehmung der unmittelbaren Umgebung schulen, verwandeln und damit das städtische Leben selbst verändern können. Heute erleben wir, dass Hamburg durch die Elbphilharmonie tatsächlich zu einer Musikstadt wird, wie sie es wohl seit Carl Philipp Emanuel Bach nicht mehr gewesen ist. Lichtwarks Mittel waren bescheidener, aber nicht weniger wirkungsvoll: Er forderte Künstler auf, Hamburg und seine Umgebung zu entdecken, so wie einst Paris von Malern entdeckt und verewigt worden war. Teile der Stadtlandschaft sollten in den Impressionismus und Fauvismus eingeschrieben werden – und umgekehrt: Albert Marquet malte den Hafen, Édouard Vuillard die Binnen- und Pierre Bonnard die Außenalster. Unzählige Male reproduziert wurden Lovis Corinths Elbpanorama, Max Liebermanns sommerlich-schattenfrohe «Terrasse des Restaurants Jacob in Nienstedten» und die Boote auf seinem «Abend am Uhlenhorster Fährhaus» (siehe Tafel 7).

Parallel dazu rekonstruierte Lichtwark die Geschichte der Malerei in Hamburg, von den gotischen Meistern Bertram und Francke bis hin zu Philipp Otto Runge. Um sowohl die historischen Bestände ausbauen als auch die Kunst der Gegenwart fördern zu können, gründete er die *Gesellschaft der Hamburgischen Kunstfreunde*, in der sich der Jurist und Kunstsammler Gustav Schiefler besonders engagierte. Durch sie gewann Lichtwark immer mehr Stifter aus den wohlhabendsten Kreisen und bereitete den Boden für seine Nachfolger. Nach ihm wurde die Kunsthalle am stärksten durch Gustav Pauli und den österreichischen Kunsthistoriker Werner Hofmann geprägt, dem in den Siebziger- und Achtzigerjahren spektakuläre

Lichtwark, Pauli und die Sezession

Ausstellungen gelangen. Pauli, der 1914 Direktor wurde, hatte es anfangs nicht leicht: Die Erwerbungs- und Vermittlungsleistungen seines kürzlich verstorbenen Vorgängers waren kaum zu überbieten, es sei denn durch eine bewusste Internationalisierung der Sammlung, gewissermaßen als ästhetisches Gegenstück zur Bedeutung der Stadt für den Welthandel.

Zudem hatte Lichtwark ein Haus hinterlassen, das für die vielen Erwerbungen unter seiner Ägide viel zu klein geworden war. Bei Paulis Amtsantritt war zwar die Errichtung eines Neubaus in vollem Gange, doch dann brach der Weltkrieg aus. All das, was Lichtwark und Pauli gemeinsam mit dem Oberbaudirektor Fritz Schumacher verwirklichen wollten, erwies sich plötzlich als unrealistisch. Sowohl beruflich als auch privat erlebte Pauli den Krieg als unvorstellbare Katastrophe. «Tag für Tag wurde eine neue Todesernte von den Fronten gemeldet», berichtete er 1936 ohne eine Spur von Kriegsromantik in seinen Memoiren.[32] An einen raschen Innenausbau des neuen Museums war unter diesen Bedingungen nicht mehr zu denken. Stattdessen besann man sich in der Kunsthalle auf die Sicherung der Bestände und verzeichnete, was in den Vorjahren zusammengetragen worden war.

Die Schwierigkeiten, mit denen Pauli zu Beginn seiner Amtszeit zu kämpfen hatte, waren viel größer als jene, unter denen Lichtwark Ende des 19. Jahrhunderts litt. Pauli stand vor äußeren, gewissermaßen objektiven Problemen. Lichtwark hingegen musste nur den Widerstand führender Hamburger brechen. Einen weniger entschlossenen Museumsdirektor hätte allerdings auch dies zur Verzweiflung bringen können.

Als Prophet der Gegenwart und Erneuerer des Museumswesens galt Lichtwark im eigenen Land erstaunlich wenig. Für Fritz Schumacher war das eine «unverständliche Überraschung», als er 1909 nach Hamburg zog: In ganz Deutschland erkannte man Lichtwark als Autorität an, nur in Hamburg betrachtete man ihn ausgesprochen kritisch, «abgesehen von einem kleinen Kreis bedingungsloser Verehrer».[33] Sogar seine Vorliebe für Künstler wie Max Liebermann und Max Slevogt sei hier vehement bekämpft worden. Berüchtigt war die Empörung des zwölfmal gewählten Bürgermeisters Carl Friedrich Petersen über sein Porträt, das Liebermann 1891 im Auftrag der Kunsthalle gemalt hatte. Als der Künstler seine Arbeit bravourös beendet hatte, wurde ihm vorgeworfen, einen Greis als rüstigen alten Herrn dargestellt zu haben und nicht als strahlenden Politiker. Dies führte dazu, dass das Gemälde jahrelang im Kupferstichkabinett hinter einem grünen Vorhang verborgen werden musste.[34]

Lichtwark polarisierte, doch zugleich konnte er sich stets auf einflussreiche Fürsprecher verlassen, besonders auf Justus Brinckmann, den ersten Direktor des benachbarten Museums für Kunst und Gewerbe. Er unterstützte Lichtwark zu Beginn seiner Karriere sehr. Dabei konnten die Charakterunterschiede zwischen beiden größer kaum sein. Zumindest betont dies Gustav Pauli: «Brinckmann ging völlig in seinem Museum auf, das er unermüdlich bereicherte – ein Kenner von untrüglich scharfem Blick und ein unersättlicher Sammler. – Ihm gegenüber stand die harmonisch vollendete Persönlichkeit Lichtwarks als weit ausschauender Kunsterzieher, für den die Kunsthalle Mittel und Grundlage allgemeinerer Absichten war.»[35] Doch spricht aus diesen Worten nicht vor allem Paulis Bemühen, sich von dem Übervater der Kunsthalle zu distanzieren, an dem er wieder und wieder gemessen wurde?

Schließlich waren auch Paulis Verdienste beachtlich: Nach langer Bauzeit begannen im Mai 1919 endlich die Wiedereröffnungen der erweiterten Räumlichkeiten mit der neuen Gemäldegalerie. Ihren vorläufigen Abschluss fanden sie vier Jahre später durch die Einweihung des Vortragssaals, der schnell zu einem Zentrum des städtischen Kulturlebens werden sollte. Nun setzte, wie sich Pauli erinnerte, «eine umfängliche Lehr- und Vortragstätigkeit» ein, die sich

1 Ernst Eitner: Hochbahn-Brückenbau in Klein-Borstel, 1913

2 Friedrich Gottlieb Klopstock in Hamburg, gemalt von Anton Hickel

3 Gotthold Ephraim Lessing, um 1767, wahrscheinlich von Anna Rosina de Gasc gemalt

4 Eva König, 1771, Gemälde von George Desmarées

5 Werbeplakat von 1920 für die erste Bücherhalle

6 Leopold von Kalckreuth: Alfred Lichtwark, 1912

7 Max Liebermann: Abend am Uhlenhorster Fährhaus, 1910

8 Heinrich Stegemann: Hans Henny Jahnn, 1930

9 Anita Rée: Selbstbildnis, vor 1930

10 Anita Rée: Orpheus und die Tiere, 1931, frühere Oberrealschule für Mädchen, Caspar-Voght-Straße 54, Hamburg-Hamm

11 Die Palmaille um 1827, dargestellt von Jes Bundsen

12 Joachim Luhn: Stadtansicht von 1681, ursprünglich hing das Gemälde im Rathaus, heute in St. Jacobi

Lichtwark, Pauli und die Sezession

auf die von ihm «gegründete Vereinigung der ‹Freunde der Kunsthalle› stützte».[36]

Die *Freunde der Kunsthalle* sollten sich als eine von Paulis besten Ideen erweisen. Es gibt den Verein noch immer, und im 21. Jahrhundert stieg seine Mitgliederzahl nach eigenen Angaben auf 18 000 an. Dabei glaubte sich sein Gründer schon in den Weimarer Jahren am Ziel seiner Wünsche, vor allem durch das Zusammenspiel mit der jungen Universität, die er als einzige positive Kriegsfolge begrüßte: «Der Gesamtbau der erweiterten Kunsthalle, der das Vierfache des Altbaus ausmachte, wurde endlich in allen Teilen von Leben durchflutet. Auch die Universität trug das Ihre dazu bei, nachdem in Professor Erwin Panofsky eine hervorragende Lehrkraft für Kunstgeschichte gewonnen war. Das kunstgeschichtliche Seminar wurde in die Kunsthalle verlegt, wo die Schätze des Kupferstichkabinetts und der Bibliothek den Studenten zu Gebote standen.»[37]

Gustav Pauli ging als Fürsprecher der internationalen Moderne und entschiedener Förderer des Expressionismus in die Stadtgeschichte ein. Dennoch war es drei Jahre nach Ernennung Hitlers zum Reichskanzler schon lange nicht mehr selbstverständlich, seine Bewunderung für einen emigrierten jüdischen Kollegen ohne Wenn und Aber auszudrücken. Es spricht für Pauli, dass er unverändert stolz darauf blieb, maßgeblich daran beteiligt gewesen zu sein, Panofsky 1920 an die Alster gelockt und an der noch jungen Universität habilitiert zu haben.[38] Auch scheute er sich nicht, Aby Warburg als eine der «wertvollsten Persönlichkeiten» seiner Zeit zu würdigen, der nicht nur aus gesundheitlichen Gründen in einer gewissen Zurückgezogenheit gelebt habe, sondern auch, weil dies seinen Vorzügen entsprochen habe: «Ihm fehlte der auf äußerliche Dinge gerichtete Ehrgeiz.»[39]

Allerdings hatte der Nationalsozialismus damals auch Pauli selbst schon schwer zugesetzt: Nach Hitlers Machtübernahme musste er seinen Hut nehmen, weil er politisch als nicht mehr opportun galt.

In seinen Memoiren umschrieb er dies mit vornehmer Zurückhaltung und denkbar schlicht: «Im Herbst 1933 wurde ich nach fast zwanzigjähriger amtlicher Tätigkeit in Hamburg in den Ruhestand versetzt.»[40] 1938 starb er in München. Im Vorjahr hatte die Kunsthalle durch die Propagandaaktion «Entartete Kunst» unersetzliche Verluste erlitten.

Zu Paulis Beerdigung im Juli 1938 in Bremen schickte die Freie und Hansestadt nicht einmal einen Kranz. Fritz Schumacher sprach am Grab, er war ebenfalls aus seinem Amt entfernt worden. Und der unerschrockene Wilhelm Werner kam als Vertreter der Angestellten der Kunsthalle. Später sollte er eine Berühmtheit werden: Als Hausmeister, leidenschaftlicher Sammler und besonderer Anhänger jener Künstler, die sich 1919 zur *Hamburgischen Sezession* zusammengeschlossen hatten, widersetzte er sich im Sommer 1937 auf verschwiegene Weise der Beschlagnahmung «entarteter» Kunst. So rettete er einige der Hauptwerke von Anita Rée, die mittlerweile als eine der wichtigsten Künstlerinnen der norddeutschen Moderne wiederentdeckt wurde. 2017 wurde in der Kunsthalle eine große Retrospektive ihres Lebenswerk gezeigt, und in der Dauerausstellung des Museums für Kunst und Gewerbe finden sich ein Porträt, das Friedrich Ahlers-Hestermann 1915 von ihr machte, sowie ein Schrank aus ihrem Haushalt, den sie auf hinreißende Weise über und über mit Affen bemalt hat.

An Abenden, als er allein in den weitläufigen Gebäuden war, holte Werner sieben Gemälde von Anita Rée – darunter ihr bekanntestes *Selbstbildnis* vor grüngelbem Hintergrund – aus dem Magazin und versteckte sie in seiner Hausmeisterwohnung im Altbau unter den zahlreichen Bildern, die er im Laufe der Jahre privat gesammelt hatte (siehe Tafel 9). Seine Tat war ebenso unauffällig wie riskant. Und sie war erfolgreich. Nach Kriegsende ordnete er die versteckten Kunstwerke wieder in jenen Bestand ein, der zuvor im Hochbunker auf dem Heiligengeistfeld gesichert worden war. Bis zu seinem Tod

Lichtwark, Pauli und die Sezession

1975 hatte er mit niemandem außer seiner Frau darüber gesprochen, warum Anita Rées Bilder 1937 nicht konfisziert wurden.[41]

Anita Rée wurde protestantisch getauft. Während ihr Vater aus einer typischen jüdischen Kaufmannsfamilie stammte, kam ihre Mutter aus der Neuen Welt und wurde katholisch erzogen. Seit 1905 nahm sie bei dem Impressionisten Arthur Siebelist Unterricht.[42] Bald hatte sie, durch Vermittlung Aby Warburgs, auch Verbindungen zu Max Liebermann in Berlin. Nach einem prägenden Paris-Aufenthalt wird sie als Künstlerin seit 1913 in Hamburg immer bekannter. Sie arbeitet in ihrem Elternhaus am Alsterkamp. Anregungen sucht sie in den Beständen der Kulturwissenschaftlichen Bibliothek Warburg und im Museum für Völkerkunde ebenso wie auf Reisen. Gustav Pauli wird einer ihrer wichtigsten Förderer und kauft kontinuierlich Werke von ihr für die Kunsthalle. Auch mit Ida Dehmel freundet sie sich an. 1919 gehört sie zu den 33 Gründungsmitgliedern der *Hamburgischen Sezession*. Diese Initiative geht besonders auf die Maler Heinrich Steinhagen und Friedrich Ahlers-Hestermann zurück und soll das geistige Klima für die modernen, explizit jungen Künstler in Hamburg verbessern. Die Gründung ist auch ein Protest gegen die Naturalisten und Impressionisten des *Hamburgischen Künstlerclubs* von 1897 um Arthur Illies, Ernst Eitner und Arthur Siebelist. Zugleich versteht die Gruppe sich als elitär – vom «leichtfertigen Schlendrian, vom geistlos herabgeleierten Handwerk und vom gewissenlosen Sichgehenlassen» setzt man sich entschieden ab, wie es im ersten Ausstellungskatalog heißt.[43]

In den folgenden 13 Jahren sind bei den meisten Ausstellungen der Sezession Bilder von Anita Rée zu sehen, wenn sie auch von 1922 an drei Jahre lang überwiegend im süditalienischen Positano lebt. Für ihre Präsenz in der Hamburger Kunstszene bedeutet das allerdings keinen Bruch. Nach ihrer Rückkehr beteiligt sie sich immer wieder an wichtigen Ausstellungen, und bald erhält sie auch Aufträge für drei Wandgemälde in öffentlichen Gebäuden.[44] Den Nationalsozialismus überdauern wird davon nur ihr *Orpheus mit den Tieren* in der früheren Oberrealschule für Mädchen in der Caspar-Voght-Straße (siehe Tafel 10). Heute befindet sich in dem Gebäude die Schule des *Hamburg Ballett*, das unter der Leitung des 1939 in Wisconsin geborenen John Neumeier seit Jahrzehnten weltweit Erfolge feiert.

Ende März 1933 wird die 12. Ausstellung der Sezession polizeilich geschlossen. Es ist das erste Ausstellungsverbot im Deutschen Reich überhaupt. Der Vorwurf lautet «Kulturbolschewismus», und die Aktion richtet sich explizit gegen den Maler Karl Kluth, der als links und pornografisch denunziert wird. Ihm soll die Sezession später rückblickend als «ideale Künstlervereinigung» erscheinen, getragen von «jugendlichem Ernst und der Aufbruchsfreudigkeit der zwanziger Jahre».[45] Als man die Gruppe vor die Wahl stellt, ihre jüdischen Mitglieder – namentlich Alma del Banco, Hilde und Paul Hamann, Kurt Löwengard, Anita Rée und Gretchen Wohlwill – auszuschließen, löst sie sich im Mai unter dem Vorsitz von Ivo Hauptmann kurzerhand selbst auf, denn nur so kann sie Konzessionen an die neuen Machthaber entgehen.[46] Anita Rée verzweifelt an den politischen Verhältnissen und dem zunehmenden Antisemitismus. Im Dezember 1933 nimmt sie sich auf Sylt mit Veronal das Leben.

Seit den Anfängen der Sezession betreute Wilhelm Werner deren Gruppenausstellungen technisch. Außerdem rahmte er für viele der Künstler die fertigen Werke, und anstelle einer Bezahlung für seine Mühen bekam er oft Bilder geschenkt. Dabei lernte er auch Anita Rée persönlich kennen. Nicht zuletzt ihr tragisches Lebensende wird ihn davon überzeugt haben, für ihre Werke alles zu tun, was in seiner Macht stand.[47]

Eine engere Freundschaft verband Werner mit Heinrich Stegemann. Stegemann nahm unter den Hamburger Künstlern seiner Generation mehr noch als Anita Rée eine Sonderstellung ein, allein schon deshalb, wie Gustav Pauli meinte, weil Paris für ihn künstlerisch keine besondere Rolle spielte. Stegemann stammte aus Stellingen-Langenfelde, das in seiner Kindheit tatsächlich noch ein Dorf mit Knicks und Wiesen gewesen war. Er begann als Anstreicher: als Malerlehrling in Altona, doch ihm war immer klar, dass dies nicht das war, was er wollte. Über seine Anfänge sagte er einmal: «Trotz der langen Arbeitszeit von morgens 5 bis abends 8 Uhr – die Handwerksmeister hielten es damals für außerordentlich erzieherisch, einen Lehrling so lange wie möglich zu beschäftigen – habe ich doch jede Minute, die ich mir erstehlen konnte, gezeichnet und gemalt.»[48] Bald besuchte er die Altonaer Kunstgewerbeschule, wo er genau wie Anita Rée von Arthur Siebelist unterrichtet wurde. Später ermöglichten ihm Stipendien ein Studium. Sowohl von Cézanne als auch von den Expressionisten geprägt, suchte er nach der Kriegsteilnahme in Hamburg nach einem neuen Stil zwischen Abstraktion und Gegenständlichkeit. Anerkennung fand er zunächst als eigenwilliger Porträtmaler (siehe Tafel 8). Hans Henny Jahnn berichtet, Stegemann habe von ihm «fünfzig oder achtzig Bildnisse» gemacht, um mit der Gestalt seines Gesichts vertraut zu werden: «Manche wurden bald nach der Entstehung vernichtet. Andere wuchsen langsam im Werte. Da sind Augenblicke in Aquarellfarben festgehalten, die wie Landschaften leuchten.»[49] Wie besessen habe er immer wieder neu angesetzt, um schließlich zu drei Versionen von Jahnns Gesicht zu gelangen, wovon eine im Besitz des Porträtierten blieb und sich heute in dessen Nachlass findet. Drei Ölgemälde, und trotzdem war Stegemann mit Jahnn innerlich noch nicht fertig. So meißelte er den Schädel schließlich auch noch aus einem Sandsteinblock, um die zweidimensionalen Bilder ins Räumliche zu übertragen.

Die beiden hatten sich in den Hamburger Kammerspielen während einer Pause kennengelernt, weil Stegemann sich für Jahnns Gesicht interessiert hatte. Das muss um 1929 gewesen sein, kurz nachdem dessen Roman *Perrudja* erschienen war. Damals waren die beiden nicht nur in ihrer Heimatstadt Berühmtheiten, wenn sie auch als Avantgardisten galten und der kommerzielle Erfolg ihrer Werke bescheiden war. Der monumentale *Perrudja* konnte als eines der wenigen gelungenen Beispiele expressionistischer Prosa nur mit Unterstützung durch die Lichtwarkstiftung veröffentlicht werden. Diese wurde im selben Jahr gegründet, um besonders ambitionierte künstlerische Projekte zu fördern. Im Nationalsozialismus zog sich Jahnn zunächst in die Schweiz und anschließend auf die Ostseeinsel Bornholm zurück. Auch Stegemann, der in Hamburg blieb, geriet rasch ins Abseits.

Dem Nazi-Bürgermeister Krogmann fiel er bereits 1933 negativ auf, und doch wagte der Maler drei Jahre später noch einmal die Probe aufs Exempel, was an künstlerischer Freiheit in Deutschland trotz der Etablierung der Diktatur noch möglich war: Im Kunstverein in der Neuen Rabenstraße 25 kuratierte Stegemann die Ausstellung «Malerei und Plastik in Deutschland 1936». Das Ziel war es, «den deutschen Kunstfreunden und den Gästen der XI. Olympiade einen Einblick in das künstlerische Schaffen der Gegenwart in Deutschland» zu vermitteln.[50] Stegemann nahm diesen Anspruch ernst und zeigte neben wenigen Sympathisanten des Nationalsozialismus und Mitläufern zahlreiche Künstlerinnen und Künstler, die bereits als «entartet» diffamiert wurden und von denen manche sogar Ausstellungsverbot hatten, darunter Max Beckmann, Otto Dix, Lyonel Feininger, Karl Hofer, Alexej von Jawlensky, Ernst Ludwig Kirchner, Karl Kluth, Oskar Schlemmer und Karl Schmidt-Rottluff. Wer einen jüdischen Familienhintergrund hatte, war allerdings von vornherein ausgeschlossen.

Die Eröffnung fand am 21. Juli 1936 statt.[51] Nur elf Tage später wurde sie auf Anordnung der Berliner Reichskammer der Bildenden Künste abgebrochen, weil sie «jegliche Verantwortung gegenüber Volk und Reich» vermissen ließe, wie es in einer offiziellen Mitteilung hieß.[52] Es half auch nichts, dass Stegemann zwischen den Bildern campierte, um sie nachts vor dem Zugriff der Staatsgewalt zu schützen. In der Folge wurde gegen ihn ein «Ehrengerichtsverfahren» eingeleitet und das Gebäude des Kunstvereins enteignet. Im nächsten Jahr waren 118 der 175 in Stegemanns Ausstellung gezeigten Künstler von dem Propagandafeldzug gegen «Entartete Kunst» betroffen. Dabei wurden auch 43 von Stegemanns Bildern beschlagnahmt.

Aber nicht dies ist der Grund, dass vom Lebenswerk des Malers nur ein Bruchteil überliefert ist. Es liegt daran, dass sein Atelier bei den Bombardierungen Hamburgs vollständig ausbrannte. Am 26. September 1943 schilderte Stegemanns Frau Ingeborg Hans Henny Jahnn die Notlage, in die sie und ihr Mann geraten waren: «Wir schlafen in fremden Betten u. essen an anderer Leute Tisch. Heinrichs Arbeiten sind, bis auf 4 Oelbilder u. einige Aquarelle u. Zeichnungen, alle zerstört. Deinen Kopf haben wir nach 4 Wochen aus dem Schutt ausgegraben. Die einzige Plastik von Heinr.[ich] ist einstweilen gerettet. Du weisst dass Barlach sie als gute Arbeit bezeichnete.»[53] Stegemann selbst versuchte die Situation zu bewältigen, indem er wochenlang die zerstörten Hamburger Straßenzüge zeichnete. Viel Zeit für einen Neuanfang blieb ihm nicht. Knapp vier Monate nach dem Ende des Krieges erlag er einem Krebsleiden.

So groß die Zerstörungen durch den Nationalsozialismus und den Krieg auch waren, der Aufbruch in die künstlerische Moderne, an dessen Anfang das Lebenswerk Alfred Lichtwarks stand, prägt Hamburg bis heute. Lichtwark war schlicht «eine Energiequelle ersten Ranges», wie Hans Harbeck schwärmerisch konstatierte, «eine bezaubernde Mischung aus Diplomat und Schulmeister und durch sein persönliches Vorbild ein Kunsterzieher von unwiderstehlichem Einfluß».[54]

Was hätte Lichtwark zum dritten Ausstellungsgebäude der Kunsthalle gesagt, zur von Oswald M. Ungers entworfenen *Galerie der Gegenwart*, die 1996 eröffnet wurde? Als von der Binnenalster weithin sichtbarer Solitär aus hellem Stein steht sie seitdem da. Äußerlich wirkt sie monumental, den Räumen im Inneren fehlt hingegen eine gewisse Großzügigkeit. Unter Kuratoren ist die Galerie der Gegenwart deswegen umstritten. Zugleich markiert sie sehr gelungen den Anfang jener Kulturmeile, die sich von ihr und dem Museum für Kunst und Gewerbe aus über die Markthalle, die Räumlichkeiten des Kunstvereins, die Deichtorhallen, die als UNESCO-Welterbe zu neuer Geltung gebrachte Speicherstadt mit dem Maritimen Museum und dem Miniatur Wunderland als Tourismusmagneten bis hin zur Elbphilharmonie erstreckt. Die Kontorhäuser und das Shoppingparadies zwischen Rathaus und Hauptbahnhof sind inzwischen von Stätten einer anderen Wirklichkeit eingefasst, eben jener der Künste und des kulturellen Lebens. In der Hansestadt redet man dies alles gern klein. Vergleichbares gibt es allerdings nur in sehr wenigen Metropolen. Sogar der prunkvolle Altbau der Kunsthalle von 1866 erscheint in diesem Umfeld fast bescheiden. Lichtwark hätte allen Grund gehabt, stolz darauf zu sein, was seine Enkel und Urenkel aus seinen Anregungen gemacht haben.

St. Pauli

23. Berühmt und berüchtigt

Obwohl Künstler es in Hamburg oft schwer haben, ist die Stadt für viele von ihnen seit dem 19. Jahrhundert eine Attraktion. Dies freilich liegt weniger an der Noblesse der teuren Viertel rund um die Alster als an der Halbwelt zwischen Hafen und Reeperbahn. Der noch völlig unbekannte Samuel Beckett ist da keine Ausnahme. Als er sich im Herbst 1936 längere Zeit in Hamburg aufhält, geht er mehrmals in die Kunsthalle. Er verschafft sich Zugang zum Magazin des Museums und zu Privatsammlungen, um Werke zu sehen, die unterm Hakenkreuz nicht mehr gezeigt werden dürfen. Ja, er besucht sogar Gretchen Wohlwill, Eduard Bargheer, Karl Kluth, Willem Grimm und den als Tierbildhauer bekannt gewordenen Hans Martin Ruwoldt in ihren Ateliers. Alle fünf gehörten zur Hamburger Sezession, und alle können sie ein Lied davon singen, wie ihnen das Naziregime das Leben vergällt. Doch selbstverständlich zieht es den jungen irischen Schriftsteller und Kunstliebhaber genau wie die meisten Touristen gleich am ersten Abend unwiderstehlich zu jenem «long boulevard running west with kinos, bars, cafés, dancings, etc., all the way along both sides». So zumindest steht es in seinem Tagebuch.[1]

Es ist kein Geheimnis: Den meisten Fremden fällt bei Hamburg als Erstes die Reeperbahn ein. Kein Wunder, dass auch Klaus Mann im amerikanischen Exil sofort nach St. Pauli fragt, als er von den unersetzlichen Verlusten durch die «Operation Gomorrha» erfährt:

«Was mag wohl aus der berühmten (oder berüchtigten) Straße geworden sein, der ‹Reeperbahn› – dem munteren Zentrum der Hafengegend von St. Pauli? Ein Mittelding zwischen Times Square und Coney Island, war sie einer der beliebtesten Treffpunkte für Seeleute aus fünf Kontinenten – geschmacklos, lärmend und schrill mit ihren grellen Lichtern und ausgefallenen Lastern; es wimmelte von primitiven Männern und einladenden Damen; phantastisch vulgär, alles in allem hinreißend.»[2]

Wie hätte Klaus Mann im Sommer 1943 ahnen können, dass ausgerechnet die Reeperbahn nach dem Krieg kaum verändert auferstehen und bald wieder flirren, funkeln und verführen würde wie eh und je? Selbstverständlich wurden auch hier Teile der Bebauung aus der Gründerzeit durch Bomben zerstört. Und doch wirkt das meiste schon nach ein paar Jahren wieder so, als gehörte St. Pauli tatsächlich zu einer anderen Welt – als sei man hier autonom, als hätten der Reeperbahn und der Großen Freiheit nicht einmal Hitler, seine Anhänger und der Krieg ernsthaft schaden können.

Um sich von dieser Illusion zu befreien, genügt ein Blick in die Bücher von Heinz Liepmann: Die Nazis wüteten auf St. Pauli nicht weniger als anderswo. Sie drängten die Prostituierten in die Illegalität und zogen 1933 umgehend in die Davidwache ein, die wohl bekannteste Polizeistation Deutschlands; zumindest, das betont auch Liepmann, kennt sie jeder Seemann. Und heute jeder Fernsehzuschauer. Denn an diesem Rotklinkerbau mit dem auffälligen Giebel, mit dem Fritz Schumacher auch am Spielbudenplatz ein Zeichen des modernen Städtebaus setzte, stößt die Davidstraße auf die Reeperbahn.

Zu einer Stippvisite in diese Wache abgeführt zu werden, gilt nicht unbedingt als Schande. Es gehört ja zum Alltag aller, die auf St. Pauli das flüchtige Glück suchen und die eigenen Grenzen überschreiten: «Hier treffen sich die Betrunkenen mit den Bestohlenen, die kranken Huren mit den Rauschgifthändlern, die Chinesen, die kein Wort Deutsch verstehen, und nicht zu ihren Schiffen zurückfinden, und die kleinen Kinder, die sich verlaufen haben, oder die von verzweifelten Müttern in Torwegen niedergelegt worden sind.»[3] Diese Beschreibung findet sich in Liepmanns zweitem Exilroman, der in der Schweiz veröffentlicht wurde, doch heute ist es nach wie vor ähnlich.

Voller Genugtuung stellt der aus Hamburg geflohene Liepmann 1935 fest, dass nicht einmal die Nazis dieser Polizeistation eine gewisse Weltläufigkeit austreiben können: «In dieser Davidswache ist jede Sprache des Erdballs gesprochen worden, und es gibt keine Art von Verbrechen, dessen Urheber hier nicht seine erste unruhige Nacht verbracht hat.»[4]

Die Davidstraße führt direkt zu den Landungsbrücken, über denen sich Hugo Lederers furchteinflößendes Bismarck-Denkmal erhebt – «geisterhaft, jemand aus einer andren Welt, von starrem Schauer», so der Kritiker Alfred Kerr.[5] Auf dem Weg hinunter zum Wasser kommt man unweigerlich an der mit rostigen Toren versperrten Herbertstraße vorbei, wo die Prostituierten in den Fenstern sitzen. «Zutritt für Jugendliche unter 18 und Frauen verboten», steht an den Barrikaden. Doch das war nicht immer so. Ende Mai 1952 verschlägt es sogar ein paar Mitglieder der legendären Gruppe 47 mitten in die Bordelle, nachdem sie im Anschluss an ihre Tagung in Niendorf an der Ostsee Gedichte und Prosa beim NWDR gelesen haben. Geführt werden sie von ortskundigen Kollegen, von dem Rundfunkintendanten Ernst Schnabel und von Hans Erich Nossack, der von der Gruppe 47 allerdings keine hohe Meinung hat und nur aus Höflichkeit mitkommt. Daraus macht er in seinen Briefen und seinem Tagebuch keinen Hehl. Auf der Reeperbahn ist er von Zeit zu Zeit unterwegs. Am allerwenigsten passt ihm die Überheblichkeit von Teilen seiner Begleitung. Im Ganzen, notiert Nossack, sei es eine Gruppe von 16 Autorinnen und Autoren gewesen – darunter die jungen Literaturstars Ingeborg Bachmann und Ilse Aichinger, möglicherweise auch Paul Celan.[6]

St. Pauli

Am Ende des Abends hätte es sie unweigerlich in die Herbertstraße verschlagen, und dort verharrten sie keineswegs vor den Schaufenstern, wie Nossack festhält: «Ließen uns von zwei Mädchen etwas ‹Französisches›, wie sie es nannten, vorführen. Aber mein Gott, wie kleinbürgerlich und ordentlich war das alles. Gemein waren nicht die Mädchen und nicht die Männer, sondern die Schriftstellerin S.-L., wahrscheinlich eine ausgekochte Lesbierin. Mit welcher Gier sie darauf lauerte, dass die Mädchen sich entwürdigten, und wie schimpfte sie hinterher, weil es mehr durch die Zurückhaltung von uns Männern verhindert wurde.»[7]

Die von Nossack mit der Gnadenlosigkeit des intimen Tagebuchs und voller Ressentiment ins Visier genommene «S.-L.» ist niemand anderes als Ilse Schneider-Lengyel, in deren Haus am Allgäuer Bannwaldsee fünf Jahre zuvor das Gründungstreffen des einflussreichen Literatenzirkels stattfand. Mit ihren vom französischen Surrealismus geprägten Texten wird sie nie reüssieren. Aber in der anfangs ungeheuer provinziellen Gruppe 47 gilt sie als begabt, geheimnisvoll und aufgrund ihres südeuropäischen Aussehens als exotisch.[8]

Letztlich ist Nossack stärker am schäbigen Inneren des Etablissements interessiert als am Benehmen der Gäste aus ganz Deutschland und Österreich: «Übrigens wie bei Kafka. Wir saßen in einem Raum, der Salon genannt wurde. Ein Tisch, ein paar billige Stühle, ein Grammophon und eine Chaiselongue. Im übrigen furchtbar geheizt. Plötzlich läutet das Telefon, das auf einer Art Kommode stand. Die dicke Aufwartefrau, die Bier und Schnaps gebracht hatte, nimmt den Hörer ab. Ich frage eines von den nackten Dingerchen neben mir, wer da denn anruft: ‹Der Chef›, sagt sie. – ‹Und wer ist der Chef?› – ‹Ach, wir kennen ihn kaum. Er läßt sich höchstens dreimal im Jahr sehen.›»[9]

Die Szene hat etwas Künstliches. In Nossacks Augen wirkt alles so, als wäre es ins Unwirkliche verschoben, was wiederum typisch für St. Pauli ist. Wie beim Karneval geht es hier meist darum, sich

Berühmt und berüchtigt

für ein paar Stunden von den Zwängen des Alltags loszusagen, um anschließend weiterzumachen, als wäre zwischenzeitlich nichts vorgefallen. Für die Härte der Sexarbeit scheint der normalerweise so sensible Nossack dabei kaum empfindlich zu sein: Die Entwürdigung der «Dingerchen» beklagt auch er nur in seinem Tagebuch, während er in der Tat zu denjenigen gehört, die bezahlen und sich über die jungen Frauen erheben.

Äußerlich gibt sich Nossack gern großbürgerlich, was er selbst als eine Art Tarnung versteht. Auch deshalb wundern sich manche seiner Bekannten darüber, wie gut er sich auf St. Pauli auskennt. Dennoch ist es kein Bezirk, in dem er sich zu Hause fühlt. Das unterscheidet ihn von Hans Henny Jahnn, mit dem er in den Fünfzigerjahren eng befreundet ist. Möglicherweise trifft auch er in diesen Tagen Mitglieder der Gruppe 47, sozusagen als Eminenz der Hamburger Literaturszene und Präsident der Freien Akademie der Künste. Das allerdings lässt sich nicht nachweisen. Jahnn, der in Stellingen aufwuchs, bezeichnet St. Pauli gelegentlich als seine «ideelle Heimat».[10] Von 1904 bis 1911 ging er auf die Realschule in der Seilerstraße, dem heutigen Schulmuseum, in unmittelbarer Nachbarschaft der Reeperbahn und der Hein-Hoyer-Straße.

Es waren die prägenden Jahre der Pubertät, und vor diesem Hintergrund kann es kein Zufall sein, dass zwei der wichtigsten Figuren in Jahnns Roman *Perrudja* von 1929 Hein und Hoyer heißen. Dem alten St. Pauli, das seit dem Dreißigjährigen Krieg rund um den Spielbudenplatz gewachsen war, hat er allerdings erst einige Jahre später in seiner monumentalen Romantrilogie *Fluß ohne Ufer* ein Denkmal gesetzt. Hier erinnert Jahnn an die unprätentiöse Urbanität des Viertels. Der Spielbudenplatz war einst auch für seine Konzert- und Bierpaläste berühmt; und für das Ernst Drucker Theater, in dem neben Volksstücken Werke von Gerhart Hauptmann und Henrik Ibsen gegeben wurden.

Unter den Nazis wurde es sozusagen zum St. Pauli Theater ari-

St. Pauli

Der Spielbudenplatz, Ende des 19. Jahrhunderts,
Foto von Georg Koppmann

siert, da sein 1918 verstorbener Direktor und Namenspatron Jude war. Daneben machten das Panoptikum, Ballhäuser und zahlreiche andere Attraktionen den Spielbudenplatz zu einer der beliebtesten Straßen der Stadt. In der Simon-von-Utrecht-Straße gab es seit 1888 eine bedeutende Eisengießerei und Maschinenfabrik, auch das ist Jahnn wichtig. Heute verbirgt sich hinter ihren historischen Fassaden ein Luxushotel. «Mein täglicher Schulweg», heißt es in den Erinnerungen seines Erzählers Gustav Anias Horn, «führte mich an dem alten Konzerthause mit der vergoldeten Glaskuppel vorüber, das wie ein Parlamentsgebäude oder das höchste Gericht aussah. Seine Mauern waren im übrigen schwarz vom Ruß des Hafens und der nahen Eisengießerei. In einer Kellergrotte, ähnlich einem Bärenzwinger, hinter vergitterten hohen rundbogigen Fenstern, pochten

Dampfmaschinen, und Dynamos surrten. Die Kessel, die in rote Backsteinwände eingemauert waren – man konnte sie durch die Luken in der Tiefe ruhen sehen – bereiteten mir Furcht. Sie strömten eine unheimliche Wärme aus, sie waren immer bereit zu explodieren.»

Gustav Anias Horn, die Hauptfigur der Romantrilogie, ist im Laufe seines unsteten Lebens ein anerkannter Komponist geworden. Schenkt man seiner «Niederschrift» Glauben, so fanden sich am Spielbudenplatz und an der Reeperbahn für ihn Orte der Initiation. Denn hier entdeckte Horn seine Liebe zur Musik, und das offenbar im Konzerthaus Ludwig und vielleicht auch in jenem Gebäude, das in Jahnns Jugend ausgerechnet Hornhardt's Etablissement hieß und mit seiner elektrisch beleuchteten Kuppel eine Sensation darstellte: «Einmal habe auch ich in diesem Konzerthaus als Korjunge gesungen. Ich stand gerade unter der Orgel. Durch die großen zinnernen Pfeifen hindurch konnte ich hoch oben die Flötenharfe kleinerer hölzerner Pfeifen erkennen, Pfeifen aus Wagenschoß, und das geheimnisvolle Gewirr der Wellen und Abstrakten. Es war alles sehr geheimnisvoll. Die Welt tönte noch, sie war weniger durchsichtig. Die Erfahrung von Ursache und Wirkung schlummerte. Ich hörte die Orgel an jenem Tage über mir, den großen tönenden Atem Pans, das schmetternde Brausen der Erde.»[11]

St. Paulis pompöse Konzerthäuser verschwinden mit dem Krieg und den Sanierungsprogrammen der Fünfzigerjahre. Der Sound des Viertels verwandelt sich von Grund auf. Das Zeitalter der elektrisch verstärkten Musik hält hier noch früher als anderswo Einzug. Bald stehen überall Jukeboxes, mit denen auf Knopfdruck die neuesten Hits abgespielt werden. Nicht nur die Chöre, Orchester und das von Jahnn geliebte schmetternde Brausen verschwinden. Auch die Schunkelgemütlichkeit der berühmten Schlager von Hans Albers oder Freddy Quinn gerät immer mehr ins Abseits der Zufluchtsstätten für Gestrandete und Ewiggestrige, jener finsteren Spelunken,

Die Große Freiheit mit ihren legendären Etablissements, 1956

die sich bis heute halten und deren bekannteste, der *Goldene Handschuh* am Hamburger Berg, 2016 sogar zum Schauplatz des gleichnamigen Bestsellers von Heinz Strunk werden wird.

Spätestens mit dem Rock 'n' Roll kehrt die Jugendkultur nach St. Pauli zurück. Besonders die Große Freiheit, die bis 1937 die Grenze zwischen Hamburg und Altona markierte, wird zum Ausgehen immer beliebter. Neben den verruchten Cabarets entstehen nach und nach professionelle Auftrittsmöglichkeiten für Bands, von denen der Kaiserkeller, das Top Ten und der Star-Club Musikgeschichte schreiben werden.

Vor 1933 herrschte auf der Großen Freiheit bei allem Nepp und Trubel eine internationale Atmosphäre, die in Deutschland wohl einmalig war. Am exotischsten wirkten die zahlreichen Chinesen. Das stellte nicht nur Hans Harbeck fest. «Weiße und Farbige drängen sich in der engen Straße», schrieb er 1930, «aber besonders sind es Chinesen, die manchem Lokal durch ihre lächelnde Schweigsamkeit einen Stich ins Unheimliche geben.»[12] Der wichtigste Treffpunkt, der von Asiaten geprägt wurde, sei das Ballhaus Cheong Shing gewesen, ein modernes Café, in dem man tanzen konnte und Jazz gespielt wurde. Dass es in der benachbarten Schmuckstraße bis in die Vierzigerjahre hinein ein kleines ‹Chinesenviertel› gab, das an die Hafenstädte der USA erinnerte, erwähnt Harbeck nicht.

24. Beat und Tabulosigkeit

Keine deutsche Stadt profitierte mehr vom Zeitalter des Kolonialismus als Hamburg, nicht einmal Bremen. Es waren Kaufleute aus den Hansestädten, die als Erste enge Verbindungen in die südliche Hemisphäre aufbauten. Nach und nach wurde Hamburg zum zentralen Seehandelsknoten, an dem sich die Erdteile miteinander verbinden, und das spiegelte sich spätestens seit Anbruch der Moderne in vielen Lebensläufen: Schon die Godeffroys machten ihr Geld anfangs mit Plantagen im heutigen Suriname. Später herrschte ihre Flotte, wie der Altonaer Stadtarchivar Paul Theodor Hoffmann feststellte, in der Südsee und allen Regionen der Welt: «Dies war um so bemerkenswerter, als Deutschland selbst damals im überseeischen Handelsverkehr völlig ohnmächtig war. Besaß es doch nicht einmal eine Flotte zum Schutz seiner Küsten.»[13] Auch die Familie Nossack verdankte ihren Reichtum den Kaffeeimporten aus Lateinamerika. Der in Wandsbek aufgewachsene, einst sehr einflussreiche Lyriker und Essayist Wilhelm Lehmann wurde 1882 als Sohn einer Hamburgerin und eines Lübecker Kaufmanns in Venezuela geboren. Anita Rées Mutter stammte ebenfalls aus Venezuela, und die Mutter von Heinrich und Thomas Mann hieß vor ihrer Ehe Julia da Silva-Bruhns. Sie wurde in Brasilien geboren, wo ihr Vater Zuckerrohrplantagen betrieb, und verbrachte dort ihre frühe Kindheit. Exotisch, aber kein Einzelfall ist die Biografie der 1902 geborenen Journalistin Andrea Manga Bell. Ihre Mutter Emma Mina Filter war Hamburgerin, ihr Vater der afrokubanische Pianist José Manuel Jiménez-Berroa. Nach dem Ersten Weltkrieg war Andrea Manga Bell mit dem Prinzen Alexander Douala-Bell aus der ehemaligen deutschen Kolonie Kamerun verheiratet. Aus der kurzen Ehe gingen zwei Kinder hervor, für die Hans Henny Jahnn einige Jahre die Vormundschaft übernahm. Und so findet sich der dritte Vorname der 1921 geborenen Andrea Tüke Ekedi Manga Bell auch in *Fluß ohne Ufer*: Dort ist ‹Egedi› eine junge afroamerikanische Frau, die Gustav Anias Horns Weg an der argentinischen Atlantikküste kreuzt. Andrea Manga Bell selbst ging in die Literaturgeschichte als wohl wichtigste Gefährtin des überragenden österreichischen Romanciers Joseph Roth ein, mit dem sie nach 1933 im Exil in Paris zusammenlebte.

Theo Sommer, jahrelang Chefredakteur der *Zeit* und Experte für internationale Beziehungen, ist davon überzeugt, dass der Wagemut und das diplomatische Geschick hanseatischer Kaufleute das Kaiserreich überhaupt erst «in den ersten großen Globalisierungsschub» gestoßen haben.[14] Zu den einflussreichsten von ihnen gehörten Carl Woermann und vor allem dessen Sohn Adolph, deren Unternehmen durch den Westafrikahandel zeitweise die größte Privatreederei der Welt wurde. Das Erfolgsrezept der Woermanns bestand im klassischen, wenn auch immer schon kontrovers diskutierten Export von Waffen und Branntwein und dem umgekehrten Import von Kautschuk und Palmöl, hauptsächlich aus Kamerun.[15]

Händler aus Hamburg waren bereits lange vor der Reichsgründung auf allen Kontinenten zu finden. Dies war auch im städtischen Alltag deutlich zu spüren, besonders in St. Pauli. Dabei spielte die Dampfschifffahrt eine erhebliche Rolle, denn mit ihr entstanden neue Berufe wie der des Kohlentrimmers und des Heizers. Nur in Ausnahmefällen wurde diese schwere Arbeit von einheimischen Seeleuten übernommen. Dass der Heizer im Eröffnungskapitel von Franz Kafkas berühmtem Amerika-Roman ein «riesiger» Deutscher

Beat und Tabulosigkeit

ist, wirkt für die Kaiserzeit und das Schiff der Hamburg-Amerika-Linie, mit dem das Romanpersonal nach New York reist, vollkommen untypisch.[16] Als Heizer am beliebtesten waren bei europäischen Reedereien seinerzeit junge Chinesen, die im britischen Hongkong für Dumpinglöhne anheuerten. Offiziell hieß es, ‹Farbige› seien weniger empfindlich gegen die Hitze, der man in den Maschinenräumen dauerhaft ausgesetzt war. In Wahrheit sollten vor allem die Kosten gesenkt werden. Deshalb griff man auf möglichst billige Arbeitskräfte zurück. Auch in dieser Hinsicht war Albert Ballin mit der Hapag ein Vorreiter.[17]

In der Folge kamen Menschen aus aller Welt an die Elbe. Dem Dichter Joachim Ringelnatz, der als junger Mann drei Jahre zur See fuhr, schien dies schon um 1900 etwas Besonderes an Hamburg. In seiner Autobiografie *Mein Leben bis zum Kriege* berichtet er über die englischen, amerikanischen, italienischen und skandinavischen Bars in St. Pauli und im Schatten des Michel. Am meisten beeindruckt ihn ein «Negerlokal» am Schaarmarkt, am Rande des heutigen Portugiesenviertels. Hier wirkte die Stadt damals schon so multikulturell wie London: Man traf «Schwarze, Mulatten, Kreolen und andere Farbige». Ringelnatz begeisterte sich für die unterschiedlichen Milieus, in die er auf seinen Kneipentouren eintauchte. Berührungsängste kannte er nicht, und zugleich hegte er dieselben Vorurteile wie die meisten Deutschen: «Der Wirt hieß Jim Java und war ein Liberianeger. Nach der Sitte seiner Heimat trug er über Stirn und Nasenrücken einen blauen, eingebrannten Streifen. Es ging wüst in seiner Kneipe zu. Man tanzte *Step* und *Machiche* und brüllte Lieder aller Sprachen. Einmal saß ich dort mittags mit einem in Lumpen gehüllten Neger, der mich um einen Penny anbettelte. Ein wohlgekleideter Amerikaner kam an unseren Tisch. Der schenkte dem Neger ein englisches Pfund. Der Neger verschwand grinsend, kam nach einer Weile strahlend zurück. Was hatte er sich für das Pfund gekauft? Allermodernste weiße Schuhe.»[18]

St. Pauli

Zu den beliebten Hamburg-Postkarten dieser Jahre gehörten solche, die feiernde Seeleute aus Europa, Afrika und China Arm in Arm vor dem Hintergrund der Hafenanlagen zeigten. «Schwarz, Weiß, Gelb, z.[um] schönen Bunde, / Vereint in einer sel'gen Stunde», hieß es da.[19] Das kleine ‹Chinesenviertel› hingegen, das in der engen Schmuckstraße nach der Novemberrevolution entstanden war, hatte Vergnügungshungrigen nicht besonders viel zu bieten. Was aber zog Chinesen damals ausgerechnet nach Hamburg?

Die meisten von ihnen kamen aus London und Liverpool. Der günstige Kurs des britischen Pfund versprach ihnen wirtschaftliche Vorteile in Deutschland. Für viele, die als Seeleute erbärmlich ausgebeutet worden waren, bedeutete ein Leben im weltläufigen St. Pauli Stetigkeit und Wohlstand. Zugleich war ihnen das Viertel durch frühere Landgänge vertraut, außerdem blieben sie hier weiterhin in enger Verbindung mit der Seefahrt. In den Zwanzigerjahren gab es in der Schmuckstraße mehrere asiatische Lokale, die überwiegend von Migranten und Seeleuten besucht wurden, sowie ein Heuerbüro für Chinesen. Die Rede war auch von einem chinesischen Tätowierer, der in den Archiven allerdings keine Spuren hinterlassen hat.[20]

Während das Ballhaus Cheong Shing in der Großen Freiheit nicht nur bei Heizern und Schauerleuten, sondern auch unter Studenten und Intellektuellen beliebt war, wurden die Bars und Geschäfte in der Schmuckstraße von weißen Hamburgern in der Regel gemieden.[21] Sie galten als unheimlich. Die Vorbehalte waren massiv: Man vermutete Schmuggler und Drogenhändler unter den chinesischen Nachbarn. Entsprechend schwer hatten es die Einwanderer mit der Polizei, und das schon vor 1933. Dennoch blieben sie unterm Hakenkreuz zunächst relativ unbehelligt. Gegen Ende des Zweiten Weltkriegs kam es dann allerdings umso schlimmer: Am 13. Mai 1944 bereitete die Gestapo der kleinen Kolonie gewaltsam das Ende. Mindestens 120 Männer wurden verhaftet, ins Gefängnis Fuhlsbüttel gebracht und dort brutal misshandelt und gefoltert.

Beat und Tabulosigkeit

Die dunklen Zeiten überstanden hat das Café Indra. Heinz Liepmann beschrieb es 1935. Es befand sich in der Großen Freiheit, direkt neben dem Hippodrom, also in unmittelbarer Nähe der Schmuckstraße. Das Hippodrom, in dem es eine Manege und Platz für 600 Gäste gab, war so kurios, dass Hans Harbeck es in seinem alternativen Stadtführer aus den Weimarer Jahren nicht übergehen konnte: «Wohlgenährte Pferdchen tragen Matrosen und Matrosenbräute auf ihrem Rücken und machen sich nichts daraus, wenn ihre Reiter mit starker Schlagseite in den Steigbügeln hängen und sich hilfesuchend an die Mähne klammern. Die Tiere sind Herren der Situation und verstehen es meisterhaft, sich zwischendurch ein Stückchen Zucker oder einen tüchtigen Schluck Bier einzuverleiben.»[22] Das beliebte Indra bestand hingegen nur aus einem schummrig beleuchteten Tanzsaal, der mit einem großen Blechelefanten und Buddha-Statuen aus Pappe dekoriert war.

«In die ‹Indra› kommen die ganz jungen Mädchen aus den Bahrenfelder Papierfabriken, den Altonaer Betonwerken und aus den Elendsvierteln an der Grenze der Städte Hamburg und Altona», schreibt Liepmann. «Diese Mädchen sind blaß, lang aufgeschossen und ihre Kleider sind ihnen zu kurz, die langen Beine haben noch keine Form.» Die meisten Männer, mit denen sie sich hier abgeben, seien deutlich erfahrener als sie. Liepmann beobachtet, wie sich die Besucher der billigen «Hafen-Kinos» im Indra mit Zuhältern, Matrosen und Homosexuellen mischen. Etwas Besonderes sei die Galerie des Lokals, auf der Stummfilme gezeigt werden. Hier spüre man unweigerlich die Nähe der Schmuckstraße: «Das ist das Reich der Chinesen, der Heizer und der Wäscher von den Schiffen im Hafen, und der chinesischen Arbeiter aus der Stadt. Sie sitzen hier mit den jungen weißen Fabrikmädchen, man hört ihr Flüstern in den Pausen der Musik, die von unten herauf tönt.»[23]

Der Exilant Liepmann war wahrscheinlich zuletzt 1933 im Café Indra. Irgendwann nach dem Krieg wurde es verkleinert und in das

Haus mit der Nummer 64 übergesiedelt. Etwas später übernahm es Bruno Koschmider, der es 1960 endlich wieder auf Vordermann bringen wollte und auf neue, unverbrauchte Musik setzte. Der frühere Trapezkünstler Koschmider hatte seit einem Jahr immer mehr Erfolg mit dem Kaiserkeller in der Großen Freiheit 36. Hier traten ein paar deutsche Bands auf, aber vor allem Musiker aus Liverpool, die einen neuen Stil erfanden, indem sie Rock 'n' Roll und Skiffle kreuzten. Der *Beat* wurde geboren, und mit diesem Stil mischte sich die gesamte junge Szene neu. Bislang war sie gespalten in die Rocker auf der einen und die Exis, die Existenzialisten, auf der anderen Seite. Die Exis standen auf Jazz und französische Philosophie. Rocker agierten handfester: Schlägereien waren im Kaiserkeller keine Seltenheit. Fest verankert im Gedächtnis der Stadt war ein Konzert von Bill Haley in der Ernst-Merck-Halle, bei dem sich das Publikum 1958 eine Saal- und Straßenschlacht mit den Ordnungshütern geliefert hatte.[24]

Einer der ersten Stars der Hamburger Szene war der Gitarrist und Sänger Tony Sheridan, der zum Vorbild für die kommende Generation wurde. Das Indra sollte Koschmiders zweite Bühne werden, und ausgerechnet hier traten fünf Nachwuchsmusiker aus Liverpool zum ersten Mal auf dem Kontinent in Erscheinung: John Lennon, Paul McCartney, George Harrison, Stuart Sutcliffe am Bass und Pete Best an den Drums – The Beatles. Ringo Starr kam zur selben Zeit nach Hamburg, jedoch mit Rory Storm & The Hurricans.[25]

Die damals noch dilettantischen Beatles gaben am 17. August 1960 ihr erstes Konzert im Indra. Pete Best war mit einem halben Schlagzeug angereist, Sutcliffe galt als begabter Kunststudent, hatte aber erst vor Kurzem begonnen, Bass zu spielen, und vernünftige Verstärker kaufte die Band erst in Hamburg. Anfangs muss ihre Show geradezu abschreckend gewirkt haben. «Ich war alles andere als begeistert», erinnert sich der legendäre Star-Club-Gründer Horst Fascher. «Die Musik war schrammiger Schrott. So gar nicht der elektrisierende Rock 'n' Roll-Sound, den ich liebte. […] Musikalisch war das noch nichts. Sie sahen scharf aus, trotz ihrer etwas lächerlichen lila Jacketts, das war ihr Plus.»[26]

Die Gesetze der Subkultur von St. Pauli waren gnadenlos: Wer zu wenig Publikum anzog, wurde gefeuert, und gerade dies machte den Kiez für die fünf Liverpooler in den nächsten Wochen zur idealen Schule. Paul McCartney erinnert sich gern daran, in Hamburg seine Unschuld verloren zu haben. Von John Lennon sind ähnliche Äußerungen überliefert: An der Elbe sei er erwachsen geworden.[27]

Alle Bands, die Koschmider engagiert hatte, spielten in der Regel jeden Abend mindestens sechs Stunden. Das war für die jungen Beatles nur mithilfe von Drogen durchzuhalten, zumal sie praktisch keine Möglichkeiten hatten, sich zwischendurch auszuruhen. 1960 war ihre Unterkunft erbärmlich: Sie wohnten in zwei fensterlosen Hinterzimmern des Bambi Kinos in der Paul-Roosen-Straße, zum Waschen mussten sie in die benachbarte Herrentoilette.

Gespielt wurden zunächst fast ausschließlich Coverversionen bekannter Songs. Diese interpretierten die Beatles allerdings von Tag zu Tag exaltierter und mit immer anspruchsvolleren Arrangements. Mehrstimmiger Gesang wurde ihr Markenzeichen, und bald gewannen Eigenkompositionen immer größere Bedeutung. Als Tony Sheridan im Oktober für das neue Top Ten an der Reeperbahn 136 abgeworben wurde, wechselten die Beatles in den Kaiserkeller. Nach und nach wuchs ihre Fangemeinde. Ihre entschiedensten Anhänger waren die Designer und Fotografen Klaus Voormann, Astrid Kirchherr und Jürgen Vollmer. Sie freundeten sich nicht nur mit den Beatles an, sie verpassten ihnen auch ein neues Outfit, einschließlich der Frisuren, und schossen von ihnen eine Reihe hinreißender Fotos, die wenige Jahre später weltbekannt waren. Die legendären Pilzköpfe gingen auf eine Idee von Astrid Kirchherr zurück, die sich in Stuart Sutcliffe verliebte.

Ihren wirklichen Durchbruch erlebten die Beatles allerdings im

Gastspiel der Beatles im Top Ten, 1961 fotografiert von Germin

Top Ten, wo sie von Ende März bis Anfang Juli des folgenden Jahres gastierten. In diese Monate fielen zwei einschneidende Ereignisse: Zum einen stieg Sutcliffe aus. Er hörte auf mit der Musik, um fortan an der Kunsthochschule am Lerchenfeld zu studieren und mit Astrid Kirchherr zusammenzuleben. Zum anderen nahmen die Beatles als Begleitband von Tony Sheridan ihre erste Schallplatte auf. Wahrscheinlich war dies die entscheidende Periode in der Entwicklung der *Fab Four*. Trotzdem blieben nicht ihre Auftritte im Top Ten im kollektiven Gedächtnis, sondern jene im Star-Club, der erst am 13. April 1962 in der Großen Freiheit 39 von Horst Fascher und Manfred Weissleder eröffnet wurde, in den Räumen des früheren Stern-Kinos.

Das Indra und den Kaiserkeller gibt es bis heute. Im Top Ten setzte sich der ‹Hamburg Sound› durch. Doch warum gilt dann ausgerechnet der Star-Club, den es gerade mal sieben Jahre gab, als norddeutscher Beitrag zur Weltgeschichte des Pop? Es liegt wohl

Beat und Tabulosigkeit

vor allem an den Musikern, die bei Fascher und Weissleder gastierten: Hier spielten nicht nur die Beatles, sondern ebenso ihre berühmtesten Vorbilder wie Jerry Lee Lewis, Bill Haley, Gene Vincent oder Ray Charles und im März 1967 sogar der Gitarrenrevolutionär Jimi Hendrix.

Fascher selbst hatte bis dahin das Top Ten geführt, also den wichtigsten Konkurrenten des Star-Clubs. Weissleder war auf dem Kiez besonders mit Sexfilmen bekannt geworden. Beide verdienten extrem gut, und zusammen hatten sie es mit dem Star-Club von Anfang an auf etwas Höheres abgesehen. Nach dem Motto «Die Zeit der Dorfmusik ist vorbei!» war bei ihnen alles eine Nummer größer als in anderen Clubs – und protziger. Aufschneiderei war der Schlüssel ihres Erfolgs: Sie schafften die beste Tonanlage weit und breit an, ließen von Erwin Ross – dem ‹Rubens von der Reeperbahn› – die Skyline von Manhattan als Bühnenhintergrund pinseln, als könnten sie sich nur am Broadway messen, und zahlten den Musikern die höchsten Gagen der Stadt.[28] Von Erwin Ross stammte auch der Beatles-Schriftzug auf Ringo Starrs Schlagzeug. Der mit «dem langen ‹T›», wie ihn der für Pin-ups bekannte Maler einmal beschrieben hat. Erwin Ross selbst überraschte es sicher am meisten, wie lange das von ihm entworfene Logo verwendet wurde.[29]

Auf dem Kiez galt Weissleder, der auch persönlich gelegentlich handgreiflich wurde, als Unternehmer der brutaleren Sorte. Das änderte aber nichts daran, dass er und Fascher mit ihrem Star-Club eine Art Mission verfolgten: Natürlich ging es ihnen um schnelles Geld. Aber sie kämpften zugleich für eine andere Musikkultur und – sechs Jahre vor der großen Revolte von 1968 – für einen neuen Lebensstil. Ihr Herz schlug erklärtermaßen für ‹Sex and drugs and Rock 'n' Roll›, und ihr Feindbild war jenes ‹Dunkeldeutschland›, das ihnen und ihrer ganzen Generation die Jugend verpfuscht hatte.

So wurden der Star-Club und der Beat für viele Jüngere zum Ausdruck des Protests gegen die Welt ihrer Eltern, von denen die meisten Nationalsozialisten gewesen waren. Der 1935 geborene Hubert Fichte, dessen Vater Jude war und aus Deutschland fliehen musste, nahm diese Seite der neuen Popkultur so ernst, dass er aus dem Manuskript seines frühen Erfolgsromans *Die Palette* zunächst im Star-Club vorlas, im Wechsel mit der damaligen Hausband Ian & The Zodiacs und dem Skiffle-Sänger Ferre Grignard. Der Auftritt wurde aufgezeichnet: Der Mitschnitt von 1966 offenbart zum einen das für heutige Maßstäbe erstaunlich niedrige Niveau der Musiker. Zum anderen macht er deutlich, wie norddeutsch Fichtes Sprachmelodie war: Er sagte tatsächlich «Pallädde», so wie er es an manchen Stellen seines Romans schreibt, nicht Palette.[30] Von ihm selbst vorgetragen wirkt seine Prosa viel rhythmischer, weicher, ja lyrischer als beim stillen Lesen: wie eine hanseatische Antwort auf Allen Ginsberg.[31]

Mit der Lesung im Star-Club weckte Fichte erstmals Aufmerksamkeit für seinen neuen Stil, der von lakonisch aneinandergefügten Hauptsätzen lebte, von Listen und Satzfetzen. Eine Sprache der kaputten Städte, der Generation Bombenschaden, vollkommen gegenwärtig und zugleich an den großen Prosawerken des späten Expressionismus geschult. Was die *Palette* zum intellektuellen Abenteuer machte, war der Versuch, den Nachkriegsalltag möglichst unmittelbar in literarische Formen zu übertragen. Fichtes Bücher sollten Dichtung und Protokoll zugleich sein, betont jugendlich und subversiv, geschrieben in einem Sound, der keine Illusionen über den Zustand des Landes mehr zuließ. «Die Buchstaben schmolzen», heißt es in Fichtes zweitem Roman *Detlevs Imitationen ‹Grünspan›*. «Bücher verbrannten. Die Gehirne, die Buchstaben zusammenfügten, verbrannten. Es gibt neue Buchstaben, mit denen über das Verbrennen berichtet wird. / Ziffern, / 70 000. / Einige behaupten: / – 240 000. / Gibt es einen Ausdruck dafür?»[32]

In den folgenden Jahren agierte Fichte zeitweilig wie chloroformiert von St. Pauli. Er befreundete sich mit dem Bordellbetreiber

Beat und Tabulosigkeit

Hubert Fichte liest am 2. Oktober 1966 im Star-Club aus «Die Palette»

Wolfgang – «Wolli» – Köhler und dokumentierte dessen Leben in zahlreichen Interviews. Diese waren immerhin so gehaltvoll, dass sie dem Autor und Entertainer Rocko Schamoni noch ein halbes Jahrhundert später als eine Art Steinbruch für seinen Kiezroman *Große Freiheit* dienen konnten.[33]

Fichte inszeniert die Reeperbahn als einen Hauptschauplatz der internationalen Popkultur. Die Grenzen und Unterschiede zwischen der Pop-Art, Happenings und den Shows auf der Großen Freiheit nivelliert er in seinen für die Veröffentlichung geschriebenen Tagebüchern vollkommen: Jemand wie Andy Warhol, so Fichte, wolle «doch auch nur ficken», sei aber derart geschäftstüchtig, dies als Kunst und «eine neue Ästhetik» zu verkaufen. Umgekehrt wollten die Initiatoren der «Fickshows» eigentlich Künstler sein. Nüchtern betrachtet sei René Durands Sextheater Salambo in der Großen Freiheit 11, in dem auf offener Bühne kopuliert wurde, freizügiger als alles, «was man sonst auf der Welt sehen» könne.[34]

Zumindest in Hamburg wird Durand mit seinen tabulosen Shows rasch berühmter als Warhol: Die *Bild* und *Die Welt* halten ihr Publikum über seinen Kampf mit den Sittengesetzen stets auf dem Laufenden. Und der *Spiegel* berichtet im August 1970 genüsslich, dass die Sittenwächter im Salambo Zeugen einer Darbietung geworden seien, «bei der auf der Bühne auf einer flachen Bank zu gleicher Zeit von zwei völlig nackten Paaren der Geschlechtsakt in verschiedenen Varianten» vollzogen würde. Das alles sei auch noch «von aus einem Lautsprecher dringendem Stöhnen untermalt» worden.[35] In dieser Zeit besuchen ungefähr 100 000 Zuschauer die Beischlaf-Shows im Salambo.

Pornografie, Striptease und Tabledance gehören in diesen Jahren zur Mainstream-Kultur. Überall werden die Toleranzschwellen tiefergelegt und die Grenzen des guten Geschmacks eingerissen. Entsprechend groß ist die Sympathie der anonymen Autoren des *Spiegel* für Durand, der für sie weniger ein Zuhälter und skrupelloser Geschäftsmann als ein Prophet der sexuellen Revolution zu sein scheint. Insofern befindet sich der vermeintliche Tabubrecher Hubert Fichte auf Augenhöhe mit weiten Teilen seiner Generation, wenn er im Hochsommer 1967 sozusagen Hand in Hand mit ausgesuchten Kiezgrößen konstatiert: «Die sexuelle Befreiung durch Multimedia und Pop geschieht nicht in New York oder Paris oder Rio oder Peking – sie geschieht auf der Großen Freiheit.»[36]

Als Fichte im März 1986 kurz vor seinem 51. Geburtstag im Hafenkrankenhaus stirbt, gehört er zu den ersten prominenten AIDS-Toten der Bundesrepublik. Zusammen mit dem Siegeszug der Containerfrachter stürzt das Virus St. Pauli in eine tiefe Krise. Während der Hafen sich mehr und mehr in ein logistisches Dienstleistungszentrum verwandelt, verunsichert der AIDS-Schock vor allem das bürgerliche Kiezpublikum. Dem angeblich ältesten Gewerbe der Welt geht es immer schlechter, und insgesamt wird das Geschäft mit dem Sex weniger lukrativ. Dadurch entstehen allerdings auch neue Möglichkeiten, besonders für junge Musikveranstalter und Gastronomen, die zuvor in St. Pauli keine Chance hatten.

Beat und Tabulosigkeit

Clemens Grün, der neben anderen Clubs das stadtbekannte Kir in der Max-Brauer-Allee betrieb, erinnerte sich mit einem Abstand von anderthalb Jahrzehnten: «Normale Hamburger Gastronomen gingen ja nicht auf den Kiez. Kiez war irgendwie Top Ten, Bimbo-Kalle, Schießereien zwischen Nutella und GmbH-Bande, man hatte gar keine Lust, sich mit diesen Goldarmband-Trägern irgendwie monatlich abzustecken.» Natürlich gab es Ausnahmen: jahrzehntelang gut besuchte Bars und Clubs, oft totgesagt und dann doch wiederauferstanden, wie das Lehmitz oder das Grünspan. Trotzdem führte kein Weg daran vorbei, dass sich das Viertel neu erfinden musste, um attraktiv zu bleiben. Und genau wie zu Beginn der Sechzigerjahre ging das nicht ohne Musik, Kabarett und Theater.

Seit Mitte der Achtzigerjahre etablierte sich die Große Freiheit 36 mit dem Kaiserkeller als wichtige Adresse für ambitionierte Livemusik. Im Docks am Spielbudenplatz traten international bekannte Bands auf, die man in den Vorjahren eher in der Altonaer Fabrik oder der Markthalle am Hauptbahnhof erwartet hätte. Mit dem 1989 gegründeten Mojo Club begann der Siegeszug des Dancefloor Jazz – auffallend war, dass in dieser Szene auch Bärte plötzlich wieder modern wurden: «Lenin-Beamtenbärtchen», wie der Ich-Erzähler aus Christian Krachts frühem Erfolgsroman *Faserland* angewidert feststellt.[37] Gleichzeitig läutete man sozusagen nebenan im vollkommen umgestalteten Operettenhaus 1986 mit der deutschen Erstaufführung von Andrew Lloyd Webbers *Cats* den nationalen Musicalboom ein.

Die erstaunlichste Karriere machte der Regisseur und Schauspieler Corny Littmann. Durch Übertragungen in den Dritten Fernsehprogrammen wurde sein am 8.8.1988 um 8 Uhr 8 eröffnetes Schmidt Theater am Spielbudenplatz bald so bekannt, dass es ein breites und vor allem älteres Publikum nach St. Pauli lockte. Mit schrägen Shows und Musicals, in denen die frühere Verruchtheit St. Paulis ebenso gnadenlos wie nostalgisch herbeizitiert wird, begeistert Littmann seit Jahrzehnten Hunderttausende. Allerdings gehören die Zeiten, in denen für die Fernsehaufzeichnungen einige Zimmer in einem Etablissement hinter den Veranstaltungsräumen provisorisch mit der Technik eines Übertragungswagens ausgestattet wurden, der Vergangenheit an. Inzwischen hat Littmann enorm expandiert und leitet ein kleines Imperium von hochprofessionellen Unterhaltungsbühnen.

Für Clemens Grün symbolisiert niemand anderes die Wiederauferstehung St. Paulis in den Neunzigerjahren so wie Littmann. Manche klagten zwar über eine massive Gentrifizierung, doch ohne Investitionen wäre das Viertel nicht vor dem schleichenden Ruin gerettet worden: «Die Leute, die den Kiez groß gemacht haben, waren einerseits Corny Littmann mit dem Schmidt's und Auswärtige wie Kai Herrmann aus Kiel, mit der Großen Freiheit und dem Docks. Da gab's auch ganz viele Kneipen unheimlich billig, man darf nicht vergessen, 80er war AIDS-Zeit, die Umsätze sind ja dramatisch eingebrochen.»[38]

25. Schlangen, Seehunde und Pferdewürste

Um festzustellen, dass der schöne Schein von St. Pauli immer gefährdet war und bleiben wird, muss man die Reeperbahn einfach nur bei Sonnenlicht entlangschlendern. Kaum etwas wirkt so melancholisch wie der Anblick der geschlossenen Bars und der Überreste einer von Tausenden durchfeierten Nacht. Auch für die in Tokio geborene Schriftstellerin Yoko Tawada, die von 1982 bis 2006 in Altona lebte, steht das außer Frage. «Am Fuß einer Laterne lag ein zerquetschter Pappbecher», notiert sie. «Sicher schwamm er gestern noch als Tintenfisch in der Nordsee. Daneben lag eine leere Zigarettenschachtel, auf der ein unlesbares Schriftzeichen zu sehen war. Tausende von Zigarettenschachteln wurden ins Meer geworfen, weil plötzlich ein Polizeischiff auftauchte. Weiße Wellenspitzen wurden dabei in Taschentücher verwandelt.» Geruchsempfindlich sollte man bei solchen Spaziergängen auch besser nicht sein: «Es roch aus den Spalten zwischen den Pflastersteinen nach Bier, Schweiß und Zucker. Mir stank das.»[39]

So treffend Yoko Tawadas Beobachtungen auch sind, der Beliebtheit St. Paulis können sie nichts anhaben. Schließlich reichen die Anfänge der Vergnügungen rund um den Spielbudenplatz zurück bis in die Zeit des Dreißigjährigen Krieges. Die Reepschläger, also die Seilmacher, denen die schnurgerade Reeperbahn ihren Namen verdankt, kamen als Erstes. Zwischen den Bäumen wurden Taue aus Hanf gesponnen. Etwas später folgten die Schausteller und Prostituierten. Krambuden und Tanzschuppen wurden eröffnet. Der «rohe Matrose» genoss hier «die höchsten Freuden seiner Menschheit», wie der Stadthistoriker Jonas von Heß 1811 abgestoßen feststellte.[40] Es sollte aber noch einmal 200 Jahre dauern, bis St. Pauli zur Vorstadt heranwuchs – nicht nur durch feste Spielstätten für Theater, Varietés und den Zirkus, sondern vor allem durch eine engere Bebauung mit Wohnhäusern. Bis 1833 wurde das Gebiet auf dem Geestrücken vor dem Millerntor noch ‹Hamburger Berg› genannt. Wie in St. Georg fand sich hier manches, was man innerhalb der Stadtmauern nicht gerne sah, unter anderem Tranbrennereien, ein Pesthof und ein Sammelplatz für Müll.[41] Schließlich wurde beschlossen, das Viertel, das unter der Gewaltherrschaft des französischen Marschalls Davoût fast vollkommen niedergebrannt worden war, fortan nach der 1682 geweihten St.-Paulus-Kirche zu nennen. Dem gingen Jahre des Wiederaufbaus voraus. Genau wie für die anderen Vorstädte war die Aufhebung der Torsperre die wichtigste Voraussetzung, um das Wachstum des Viertels zu beschleunigen.

Um 1900 hatte St. Pauli über 70 000 Einwohner, etwa dreimal so viele wie heute. Nicht anders als heute galt es damals als Inbegriff des ausschweifenden Nachtlebens. Und des Vergnügens für Kinder:

Denn nordöstlich der ‹geilen Meile› erstreckt sich das Heiligengeistfeld, das einst als Glacis und Exerzierplatz freigehalten wurde. Hier wird seit 1893 der Hamburger Dom ausgerichtet. Seinen Namen trägt das von Millionen besuchte Volksfest, weil es bis zu dessen Abriss rund um den Marien-Dom in der Innenstadt stattfand.

Zu den Schaustellern auf dem Heiligengeistfeld zählte einst sogar der Dichter Joachim Ringelnatz. Es war in der Epoche der Kuriositätenkabinette und Jahrmarktsorgeln, die Kinder um keinen Deut weniger in den Bann schlugen als die heutigen Attraktionen. Hans Henny Jahnn fasst die Reizüberflutung auf dem Dom zu dieser Zeit in einen einzigen Bandwurmsatz zusammen, der genauso aus der Form gerät wie das Bewusstsein bei einer überlangen Achterbahnfahrt: «Hatten wir zum Beispiel den großen Weihnachtsjahrmarkt besucht, mit all seinen dampfenden flimmernden lichtflutenden rutschenden drehenden tunnelnden wiegenden bergundtälernen Karussells, Buden, Schmalzkuchen- und Waffelbäckereien, Wurstverkaufsständen, Augenblicksvarietés, Maschinen, Kinematographen, Waldkirchorgeln, russischen Schaukeln, Hexenschaukeln, Marineluftschaukeln, Abnormitätenkabinetts, Affen- und Hundetheatern, Bänkelsängern mit Bilderwänden, Hau den Lukas, Leckerlecker türkischen Honig, Puffreis, Puffmais, Puffmädchen und Zuckerstangen, Schülermützen, Knutschschülerinnen und Unterdieröckeschülerinnen, Ringern mit unechtem Tigerfell um die Lenden, Hinterdenbudenpissenden und Vordenbudenluftballons, Honigkuchen und Gipsfiguris, Taschendieben und Klapperschlangen, rotem Nebel und bleichem glücklichen Lachen, Lärm, Musik, Musik und Lärm, Groschenglück und Groschensehnsucht, Mädchen ohne Unterleib und tausendjährigem Krokodil – und die Augen, die Ohren, die zitternden Beine gelabt und den Magen mit Bratwürsten, Knackwürsten und Berliner Pfannkuchen gelabt (den Geschmack an den Würsten freilich, die er selbst mit großem Behagen verzehrte, verdarb mir mein Vater ein wenig oder gänzlich, indem er behauptete, sie seien aus Pferdefleisch gemacht, Hophopwürste nannte er sie; ihn störte das Pferd nicht; ich aber hatte strenge Vorurteile) – wenn also ein Nachmittag solchermaßen vergangen, gelüstete es ihn meistens, noch ins Operettenhaus zu gehen, um ein Singspiel zu hören.»[42]

Ringelnatz beobachtete das Geschehen von anderer Warte aus. Ihn verschlug es auf das Heiligengeistfeld, weil er kein Schiff fand, auf dem er anheuern konnte. Die Arbeitslosigkeit unter Seeleuten war deprimierend, so verdingte er sich notgedrungen in einer Schlangenbude auf dem Dom: «Eine Riesenschlange wurde dort vorgeführt. Fünf Männer in Matrosenanzügen trugen sie auf den Schultern. Der Kleinste davon und der einzige, wirkliche Seemann war ich. Ich trug das Schwanzende. Herr Malferteiner, der Budenbesitzer, im dunkeln Anzug und mit Lackschuhen, erklärte mit durchdringender Stimme: ‹Die Rriesenschlange! – *Bo – a – – constrrictorr!* – Ihre Heimat ist Südamerika. […] Menschen und Tieren wird sie gefährlich durch ihre gräßliche Gewalt und durch die Kraft ihrer Muskeln. Denn sie ringt in der Freiheit mit dem Löwen und dem Tiger und besitzt auch die Kraft, dem größten und stärksten Büffelochsen mit ihren Muskeln alle Knochen zu zerbrechen, sobald sie ihn umschlungen hat.›»[43]

Auch diese Szene spiegelt, wie nahe einem die exotische Neue Welt in St. Pauli rücken konnte. Nicht zuletzt ruft sie die Entstehung des Tierparks Hagenbeck in Erinnerung. Carl Hagenbecks Vater begann als Fischhändler, bis er sein Geschäft, kaum anders als der sensationsheischende Arbeitgeber von Joachim Ringelnatz, von Lebensmitteln auf Tierschauen umstellte. Auf seine Geschäftsidee kam er im Sturmjahr 1848 durch Zufall: «Anfang März fingen die Fischer, die in diesem Jahre schon sehr früh zum Störfang ausgezogen waren, sechs Seehunde in ihren Netzen. Da die Fischer kontraktlich verpflichtet waren, den ganzen Fang an meinen Vater abzuliefern, überbrachten sie ihm auch natürlich diese Seehunde», berichtet Carl

Hagenbeck in seinen Memoiren. Von den Folgen habe damals niemand etwas ahnen können: «Mein Vater kam nämlich auf die glückliche Idee, die Tiere gegen Entree sehen zu lassen, und stellte sie zu diesem Zwecke in zwei großen Holzbottichen auf dem Spielbudenplatz in St. Pauli gegen einen Schilling (acht Pfennig) Eintrittsgeld aus.»[44] Dies war nicht weniger als die Geburtsstunde des weltumspannenden Tierhandels und des Stellinger Tierparks.

Von solch mondänen Geschäften mit populären Spätfolgen konnte in Ringelnatz' Schlangenbude nicht die Rede sein. Hier blieben die Mittel und Einkünfte bescheiden: Um die Zuschauer das Fürchten zu lehren und den Adrenalinpegel kollektiv in die Höhe schnellen zu lassen, mussten die Träger gegen Ende der Show überraschend hin und her wanken, als würde die schwere Schlange plötzlich wild und angriffslustig. «In Wirklichkeit war sie leicht und ganz apathisch, beinahe leblos», erinnerte sich der Dichter. «Unter lauten Kommandos, wie ‹Alle Mann› – ‹Deckel auf› wurde sie nun in einen [...] Kasten zwischen Decken gelegt. Die Vorstellung war zu Ende.»[45]

Königstraße

26. Große Religionsfreiheit

1923 veröffentlichte Joachim Ringelnatz in seinem Band *Kuttel-Daddeldu* ein kleines Gedicht, das sehr bekannt wurde:

Die Ameisen

> In Hamburg lebten zwei Ameisen,
> Die wollten nach Australien reisen.
> Bei Altona auf der Chaussee
> Da taten ihnen die Beine weh,
> Und da verzichteten sie weise
> Dann auf den letzten Teil der Reise.[1]

Selten wurde so treffend ausgedrückt, dass die Verbindungen der Hansestadt in alle Kontinente einerseits bedeutend sind – und die Hamburger andererseits dennoch oft recht selbstzufrieden, mitunter auch provinziell auftreten. Zugleich lässt sich das Gedicht als ironischer Kommentar zur Nachbarschaft zwischen den Großstädten Hamburg und Altona lesen. Wenn man sie mit den Augen einer Ameise betrachtet, scheint zwischen ihnen eine größere Distanz zu liegen. In Wirklichkeit war immer schon das Gegenteil der Fall: ‹All to nah› soll der Name Altona einer Legende nach bedeuten – zu dicht an der Pepermölenbek, dem westlichen Grenzbach der Hansestadt, der die kleinere Nachbarin seit dem 17. Jahrhundert förmlich auf die Pelle rückte.[2] «Die Hamburger sahen die Altonaer für habgierige Feldnachbaren an, die den Markstein zu verrücken suchten», schrieb der frühe Chronist Jonas von Heß. Umgekehrt verhöhnten die Altonaer «die Hamburger als aufgeblasene Leute, die von ihrem ungewissen Gebiets-Rechte einen übermüthigen Gebrauch machten».[3] Fest steht, dass von den Hamburgern lange Zeit alles dafür getan wurde, die Oberhand zu behalten, mit fairen und auch mit unfairen Mitteln. Aber wirklich verhindern ließ es sich nicht, dass das Umland der florierenden Reichsstadt von Generation zu Generation mehr Bedeutung gewann.

Joachim Ringelnatz kannte sich in St. Pauli und Altona gut aus. Er wusste, dass die rivalisierenden Nachbarinnen zumindest rund um die Reeperbahn schon lange vor ihrer von den Nazis verordneten Zwangsgemeinschaft miteinander verschmolzen waren. Seit Altona im Januar 1867 preußisch geworden war, wurde es mehr und mehr zu einem billigen Wohnviertel für die benachbarte Weltstadt. Diese Symbiose änderte allerdings nichts daran, dass Altonas Unabhängigkeit von Hamburg noch im ersten Drittel des 20. Jahrhunderts prägend für die gesamte Region war, bis hin zur progressiven Politik Max Brauers. Entsprechend waren die Pläne für ein Groß-Hamburg vor der nationalsozialistischen Machtübernahme stets mit Programmen zur Erhaltung der historischen Eigenheiten der 1937/38 eingemeindeten Städte Harburg, Wandsbek und Altona verbunden.

Vor diesem Hintergrund bedauerte der Stadtarchivar Paul Theodor Hoffmann verständlicherweise den Pragmatismus des schließlich umgesetzten «Groß-Hamburg-Gesetzes»: In Altona sei auf diese Weise vieles zerstört worden. Noch bevor im Zweiten Weltkrieg große Teile der ehemaligen Großstadt niederbrannten, hatte sie für Hoffmann ihr «inneres Gesicht» verloren. Den Nazis sei es bei der politischen Neuordnung ausschließlich um «Machthäufung» gegangen: «Alle Gewalt in dem neuen Groß-Hamburg wurde einseitig auf den Reichsstatthalter zentralisiert und eine gesunde Kräfteverteilung ausgeschaltet, bei der den neu hinzugekommenen großen preußischen Städten ein bescheidenes Eigenleben möglich gewesen wäre.»[4]

Max Brauer wurde 1887 in Ottensen als Sohn eines Glasbläsers geboren und 1924, als die Inflation überhandnahm und es allein in Altona 30 000 Arbeitslose gab, einer der wenigen sozialdemokratischen Oberbürgermeister der Weimarer Republik.[5] Altona galt als Hochburg der Arbeiterbewegung, und diesem Ruf wollte der ebenso unerschrockene wie machtbewusste junge Kommunalpolitiker gerecht werden. In seine Regierungszeit fielen großzügige Eingemeindungen, durch die unter anderem der Hirschpark und der Jenischpark zu öffentlichen Grünanlagen wurden, sowie die Modernisierung des Verkehrswesens und eine intensive Kunstförderung.

Als Bausenator stand Brauer mit Gustav Oelsner ein erfahrener Stadtplaner zur Seite, unter dessen Aufsicht zahlreiche moderne Wohnanlagen entstanden. Oelsner selbst entwarf das Arbeitsamt in der Kieler Straße und das ganz im Stil der Neuen Sachlichkeit gehaltene ‹Haus der Jugend›, dessen Aula seit den Fünfzigerjahren vom Altonaer Theater genutzt wird.

Die Kulturpolitik verantwortete August Kirch, der in Paul Theodor Hoffmann einen entschiedenen Mitstreiter und Archivar fand. Im Auftrag des Magistrats veröffentlichte Hoffmann unter anderem die zweibändige Monografie *Neues Altona 1919–1929. Zehn Jahre Aufbau einer deutschen Großstadt*. An Umfang und Gründlichkeit sucht sie ihresgleichen, und über weite Strecken liest sie sich wie ein monumentales Bekenntnis zur internationalen Moderne. Dass Hoffmann auch konservative und sogar völkische Schriftsteller wie Hermann Claudius oder Hans Friedrich Blunck ausführlich würdigt, tut dem keinen Abbruch. Dabei betont er bereits in seinen Vorbemerkungen, dass die erstaunliche Entwicklung Altonas zu einer modernen Großstadt ohne die Nähe zu Hamburg undenkbar gewesen wäre. «Ausschlaggebend für den Kulturreichtum an der Niederelbe im heutigen Groß-Altona-Gebiet ist von jeher die Nähe Hamburgs gewesen», stellt er ohne Umschweife fest. Ein überzogenes städtisches Selbstbewusstsein scheint ihm also unangemessen. Zugleich lässt er keinen Zweifel daran, dass sich das preußische Altona mit seinen Künstlern, Schriftstellern und Architekten neben der Hansestadt sehen lassen kann. Mehr noch: «Was wir im folgenden an mannigfachen künstlerischen, dichterischen, schriftstellerischen und wissenschaftlichen Werten darzustellen haben, welche der Boden von Groß-Altona umschließt, das alles bedeutet zugleich ein Ruhmesblatt für Hamburg.» Ohnehin rechnet Hoffmann bereits damit, dass Altona und Hamburg bald zu einer Stadt, zu einem «Gesamtorganismus» mit einer wirtschaftlichen und kulturellen Sonderstellung für ganz Deutschland werden.[6]

Seit Ende des Ersten Weltkriegs spielte der Unterschied zwischen den beiden Städten eine immer geringere Rolle, bis er im Grunde nur noch eine Frage der politischen Ordnung war. Sehr lange Zeit hatte sich die Unabhängigkeit von Hamburg für Altona hingegen immer wieder als entscheidender Vorteil erwiesen.

Im Dreißigjährigen Krieg war Altona dänisch geworden. Aus der einstigen Siedlung von Fischern und Handwerkern hatte sich nach und nach eine kleine Gemeinde gebildet, die besonders in den Zeiten der Gegenreformation Vorteile für all diejenigen bot, die auf der Flucht waren. Denn die Religionsfreiheit hat hier eine deutlich längere Tradition als in Hamburg. Zu Beginn des 17. Jahrhunderts förderte der Landesherr Graf Ernst die Ansiedlung von Katholiken und Mennoniten, und schließlich durften sich sogar Juden niederlassen.[7] Dies hatte vor allem wirtschaftliche Gründe: Graf Ernst ging es um Kapital und Kenntnisse im internationalen Handel.[8]

Altonas Aufstieg begann damit, dass es Flüchtlingen Schutz gewährte, besonders solchen, die im lutherischen Hamburg aus religiösen Gründen nicht geduldet wurden. Immer bedeutender wurde Altonas politische Sonderrolle unter der dänischen Herrschaft und

Große Religionsfreiheit

nachdem es König Friedrich III. am 23. August 1664 zur Stadt erhoben hatte. Von nun an verfügte Altona über die wichtigen Freihafen- und Münzrechte, und es herrschte Gewerbefreiheit. Ohne Stadtmauern und Wallanlagen wuchs die junge Hafenstadt rasch und stets ein wenig chaotisch, bis 1713, während des Nordischen Kriegs, zwei Drittel der Gebäude von Schweden niedergebrannt wurden. Doch auch dieses Inferno und die sich anschließenden Pestjahre konnten die Entwicklung der Stadt nicht aufhalten. Um 1720 zählte Altona wieder 12 000 Einwohner, genau wie vor den verheerenden Katastrophen.[9]

Nach dem Wiederaufbau wurde Altona als wirtschaftliches Zentrum der Herzogtümer Schleswig und Holstein zur zweitgrößten Stadt des dänischen Herrschaftsbereichs. Weil sich die dänische Krone in fortwährenden Konflikten mit Hamburg befand, wurden Altona als ihrem südlichsten Stützpunkt zahlreiche Privilegien gewährt. So ist es auch nicht verwunderlich, dass der Aufklärer Johann Friedrich Struensee vor seinem legendären politischen Aufstieg als Leibarzt des dänischen Königs Christian VII. in Altona als Stadtphysikus arbeitete. Nur Kopenhagen war als Handelsstadt für Dänemark bedeutender. Auch während der französischen Besatzung hatte Altona zwischen 1806 und 1814 deutlich weniger zu leiden als Hamburg, da Dänemark mit Frankreich verbündet war. In dieser Zeit zählte Altona weit mehr als 20 000 Einwohner, darunter über 2000 aschkenasische und sephardische Juden.

Im 17. Jahrhundert war Altona einer der wichtigsten Sammelpunkte des Judentums in Nordeuropa, und 1671 wurde es Sitz eines Oberrabbinats. Eine Ahnung davon, welche Bedeutung die Stadt seinerzeit hatte, vermitteln die berühmten Erinnerungen der Glückel von Hameln. Bei ihnen handelt es sich um eine der frühesten weiblichen autobiografischen Schriften in Deutschland.

Geboren wurde Glikl bas Judah Leib – Glikl die Tochter des Judah Leib: so ihr jüdischer Name – im Jahre 5407 jüdischer Zeitrechnung, also 1646/47.¹⁰ Ihre aschkenasische Familie galt in Hamburg als außerordentlich wohlhabend. Dennoch musste das tolerante Altona auch die kleine Glikl vor Schlimmerem bewahren. Denn als sie drei Jahre alt war, wurde ihre Familie trotz ihres hohen Ansehens zusammen mit den meisten Juden aus Hamburg vertrieben. Alle «mußten nach Altona ziehen, das dem König von Dänemark gehört, von dem die Juden gute Schutzbriefe haben», heißt es in Glikls Aufzeichnungen. Hier, «kaum eine Viertelstunde von Hamburg entfernt», waren Juden willkommen. «In Altona waren damals schon ungefähr 25 jüdische Haushaltungen; dort hatten wir auch unsre Synagoge und unsern Friedhof. So haben wir eine Zeitlang in Altona gewohnt.»¹¹ Im Laufe von Glikls Kindheit eröffneten sich in der Nachbarstadt allerdings doch wieder einige Möglichkeiten: Den Juden aus Altona wurden Pässe ausgestellt, mit denen sie «in die Stadt (Hamburg) gehen und dort Geschäfte treiben durften». «Ein jeder Paß hat für vier Wochen gegolten; man hat ihn von dem regierenden Oberhaupt des Rates (= regierenden Bürgermeister) in Hamburg gekommen; und er hat einen Dukaten gekostet, und wenn der Paß abgelaufen war, hat man wieder einen neuen nehmen müssen. Aber aus den vier Wochen sind oft acht Wochen geworden, wenn Leute Bekanntschaft mit dem Bürgermeister und mit Beamten hatten. Die Leute hatten es leider Gottes sehr schwer, denn sie haben ihr ganzes Geschäft in der Stadt suchen müssen und so haben manche arme und bedürftige Leute oft gewagt sich ohne Paß in die Stadt hineinzuschleichen. Wenn sie dann von Beamten ertappt wurden, hat man sie ins Gefängnis gesteckt; das hat alles viel Geld gekostet und man hat Not gehabt sie wieder freizubekommen.»¹²

Ohne die Freiheiten, die man ihnen in Altona gewährte, wären viele Juden schutzlos dem Hass und den gewalttätigen Übergriffen, die in Hamburg zu ihrem Alltag gehörten, ausgeliefert gewesen. Das wichtigste Zeugnis für die einstige Bedeutung der Gemeinde liegt in Sichtweite der Hauptkirche St. Trinitatis wie verwunschen da, knapp

Große Religionsfreiheit

Auf dem Jüdischen Friedhof in der Königstraße

fünf Gehminuten vom S-Bahnhof Königstraße entfernt. Eine feste Umzäunung aus dunkelroten Backsteinpfeilern und Metall trennt es von der vierspurigen Verlängerung der Reeperbahn: Der Jüdische Friedhof Altona – der größte der elf jüdischen Friedhöfe auf dem heutigen Stadtgebiet – wurde im Gegensatz zu den Synagogen von den Nazis stark beschädigt, aber nicht zerstört und steht seit 1960 unter Denkmalschutz.[13] Hier hatten sephardische Juden schon im zweiten Jahrzehnt des 17. Jahrhunderts die ersten Toten beigesetzt, weil ihnen in Hamburg nicht erlaubt worden war, Grabplätze «auf Ewigkeit» zu erwerben. Die Aschkenasim folgten ihrem Beispiel etwas später, erwarben das benachbarte Grundstück und ließen sich 1641 vom dänischen König Christian IV. das Privileg bestätigen, das Gelände als Gräberfeld zu nutzen.[14] Erhalten blieben mehr als 6000 deutsche und 1600 sephardische Grabsteine. Der portugiesische Teil des Friedhofs gilt als ältester seiner Art in Nordeuropa.

All dies grenzt an ein Wunder: Seit 1939 war die Enteignung des Friedhofes beschlossene Sache. Drei Jahre später wurden die wenigen verbliebenen Juden dazu gezwungen, ihn an die Hansestadt Hamburg zu verkaufen. Ziel war es, das gesamte Gebiet zu planieren und neu zu bebauen. Abgetragen wurde bis Kriegsende aber nur der sogenannte Hamburger Teil – zugunsten eines Fußballplatzes. Viele der übrigen Gräber wurden zwar geschändet und Opfer von Vandalismus, doch im Gegensatz zu den Wohnhäusern des Viertels, dem Alten Rathaus und der barocken Kirche St. Trinitatis überstand das seit 1878 nicht mehr benutzte Gräberfeld die «Operation Gomorrha» weitgehend unversehrt.[15] Ja, im Inferno des Feuersturms diente ausgerechnet der Friedhof vielen Überlebenden aus der Altonaer Altstadt als Zuflucht.

Während überall glühende Trümmer, brennende Balken und zersplitterte Fensterscheiben auf die Straßen stürzten, unablässig Funken rieselten und die Luft von beißendem Rauch erfüllt war, blieb es zwischen den mächtigen Friedhofsbäumen und verwitterten Grabmalen abgesehen von kleineren Bränden ruhig. Dies berichtet Paul Theodor Hoffmanns Frau Käthe, die erleben musste, wie ihr Haus von einer Phosphorbombe getroffen wurde, während ihr Mann auf einer Vortragsreise in Sachsen war: «Diese friedliche Stätte war eine grüne Wildnis, die nun, als einziger freier Platz in der Nähe, einer großen Anzahl von Menschen zur Rettung wurde. Immer mehr und mehr quollen sie von allen Seiten herein. Auf Grabsteinen und im raschelnden Laub saßen wir zusammengedrückt uns gegenüber. Irgendwoher waren einige Eimer mit Wasser gebracht worden, um die Tücher, die wir zum Schutz gegen den Glutregen um den Kopf gebunden hatten, immer von neuem anzufeuchten. [...] Mit Eifer war man darauf bedacht, jedes Aufflammen durch schnelles Ersticken unmöglich zu machen.» Während Altonas Juden ins Exil getrieben, deportiert und ermordet worden waren, harrten die Geretteten stundenlang auf den Gräbern von deren Vorfahren aus. «Die Häuser an der Straßenseite des Friedhofs brannten allmählich aus. Gegenüber stürzte plötzlich eine Fassade wie ein Kartenblatt auf das Pflaster.»[16]

Max Brauer war zu dieser Zeit bereits über zehn Jahre im Exil. 1933 war er nach Paris geflohen, nach einem längeren Aufenthalt in China lebte er mit seiner Familie seit 1936 in New York. 1946 kehrte er vom Hudson an die Elbe zurück, um Erster Bürgermeister von Hamburg zu werden und sich abermals in einer akuten Krise unter Beweis zu stellen. Sein dringlichstes politisches Ziel war erklärtermaßen die Bekämpfung des Hungers. Mit 1500 Kalorien könne man weder eine neue Stadt noch eine Demokratie aufbauen, unterstrich er in seiner Antrittsrede.[17]

27. Hansen, Liliencron und die Liebe in den Zeiten der Cholera

Wer dänische Städte kennt, dem wird der Klassizismus der Palmaille überraschend vertraut vorkommen. Oberhalb des Elbufers führt sie vom Rathaus Altona – dem früheren Bahnhof – gen Osten, in Richtung St. Pauli, und sie gehört zu den wenigen erhaltenen Prachtstraßen der Stadt. Geprägt wird sie von den weißen Häusern des berühmten Kopenhagener Architekten Christian Frederik Hansen, der 1784 Landesbaumeister von Holstein wurde. Zusammen mit seinem Neffen Johann Matthias Hansen machte er die Palmaille seit Ende des 18. Jahrhunderts zur elegantesten Adresse Altonas. Die Gebäude sind spürbar älter als fast alle, die man im Hamburger Zentrum findet, denn von Altona aus war der Feuerschein des Großen Brands von 1842 zwar zu sehen, doch die kleinere Nachbarstadt wurde von dieser Katastrophe glücklicherweise verschont.

Dass die Palmaille schnurgerade ist, verdankt sie dem Pallamaglio-Spiel. 1638/39 veranlasste Graf Otto V. von Schauenburg, dass eine 647 Meter lange Spielbahn angelegt und mit 400 Bäumen dekoriert wurde. Das Ziel, das der Graf damit verfolgte, war ökonomischer Natur. Paille-Maille, ein Vorläufer des Croquet, war im

17. Jahrhundert außerordentlich beliebt. Es ging dabei darum, einen Ball mithilfe eines Holzschlägers durch ein weit entferntes eisernes Tor zu befördern. Wie beim Golf kam es darauf an, dies mit möglichst wenigen Schlägen zu schaffen. Doch sosehr Paille-Maille auch in Mode war, der 1640 mit nur 26 Jahren verstorbene Otto V. hatte sich verkalkuliert: Den zahlungskräftigen Hamburger Nachbarn genügte ihre eigene Spielbahn am Jungfernstieg.[18] Die Gäste blieben aus, und die Palmaille verkam. Später diente sie zeitweise Seilern als Reeperbahn.

Geblieben ist allein ihr ungewöhnlicher Name. Geht man von der S-Bahn-Haltestelle an der Königstraße durch die Behn- oder die Schleestraße in Richtung Elbe, stößt man unweigerlich auf die Palmaille. Am schönsten wirkt sie, wenn man zwischen den Linden auf ihrem großzügigen Mittelstreifen in Richtung Elbchaussee und Ottensen läuft (siehe Tafel 11).

Die Häuser mit den Nummern 108 und 116 hatte Christian Frederik Hansen, dessen klassizistische *Frue Kirke* in Kopenhagen europaweit bewundert wurde, für sich selbst erbaut.[19] Rechts neben dem torartigen Eingang eines der ältesten erhaltenen Gebäude – es wurde um 1790 als Miethaus für den Kaufmann Hinrich Dultz errichtet – findet sich eine der vielen von der Patriotischen Gesellschaft gestifteten Erinnerungstafeln: In der Palmaille Nummer 5 und hier im Haus Nummer 100 habe zwischen 1892 und 1901 der in Kiel geborene Dichter Detlev von Liliencron gelebt. Gestorben sei er 1909 in Alt-Rahlstedt. Weil Liliencron inzwischen weitgehend vergessen ist, fehlt auch ein Hinweis auf seine Gedichte *Pidder Lüng* und *Trutz, Blanke Hans* nicht, die sich nach wie vor in Lesebüchern und Anthologien finden. «Von der Nordsee, der Mordsee», ist im Letzteren die Rede.[20] Spielte schon Liliencron auf eine gängige Redensart an, als er sein Gedicht schrieb? Heute denkt man bei dem 1883 erstmals veröffentlichten Vers unweigerlich an *Nordsee ist Mordsee*, einen der ersten großen Erfolge des Filmemachers Hark Bohm. Der Film kam

Detlev von Liliencron,
um 1890

1976 in die Kinos. Er erzählt die Geschichte zweier Jungen aus Wilhelmsburg, die mit einer Jolle ausreißen. Sie segeln auf der Elbe gen Westen, und Udo Lindenberg singt dazu:

> Ich träume oft davon, ein Segelboot zu klau'n
> und einfach abzuhau'n
> Ich weiß noch nicht wohin
> Hauptsache, dass ich nicht mehr zuhause bin.[21]

Detlev von Liliencron hätte diese Geschichte vielleicht sogar gefallen. Allzu bürgerlich darf man sich sein Leben nicht vorstellen. Im ausgehenden 19. Jahrhundert ist er zwar ein gefeierter Dichter, und als er 1891 an die Elbe zieht, genießt er den Kontakt mit Kollegen wie Otto Ernst, Gustav Falke und Constantin Brunner, doch seine Bücher verkaufen sich schlecht, und er ist hoch verschuldet, nicht zuletzt durch Glücksspiele. Hinzu kommt die bevorstehende Scheidung von seiner Frau Augusta. Nach dem Umzug muss er sich zunächst mit einer simplen Unterkunft im ländlichen Ottensen zufriedengeben, gleich bei der Christianskirche. Tag für Tag kommt er am Familiengrab der Klopstocks und an der Ruhestätte des Lyrikers Georg Philipp Schmidt von Lübeck vorbei, der dadurch, dass Schubert sein Gedicht *Des Fremdlings Abendlied* vertont hat, wenigstens Teil der Musikgeschichte geworden ist.[22] Sein Brot hatte Schmidt von Lübeck, der 1849 in Ottensen starb, als Justizrat und Bankdirektor im dänischen Staatsdienst verdient. Durch Schubert wurden seine in verschiedenen Versionen veröffentlichten und vom Komponisten leicht modifizierten Strophen zu einer Hymne des romantischen Weltschmerzes und auf der ganzen Welt bekannt. Schmidts Name ist hingegen so gut wie vergessen. Sogar Schubert glaubte bei der Arbeit an seinem Lied, ein Gedicht von Zacharias Werner vor sich zu haben, und erfuhr erst Jahre später, von wem es tatsächlich stammte.[23] Bei alledem scheinen Schmidts Strophen inhaltlich und mit ihren eingängigen Reimen gar nicht weit von jenen Liedern entfernt, mit denen deutschsprachige Musiker wie Udo Lindenberg nach dem Zweiten Weltkrieg immer populärer wurden:

> Die Sonne dünkt mich matt und kalt,
> Die Blüte welk, das Leben alt,
> Und was sie reden, tauber Schall,
> Ich bin ein Fremdling überall.
> […]
>
> Ich übersinne Zeit und Raum,
> Ich frage leise Blum' und Baum;
> Es bringt die Luft den Hauch zurück:
> «Da, wo du nicht bist, ist das Glück!»[24]

Forcierte Melancholie dieser Art ist auch Detlev von Liliencron nicht fremd. Mit seinem Werk führt er allerdings weniger die romantische Tradition fort, als dass er nach zeitgemäßen Ausdrucksformen sucht. Deshalb wird er von so unterschiedlichen jüngeren Autoren wie Arthur Schnitzler, Rainer Maria Rilke, Thomas Mann, Karl Kraus und Kurt Tucholsky bewundert, deshalb unterstützen ihn Ida und Richard Dehmel genauso wie Gerhart Hauptmann, Harry Graf Kessler und Nietzsches schwierige Schwester Elisabeth Förster-Nietzsche.

Liliencron ist als Lyriker eine Größe und zugleich arm wie eine Kirchenmaus. Auf den Kunstsammler Gustav Schiefler wirkt er «in seiner Mischung von schneidigem Offizier und gefühlsstarkem Dichter, von Bohémien und echtem Aristokraten, von armem Schlucker und Grandseigneur» schlicht seltsam.[25] In seinen Altonaer Jahren besitzt Liliencron so wenig, dass kein Gerichtsvollzieher ihm etwas anhaben kann. Es gibt bei ihm einfach nichts, was man pfänden könnte. Tagsüber sieht man ihn oft auf der Elbchaussee – zwischen den Palästen von Kaufleuten, deren maßloser Reichtum aus einer anderen Wirklichkeit zu stammen scheint.

Der stets zu Affären bereite Liliencron interessiert sich allerdings weniger für ihr Geld als für ihre Bediensteten.[26] Mit seinen jugendlichen Geliebten zieht er nachts um die Häuser, darüber berichtet er seinen Freunden ausführlich und ohne jede Scheu. Der Endvierziger ist stolz auf seinen Erfolg bei Frauen. Ja, er protzt gern mit seiner «Weiberlust» und vergleicht sich mit Don Juan, besonders in seinen Briefen an die deutlich jüngeren Freunde Richard Dehmel und Otto Julius Bierbaum. «Die Weiber überlaufen mich täglich, ganz unbekannte noch auch», behauptet er Letzterem gegenüber am 1. März 1892. Auch wenn man ihm nicht alles glauben kann, zeigen seine Briefe deutlich, worauf es ihm ankommt: «Alle wollen bei mir schlafen. Unerhörte Tragödien und Eifersucht dabei; schreckliche Scenen. Und Liebesbriefe!!! Die meisten schlagen Geld, was ich ja auch thatsächlich nicht besitze, aus.»[27]

Liliencron führt seine Attraktivität darauf zurück, dass er als Baron und Dichter die Eitelkeit seiner Freundinnen herausfordert, und als er im Mai 1892 in die prächtige Palmaille umziehen kann, scheint ihm alles noch etwas leichter zu fallen.

Bei der Herausgabe von Liliencrons nachgelassenen Briefen wird Richard Dehmel 1910 massiv in deren Textgestalt eingreifen. Manchmal folgt er dabei dem Wunsch, die Lesbarkeit der Briefsammlung zu verbessern. Häufiger allerdings leiten ihn Gründe des Persönlichkeitsschutzes und der Pietät.

Tabus sind Liliencrons Sache nicht. In der Palmaille wohnt er die meiste Zeit im Haus Nummer 5, das im Zweiten Weltkrieg zerstört wurde. Hier ist er Untermieter der Schriftstellerin Elise Rehburg, die an seinem Lebenswandel keinen Anstoß nimmt. Sie überlässt ihm zwei stille Dachzimmer mit Elbblick.[28] Geradezu manisch sucht er weiterhin flüchtige erotische Abenteuer. Dann allerdings verliebt er sich, und davor scheint er sich regelrecht zu fürchten. Die Erwählte heißt Henriette – «Henni» – Löhndorf und ist erst siebzehn. Er hat sie am Elbestrand angesprochen, wo sie das Eis auf dem Fluss beobachtete. Bierbaum gegenüber behauptet er, ihr die intensivsten Liebesnächte seines Lebens zu verdanken.

Die Nachwelt zumindest verdankt dieser Affäre einige der erschütterndsten Briefe über die letzte große Choleraepidemie in Europa: Sechs heiße Spätsommerwochen grassierte die Seuche, und am Ende hatten sich über 10 000 Menschen infiziert, von denen die meisten starben. Diese Katastrophe hätte, wie der britische Historiker Richard J. Evans 1987 in seiner monumentalen Studie *Tod in Hamburg* nachgewiesen hat, verhindert werden können.[29] Als die ersten Infizierungen diagnostiziert wurden, verschwieg man diese, anstatt der Bevölkerung Verhaltensmaßregeln zu geben. Die sogenannte asiatische Cholera breitete sich durch das hoffnungslos veraltete System der Trinkwasserversorgung aus. Durch konsequentes Abkochen hätten möglicherweise Tausende gerettet werden können, wenn man rechtzeitig damit begonnen hätte. Schließlich hatte man schon seit 1831 Erfahrungen mit der Cholera: 1832 wurden 1652 Todesfälle gezählt, 1848 waren es sogar 1772.[30] Doch alle vorherigen Epidemien ließen sich nicht im Entferntesten mit der Katastrophe von 1892 vergleichen. Dies war auch den Betroffenen sofort klar, nachdem sie viel zu spät über das Ausmaß der Erkrankungen aufgeklärt worden waren. In einem zeitgenössischen Bericht aus dem Umfeld des Rauhen Hauses heißt es: «So ruhig die Bevölkerung die ersten Nachrichten aufgenommen hatte, so groß war jetzt die Bestürzung. Von Schrecken und Entsetzen gepackt eilten viele an die Bahnhöfe, der heimgesuchten Stadt den Rücken zu kehren.»[31]

Richard J. Evans sieht in der Verseuchung des Leitungswassers den Hauptgrund für die rasche Ausbreitung der Krankheit. Dies erkläre auch, warum Altona deutlich weniger betroffen war als die Hansestadt: «Altonas Leitungswasser wurde seit 1859 durch Sand gefiltert, das Hamburgs nicht. Mithin traten auf Hamburger Seite [...] deutlich mehr Cholerafälle auf.»[32]

Von solchen Zusammenhängen wusste auch ein gebildeter Mann wie Liliencron offenbar wenig, als seine Ex-Frau Augusta an der Cholera erkrankte und er sich zusammen mit seiner Geliebten Henni Löhndorf geradewegs in die gefährlichsten Gegenden begab. Er sah nur dasselbe wie alle, die geblieben waren. Von einem Tag auf den anderen starben überall Menschen jeden Alters. In manchen Gegenden schien es schlimmer als anderswo, auf der Veddel, rund um den Hafen, in Hamm und in Barmbek, doch verschont blieb letztlich niemand. Die Zustände wirkten apokalyptisch: Allein schon die Aufgabe, die Kranken in Quarantäne zu bringen, überforderte das Gesundheitswesen völlig. Baracken wurden errichtet und eine Schule in Hammerbrook in ein Lazarett umgewandelt. Die Viertel waren erfüllt vom Gestank «des Chlorkalks und Karbols und anderer Desinfektionsmittel, der einem auf Schritt und Tritt entgegendrang, auf den Straßen von den Rinnsteinen und Sielöffnungen, den Bänken

Feldlazarett für Cholerakranke beim Eppendorfer Krankenhaus
(Holzstich nach Georg Arnould, 1892)

der Promenade und Anschlagsäulen, in Kirchen und Bureaux, in Pferdebahnen, Läden und Wohnungen».³³ Dabei stand die Ausbreitung der Seuche in einem unbegreiflichen Gegensatz zur rasanten Modernisierung, die seit einigen Jahren den Hamburger Alltag vollkommen verwandelte – nur nicht die Wasserversorgung. Die Zeiten, in denen das Elbwasser als gesund galt und die Schiffer es so tranken, «wie sie es aus dem Strome schöpften», waren endgültig vorbei. Der weitgereiste Mediziner Robert Koch hatte inzwischen die Ursache der Cholera ausfindig gemacht, jene «unsichtbaren Kommabazillen». In hygienischer Hinsicht erinnerten ihn die Gängeviertel an Zustände in Bombay, und nach der Katastrophe, die einer gesundheitspolitischen Bankrotterklärung glich, waren seine Entdeckungen «in aller Munde», wie der Chronist Heinrich Garrn berichtet.³⁴

Liliencron kehrt am 25. August 1892 von einer Reise nach Berlin nach Hause zurück. In der Hauptstadt war er Gast bei Richard Dehmel – so berichtet er diesem am 30. August über den Ausnahmezustand an der Elbe. Postum ist sein Brief recht bekannt geworden. Das Original liegt in der Staats- und Universitätsbibliothek am Grindel und kann dort problemlos eingesehen werden. Dennoch wird meist die gekürzte Fassung aus jenen Briefbänden zitiert, die bald nach Liliencrons Tod herausgegeben wurden. Sogar in größter Not denkt Liliencron erstaunlicherweise vor allem an zweierlei: an die Liebe und an die Überlieferung seiner Werke. In der Fassung seiner ausladenden Handschrift, die Dehmel einmal treffend als ‹riesenkrähenfüßig› beschrieben hat, lautet sein Brief:

> Zuvörderst, mein Richard, Dank, <u>Dank</u>, <u>Dank</u> für Deine Gastfreundschaft. Ich werde <u>nie</u>!!! die Tage vergessen, die ich in Euerm gastfreien Hause verlebt habe. Sind B[ierbaum]'s noch da, dann meine innigsten Grüße, dem prachtvollen Madl und ihrem herrlichen Ehegespons.
>
> Du hast keinen Begriff, wie hier der schwarze Tod herrscht. Ich gehe unbekümmert darin herum. Was soll man anderes machen. Neulich: die Depesche war ernst gemeint. Aber sie ist gerettet. Denke Dir also: Da gehe ich so durch die Straßen bei Tag oder Nacht: Geschrei (der Sterbenden), der Hinterbliebenen, die Polizei(Sanitäts)beamten <u>alle</u> besoffen, roh, der Kadaver oder der noch Lebende (meistens in drei Stunden futsch) wird aus den Häusergassen heraus<u>gerissen</u> (<u>sehr</u> richtig), Geheul, weißes Laken, einige (Sanitätsbeamte) sprengen mit großen Malerquasten, ob auf Tote oder Kranke, große Massen Chlorkalk. <u>Alles</u> stinkt hier von Chlorkalk: der Pferdebahnbetrieb hat fast ganz aufgehört. <u>Alle</u> Theater, Musiken, p. p. geschlossen. Und <u>so</u> traf ich Henni:
>
> In einer Miethskaserne (mit 300 Kindern), die entsetzlich

schmierig ist, saß sie häkelnd in ihrer scheuslichen Kabine, nachdem ich sie also <u>verlassen</u> hatte. Mich übermannte die Sinnlichkeit – – – sie warf sich mir zu Füßen: ich solle sie retten – – – und ich blieb die vorige Nacht bei ihr. <u>In</u> <u>dieser</u> <u>Nacht</u> wurden 7 (schreibe: sieben!) Menschen aus dieser Miethskaserne wegen Cholera entfernt – – – und wir <u>hörten</u> das Geschrei, den Jammer, und Amor ward der schwarze Tod, die <u>Pest</u>! Und ich war, und sie war, wir waren beide mehr als wahnsinnig in unserer Fleischesliebe: Eine Orgie seltenster Art.
Übriegens: Diese Nacht schlafe ich wieder bei ihr: Ein eigener Reiz, wahrlich – – – –
Liebster Richard, wir sind hier alle auf den (so grenzenlos <u>ekelhaften</u> Tod) vorbereitet: Also: meine Manuscripte gehen zuerst an Falke, dann von dem (<u>mit</u> ihm) an Dich u. Bierbaum. Rettet meinen Roman u. – mein neues Gedichtbuchmanuscript: «In und aus Poggfred». Das letzte Gedicht: «Die heilige Flamme» findet ihr in meiner gelben Mappe. Das Gedicht: «Einen Sommer lang» ist mir auf irgend eine Art aus dem Ged.[icht]= Buch=M.[anuscript] entkommen. Vergeßt es nicht. Dann auch schlagt mein letztes Gedicht-Heft nach (in meiner gelben Mappe), so daß <u>Alles</u> noch gedruckt wird, was ich in den letzten zwei Jahren (nach dem «Heidegänger») schrieb. Jetzt gehe ich zu Henni, die ich so schmachvoll verließ – aber mir fehlte das Geld –, und schlafe wieder in dem Pesthause. Morgen, wenn wir noch leben, schaffe ich ihr ein besseres Quartier. – – –
Leb wohl; es kann uns alle wie der Wolf um Mitternacht überfallen. Das Scheusliche dabei ist: daß man <u>sofort</u> in die Baracken muß (ohne Ansehn der Person, <u>sehr</u> richtig). Und da wird man dann erst recht infizirt. Wir alle sitzen voll von Bazillen. Leb wohl. Hab <u>Dank</u>! Du Lieber, Du Einziger. Jetzt geh ich ins Pesthaus. Furcht? <u>Quatsch</u>. Dein! Detlev. (½9 abends. 30.8.92.[)][35]

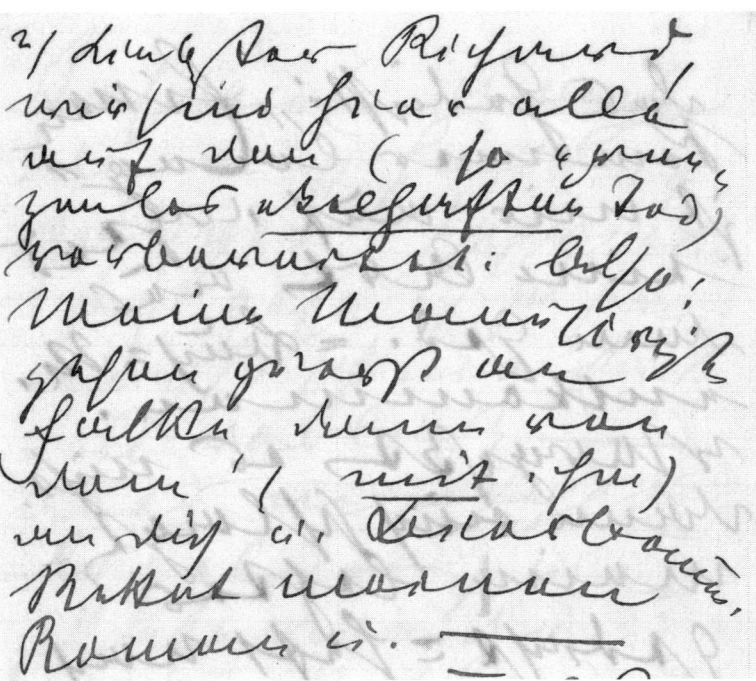

«Rettet meinen Roman» – Faksimile aus Liliencrons Brief
an Dehmel vom 30. August 1892

Liliencron überlebt. Seine geschiedene Frau Augusta überlebt im Eppendorfer Krankenhaus. Und auch Henni Löhndorf überlebt, doch trotz der gemeinsamen Erfahrung einer erfüllten Liebe in den Zeiten der Cholera wird er nicht bei der jungen Frau bleiben. Die Erlebnisse dieses Spätsommers fließen fast ungefiltert in sein Langgedicht *Die Pest* ein. Seinen Freunden gegenüber lässt Liliencron keinen Zweifel daran, dass das meiste, was in ihm geschildert wird, auf eigenen Beobachtungen beruht. Ort der Handlung ist eine anonyme «Riesenstadt» in Asien. Sein Publikum weiß selbstverständlich genau, worauf Liliencron anspielt, wenn er den schwarzen

Tod besingt, der aus dem Schlamm und Schlick eines breiten Flusses auftaucht. Oder die Handelsherren, die versucht haben, den Ausbruch der Seuche geheim zu halten, anstatt die Bevölkerung umgehend zu warnen. Entsprechend groß ist die Empörung, die das Gedicht bei vielen Hamburgern nach seiner Veröffentlichung im Oktober 1892 auslöst.[36]

Liliencrons Ruhm sind solche Proteste eher zuträglich, er wollte ja anklagen und eine öffentliche Diskussion provozieren. Außerdem hat er bedeutende Fürsprecher. Zu denjenigen, die ihn verehren, gehören europäische Größen wie die Pazifistin Bertha von Suttner oder die Schriftsteller August Strindberg und Stanisław Przybyszewski. Am Neujahrstag 1893 schicken die beiden gemeinsam mit Richard Dehmel und Adolf Paul aus Berlin eine Postkarte in die Palmaille, um den «großen deutschen Lyriker» zu preisen, «der zum ersten Mal den deutschen Rausch […] und die deutsche Edelnatur […] verewigt» habe.[37]

Zu Liliencrons Bewunderern gehörte auch Johannes Brahms, der bekannteste jener vielen Söhne der Stadt, die für ihr Leben an der Elbe keine Perspektive sahen. Brahms hatte Liliencron bereits 1888 zwei Vertonungen seiner Gedichte geschickt, von denen *Auf dem Kirchhof*, op. 105/4, bis heute viel gesungen wird.[38] Die beiden Strophen beginnen jeweils gleichlautend mit den Worten «Der Tag ging regenschwer und sturmbewegt» – norddeutscher könnte ein Vers kaum sein. Brahms wird danach nie wieder Gedichte von Liliencron vertonen; dennoch hält sein Interesse an dem Lyriker an, und das nicht nur, weil sie in dem niederdeutschen Dichter Klaus Groth einen gemeinsamen Freund haben.

Fünf Jahre später lädt er Liliencron zu einem persönlichen Treffen ins noble ‹Hotel St. Petersburg› am Jungfernstieg bei den Alsterarkaden ein. Beide stehen sie im Zenit ihres Ruhms, aber ihre Herkunft und gesellschaftliche Stellung könnten unterschiedlicher kaum sein. Wenn Liliencrons Eltern auch alles andere als wohlhabend waren, so wurde er 1844 in Kiel doch als Baron geboren. Der elf Jahre ältere Brahms kam hingegen am Rande der Elendsquartiere zur Welt: im Specksgang, über den der Stadtchronist Jonas von Heß vermutet, er habe ehemals «einsam, unbesucht, und für Landstreicher und Diebsgesindel passend» gelegen.[39] Nur ein halbes Jahr nach der Geburt des Kindes gelang seinen Eltern allerdings der Umzug in eine etwas bessere Gegend, und seine Jugend verbrachte Johannes schließlich am Dammtorwall, wobei Teile dieser Straße ebenfalls verrufen waren. Sie standen, wie auch die Schwiegerstraße (der heutige Kalkhof) hinter dem Comödienhaus am Gänsemarkt, unübersehbar im Zeichen der käuflichen Liebe. In den anonym im Umfeld des Hoffmann und Campe Verlags veröffentlichten Erinnerungen einer Prostituierten wird der Dammtorwall gar als «Amazonen-Caserne» beschrieben, weil hier «die rothen Kissen fast Fenster an Fenster» lagen.[40]

Brahms' Vater Johann Jakob stammte wie Klaus Groth aus Heide in Dithmarschen und war Musiker. Als er nach Hamburg kam, begann er in den Tanzcafés und Musiksalons von St. Pauli. 1840 bekam er ein Engagement als Kontrabassist im Alsterpavillon, und später spielte er in der angesehenen Philharmonischen Gesellschaft, dem ältesten professionellen Orchester der Stadt. Damit hatte er sich zumindest ins Kleinbürgerliche hochgearbeitet. Die Informationen über Johannes' Kindheit sind dürftig. Fest steht nur, dass sein Vater für eine anständige Schulbildung sorgte und das Talent seines Sohnes früh förderte. Als Johannes sieben war, brachte sein Vater ihn zu dem Klavierlehrer Otto Friedrich Willibald Cossel nach St. Georg, der in dem Jungen ein Wunderkind erkannte. Mit zehn spielte er sein erstes von Cossel organisiertes Konzert. Anschließend wurde Eduard Marxsen sein Lehrer. Dieser genoss einen hervorragenden Ruf und gab ihm auch Kompositionsunterricht. Mit sechzehn sah Brahms sich gezwungen, sein Geld als Musiker zu verdienen. Er gab Klavierstunden, verdingte sich als Liedbegleiter und trat gut bezahlt in einem Ausflugslokal in Bergedorf auf. Dass er in seiner Jugend viel in Kneipen spielte, ist eine ungesicherte Legende. Ohne Frage komponierte er nebenher; außerdem las er viel, sein Lieblingsautor war E. T. A. Hoffmann.[41]

Hätte Brahms vier Jahre später Hamburg nicht verlassen, wäre er vielleicht nie erfolgreich geworden. Seinen Durchbruch erlebte er im Herbst 1853 durch seinen Besuch bei Clara und Robert Schumann in Düsseldorf. Brahms blieb dort über einen Monat, und Ende Oktober verkündete der damals schon schwerkranke Schumann auf der ersten Seite der Leipziger *Neuen Zeitung für Musik* die Entdeckung eines Jahrhundertmusikers: «Er heißt Johannes Brahms, kam von Hamburg, dort in dunkler Stille schaffend, aber von einem trefflichen und begeistert zutragenden Lehrer gebildet in den schwierigsten Satzungen der Kunst [...]. Er trug, auch im Aeußeren, alle Anzeichen an sich, die uns ankündigen: das ist ein Berufener. Am Clavier sitzend, fing er an wunderbare Regionen zu enthüllen. Wir wurden in immer zauberischere Kreise hineingezogen.»[42] So viel Lob, so viel diffuses kunstreligiöses Pathos kann ein Talent ersticken, und in der Tat verunsicherten Schumanns Sätze auch Brahms. Zugleich machte ihn der Zuspruch des Älteren in der Musikwelt mit einem Schlag berühmt. Als er am 20. Dezember zu seinen Eltern nach Hamburg zurückkehrte, hatte er nicht nur die Schumanns, sondern auch Hector Berlioz und Franz Liszt getroffen und sogar seine erste gedruckte Sonate im Gepäck. Etwas Vergleichbares ist einem jungen Musiker selten passiert.[43]

Am 7. Februar 1893, bei seiner Begegnung mit Liliencron, gehören die frühen Selbstzweifel schon lange der Vergangenheit an. Der 59-Jährige ist weltberühmt. Entsprechend taktvoll wird ihm der jüngere Dichter begegnet sein. Am nächsten Tag präsentiert Liliencron sich in einem Brief an seinen Freund Otto Ernst Schmidt dann aber schon wieder in der gewohnten Rolle des ironisch-respektlosen Bohemiens: «Gestern besuchte ich Brahms im St. Petersburg-Hotel.

Ich glaubte einen 6 Fuß-Kerl zu finden und sah – – – Rübezahl. Aber welch ein wundervoller Künstlerkopf.» Abgesehen davon scheint sich Liliencron von seiner Privataudienz bei dem Musikgenie erst einmal erholen zu müssen. Dabei erinnert er fast ein wenig an den Hauptmann von Köpenick; dieser wird allerdings erst einige Jahre später für seine Hochstapeleien berühmt werden. «So, jetzt zieh ich mir Uniform an, und gehe spazieren nach der Chaussee», gesteht Liliencron in seinem Brief. «Das thue ich zuweilen (das Uniformanziehn), wenn ich im wüstesten Lebens-(Geld-)Kampf bin. Es giebt mir sozusagen Schlachtentrost.» Liliencrons therapeutische Veteranennostalgie verträgt sich bestens mit seinem zur Schau getragenen Liebesleben: «Heut Morgen erhielt ich einen Aufruf (zum Beitritt) des ‹Vereins zur Hebung der öffentlichen Sittlichkeit›. Ich möchte, Sie hätten mein Gelächter gehört. Na, ich bring's heut Nacht meiner kleinen Directrice in St. Georg. Vielleicht tritt sie auch ‹bei›. O Schmidt – die Weiber, die Weiber. Und es ist doch das Schönste!!!!! *For ever yours* Liliencron.»[44]

Altona

28. Die Heines in Ottensen

Wenn Detlev von Liliencron in seinen Briefen davon sprach, auf der Chaussee spazieren zu gehen, so meinte er damit die Elbchaussee. Achteinhalb Kilometer lang begleitet sie den Fluss auf einem Geestrücken in Richtung Westen. Aus der Palmaille kommend musste Liliencron nur am neoklassizistischen Rathaus vorbei. Dieses diente zunächst als Station der Altona-Kieler Eisenbahngesellschaft, bevor es 1891 umgebaut wurde, als die wachsende Stadt einen leistungsfähigeren Bahnhof benötigte. Heute befindet sich hier das Bezirksamt.

Jenseits der Bahnlinie verfolgte Liliencron die Straße weiter, kam an der Christianskirche mit Klopstocks Grab vorbei und wird danach vermutlich manchmal an Heinrich Heine gedacht haben, auch wenn ihm dessen Dichtung nicht besonders lag. Schließlich unterhielt dessen Oheim Salomon Heine hier seit 1812 einen der ansehnlichsten Landsitze der Elbvororte. Erworben hatte er ihn, als Hamburg französisch geworden war. Dies erwies sich gerade in der Zeit der Belagerung und der Gewaltherrschaft des Marschalls Davoût als ein Segen, schließlich war Ottensen dänisch. Als rund 20 000 Hamburger von den Besatzern aus der Hansestadt vertrieben wurden, trat der solvente Heine helfend hervor und stellte kurzerhand seine Scheune als Notunterkunft zur Verfügung. 1816, dem Jahr, in dem sein Neffe Harry Heine (Heinrich hieß er erst nach seiner späteren Taufe) aus Düsseldorf an die Elbe zog, hatten sich die Verhältnisse freilich wieder normalisiert. Salomon Heine ging es jetzt wirtschaftlich besonders gut. Er gründete ein eigenes Bankhaus. Außerdem handelte er mit Baumwolle, Zucker und Kaffee, wie so viele erfolgreiche hanseatische Kaufleute. Seit dieser Zeit hielt sich auch Harry Heine oft in dem Anwesen in Ottensen auf. Deshalb wurde 1975 ein Verein gegründet, um der historischen Bedeutung des heutigen Heine-Parks gerecht zu werden und das frühere Gärtnerhaus zu sanieren, das als einziges Gebäude aus der Zeit Salomon Heines erhalten blieb.

In den Jahren vor seinem Tod gehörte der 1767 in Hannover zur Welt gekommene Onkel Heinrich Heines zu den reichsten Hamburgern. Sein Wohlstand war die Folge seiner Teilhabe an dem Bankhaus Heckscher & Comp. Der Schriftsteller und zu Lebzeiten überaus erfolgreiche Dramatiker Karl Gutzkow – zwischen 1838 und 1842 war er Redakteur der für den Vormärz bedeutenden Zeitschrift *Telegraph für Deutschland*, die bei Hoffmann und Campe erschien – wurde einmal zu einem «sonntäglichen Familiendiner» bei Salomon Heine und großen Teilen von dessen weitläufiger Verwandtschaft eingeladen. «Die Versammlung fand in jenem kleinen, aber innerlich comfortabel eingerichteten Hause am Jungfernstiege statt, das nicht mehr existirt», heißt es in Gutzkows 1875 veröffentlichten Erinnerungen. «Schon brannten die Lampen; in Hamburg bleibt man nach dem Fünf-Uhr-Diner beisammen bis zur Theestunde. Der alte lebhafte Herr, der das Theater mit Leidenschaft, das schöne Geschlecht ebenso, doch mit Maß liebte, gönnte mir den Ehrenplatz an seiner Seite und trug mir, wahrscheinlich zum Leidwesen der nächsten Hörer, seine von diesen wol schon unzähligemal gehörte Selbstbiographie vor.» Gutzkow, der eine Zeit lang in der ABC-Straße untergekommen war, wo er auch tagsüber Licht brennen lassen musste, um schreiben zu können, habe der Millionär Salomon Heine also die ganze Geschichte seines märchenhaften ökonomischen Aufstiegs erzählt – und das nicht ohne Spitzen gegen seinen bekanntesten Verwandten und die Schriftstellerei im Allgemeinen. «‹Ueber Literatur kann ich nicht sprechen›, pflegte er zu sagen, ‹ich kenne keine anderen Aufsätze, als die, welche vom Conditor kommen.›»

Offener habe er über seinen Neffen in Paris nicht reden wollen, möglicherweise aus Rücksicht gegenüber dessen Mutter, die inzwischen in Hamburg lebte. «Was er über den Dichter sprach, hielt sich im Ton des bekannten Dictums aus seinem Munde: ‹Hätte mein Neffe etwas gelernt, brauchte er nicht zu schreiben Bücher›.»[1]

Allgemeines Aufsehen erregte der unvorstellbar reiche Salomon Heine besonders durch seine Wohltätigkeit: Das Israelitische Krankenhaus in St. Pauli wurde von ihm gestiftet, und als die Hansestadt 1842 nach dem Großen Brand in Schutt und Asche lag, verlor er kein Wort darüber, dass sein Haus am Jungfernstieg gesprengt worden war, um die Ausbreitung des Feuers zu bremsen. Stattdessen stellte Salomon Heine bedeutende Summen zur Verfügung, um die Not der Bevölkerung zu lindern. Gedankt wurde ihm dafür offiziell nie, nur die Patriotische Gesellschaft nahm ihn noch im Jahr des Brandes als erstes jüdisches Mitglied auf. Inoffiziell fühlten sich ihm hingegen weite Kreise der Bevölkerung verbunden, und als er 1844 starb, nahm seine Beerdigung ähnliche Formen an wie einst jene von Klopstock: Tausende folgten Salomon Heines Sarg durch Ottensen.[2]

Salomon Heines klingender Name schützte sein Erbe und das Anwesen an der Elbchaussee, das er Sommer für Sommer bewohnte, nicht vor dem Verfall. Das vermochte nicht einmal der Weltruhm seines Neffen, den er bis zu seinem Tod finanziell unterstützte, obwohl dieser spätestens seit dem Erfolg des *Buchs der Lieder* darauf nicht mehr wirklich angewiesen war. 1880 wurde Salomon Heines früheres Landhaus zusammen mit den Gewächshäusern abgerissen. Später erwarb der Kommerzienrat Georg Plange die Ländereien, um eine neue Villa zu errichten.

Das kleine Gärtnerhaus, das Salomon Heine 1832 bauen ließ,

konnte 1979 restauriert werden.³ Inzwischen ist es eine Außenstelle des Altonaer Museums. Der gesamte Park wurde unter Denkmalschutz gestellt. Sein Neffe Heinrich hatte 1832 Hamburg bereits verlassen und lebte inzwischen in Paris.

Dennoch blieb er der Hansestadt verbunden, vielleicht enger als jeder anderen Stadt, in der er gelebt hatte. Diese Verbundenheit glich freilich oft einer Hassliebe, doch auch dies hatte nachvollziehbare Gründe. In seinem Onkel Salomon hatte er einerseits einen treuen Unterstützer, andererseits stand dessen Millionärsexistenz im größten Gegensatz zu seinem eigenen Leben als Schriftsteller. Schlimmer noch war, dass Hamburg für Heine in seinen jungen Jahren vor allem mit schwerwiegenden Niederlagen verbunden war. Hier scheiterte er, als sein Onkel ihn in die Geschäftswelt einführen wollte, und an der Elbe litt er wohl auch zum ersten Mal unter Liebeskummer. Das Leben im Schutz des reichen Verwandten, das er sich geradezu himmlisch ausgemalt hatte, entpuppte sich bald nach der Ankunft des jungen Mannes als komfortable Hölle, in der er sich so deplatziert fühlte, dass er mit Schubert und Schmidt von Lübeck hätte singen können: *Da, wo du nicht bist, ist das Glück!*

Fritz J. Raddatz war der Überzeugung, Heines Unglück habe vor allem darin bestanden, dass es für einen jungen Juden wie ihn geradezu ausgeschlossen gewesen sei, sich eine gesicherte Existenz aufzubauen. Dies sei sein Ziel gewesen, «koste es was es wolle». Deshalb habe er immer wieder die Nähe des Onkels gesucht. Raddatz konstatiert: «Und wenn er je einen Menschen außer seiner Mutter geliebt hat, dann war es der Mann, der ihm dazu verhelfen konnte: Salomon Heine; zu ihm hatte er die spannungsreichste Beziehung seines Lebens, voll glühender Leidenschaft und mit kaltem Haß, voll Neid, Bewunderung und Verachtung, wie sie nur eingebettet in eine starke Emotion entstehen kann.» Und der Essayist und damalige Feuilletonchef der *ZEIT* setzt noch eins drauf: «Die einzigen Tränen, die Heine je wirklich geweint, vergoß er allerdings nicht bei dessen Tode, sondern bei der Nachricht, daß er im Testament nahezu übergangen worden sei».[4] – Wie Raddatz sich da so sicher sein kann, lässt er offen.

Vielleicht haben diese Worte doch mehr die eigenen Ressentiments diktiert als die Erkenntnisse des Literaturforschers. Raddatz ist allerdings zuzustimmen, dass die Konstellation, in die der jugendliche Harry Heine in Hamburg und Ottensen hineinstolpert, wie dafür gemacht wirkt, stärkste Gefühle freizusetzen. Im Laufe der Zeit wird die Hansestadt, in der er zusammengerechnet mehr als sechs Jahre verbringt, für ihn zum Synonym für familiäre Spannungen, die wohl jeden aus der Bahn werfen könnten. Noch dazu beginnt alles mit Harry Heines eigenem Versagen in Frankfurt, wo er lust- und erfolglos in einem Bankhaus und einer Kolonialwarenhandlung volontiert und stattdessen lieber an seinen Gedichten arbeitet. Dies führt überhaupt erst dazu, dass der Onkel sich seiner annimmt. Mit Beginn der Lehre in Hamburg könnte Ruhe in sein Leben einkehren, ihn aber wirft die aussichtslose Leidenschaft für seine Cousine Amalie aus der Bahn. Auf dem Höhepunkt seiner Krise schickt er am 20. November 1816 einen Brief an seinen Freund Christian Sethe, der in Göttingen studiert. Fast einen Monat lang hat es gedauert, bis er diesen Brief beenden konnte, den er schon am 27. Oktober begonnen hatte. Entstanden ist dabei eine Art Protokoll seiner inneren Zerrissenheit – ein Stück großer Literatur, geboren aus jugendlicher Verzweiflung, eine existenzielle Reflexion über die Liebe und das Schreiben, den materiellen Wohlstand und das, was das Leben wirklich lebenswert machen könnte.

Ausgangspunkt ist die Absage, die Amalie ihm gegeben hat, und der unglücklich Liebende macht daraus keinen Hehl. «Sie liebt mich *nicht!*», beginnt er. Mit der nächsten Bemerkung verwandelt er seinen Brief in ein literarisches Werk, indem er eine Leseanweisung gibt: «Mußt, lieber Christian, dieses *letzte* Wörtchen ganz leise, leise aussprechen. In den ersten Wörtchen liegt der ewig lebendige Himmel, aber auch in dem letzten liegt die ewig lebendige Hölle.» Wenn sein Leben auch aus den Fugen geraten zu sein scheint und sich das Für und Wider der Emotionen nur noch mit der Dialektik von Himmel und Hölle vergleichen lässt, fühlt sich Heine in der Schrift zugleich immer souveräner.

So gerät sogar die Entschuldigung für sein überlanges Schweigen zu einer wortreichen Demonstration der eigenen Ausdruckskunst: «Könntest Du Deinem armen Freunde nur ein bischen ins Gesicht sehen, wie er so ganz bleich aussieht und gewaltig verstört und wahnsinnig, so würde sich Dein gerechter Unmuth, wegen des langen Stillschweigens, sehr bald zur Ruhe legen; am Besten wär es zwar wenn Du einen einzigen Blick in seine inn're Seele werfen könntest, – da würdest Du mich erst recht liebgewinnen; – Eigentlich, mußt Du wissen lieber Christian, ist jeder meiner Gedanken ein Brief an Dich oder wenigstens gestaltet er sich so, und ich habe Dir unlängst schon einen Ellenbreit langweiligen Brief zusammen gekrazt, wo ich Dir mein ganzes Innere seufzend aufschloß, vom Ey der Leda an bis Troyas Zerstörung; aber diesen Brief habe *ich* weislich wieder vernichtet, da er doch zu nichts dienen konnte als in fremde Hände zu fallen und mir alsdann vielleicht den Garaus zu machen.»[5]

Was ist vorgefallen?

Heine hatte sich in die Tochter seines reichen Onkels offenbar bereits verliebt, als er noch in Düsseldorf zur Schule ging, zuletzt hatte er sie 1814 gesehen. Sie aber weicht ihm aus, und das tut sie vielleicht allein schon deshalb, weil sie die innerfamiliären Verhältnisse nicht noch komplizierter machen möchte, als sie ohnehin schon sind. Ihr Onkel Samson, Harrys Vater, steht kurz vor dem Bankrott. Währenddessen hält ihr Vater mehr und mehr die gesamte Familie finanziell über Wasser, auch die seines wirtschaftlich glücklosen Bruders. Wie sollte das eine junge Liebe nicht belasten? Amalie fürchtet sich davor, im Gegensatz zu ihrem Cousin, dem Luftikus.[6]

Dieser vergleicht sich selbst mit einem wild entschlossenen Spieler. In Sachen Liebe versucht sich Harry als romantischer Draufgänger, wider die Vernunft, immer dem «Verderben» entgegen, das «so herrlich und lieblich aussieht», wie er seinem Freund Sethe gesteht: «Aut Caesar, aut nihil war immer mein Wahlspruch. *Alles* an *Allem*. / Ich bin ein wahnsinniger SchachSpieler. Schon beym ersten Stein habe ich die Königinn verloren, und doch spiel ich noch, u spiele – um die Königinn. Soll ich weiter spielen?»[7]

Welche steinreiche Erbin ließe sich darauf ein?

Seitenweise gestaltet Harry Heine in dem Brief an Sethe virtuos sein Selbstmitleid und gelangt dabei zu einer Reflexion, die als Programm dienen könnte für ein künftiges literarisches Lebenswerk. En passant entwirft er eine Poetik der Schonungslosigkeit, ja Grausamkeit gegen sich selbst, mit der er letztlich alles, was er tut, seinem künstlerischen Werk unterordnet. Diese Radikalität weist auf moderne Autoren wie Franz Kafka oder Antonin Artaud und dessen «Theater der Grausamkeit» voraus. «Du weißt nicht welch ungeheuer Weh mir der dolchscharfe Widerhacken macht», schreibt der jugendliche Heine, «mit welchem sich jedes Wort aus meine Seele hervorreißt; andern Leuten kosten die schwarze Striche nichts, können sie nach Belieben hin und herstellen, schreiten auf dem Cothurn um besser durch den Dreck zu kommen. Dies was Du *hier* für Cothurn ansehen magst, sind riesig hohe Schmerzgestallten die aus den gähnend weiten, blutigen Herzwunden hervorsteigen.»[8]

Deutlicher kann man sich nicht lossagen von dem großbürgerlichen Lebensprogramm seines Onkels Salomon und seiner geliebten Cousine Amalie, die ihr Selbstbewusstsein vor allem aus ihrer gesellschaftlichen Stellung und ihrem Reichtum schöpfen, die ihnen auch dabei helfen, sich der Diskriminierung als Juden zu entziehen. Letztlich geht es darum, den Gegensatz zwischen einer materiellen und einer intellektuellen Emanzipation auszugleichen oder wenigstens auszuhalten. Auch der junge Harry erkennt die Vorteile des Lebensentwurfs von Salomon Heine und dessen erfolgreichen Freunden. Zugleich weiß er, dass er dem Onkel nur um Preisgabe der Dichtung folgen könnte. So werden Salomon Heine und Hamburg für ihn zu Chiffren der maßlosen Geldgier und Geist- und Kunstfeindlichkeit.

Noch in dem 1844 bei Hoffmann und Campe veröffentlichten Versepos *Deutschland. Ein Wintermährchen* wird die Wehmut über die Zerstörung Hamburgs durch den Großen Brand neben scharfem Spott auf jene Hanseaten stehen, die sogar in schlimmster Not dem Mammon huldigen:

> Die Leute seufzten noch vor Angst,
> Und mit wehmüth'gem Gesichte
> Erzählten sie mir vom großen Brand
> Die schreckliche Geschichte:

> «Es brannte an allen Ecken zugleich,
> Man sah nur Rauch und Flammen!
> Die Kirchenthürme loderten auf
> Und stürzten krachend zusammen.
> [...]

> Die Bank, die silberne Seele der Stadt,
> Und die Bücher, wo eingeschrieben
> Jedweden Mannes Banko-Werth,
> Gottlob! sie sind uns geblieben!

> Gottlob! man kollektirte für uns
> Selbst bey den fernsten Nazionen –
> Ein gutes Geschäft – die Collekte betrug
> Wohl an die acht Millionen.

> Aus allen Ländern floß das Geld
> In unsre offnen Hände,
> Auch Victualien nahmen wir an,
> Verschmähten keine Spende.
> [...]
>
> Der materielle Schaden ward
> Vergütet, das ließ sich schätzen –
> Jedoch den Schrecken, unseren Schreck,
> Den kann uns niemand ersetzen!»[9]

Als er nach Hamburg in die Großen Bleichen zieht, hat Heine vielleicht noch Hoffnung, diesen Widerspruch sozusagen an Klopstocks Grab auflösen zu können, als dessen legitimen Nachfolger er sich dann auch in *Deutschland. Ein Wintermährchen* inszenieren wird. Doch schon in seinem frühesten überlieferten Brief an Christian Sethe vom 6. Juli 1816 stellt er die Stadt als «verludertes Kaufmannsnest» dar, in der es «Huren genug, aber keine Musen» gebe.[10]

Auch dies klingt im *Wintermährchen* nach, nur können Prostituierte für den erfahrenen Dichter durchaus zu Musen werden. Sogar ihnen sinnt er melancholisch nach, den käuflichen Schönheiten aus der Schwiegerstraße und von der Drehbahn. Heines Biografen zweifeln nicht daran, dass er in Hamburg immer wieder mit Prostituierten verkehrte. Dies ist der tiefere Grund für die spielerisch-zynische Aneinanderreihung ihrer Decknamen in einigen Strophen, die er vor Drucklegung jedoch aus dem *Wintermährchen* streicht. Anonym werden sie aber trotzdem veröffentlicht – und zwar ausgerechnet als Teil jener *Memoiren einer Prostituirten*, die 1847 von einem Dr. J. Zeisig im Auftrag der *Hamburg-Altonaer Volksbuchhandlung in St. Pauli* für den Druck eingerichtet werden. Beim Herausgebernamen handelt es sich um eine Fiktion. Hinter dem Vogelnamen Zeisig verbirgt sich wahrscheinlich der Telegrafiepionier Friedrich Clemens Gerke, der einst im «Gasthaus zu den vier Löwen», einem bekannten Tanzbordell am Hamburger Berg, als Klarinettist für Seeleute und Prostituierte aufspielte und bereits 1838 eine Serie von Zeitungsartikeln über St. Pauli veröffentlicht hatte.[11] Die eindrucksvollen *Memoiren einer Prostituirten* konnten nur als Tarnschrift erscheinen.[12] Erst sehr viel später bekannte sich der Hoffmann und Campe Verlag auf versteckte Weise dazu, seinerzeit für die Veröffentlichung des Buches gesorgt zu haben, das sich wie ein Dokumentarroman liest – wie eine ernsthaftere Vorwegnahme von Margarete Böhmes 1905 veröffentlichtem Bestseller *Tagebuch einer Verlorenen*.[13] Die *Memoiren* stellen den verbrecherischen Mädchenhandel in allen Details bloß und lassen keinen Zweifel an der Brutalität jenes Gewerbes, das damals nicht nur am ‹Hamburger Berg› angesiedelt war, sondern auch in der Umgebung des Gänsemarkts. Dabei ist der Bericht keineswegs moralisierend, schließlich wird aus Sicht einer «Gefallenen» erzählt, die unter dem Namen Pauline H. firmiert, den Ausstieg geschafft hat und eine Emigration in die Neue Welt plant.

Fortwährend hadert Pauline mit ihrem Schicksal. Sie klagt aber nicht an, vielmehr denkt sie über das Für und Wider der Prostitution nach und stellt die Frage, was in diesem Zusammenhang als «Sünde» betrachtet werden könnte. Ihre Antwort wirkt sehr modern: Sie sei sich im Klaren darüber, «daß, wenn es wirklich zur Sünde zu rechnen, die Männer den größten Theil davon tragen, während wir fast allein dafür büßen müssen, was sie verbrochen».[14] Paulines *Memoiren*, die ‹Dr. Zeisig› nach eigenen Aussagen im Sommer 1846 in Bremerhaven von ihr selbst übernommen und «nur wenig» verbessert hat, sind gespickt mit Anspielungen und Verweisen auf Lessing, Hegel, Gutzkow und viele andere namhafte Schriftsteller. Wie und warum die gestrichenen Verse aus dem berühmten *Wintermährchen* in dieses Buch gelangten, wissen wir nicht. Doch wer auch immer diese Erinnerungen verfasst hat, sie oder er war in der Literatur nicht weniger zu Hause als in der Welt der Prostitution.

29. Bei Rühmkorfs in Övelgönne

Knapp 120 Jahre nach Heines elendigem Ableben in seiner Pariser Matratzengruft wird Peter Rühmkorf mit dem Buch *Walther von der Vogelweide, Klopstock und ich* einen Verkaufserfolg landen. Wie mit den 1972 erschienenen Erinnerungen *Die Jahre die Ihr kennt* erreicht er auch mit dem neuen Band nicht nur den überschaubaren Zirkel der Lyrikenthusiasten, sondern einige Zehntausend Leser. Rühmkorfs unerschrocken-größensehnsüchtiger Titel hätte auch Heine einfallen können. In seiner Mischung aus Essays, Übersetzungen und neuen Gedichten markiert *Walther von der Vogelweide, Klopstock und ich* für Rühmkorf vor allem das Ende eines langen Lebensabschnitts, in dem er mit seiner Lyrik in eine tiefe Krise geraten war.

1967 war er mit seiner Frau Eva in die oberen beiden Stockwerke des weißen Övelgönner Lotsenhauses mit der Nummer 50 gezogen. Und ungefähr seit dieser Zeit gelangen Rühmkorf keine Verse mehr. Rückblickend glaubte er selbst, dies habe besonders mit der allgemeinen Stimmung dieser Jahre zu tun gehabt: Die persönliche Blockade deute «auf eine ziemlich grundsätzliche Unvereinbarkeit von Politik und Poesie» hin.[15] Seine zweite Lyriksammlung *Kunststücke. Fünfzig Gedichte nebst einer Anleitung zum Widerspruch* hatte der Rowohlt Verlag im November 1962 auf den Markt gebracht: ein Achtungserfolg. Anschließend versuchte Rühmkorf vergeblich, als Dramatiker zu reüssieren. Parallel dazu begann er, gemeinsam mit den stadtbekannten Jazzmusikern Michael Naura und Wolfgang Schlüter aufzutreten. Erstmals präsentierten sie sich im August 1966 vor großem Publikum auf dem Adolphsplatz. Sogar das *Hamburger Abendblatt* ließ sich davon mitreißen: «Peter Rühmkopfs [sic!] Gedichte erwiesen sich, werbewirksam in Jazz verpackt, als gut geeignet für den Vortrag auf freiem Platze. Seine hinter schnoddrigen Versen versteckte Empfindsamkeit (Herz in Aspik), sein Wohlstandsunmut

Bei Rühmkorfs in Övelgönne

Peter Rühmkorf mit dem Liedermacher Wolf Biermann und dem Lyriker
Allen Ginsberg in seinem Arbeitszimmer in Övelgönne, 1977

und seine mit der Hand in der Hosentasche vorgetragenen Wort- und Gedankenspiele fanden lauten Beifall.«[16] Es zeigte sich, dass Formen der Straßenkultur schon im Vorfeld der Studentenbewegung breite Resonanz haben konnten. Rühmkorfs Auflagenzahlen tat das gut. Künstlerisch gesehen waren seine Lesekonzerte allerdings eher ein Symptom der persönlichen Lyrikkrise als deren Bewältigung: Neue Gedichte wollten ihm auch weiterhin nicht gelingen.

Die Wende kam für ihn mit der Übertragung einiger mittelhochdeutscher Lieder in eine Diktion, die auch Leser im 20. Jahrhundert berührt, ohne dabei den historischen Abstand zum Original zu verleugnen. Spätestens bei seiner Auseinandersetzung mit Walther von der Vogelweide hatte sich Rühmkorf auf die Suche nach gewissermaßen zeitlosen Ausdrucksformen der Dichtung gemacht. Und hierbei hatte er nicht nur Walther und Klopstock für sich wiederentdeckt, sondern zum Glück auch die eigene Poesie. Den Schluss seines Buches bilden 21 neue Gedichte voller Verweise auf Vorläufer und Tintenverwandte, darunter das programmatische *Hochseil*, eine entschiedene Absage an die ideologische Forderung der Post-68er, alles, aber auch alles als politisch zu betrachten. Rühmkorf bekannte sich stattdessen zur Tradition und zur Artistik:

> Wir turnen in höchsten Höhen herum,
> selbstredend und selbstreimend,
> von einem Individuum
> aus nichts als Worten träumend.
> [...]
>
> Wer von so hoch zu Boden blickt,
> der sieht nur Verarmtes/Verirrtes.
> Ich sage: wer Lyrik schreibt, ist verrückt,
> wer sie für wahr nimmt, wird es.

Nicht zufällig klingen diese Strophen mit ihren Kreuzreimen wie eine Hommage an den volksliedhaften Ton von *Deutschland. Ein Wintermährchen* – wie ein Winken vom Elbufer hinauf in den Heine-Park. In dieser Hinsicht räumt Rühmkorfs Schlussstrophe virtuos alle Zweifel beiseite:

> Die Loreley entblößt ihr Haar
> Am umgekippten Rheine...
> Ich schwebe graziös in Lebensgefahr
> Grad zwischen Freund Hein und Freund Heine.[17]

Unter denen, die ihm nahestehen, wird Rühmkorf seit Schulzeiten ‹Lüng› oder auch ‹Lynghi› genannt, nach dem rebellischen Fischer in Detlev von Liliencrons Ballade *Pidder Lüng*.[18] In Altonas Straßen trifft man ihn oft mit Schiebermütze und wehendem Trenchcoat. Wenn er durch die Palmaille in Richtung Reeperbahn eilt, hat er wahrscheinlich Liliencrons Verse im Ohr, genau wie jene von Klopstock *und* Heine, sobald er in die Elbchaussee einbiegt. Zu Fuß erreicht man diese von Övelgönne aus, indem man die Himmelsleiter hochsteigt, oberhalb des Cafés Strandperle, vor dem Studenten seit Generationen im schmutzigen Sand Bier trinken und Joints rauchen.

Der Politikerin Eva Rühmkorf, seit 1979 Chefin der ersten westdeutschen Leitstelle für die Gleichstellung der Frau, werden die quirligen Vergnügungssuchenden direkt vor ihrer Haustür oft zu viel. Ihr Mann hingegen sieht das gelassen. Im Grunde genießt er den Trubel. Oft steht er auf dem winzigen Balkon des Lotsenhauses, manchmal mit einem Fernglas, doch das nicht unbedingt, um die vorbeifahrenden Schiffe besser sehen zu können. Er liebt es, das Strandleben zu beobachten: «Noch Seher oder schon Spanner», fragt er 1988 nicht ohne Grund in seinem Selbstporträt *Mit den Jahren…* Und voller Ironie fügt er hinzu:

> Von meinem Augenhintergrund her steh ich
> unseren Herrenmagazinen
> eigentlich doch etwas näher
> als den Zielen der Frauenbewegung
> (Phosphoreszierende Strumpfbänder – Arschzeigehosen –
> Tittenspitzen steif wie Radiergummis)
> Na, mal abwarten erst
> wenn der Kopf gegen Mittag endgültig durch die Tabletten bricht…[19]

Bei solchen Worten ist die Arbeit seiner Frau stets mitzudenken. So etwas dichtet Rühmkorf nicht nur im Scherz. Es wirft auch Licht auf seinen Lebenswandel; ebenso wie die Selbsternennung zum «Doyen der deutschen Drogenszene». Als lyrischem «Ich-Darsteller» liegen ihm seine literarischen Vorläufer allerdings doch mehr am Herzen als wechselnde Liebschaften und selbst gezogene Cannabispflanzen.[20] Ohne Frage gehört er zu den belesensten Schriftstellern seiner Generation.

Dabei stoßen wir mit ihm auf das bemerkenswerte Phänomen, dass sein persönlicher Kanon mustergültiger Werke deutlich regional gefärbt ist. Natürlich gehören die 1956 verstorbenen Antipoden Gottfried Benn und Bertolt Brecht für ihn zu den Fixsternen moderner Lyrik. Beide hat er als Student bei ihren Auftritten in Hamburg noch persönlich erlebt, wobei ihn ‹Big Benn› eher enttäuschte: Er kam ausgerechnet auf Einladung des von Rühmkorf als diabolisch empfundenen Ordinarius Hans Pyritz aus Berlin angereist. Und dann trug er seine Gedichte auch noch vor, so Rühmkorf, «als ob er sie selbst nicht verstanden hätte».[21]

Davon abgesehen favorisiert er erstaunlich viele Autoren, die eine enge Beziehung zu Hamburg, ja sogar zu Altona haben. Rühmkorf selbst spricht gelegentlich von seinem Lokal- und Literaturpatriotismus.[22] Einerseits meint er das topografisch; andererseits wird er dabei aber auch die verwandten Sprachmelodien im Sinn gehabt haben, die regionalen Klangfarben der Prosodie. Wie kaum jemand vor ihm amalgamiert Rühmkorf die unterschiedlichsten Register der norddeutschen Literatur. Dies macht es umso bedauerlicher, dass Hamburg die Chance verpasst hat, die Wohnung der Rühmkorfs zur Gedenkstätte zu machen, als Eva Rühmkorf 2013 starb. Einen besseren Standort für ein Hamburger Literaturmuseum hätte man sich kaum denken können, zumal auch Yoko Tawada viele Jahre in der Nachbarschaft gewohnt hat, Övelgönne schon 1934 von Hans Leip zum Schauplatz des Liebesromans *Jan Himp und die kleine Brise* gemacht wurde und es auf der Hand gelegen hätte, in der Nähe des reizvollen Museumshafens das Maritime und das Intellektuelle touristisch miteinander zu verbinden.

Bei Rühmkorfs in Övelgönne

Wer aber gehörte zu Rühmkorfs Kanon? Wen hielt er – mit seinem Liliencron'schen Spitznamen – für bedeutend?

Neben Klopstock, Heine und Ringelnatz zählten vor allem Barthold Heinrich Brockes, Hans Henny Jahnn, Wolfgang Borchert, Arno Schmidt und Kurt Hiller zu seinen wechselnden weltlichen Hausgöttern; Letzterer wohnte seit seiner Rückkehr aus dem Exil in den Grindelhochhäusern. Auch Johann Heinrich Voß gehörte dazu, mit seiner staunenswerten «rhythmischen Gelenkigkeit» – der Homer-Übersetzer und «Metrenkundler» lebte eine Zeit lang in Wandsbek.[23] Er war Freimaurer, und Johann Georg Büsch vermittelte ihm eine Stelle in Otterndorf. Unweit davon, in Warstade, verbrachte Rühmkorf seine Kindheit, gut anderthalb Jahrhunderte später. Über all diese Autoren hat Rühmkorf Essays geschrieben, sie alle hinterließen auch in seiner Lyrik und seinen Tagebüchern ihre Spuren.

In der unmittelbaren Nachkriegszeit, nachdem Rühmkorf von zu Hause ausgezogen war, bildete er mit dem Journalisten Klaus Rainer Röhl und mit Peggy Parnass, die als Gerichtsreporterin bekannt wurde, in der Lokstedter Stresemannallee 70 eine WG. Der früh verstorbene Lyriker Werner Riegel, der 1947 als Hilfsarbeiter nach Hamburg kam, gab mit ihm zusammen die kleine, aber wegweisende Zeitschrift *Zwischen den Kriegen* heraus, und schließlich beteiligte sich Rühmkorf am *Studenten-Kurier*, aus dem zwei Jahre später das Magazin *konkret* hervorging.[24]

Im sozialistischen und linksliberalen Milieu gewann *konkret* großen Einfluss. Finanziert wurde die von Röhl herausgegebene Zeitschrift aus der DDR.[25] Wie viel Rühmkorf davon wusste, ist ungewiss; möglicherweise gar nichts. Heute steht außer Frage, dass sowohl der *Studenten-Kurier* als auch *konkret* wirtschaftlich überhaupt nur als realsozialistische ‹Tarnzeitungen› überleben konnten. Jürgen Manthey wurde als Student *konkret*-Redakteur. Er erinnerte sich rückblickend an diese Zeit: «Ich verdiente so ein bisschen Geld neben meinem Studium, und Röhl redete mir ins Feuilleton nie rein. Politisch war ich völlig ahnungslos, was den Hintergrund der Zeitschrift anging. Rühmkorf und mir wurde aufgetischt, dass das Blatt von einem Kurt-Tucholsky-Kreis herausgegeben werde, dessen Mäzen Ernst Rowohlt sei.»[26]

Was für Manthey und viele seiner Kommilitonen an Röhls Zeitschrift die Hauptsache war, die undogmatischen Kulturseiten, der für damalige Verhältnisse frische, ja poppige optische Auftritt und später auch die heute harmlos wirkenden Aktfotos – dies alles war nichts als bunt schillerndes Dekor, um den eigentlichen Auftrag von *konkret* zu verdecken und die Verbreitung der Hefte zu fördern. «Das Layout der Zeitung, das Format, die Titelbilder und auch das für eine subkutan kommunistische ‹Tarnzeitung› nicht ideologiekonforme Feuilleton sorgten für ein einmaliges Renommee in intellektuellen Kreisen», glaubte Manthey. Später erst habe ihm Röhl erklärt, dass er bei seinen Ostberliner Finanziers diesen «Zuschnitt des Feuilletons durchgesetzt habe, weil das bei den Studenten besser ankäme».[27]

Röhls Strategie bestand darin, die Grundfinanzierung mit DDR-Mitteln abzusichern und gleichzeitig durch Steigerung der Auflage Gewinne zu erzielen. Äußerlich spielte er dabei perfekt die Rolle des linken Medienunternehmers, der es mit seinem Blatt ökonomisch geschafft hatte. Denn bald stabilisierte sich die Auflage bei über 15 000 verkauften Exemplaren. Und seine Starautorin war niemand anderes als seine Ehefrau: Ulrike Meinhof.

Neben ihr wirkten bei *konkret* im Laufe der Jahrzehnte fast alle maßgeblichen Stimmen der regionalen literarischen und journalistischen Szene mit – von Stefan Aust und Manfred Bissinger über Hubert Fichte, Christian Geissler, Hermann Peter Piwitt und Günter Wallraff bis hin zu Brigitte Kronauer, Henning Venske und Diedrich Diederichsen. Viele von ihnen zählten zum Freundeskreis der Rühmkorfs.

Bei Rühmkorfs in Övelgönne

Insgesamt waren die Zirkel überschaubar: Heinrich Maria Ledig-Rowohlt setzte sich für Rühmkorfs Bücher ein und engagierte ihn einige Jahre lang als Lektor des Rowohlt Verlags. Horst Janssen, der in Blankenese lebte, entwarf für Rühmkorf Cover und wechselte mit ihm zahlreiche Postkarten. Günter Grass begeisterte sich für Rühmkorfs Gedichte, ebenso der Großkritiker Marcel Reich-Ranicki, mit dem ihn seit dessen Hamburger Jahren eine herzliche Arbeitsfreundschaft verband. Hinzu kamen Eva Rühmkorfs politische Verbindungen – später wurde sie sogar Bildungsministerin und stellvertretende Ministerpräsidentin von Schleswig-Holstein. Kurz: Ob sie es wollten oder nicht, die Rühmkorfs gehörten zum intellektuellen Establishment der Hansestadt, und dies konnte manche ihrer Leser, Anhänger und Bekannten verbittern. Etwa Hubert Fichte, der zwar selbst für *konkret* Musikkritiken schrieb, in seinem Tagebuch aber gnadenlos mit den Salonlinken aus Groß-Altona abrechnete, denen sich in der Aufbruchstimmung der Sechziger- und Siebzigerjahre gelegentlich auch konservative Publizisten wie Joachim Fest oder Karl Heinz Bohrer beigesellten.

1967 lässt Hubert Fichte es sich nicht nehmen, über eine der typischen Blankeneser Partys Buch zu führen. Eingeladen hat die Reederstochter und Kunstsammlerin Helga – «Hexi» – Hegewisch, die zu den wichtigen Unterstützerinnen von Horst Janssen gehört und den Rühmkorfs die Wohnung in Övelgönne vermietet, mit Blick über die Elbe.[28] Unter den Gästen waren, wie Fichte fast etwas buchhalterisch festhält, Rudolf Augstein, die Kritiker Fritz J. Raddatz und Reinhard Baumgart, Heinrich Maria Ledig-Rowohlt und der Maler Paul Wunderlich. Fichte fühlt sich unwohl in dieser Schickeria: «Da bin ich lieber mit Strichern, Nutten und Zuhältern zusammen.» Besonders merkwürdig kommt ihm an diesem Abend Rühmkorf vor, mit dem er eigentlich befreundet zu sein glaubt. Als dieser ihn nun aber entdeckt, hätten «sich die zwei tiefen Furchen eines Magenkranken auf seinem Gesicht» abgezeichnet. Fichte geht davon aus, dass er sich davor fürchte, «bei seinen Bananenreedern nicht mehr alleine als der Rote Rühmkorf glänzen» zu dürfen.[29]

Am abstoßendsten karikiert Fichte Marcel Reich-Ranicki und spielt dabei dessen Sprachfehler voll aus. Der Kritiker schnaufe den ganzen Abend nur so herum und beschwere sich lispelnd, dass hier viel zu wenig los sei. Dies treffe zwar zu, so Fichte, liege aber nicht zuletzt an Reich-Ranicki selbst, der jede Stimmung verderbe. Dennoch tanze man bald zu Rockmusik. Den umschwärmten Mittelpunkt der Party bilde in jeder Situation die barfüßige und blitzgescheite Ulrike Meinhof. Am maßlosen Reichtum der Gastgeber scheint sich die Marxistin nicht wirklich zu stören, und ihr Gatte verkünde wieder und wieder, dass zwei «Drittel der Menschheit hungern».[30]

Auf Fichte wirkt das alles verlogen. Nur dass er selbst auf dem besten Weg ist, genauso etabliert zu werden wie die Opfer seines Spotts, und seine regelmäßigen Ausflüge nach St. Pauli und St. Georg daran nichts ändern, scheint er nicht zu merken. Rühmkorf geht mit solchen Gegensätzen rationaler um, indem er sich einerseits mit seiner Frau in der Anti-Atom-, der Friedensbewegung und für den linken Flügel der SPD engagiert und sich in seiner Dichtung andererseits von der Politik weitgehend verabschiedet. Dabei bewahrt er sich seine persönliche Freundlichkeit, und er hat auch nichts dagegen, in der «Kulturlagune» Övelgönne als Institution zu gelten.[31] Klopstock war zu Lebzeiten schließlich auch stadtbekannt. Eher schon stört Rühmkorf das gut gemeinte Etikett vom ‹lyrischen Bruder Leichtfuß›, das ihm die Werbeabteilung seines Verlags immer wieder anheftet. Denn es führt vollkommen in die Irre: Mag es auch spielerisch klingen, wenn er in *Hochseil* dichtet, er «schwebe graziös in Lebensgefahr», diese Aussage hat zugleich einen existenziellen Stachel. Und der folgende Vers – «zwischen Freund Hein und Freund Heine» – spielt nicht nur auf Heine an, sondern ebenso auf Matthias Claudius, dessen berühmtes *Abendlied* Rühmkorf in *Kunststücke* hin-

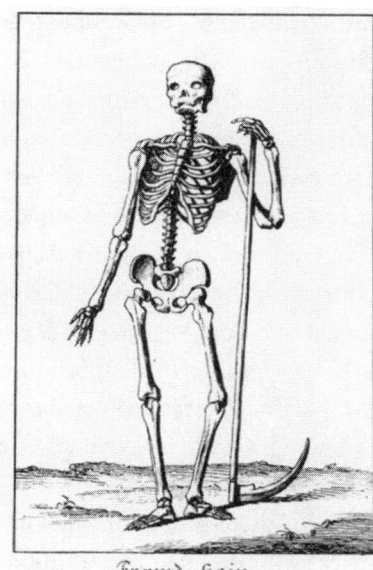

Das berühmte erste Kupfer
in Matthias Claudius' «Sämmtlichen Werken»

reißend parodiert hat. «Der Mond ist aufgegangen», hieß es da. «Ich zwischen Hoff- und Hangen, / rühr an den Himmel nicht.»[32]

Aus jedem Lexikon lässt sich erfahren, dass die Rede von Freund Hein oder Hain als euphemistische Umschreibung des Todes seit dem 17. Jahrhundert verbreitet ist. Populär wurde Freund Hein allerdings erst durch Matthias Claudius und dessen *Wandsbecker Bothen*. Von 1770 bis 1775 verantwortete Claudius die legendäre Zeitung viermal die Woche als alleiniger Redakteur im Auftrag des Barons Heinrich Carl von Schimmelmann. Die Auflage war mit ungefähr 400 Exemplaren winzig, aber das Renommee des *Bothen* bald enorm. Dies lag ausschließlich an Claudius' intellektueller und moralischer Integrität. Der deutsch-dänische Großunternehmer

Schimmelmann hatte sein immenses Vermögen als Sklavenhändler erworben. Er besaß eine Handelsflotte, Plantagen in der Karibik, Dänemarks erste Gewehr- sowie die größte Zuckerfabrik und betrieb zwischen Neumühlen und Teufelsbrück einen eigenen Hafen.[33] Sein Redakteur Claudius aber ließ sich nicht korrumpieren und veröffentlichte das Gedicht *Der Schwarze in der Zuckerplantage*, mit dem er das Elend der Sklaven anprangerte, und dies ist nur ein Beispiel von vielen.[34] Das Ethos des grundsätzlich obrigkeitshörigen Claudius ging einher mit seiner Frömmigkeit und dem Vertrauen auf ein besseres Dasein im Jenseits. Deshalb zeigt das «erste Kupfer» der *Sämmtlichen Werke des Wandsbecker Bothen* auch Freund Hein. Ihm seien diese Schriften zugeeignet: «Er soll als Schutzheiliger und Hausgott vorn an der Haustüre des Buches stehen.»[35]

Als Rühmkorf nach seinem lyrischen Comeback wieder regelmäßig Gedichte veröffentlichte, schrieb er sich mit ihnen in ein ‹literaturpatriotisches› Netz ein. Er spannte es von Wandsbek über den Gänsemarkt, Lokstedt und Ottensen bis ins Blankenese Hans Henny Jahnns und Horst Janssens.

30. Neuer Realismus und Kulturfabriken

«Hamburg – es gehört dazu auch die weite Elbe, die unmittelbar in das Meer hinausführt, der Duft und die Nähe des Meeres, das Schreien der Möwen über der Stadt.»[36] – So erinnerte sich die Philosophin und Schriftstellerin Margarete Susman, die 1874 zwar in Hamburg geboren wurde, die Hansestadt aber zusammen mit ihren Eltern als Kind verließ und seither kaum noch Beziehungen in den Norden hatte. Die Gerüche und die Schreie der Möwen waren ihr geblieben. Merkwürdig, wie viele Hamburger, die ihre Stadt verlassen, gerade diese gemächlich über den Straßen, Parks und Gewässern kreisenden Vögel vermissen, die allen Schiffen folgen und sich an Land auf jeden Essensrest stürzen. Susmans Kindheitserinnerung ist alles andere als originell. Gerade deshalb wirkt sie treffend und eine Mitteilung wert, denn ohne sie wäre das Bild der fernen Metropole für die Autorin unvollständig, besonders das von St. Pauli, Ottensen und den Elbvororten.

Gut zwei Generationen jünger als Susman war Brigitte Kronauer, eine der bedeutendsten Schriftstellerinnen, die je an der Elbe gelebt haben. Es ist nicht rühmlich, aber symptomatisch für Hamburg, dass ein souveräner Erzähler wie Siegfried Lenz, der seit 1963 in Othmarschen wohnte, trotz seiner ostpreußischen Herkunft geradezu als Hanseat verehrt, gefeiert und in Reiseführern erwähnt wird, die künstlerisch und intellektuell überragende Brigitte Kronauer hingegen fast unbeachtet blieb. Den populären Autor der *Deutschstunde* machte Hamburg sogar zum Ehrenbürger. Dabei hat die 1940 in Essen geborene Brigitte Kronauer zusammen mit ihrem Mann, dem Kunstkritiker Armin Schreiber, und dem Maler Dieter Asmus jahrzehntelang in einem Rotklinkerhaus in der stillen Rupertistraße gewohnt, zwischen dem Hirschpark, der S-Bahn-Haltestelle Hochkamp und dem Nienstedtener Friedhof.

Als Brigitte Kronauer 2005 in Darmstadt der Georg-Büchner-Preis verliehen wurde, die immer noch wichtigste literarische Auszeichnung im deutschsprachigen Raum, war sich die literarische Welt ausnahmsweise einmal einig: Dies war überfällig! Zu Hause in Hamburg interessierten sich hingegen nur wenige für die Ehrung. Sicher lag das auch daran, dass die Schriftstellerin zwar ausgesprochen elegant und souverän auftrat, es ihr aber fremd war, sich in den Vordergrund zu spielen. In ihrem Understatement wirkte sie erstaunlich hanseatisch. Auf die Darmstädter Preisverleihung angesprochen, stellte sie nüchtern fest: «Ich sehe Preise nicht als Markierungen in der Laufbahn eines Schriftstellers; die hat ihre Beurteilung doch vor allem in ihm selbst. Für mich ist der Büchnerpreis einfach eine wunderbare Sache, weil ich es schön finde zu wissen, dass es in

Brigitte Kronauer, 2008 fotografiert von Chris Korner

der Jury Leute gibt, die sich für meine Bücher einsetzen.«[37] Deutlicher kann man nicht ausdrücken, dass kulturelle Auszeichnungen angenehm sind und manchmal sogar hilfreich, letztlich mit dem Werk eines Künstlers aber nichts zu tun haben. Und 2005 hatte Kronauer Preise längst nicht mehr nötig. Spätestens seit 1986, seit Erscheinen ihres Romans *Berittener Bogenschütze*, galt sie als feste Größe der Gegenwartsliteratur.

Zu ihren bekanntesten Büchern gehört der Roman *Teufelsbrück* aus dem Jahr 2000. Mit ihm gelingt ihr das kleine Wunder, ausgerechnet das Elbe-Einkaufszentrum in Osdorf in einen unvergesslichen literarischen Schauplatz zu verwandeln. Brigitte Kronauer erweist sich als Meisterin der übergenauen Wahrnehmung. Wieder und wieder werden Alltäglichkeiten von ihr derart detailliert beschrieben, dass sie plötzlich rätselhaft, fremdartig, mitunter sogar verstörend wirken. Hierin erinnert Kronauer an die Künstler der Gruppe ZEBRA, die in den Sechzigerjahren von Studenten der Hochschule am Lerchenfeld gegründet wurde, aus Protest gegen die damals erdrückende Dominanz der abstrakten Kunst. Das vielleicht wichtigste ZEBRA-Mitglied war Kronauers Lebensfreund Dieter Asmus, der sie oft gemalt hat. Geschult an der Fotografie und am Film, stießen Kronauer, Asmus und die anderen Künstler der Gruppe zu einem Realismus der neuen Art vor: Inmitten des beschleunigten Lebens im ausgehenden 20. Jahrhundert ging es ihnen darum, die Wahrnehmungen auf exemplarische Weise zu verlangsamen. Kronauers wichtigste Mittel waren dabei Empathie, Aufmerksamkeit und Vorurteilslosigkeit.

In *Teufelsbrück* wirken Ottensen und die Gegend zwischen dem Bahnhof Altona und dem Fischmarkt vertraut und sensationell zugleich. Das liegt daran, dass sich Maria Fraulob, die Hauptfigur des Romans, hier einerseits zu Hause und andererseits doch ein wenig als Außenseiterin fühlt. «Erst als ich das Altonaer Rathaus sah, kreideweiß mit schwarzen Fenstern, zebuhaft aus der Ferne und Nähe, als ich auf die Elbe schon zuging, den Bahnhof längst in meinem Rücken, da sammelte sich wieder alles», gesteht sie einmal. «Warum nicht auf den Altonaer Balkon treten und etwas über das Elbwasser hinweg und schräg in die Richtung des Alten Landes sehen?»[38] Maria fährt auch gern mit der S-Bahn zur Stadthausbrücke oder zu den Landungsbrücken, um die «helle Ferne des hinphantasierten Meeres» zu genießen oder zu den Anlegestellen hinunterzusteigen. Sogar auf den Landungsbrücken, inmitten der Touristenströme, spiegeln sich die Geschichte und die Kultur ihrer Stadt überall: «Dort lag ab und zu das Fährschiff nach Finkenwerder ‹Wolfgang Borchert›. Ich schritt die Gaststätten und die Schiffe für die Hafenrundfahrten ab, rechts die ‹Fischerstube›, links die ‹Hamburg›, rechts die ‹Fischkajüte›, links die ‹Kapitän Prüsse›, rechts das ‹Bierfaß›, links die ‹Hammonia›.»[39]

Maria fühlt sich den Vierteln an der Elbe verbunden, doch sie beschönigt nichts, auch nicht in Altona. Dafür ist sie viel zu aufmerksam, vor allem für die Schattenseiten des städtischen Lebens. Dabei geht es hier so weltläufig, entspannt und tolerant zu wie in kaum einem anderen Viertel. Kronauers Heldin aber fallen zuerst die Papptabletts auf, die sich «zwischen Blumen und Grünzeug verfangen», und sie kann nicht umhin, der Fußgängerzone – ist sie in der Ottenser Hauptstraße oder der Neuen Großen Bergstraße? – eine deprimierende «Abgedroschenheit» zu bescheinigen: «Man freute sich hier höchstens noch über ein Paar billig erstandener Turnschuhe, riß den Preis ab und schlurfte gleich damit los, trat schon bald in ein am Boden liegendes Eishörnchen, es konnte auch schlimmer kommen.»[40]

Das ist die Perspektive einer Romanfigur aus den Elbvororten, die sich wenig für das andere, seit einem halben Jahrhundert Schritt für Schritt sanierte Altona interessiert: für das Viertel der Wohngemeinschaften und jungen Familien, die es hier trotz der allseits beklagten Gentrifizierung noch gibt, für die multikulturelle Oase der Alternativen und Lebenskünstler, der Dönerläden, kleinen Galerien und Boutiquen; für das Ottensen der Studiobühne des Thalia Theaters in der Gaußstraße und des alteingesessenen monsun.theaters in der Friedensallee; des Filmhauses und der Zeisehallen, einer früheren Schiffsschraubenfabrik, deren Gebäude seit den Neunzigern von einem Kino, dem Institut für Theater, Musiktheater und Film der Universität sowie einer Reihe von Verlagen und Medienunternehmen genutzt werden. Die sogenannte Subkultur ist hier schon lange so etabliert, dass sie selbst Teil des Mainstreams geworden ist. Dies trifft am meisten auf die Fabrik in der Barnerstraße zu, von der es heißt, sie sei das bekannteste und älteste Kultur- und Kommunikationszentrum in Deutschland.

Im Juni 1971 begannen der Künstler Horst Dietrich und der Architekt Friedhelm Zeuner in privater Initiative, die Maschinen- und Munitionsfabrik aus dem 19. Jahrhundert umzunutzen. Unter dem Motto ‹Kultur für alle› sollte ihre Fabrik zugleich Jugend-, Stadtteil- und Veranstaltungszentrum sein: ein Ort für soziale Initiativen, politische Diskussionen, Lesungen, Theateraufführungen, Rock- und Jazzkonzerte. Und damit auch eine Absage an das elitäre Gehabe in Oper, Musikhalle, Schauspielhaus und Thalia. «Uns kam es nicht so sehr auf das Geld an, sondern auf die Vermittlung von Kultur», erinnerte sich Dietrich, als er etwas verklärend auf die eigenen Anfänge zurückblickte. «In der breit gestreuten Mischung lag der Reiz der Fabrik, und das ist ja dann auch bundesweit als Modell anerkannt und mit Mitteln aus Bonn gefördert worden. Fortan war die Fabrik das Kulturzentrum in der BRD.»[41] Wie auch immer, zumindest wurde sie schnell zum Vorbild für ähnliche Projekte in anderen Großstädten und ebenso für die kulturelle Nutzung des Kampnagel-Geländes in Winterhude seit den Achtzigerjahren. Einst hat sich hier die Maschinenfabrik Nagel & Kaemp befunden, die der sozialistische Schriftsteller Willi Bredel 1930 zum Schauplatz seines ersten Romans «aus dem proletarischen Alltag» gemacht hatte.[42] Bredel war Mitglied der KPD. Als Arbeiterkind war er im Karolinenviertel aufgewachsen und selbst gelernter Eisen- und Metalldreher.

In der Barnerstraße mauserte sich Horst Dietrich zum Manager. Seine Fabrik wurde besonders für ihr Musikprogramm bekannt, das sich ungefähr gleichzeitig mit dem des kleinen, 1986 geschlossenen Onkel Pö in Eppendorf profilierte. Der Pianist Gottfried Böttger, Urgestein der Hamburger Musikszene und Gründungsmitglied von Udo Lindenbergs *Panikorchester*, brachte das Nebeneinander beider Locations im Gespräch mit dem Fabrikgründer auf den Punkt: «Das Pö war ein Nukleus, eine kleine Keimzelle, da passten ja höchstens 150 Leute rein, wenn das richtig gedrängt war. Und in dieser Keimzelle entstand Neues, was dann im großen Konzert ausprobiert werden konnte. Die Fabrik war schon die Vorstufe zu 'ner ganz großen Bühne. Zuerst. Später war es dann wirklich die ganz große Bühne. Denn Miles Davis und Herbie Hancock, die spielten alle in der Fabrik, nicht mehr in der großen Musikhalle. […] Die Kulturbehörde hat relativ spät erkannt, worum es eigentlich ging. Nämlich um soziokulturelle Begegnungen in Stadtteilen.»[43]

Der ursprünglich 1889 errichtete Hauptraum der Fabrik erinnert an eine Basilika und hat eine optimale Größe für Konzerte, die zu populär für kleine Clubs und zu originell für große Hallen sind.[44] Im Laufe der Jahrzehnte traten hier legendäre norddeutsche Formationen wie *Atlantis*, *Lake* oder *Blumfeld* genauso auf wie Jan Delay und der Reimvirtuose Samy Deluxe, deren steile Karrieren in der autonomen *Roten Flora* am Schulterblatt begannen. Schon in den Siebzigern und Achtzigern kamen überregional bekannte Künstler in die Barnerstraße, von Rio Reiser, Nina Hagen, Udo Lindenberg, Joachim Kühn und Wolf Biermann bis hin zu Mikis Theodorakis, Chet Baker, B. B. King, Miriam Makeba, Nina Simone, Chaka Khan, Charles Mingus, Wayne Shorter, Ornette Coleman, Joe Zawinul und *U2*. Ohne es darauf anzulegen, war die Fabrik im internationalen Musikbusiness eine feste Größe geworden.

Der Erfolg veränderte auch ihre Initiatoren: Tagsüber widmete man sich zwar immer noch sozialen Projekten, nach Sonnenuntergang aber wehte ein anderer Wind. Nach und nach wurde ihr alternatives Kulturzentrum professioneller und kommerzieller. Ähnlich entwickelte sich das Quartier um sie herum. Ganz Ottensen und Altona wurden immer beliebter und damit selbstverständlich teurer. Am krassesten zeigt sich dies heute am früheren Fischereihafen: 1973 löschte man hier zum letzten Mal den Fang eines Trawlers. Das Aus für die Kutter folgte anderthalb Jahrzehnte später. Sogar die Fischverarbeitung verlor in Altona zusehends an Bedeutung.[45] Bis in die frühen Neunzigerjahre hinein gab es am Elbufer nicht nur die Seemannsmission und eine Reihe von Markthallen, sondern auch weite Brachen, verlassene Schuppen und marode Speicher. Nachts trugen Prostituierte ihre Haut zu Markte, und Wolf Biermann sang dazu:

> Die Mädchen auf dem Autostrich
> Am Fischmarkt in Altona
> Die friern sich die nackten Äpfel ab
> Im eisigen Januar[46]

Neuer Realismus und Kulturfabriken

Um Mitternacht gehörte die Große Elbstraße für Fußgänger und Radfahrer zu den unangenehmsten Straßen der Stadt, allein schon durch die erdrückende Zahl der gaffenden Freier in langsam rollenden PKWs. Heute gibt es hier einen luxuriösen Wohnturm und weitläufige Bürogebäude. Am Fischmarkt begann die planmäßige Verwandlung 1984 mit der Renovierung der prächtigen Fischauktionshalle – vom zweieinhalb Kilometer entfernten Museumshafen Oevelgönne aus gesehen mit dem ehemaligen Union-Kühlhaus, das zum Augustinum umgebaut wurde. Anfangs war die Skepsis groß, dass sich an der Unwirtlichkeit des nördlichen Elbufers jemals etwas ändern könnte. Yoko Tawada, die sowohl auf Deutsch als auch auf Japanisch schreibt, notierte in ihren *Überseezungen* noch 2002: «Das Kühlhaus, ein zehnstöckiges Lagerhaus, hatte offiziell einen neuen Namen, seitdem man es in ein Altersheim umfunktioniert hatte. Von den Leuten, die nicht in dem Stadtteil wohnten, wurde aber das Wort Kühlhaus weiter verwendet. Der neue Name des vornehmen Altersheimes hingegen stand bloß einsam auf einer großen Tafel vor dem Gebäude.»[47]

Kaum jemand konnte sich damals vorstellen, dass die Straßen am Fluss bald mit modernen Wohnanlagen und Bürokomplexen bebaut sein würden. Die *Beginner* mussten sich 2016 für das weit über 50 Millionen Mal angeklickte Video zu ihrem Song *Ahnma* ziemlich anstrengen und gelegentlich ans andere Elbufer überwechseln, um diese von Grund auf sanierte Gegend irgendwie verrufen wirken zu lassen. Sogar die einst besetzten Hafenstraßen-Häuser haben sich von einer rechtsfreien Zone in eine Touristenattraktion verwandelt. Straßenkämpfe scheinen hier der Vergangenheit anzugehören.

Die erfolgsverwöhnte Hip-Hop-Gruppe spielte den Song zusammen mit ‹Gentleman› (bürgerlich: Tilmann Otto) und mit dem an der Elbe aufgewachsenen Kristoffer Klauß alias ‹Gzuz› ein. Letzterer erklimmt in dem Clip sogar das Bismarck-Denkmal, um auf ihm zu tanzen: «Wir packen Hamburg wieder auf die Karte.»[48] HH heißt schließlich auch Hip-Hop.[49]

Blankenese

31. Ein Park mit Tieren und Künstlern

Ausnahmsweise lassen wir den Bahnhof Altona und seine wechselhafte Geschichte hinter uns, ebenso den Platz der Republik und die märchenhafte Sammlung historischer Galionsfiguren im Altonaer Museum, die unweigerlich Fernweh wecken, und auch das beliebte Altonaer Theater, um neben dem Rathaus in den Schnellbus Nummer 36 in Richtung Blankenese zu steigen. Wer kein Fahrrad hat, kann die Elbchaussee aus seinen Fenstern am besten genießen. Kilometerweit geht die Fahrt vorbei an herrschaftlichen Villen, Gärten und Parks. Rechts lassen wir den großzügigen Jenischpark liegen, links den Fähranleger Teufelsbrück, an dem man die Elbe tatsächlich für einen Meeresarm halten kann, so breit ist sie hier.

An der Haltestelle Sieberlingstraße steigen wir aus, inmitten des einstigen Handwerker- und Fischerdorfes Nienstedten – und in Sichtweite des luxuriösen Hotels Louis C. Jacob. Vielleicht war auch Alfred Kerr hier, bevor er in einem Reisefeuilleton ins Schwärmen geriet: «Schiffe ziehn vorbei, die Gartenfläche des Gasthöfleins schwebt hoch über ihnen, die Gabeln klappern beim Abendessen, und ich glaube wirklich, daß ich der einzige bin, der burgundischen Macon trinkt – alles übrige trinkt Champagner.»[1]

Ausgeschlossen ist es nicht, dass er im Jacob aß, dessen Terrasse durch ein Bild von Max Liebermann weltberühmt wurde. Auf Einladung von Alfred Lichtwark war dieser im Sommer 1902 einen Monat lang Gast des Hotels. Liebermanns «Terrasse im Restaurant

Ein Park mit Tieren und Künstlern

Jacob in Nienstedten an der Elbe» wird heute zu seinen Hauptwerken gezählt und gehört seit 1903 zu den Höhepunkten der Ausstellungen in der Kunsthalle. In jenem Sommer malte Liebermann noch ein zweites Gemälde. Über 90 Jahre nach seiner Entstehung gelangte es auf eine Auktion, und seit 1996 kann es in dem Hotel besichtigt werden, dessen Name auf Daniel Louis Jacob zurückgeht. Der französische Kunstgärtner legte die Lindenallee auf der Hangterrasse an.[2] Durch Heirat war er, der die Beschaulichkeit Nienstedtens den revolutionären Zuständen in seiner Heimat vorzog, 1791 Besitzer des Gasthauses geworden. Unter seiner Leitung genoss es bald einen so guten Ruf, dass auch Klopstock, Johann Heinrich Voß und Johann Georg Büsch hier gelegentlich eingekehrt sein sollen.[3]

Zu Louis Jacobs Zeiten hatte das Elbdorf nicht mehr als 150 Einwohner. Erst ein halbes Jahrhundert später begann es stetig zu wachsen. Nun lag es an der Linie des Pferdeomnibusses, der von Blankenese nach Altona fuhr.[4] Die Bahnstation am Hochkamp wurde 1899 in Betrieb genommen.

Wenn man sich rechts hält und der Sieberlingstraße folgt, ist es von der Bushaltestelle nicht weit zum alten Dorfkern, der kleinen Kirche und dem Friedhof Nienstedten. Auf ihm wurden einige der prominentesten Altonaer und Hamburger Persönlichkeiten beigesetzt, darunter der Kaufmann und Sozialreformer Caspar Vogt, Reichskanzler Bernhard von Bülow, der Reformpädagoge Wilhelm Flitner, die Zigarettenfabrikanten und Kunstmäzene der Familie Reemtsma, die Schauspielerin Heidi Kabel, Brigitte Kronauer sowie Hans Henny Jahn und Hubert Fichte. Seit 1963 wohnte Fichte mit der Fotografin Leonore Mau zusammen in Groß Flottbek. Expeditionen führten das extravagante Paar nach Brasilien, Afrika und in die Karibik, wo sie die afroamerikanischen Religionen kennenlernen wollten, um sie in opulenten Text-Bild-Bänden zu dokumentieren.[5] Leonore Mau war 19 Jahre älter als Fichte und überlebte ihn um 27 Jahre. 2013 wurde sie an seiner Seite beigesetzt.

Wer keine Friedhöfe mag, sollte von der Bushaltestelle aus besser linker Hand ‹Jacobs Treppe› zum Elbuferweg hinuntersteigen und 20 Minuten westwärts in Richtung Mühlenberger Jollenhafen laufen. Von dort aus führen Treppen in den Hirschpark hinauf. Mit seinen alten Bäumen scheint er aus einer anderen Welt zu stammen. Am schönsten wirkt der schattenreiche Park, wenn man ihn von der Elbchaussee her durchkreuzt und durch die mächtigen graubraunen Stämme, in denen Spechte ihre Salven abfeuern, plötzlich das Wasser des Flusses wie zerknittertes Stanniol in der Mittagssonne funkelt. Angelegt wurde er von dem Kaufmann Johan Cesar IV Godeffroy, der das Gelände 1786 erworben hatte. Sein gleichnamiger Enkel setzte sein Werk fort, kaufte weitere Ländereien und forstete sie auf. So ist ein Großteil der bewaldeten Gebiete in Blankenese und Umgebung den Godeffroys zu verdanken.

Wild, Gänse, Enten und Pfauen gibt es hier erst seit der Gründerzeit. Ursprünglich wurde der Park als englischer Landschaftsgarten angelegt, in dessen nördlichem Teil sich der ältere Godeffroy von Christian Frederik Hansen ein stattliches Landhaus errichten ließ. Es ist eines der frühesten und schönsten Gebäude aus Hansens Altonaer Zeit. Heute wird es von einer Ballettschule genutzt.[6]

Godeffroys Landsitz vorgelagert ist das sogenannte Kavaliershaus. Reetgedeckt beherbergt es heute das Café ‹Witthüs›. Als Niensteden und Blankenese unter Bürgermeister Max Brauer Vororte Altonas wurden, spielte dieses alte Bauernhaus für die ambitionierte Kunstförderung der Stadt eine besondere Rolle. 1927 wurde der Park im Zuge der sozialdemokratischen Naherholungsoffensive allgemein zugänglich. Wenn der Journalist und Bestsellerautor Ralph Giordano in der Familiensaga *Die Bertinis* seine jungen Helden eben hier herumziehen lässt, um geheimnisvolle «Klüfte» und «grünstrotzende Mulden» zu entdecken, so gehören sie der ersten Generation von Kindern an, für die der Hirschpark als öffentliche Grünanlage zum Paradies wird.[7] Mit Ausnahme des Kavaliershauses: Dies wurde

Ein Park mit Tieren und Künstlern

im Herbst 1931 Hans Henny Jahnn zur Verfügung gestellt. Es sollte ihm nicht nur zum Wohnen dienen, sondern vor allem auch als Versuchslabor. Als Schriftsteller war Jahnn nach wie vor mehr ein Geheimtipp als eine Berühmtheit. Doch im selben Jahr ernannte man ihn zum Amtlichen Orgelsachberater der Stadt Hamburg. Damit hatte er sich im Musikleben endlich etabliert.

Nach Ausführung der nötigsten Umbauten konnte er mit seiner Familie am 12. Oktober 1931 in den Hirschpark ziehen. Die Renovierung des alten Gebäudes war allerdings noch lange nicht abgeschlossen. Dies dauerte bis zum folgenden Sommer, in dem Jahnn den Hoffnungen der Altonaer Kulturbeauftragen voll und ganz gerecht werden sollte. Für Musikinteressierte entwickelte sich das Kavaliershaus plötzlich zu einer einzigartigen Attraktion, denn in seinem neuen Laboratorium gab Jahnn regelmäßig Einblick in seine Arbeit, er hielt Vorträge über die großen norddeutschen Orgelbauer Scherer und Schnitger und führte seine eigenen Konstruktionen vor.

In diesen Jahren legte er die Esoterik seiner Anfänge ab. Sektiererisch und skeptisch gegenüber den technisch-industriellen Fortschritten aber blieb er sein Leben lang. Besonders beim Hören realisierte sich für Jahnn ein anderes, ein akustisches Weltbild. Im August 1932 berichtete der *Hamburger Anzeiger*, die damals wichtigste Zeitung der Stadt, enthusiastisch über einen gut besuchten Abend im Hirschpark: «Allgemeines Interesse erweckte die Feststellung, daß der so außerordentlich verbreitete ‹musikalische› Membranton bei Radio, Tonfilm und Grammophon in verheerendem Maße gehörsverbildend wirkt, und daß aus der Orgelbewegung starke Impulse kommen, die an der Verwirklichung eines reinen, wieder unverfälschten, von Geräuschen und Tendenzen freien Klangideals arbeiten. Die anschließenden Vorführungen erwiesen, in welch ungeahntem Maße dies Klangideal schon Wirklichkeit geworden ist.»[8]

Genau dies hatte Jahnn im Sinn, wenn er sich selbst gelegentlich als ‹Revolutionär der Umkehr› bezeichnete, und der Autor des *Hamburger Anzeigers* glaubte sich nicht nur in musikalischer Hinsicht am Beginn einer neuen Ära. Ähnlich ging es Paul Theodor Hoffmann. Für ihn wurden die Hirschpark-Konzerte zum festlichen Initiationserlebnis: «An schönen Sommerabenden versammelten sich zahlreiche Musikfreunde auf der mit Stuhlreihen besetzten Wiese vor dem Haus und lauschten unter den hohen alten Eichen und dem immer prächtiger erstrahlenden Sternendom den in mächtiger Fülle aus dem weitgeöffneten Bau strömenden Orgelklängen. [...] In der großen Natur des abendlichen Parks wurden allen Gästen hier unvergeßliche gottesdienstliche Weihestunden geschenkt.»[9]

Gerade als Akustikexperte fühlte sich Jahnn einem Ethos verpflichtet. Bei der Verwirklichung seiner Pläne kam ihm allerdings immer wieder die große Politik in die Quere. Im Juni 1932 hatte er seiner Schwägerin Sibylle Harms zwar berichtet, dass ihnen jetzt «sehr schöne Räume» zur Verfügung stünden. Doch schon im selben Brief musste er die privaten Fortschritte aufgrund der allgemeinen Lage relativieren: «Übrigens ist unser Wohnungsbau mit merkwürdigen politischen Daten verknüpft. 1. Bauabschnitt Beginn: 13. Juli, Bankenzusammenbruch. 2. Bauabschnitt: 30. Mai, Ende der Ära Brüning, Auftauchen des seit 50 Jahren reaktionärsten Kabinetts. Was wird den 3. Bauabschnitt einleiten?»[10]

Dies mag verspielt klingen, Jahnn aber war es bitterernst: Die jüngsten Erfolge der NSDAP beunruhigten ihn so sehr, dass er sich regelmäßig an Protestveranstaltungen gegen die politische Rechte beteiligte. Insofern war die Einschätzung seiner Situation, die sich in einem Brief vom 7. März 1933 findet, vollkommen realistisch: «Mir selbst geht es nun schlechter und schlechter. Noch wohne ich im Hirschpark. Auf wie lange, das steht in der Zeitung. Diesmal wörtlich zu nehmen, denn sobald eine Parteizeitung richtiger Prägung gegen mich hetzen wird, ist es mit meiner Ruhe hier zuende.»[11]

Schon in der folgenden Woche wurden die jüdischen Warenhäuser geschlossen, und dies war erst der Vorlauf des sogenannten Judenboykotts vom 1. April. In den Zeitungen wurde berichtet, dass Bürgermeister Brauer «unauffindbar» sei. Zu denjenigen, die man Anfang März 1933 in «Schutzhaft» nahm, gehörte Bausenator Oelsner, der die Pläne für den Umbau des Kavaliershauses erstellt hatte.

Auch Jahnn selbst wurde erstmals denunziert, doch von den Bücherverbrennungen blieben seine Werke verschont, und auch aus dem Hirschpark wurde er vorerst nicht vertrieben.[12] Er verlegte seinen Hauptwohnsitz zwar auf die dänische Ostseeinsel Bornholm, konnte bis 1937 aber regelmäßig nach Blankenese zurückkehren. Seine Lage war ambivalent: Einerseits verlor er sein Amt als Orgelsachberater, andererseits konnte er weiterhin Instrumente konstruieren. Einerseits duldete man seine Bücher und Dramen, andererseits wurde er wiederholt denunziert und öffentlich angegriffen. Deshalb konnte während der gesamten Nazizeit keines seiner Hauptwerke erscheinen. Kurz: Er war nicht verboten, aber auch nicht erlaubt.

Vor dem Hintergrund dieser Erfahrungen ermöglichte es ihm die Stadt, im September 1950 abermals in den Hirschpark zu ziehen. Der Neuanfang war allerdings bescheiden. Zunächst musste sich die Familie, zu der mittlerweile auch der Kompositionsstudent Yngve Jan Trede gehörte, mit zwei Zimmern begnügen. Die beengten Verhältnisse hinderten Jahnn aber nicht daran, schon bald wieder ein geselliges Leben zu führen. Der rührige Rolf Italiaander und Hans Erich Nossack kamen oft zu Besuch, ebenso ein Kreis junger Leute, darunter die Nachwuchsautoren Richard Anders, Hans Jürgen Fröhlich und Peter Rühmkorf. Letzterer dachte damals sogar darüber nach, seine Dissertation über den umstrittenen Hirschpark-Bewohner zu schreiben.[13] Auch Gäste von auswärts fanden sich ein, etwa der heute vergessene Büchnerpreisträger Ernst Kreuder oder der Kritiker Karlheinz Deschner, der mit seiner Streitschrift *Kitsch, Konvention und Kunst* eine ganze Generation an Robert Musil, Hermann Broch und eben auch Jahnn herangeführt hat.[14]

Hans Henny Jahnn, Präsident der Freien Akademie der Künste, wird vor dem Kavaliershaus im Hirschpark interviewt, Ende der 1950er-Jahre

Die engsten Beziehungen hatte Jahnn zu Hubert Fichte und zu dem Jurastudenten Herbert Jäger, der später ein renommierter Strafrechtler wurde. Sein Vater Georg Jäger war Mitbegründer und zeitweise Leiter der Lichtwarkschule am Winterhuder Grasweg. Wie nur wenige Bildungseinrichtungen stand sie vor 1933 für eine ambitionierte sozialdemokratische Reformpädagogik. Unter Jägers Leitung führte sie, wie Hans W. Fischer in seinem *Kulturbilderbogen* betonte, «ein völlig selbständiges geistiges und künstlerisches Leben mit starkem musikalischen Einschlag».[15] Zu ihren berühmtesten Schülern gehörten Loki und Helmut Schmidt. Über die Grenzen Hamburgs bekannt wurde die heutige Heinrich-Hertz-Schule allerdings auch durch die zwischen 1926 und 1931 in ihrer Aula errichtete Orgel: Sie konstruierte niemand anderer als Jahnn.

Ein Park mit Tieren und Künstlern

War seine bescheidene Kate auf Bornholm für ihn der Ort, an dem er am liebsten schrieb, so stand im Hamburg der Adenauer-Zeit für Jahnn das Gesellschaftlich-Repräsentative im Vordergrund. Das Kavaliershaus glich einem Landsitz inmitten der Großstadt, und er hat nie bestritten, dass er mit diesem Zuhause privilegiert war. Als Präsident der von ihm initiierten Freien Akademie der Künste gehörte er bald wieder zur Lokalprominenz. Diese Akademie war von Anfang an keine gewöhnliche Künstlervereinigung. Vielmehr stellte sie den Anspruch, das wahre kulturelle Leben der Stadt zu vertreten. Jahnns Nachfolger, der Stadtplaner Werner Hebebrand, sagte einmal, ihr eigentliches Ziel sei es, «einen Gegenpol zur Handelskammer und dem ‹Ehrbaren Kaufmann› zu bilden». Es spricht für die Liberalität der Hamburger Nachkriegspolitiker, dass man die Forderungen der Gründungsmitglieder nicht einfach ignorierte, sondern ihre Bemühungen wohlwollend unterstützte, wenn auch, so Hebebrand, «in bescheidenem Umfang».[16] Zudem tolerierte und förderte man mit Jahnn einen Präsidenten, der seine Bisexualität vergleichsweise offen auslebte, kuriose Hormonexperimente mit Stuten- und Knabenurin anstellte und reichlich Stoff für Anekdoten und Gerüchte bot. Dies alles machte Jahnn und sein Umfeld zwar zum Stadtgespräch, seine Bücher verkauften sich dadurch allerdings nicht besser. Attraktiver war da schon ein neugieriger Blick durch die Fenster seiner Wohnung. Mitunter muss sich Jahnn im Hirschpark gefühlt haben wie ein lebendiges Exponat, ein Fossil aus der großen Zeit des Expressionismus. Am 29. November 1959 starb er an Herzversagen.

Vor der Beisetzung wurde sein Leichnam für einige Tage im Kavaliershaus aufgebahrt. «Ich scheute mich zuerst, ihn auf dem Totenbett nochmals zu sehen», erinnerte sich Rolf Italiaander. «Aber dann überwand ich mich […]. Neben ihm standen ein Flügel, ein Radiogerät, Bücher, Blumen, einige Kerzen flackerten. Lange stand ich neben ihm und streichelte seine schon kalten Hände.»[17] Hans

Erich Nossack, der die Rede an Jahnns Grab hielt, betrachtete den Freund auf dem Totenbett gefasster: «Sah Jahnn aufgebahrt in seinem Musikzimmer, in dem wir oft zusammen gesessen haben. Wie klein er mir vorkam, und sehr kindlich. Sein dicker Kopf lag auf einem alten Samtkissen, das M. [Nossacks Frau] den Jahnns vor vielen Jahren für den Hund gestiftet hatte. Wie das alles ins Bild paßt.»[18] Heute erinnern ein großer Gedenkstein und eine Porträtplastik von Heinrich Stegemann an Hamburgs letztes Universalgenie.

Beide, Stegemann und Jahnn, wuchsen im ländlichen Stellingen-Langenfelde auf. Die Multimillionäre aus Blankenese waren ihnen eher suspekt. Am liebsten hielten sie sich von ihnen fern, und so wussten sie vielleicht gar nicht, dass in Jahnns unmittelbarer Nachbarschaft, in der Elbchaussee 472, Heinrich C. Hudtwalcker jahrzehntelang eine der bedeutendsten Privatsammlungen von Werken Edvard Munchs zusammentrug. Hamburg war für die internationale Durchsetzung nordeuropäischer Kunst stets eine Art Drehscheibe gewesen: Deutlich früher als in anderen Weltstädten wurde Munch 1901 in der Dependance des Kunstsalons von Paul Cassirer am Neuen Jungfernstieg 16 ausgestellt. Hier präsentierte man vier Jahre später auch zum ersten Mal in Deutschland Bilder Vincent van Goghs. 1906 folgte eine Einzelausstellung von Vilhelm Hammershøi.

Als Kaufmann verdiente Heinrich C. Hudtwalcker sein Geld vor allem mit Waltran. Neben einem Kontor in Hammerbrook gehörte eine Zweigstelle in Norwegen zu seinem Handelshaus, und in Oslo lernte er Munch vergleichsweise früh kennen. Er freundete sich mit ihm an und wurde neben Gustav Schiefler für den Künstler die wichtigste Bezugsperson in Norddeutschland. Wenn Munch in Hamburg zu Besuch war, wohnte er manchmal in Hudtwalckers privatem Anwesen in der Elbchaussee. Unter den über 30 Gemälden in dessen Besitz befanden sich die berühmten *Mädchen auf der Brücke*, ein Bild, das seit 1961 in der Kunsthalle hängt.

Ein Park mit Tieren und Künstlern

Samuel Beckett sah dieses Bild im November 1936 noch bei Hudtwalckers zu Hause. Den Besuch hatte Rosa Schapire für ihn organisiert. «In breakfast room a superb Munch», notierte sich Beckett damals, «three women on a bridge over dark water, apparently a frequent motiv.» Sein Urteil über das Bild war schlicht und entschieden: «Best Munch I have seen.»[19] Neben Gemälden von Munch sah Beckett bei Hudtwalckers Arbeiten von Ernst Ludwig Kirchner, Otto Mueller und dem nach Norwegen emigrierten Rolf Nesch. Letzterer lag dem Hausherrn besonders am Herzen.

Obwohl Hans Henny Jahnn während des Ersten Weltkriegs nach Norwegen geflohen war und dort viele Hauptwerke Munchs im Original gesehen hatte, interessierte er sich nicht besonders für den Jahrhundertkünstler. Für Heinrich Stegemann hingegen und auch für den mit Jahnn befreundeten Karl Kluth und die meisten anderen Künstler der Hamburgischen Sezession war Munch ein Idol.[20] Ob Stegemann dem großen Maler aus Norwegen gelegentlich auf den Nienstedtener Straßen oder im Hirschpark über den Weg lief?

Genau wie Stegemanns Werke galten Munchs Bilder im Nationalsozialismus nicht mehr als opportun. Während des Krieges wurde dies für Hudtwalcker zum Problem, denn dadurch konnte er seine wertvolle Sammlung nicht in den Schutzräumen der Kunsthalle sichern. Teilweise brachte er die Bilder in normalen Kellerräumen des Museums unter. Andere überstanden die Bombardements in Banksafes.[21] Mit Sicherheit hatte der Sammler geahnt, dass dies so kommen würde. Schließlich fanden sich auch schon in der von Stegemann kuratierten Ausstellung *Malerei und Plastik in Deutschland*, die 1936 zwangsweise geschlossen wurde, zwei Gemälde von Munch.[22]

32. Wir Welt!

1926, in der Blütezeit der Weimarer Frauenbewegung, gründete Ida Dehmel in Hamburg die GEDOK – die ‹Gemeinschaft Deutscher und Österreichischer Künstlerinnen und Kunstfreundinnen›. Heute ist die GEDOK mit mehr als 2750 Mitgliedern die bedeutendste Vereinigung von Künstlerinnen in Europa. Als ihren Zweck proklamierte Ida Dehmel bei der Gründung die «Förderung und Vertretung der Künstlerinnen in allen Fragen des öffentlichen Kunstlebens».[23] Ihr Vorhaben wies in die Zukunft, zumal die Hamburger Vereinigung kein reiner Berufsverband war, sondern Laiinnen ausdrücklich einbezog. Diese sollten fördernd wirken und zugleich den Vorzug von persönlichen Begegnungen mit Künstlerinnen und Künstlern genießen. So kam eine Gruppe der GEDOK im Sommer 1932 auch in Jahnns Orgellaboratorium im Hirschpark, wie das *Hamburger Fremdenblatt* berichtete. Das Musikprogramm bestritt diesmal die Konzertsängerin Martha Kickstat-Wülfken zusammen mit ihrem Mann, dem Kantor der Ottensener Christianskirche. Paul Kickstat spielte an diesem Abend eine von Jahnn entwickelte Hausorgel mit liegenden Pfeifen, die entfernt an einen Flügel erinnerte und zu ganz neuen Formen der Kammermusik hätte führen können, wenn sie sich denn durchgesetzt hätte.[24]

Mit Jahnn stand die charismatische, allem Neuen aufgeschlossene Ida Dehmel seit einigen Jahren in loser Verbindung, dabei hätte sie vom Alter her seine Mutter sein können. 1925 hatte sie ihn eingeladen, das Konzept seiner Glaubensgemeinde *Ugrino* in ihrem bekannten Blankeneser Salon vorzustellen. Jahnns Enthusiasmus und sein Sendungsbewusstsein, auch das Pathos, mit dem er dem europäischen Logozentrismus den Garaus machen wollte, erinnerten sie möglicherweise an ihren 1920 verstorbenen Mann, der zu Lebzeiten als Lyriker gefeiert wurde, an Richard Dehmel.[25]

Wir Welt!

Die durchschlagende Wirkung vieler Schriften Richard Dehmels in der Gründerzeit lässt sich heute schwer nachvollziehen. Zu schwülstig sind viele seiner Metaphern, zudem scheint die Form seiner Gedichte oft nachlässig, ja beliebig. Unter Zeitgenossen galten sie hingegen als revolutionär: Gerade das, was heute kaum gestaltet wirkt, wurde als Absage an traditionelle Schreibweisen gefeiert. Dehmel stand für einen vitalistischen Aufbruch, eine Befreiung, vor allem der Emotionen, und sein bevorzugtes Mittel war eine neue Direktheit des künstlerischen Ausdrucks. Sein Werk verstand er als Gegenentwurf zum erstarrten Klassizismus des Bildungsbürgertums.

Mit dem Jugendstil wurde Dehmel zum Idol der kommenden Generation. Es ist kein Wunder, dass sich der junge Arnold Schönberg durch Dehmels Gedicht *Verklärte Nacht* zu einer seiner bekanntesten Kompositionen inspirieren ließ, schließlich hatte kaum ein Dichter um 1900 größeren Einfluss auf Musiker. Auch andere Komponisten von Weltrang wie Jean Sibelius, Richard Strauss, Karol Szymanowski und Anton Webern beschäftigten sich intensiv mit seinen Gedichten und vertonten sie.

Im Mittelpunkt des Dehmel-Kults stand sozusagen eine sexuelle Revolution. Es ging um andere, weniger verlogene Moralvorstellungen. Indem der Dichter die erotische Liebe zwischen gleichberechtigten Partnern zum absoluten Wert erklärte, begehrte er gegen das Christen- und das Judentum genauso auf wie gegen die technisch-wissenschaftliche Rationalität. Richard und Ida Dehmel wurden Vorboten einer neuen Ära. «Von Ihnen lernten wir die Fähigkeit, in uns hinein zu horchen, und dennoch ein Mensch unserer Zeit zu sein», schwärmte Schönberg 1913 in einem Brief, und Else Lasker-Schüler raunte in einem lyrischen Dehmel-Porträt: «Über ihm steht der Mond doppelt vergrößert.»[26]

Auch Fritz Schumacher beeindruckten die Begegnungen mit dem Lyriker tief. Am meisten überraschte ihn die Identität von Dehmels Werk mit seinem Lebensstil. «Das Dämonische und das Zarte»,

Traumpaar um 1900: Richard und Ida Dehmel

stellte Schumacher fest, «beides traute man ihm ohne weiteres zu, wenn man mit ihm zusammen war. Die volle Natürlichkeit des Sichgebens war für denjenigen eine Überraschung, der ihn nur vom Podium her kannte: beim Rezitieren seiner Dichtungen konnte er in einen dröhnenden Ton verfallen, der ihm sonst ganz fremd war.»[27]

Obwohl dem renommierten Architekten Dehmels oft gepriesene Vortragskunst nicht zu liegen schien, hielt er ihn für einen überragenden Künstler, vielleicht sogar für eine Jahrhundertfigur. Originell war diese Meinung nicht: Dehmel veröffentlichte im literarisch führenden S. Fischer Verlag, er wurde in alle wichtigen Sprachen übersetzt und verstand sich selbst als Kosmopolit und europäische Instanz. Was aber führte ihn, der in Berlin von sich reden gemacht hatte, der August Strindberg, Lou Andreas-Salomé, Walther Rathenau, Gustav Landauer und viele andere zu seinen Freunden und Bekannten zählte, 1901 ausgerechnet an die Elbe, ins angeblich so kunstfeindliche Hamburg?

Wir Welt!

Ein Grund war Detlev von Liliencron, mit dem er sich künstlerisch und menschlich eng verbunden fühlte, so unterschiedlich ihre Temperamente auf viele ihrer Bekannten auch wirkten. Mit Dehmel schien ein exzentrischer Pathetiker auf einen Kavalier alter Schule und «schneidigen Kavalleristen» zu treffen, meinte der Kunsthallendirektor Gustav Pauli, doch «im tieferen Grunde» seien sie «einander verwandt» gewesen: als «Bekenner der eigenen Menschlichkeit und der eigenen Zeit».[28]

Noch wichtiger war Dehmel wahrscheinlich, dass ihm Blankenese die Chance zu einem privaten Neuanfang bot: für die Scheidung von seiner ersten Frau Paula, mit der er zwei kleine Kinder hatte, und das Zusammenleben mit Ida, die ihre unglückliche Ehe mit dem Kaufmann Konsul Leopold Auerbach 1898 nach dessen Bankrott auflöste. Sei es in Briefen, sei es in Gedichten – ihre Liebe erklärte Dehmel zur unausweichlichen Kraft, die alle konventionellen Maßstäbe und die Fesseln der bürgerlichen Gesellschaft sprengte. «O Liebe, Liebste, Meine, wie lieb' ich Dich! Lach mich nit aus, Du weißt noch garnicht, wie ich lieben kann», beschwor er Ida im Juni 1898 in einem seiner täglichen Briefe.[29] Die Gedichte aus der ersten gemeinsamen Zeit klingen kaum weniger ekstatisch. Rasch wurden Ida und Richard ein öffentliches Paar, durchaus vergleichbar mit Simone de Beauvoir und Jean-Paul Sartre oder Yoko Ono und John Lennon für spätere Generationen. In den Gedichten aus Richards *Zwei Menschen* inszenierten beide ihre geistige und erotische Gemeinschaft so hemmungslos, dass sie zum einen begeisterte Anhänger fanden, zum anderen aber auch als skandalös empfunden wurden. Als Buch erschien dieser «Roman in Romanzen» 1903. In literarischen Kreisen sorgte er aber schon vier Jahre früher durch Vorabdrucke für Aufsehen.[30] Die Intimität dieser Liebeslyrik überschritt Schamgrenzen und wurde noch dazu von Idas öffentlichen Auftritten begleitet, bei denen sie sich als Inbegriff der leidenschaftlichen Muse zelebrierte. «Wir Welt!», lautete das «Zauberwort» der beiden, das Mantra ihrer phänomenalen Zweisamkeit, die sie selbst als eine Art Naturereignis verstanden, wie Sturm und Gezeiten. «Es tönt aus der Brandung wie Geraun –», dichtete Dehmel in *Zwei Menschen*, um in seiner Ekstase, durchaus avantgardistisch und zugleich ein wenig maritim, die Buchstaben zum Tanzen zu bringen:

> Ja, es hieß wohl: WIR Welt! Nicht Schein! nicht Traum!
> horch, wie's wirbelt: WRWlt – o Urakkord!
> WRWlt murmeln die Ströme, die großen,
> wenn sie zusammenkommen im Meere![31]

Vor ihrer Ehe mit Richard war Ida als wohlhabende Unterstützerin progressiver Schriftsteller und durch ihren privaten Salon in Berlin-Tiergarten eine kleine Berühmtheit geworden. Im gesellschaftlichen Leben der Hansestadt galt ihr Vorleben als Frau Konsul Auerbach allerdings wenig. Hier polarisierte sie viel stärker als ihr zweiter Mann. Gustav Pauli sah in ihr vor allem die «geliebte Lebensgefährtin», die Dehmel und sein Werk in selbstloser Weise betreute und später – nach seinem Tod – zur verantwortungsbewussten «Hüterin seines Vermächtnisses» wurde.[32] Fritz Schumacher hingegen konnte seine Vorbehalte, in die sich auch Misogynie und Antisemitismus mischten, nicht verhehlen, als er ausgerechnet Ida Dehmel, die aus einer jüdischen Familie stammte und deren einziger Sohn im Ersten Weltkrieg an einem Kopfschuss starb, mit Medea verglich: der antiken Landfremden und Mörderin ihrer eigenen Kinder.

Oberflächlich betrachtet nimmt er sie in Schutz, wenn er in seinen Memoiren schreibt, sie habe zwar alles überhöht, was mit ihrem Mann zusammenhing, doch das habe sie «nicht unsympathisch» gemacht. Sein anschließendes Lob ist allerdings voller Widerhaken: Ida Dehmels Pathos und ihr entschiedenes Auftreten habe «zum Stil dieser medeaartigen Erscheinung» gepasst, «die nur durch das liebenswürdige Kolorit ihrer Sprache verriet, daß sie auch alle die zarten Saiten rühren konnte, die man durch Dehmels Dichtungen von ihr kannte».[33]

Im Klartext heißt das wohl: Ida Dehmel trat Schumacher zu intellektuell, selbstbewusst, extrovertiert und emanzipiert auf. Als rührige Förderin junger Talente folgte sie allein ihren eigenen Vorstellungen, und schon seit 1902 kämpfte sie für das Frauenwahlrecht. Durch ihr kulturelles, karitatives und politisches Engagement wurde sie für viele jüngere Frauen ein Idol – bis 1933.

Ida Dehmels Briefe zeigen, dass sie sich keine Illusionen darüber machte, was ihr unter Hitler bevorstand. Noch vor der Machtübertragung an ihn berichtete sie dem nach Milwaukee ausgewanderten Lehrer Rudolf Voigt: «Hier geht alles einen unerfreulichen Weg ins Ungewisse; oft denke ich, dass es für Dehmel selbst ein Glück war, dass er diese Zeit nicht mehr erleben musste. Was ihm viel zu früh das Leben genommen hat, das war die unüberwindliche Enttäuschung über den Niedergang Deutschlands.»[34]

Im April 1933 wurde Ida Dehmel auf einer GEDOK-Sitzung im Hamburger Hof von zehn SA-Männern umstellt und gezwungen, als Jüdin den Vorsitz innerhalb von zehn Minuten niederzulegen.[35] Mit ihr verließen ihre Freundinnen Anita Rée, Alma del Banco, Rosa Schapire und viele andere jüdische Mitglieder die Vereinigung. Im Vergleich zu dem, was in den nächsten Jahren kommen sollte, war dies allerdings fast harmlos.

Von Monat zu Monat wurde Ida Dehmel stärker diskriminiert. Trost boten ihr jetzt nur noch Kreuzfahrten, an denen sie seit 1933 mehrmals teilnahm. Aber das Gefühl von Freiheit auf diesen ‹Weltreisen› mit den luxuriösen Schiffen der Hapag, die sie bis nach Ägypten, New York, Brasilien, Indien und China brachten, war trügerisch. In einem Brief an ihren alten Bekannten Karl Wolfskehl führte sie sich das im Oktober 1937 selbst vor Augen: «Wenn ich nur den Zauber schildern könnte, der mich befällt, wenn ich nur das Meer u. die Unendlichkeit des Himmels um mich habe! Es ist, als könnte ich jede Sekunde, wenn ich nur die Flügel breite, ins Jenseits fliegen.»[36] Doch sobald sie daran dachte, nach Hamburg zurück zu müssen, war der Zauber verschwunden. Denn auch wenn sich an Bord erstaunlicherweise niemand dafür interessierte, war sie ja immer noch Jüdin.

Mit Kriegsausbruch wurde die Situation vollkommen aussichtslos. Ida Dehmel wusste, dass ihre Deportation nur eine Frage der Zeit war. Sie sei inzwischen «nicht nur dem Tod sondern der Hölle nahe», schrieb sie einer Freundin.[37] Das war im Oktober 1941. Ein knappes Jahr später nahm sie sich in ihrem Haus das Leben.[38]

1933 wäre es in Ida Dehmels Situation am vernünftigsten gewesen, möglichst bald zu emigrieren, und auf ihren Kreuzfahrten boten sich dazu etliche Gelegenheiten. Sie aber schloss es rigoros aus, Blankenese auf Dauer zu verlassen. Zu wichtig war ihr das Erbe ihres Mannes, sein Archiv und nicht zuletzt die Villa, die ihm Freunde und Verehrer zu seinem 50. Geburtstag geschenkt hatten.

In der Kunst- und Kulturszene war dieser 18. November 1913 ein Ereignis. Das ungewöhnliche Geburtstagsgeschenk erhielt der nicht nur in Deutschland gefeierte Großschriftsteller allerdings genau genommen schon im Voraus. Der mit den Dehmels befreundete Architekt Walther Baedeker wollte das Künstlerhaus schließlich von Anfang an nach den Vorstellungen des Dichters gestalten. So wandten er und die anderen Mäzene einen Trick an: Bereits am 29. März des Vorjahres konnte das glamouröse Paar zusammen mit Idas 16-jährigem Sohn in den Neubau einziehen, zunächst jedoch zur Miete. Auf Initiative der Historikerin Olga Herschel wurde unterdessen heimlich Geld gesammelt.

Die Überraschung gelang so perfekt, dass sie Dehmel geradezu verstört haben muss. Einem Bekannten berichtete er eine Woche nach den opulenten Feierlichkeiten: «Bis heute habe ich gebraucht, um mich einigermaßen aus der Verwirrung zu sammeln, in die mich der plötzliche Anprall dieser unverhofften Gnadensturmflut gestürzt hat; denken Sie: mir ist das Haus geschenkt worden, in dem ich bis jetzt nur zur Miete wohnte. Mir kommen noch immer die Tränen hoch, wenn ich zurück an meine Erschütterung denke (oder eigentlich war's Zerknirschtheit, denn ich bin doch stets blos ein Faulpelz gewesen, der nichts tat als was ihm Vergnügen machte).»[39]

In der kurzen Zeit bis zum Ausbruch des Ersten Weltkriegs konnten sich Ida und Richard Dehmel all ihre Träume von einem idealen Leben erfüllen. Schon die Einrichtung der ersten gemeinsamen Wohnung in der Parkstraße – heute: Am Kiekeberg – hatten sie ungewöhnlich sorgfältig geplant. Hierbei entwickelte der kunsthandwerklich versierte Dehmel einen Ehrgeiz, der an seine Sorge um die Typografie und die Einbände seiner Bücher erinnerte. Ihre neuen Möbel entwarf er größtenteils selbst.[40] Auf diese Weise entstand in der Etagenwohnung mit Elbblick ein geschlossenes Jugendstil-Ensemble, das für die neue Villa erweitert wurde. Besonders die von dem Künstler Emil Orlik gestalteten Tapeten sorgten für moderne Raumwirkungen, wie sie bis dahin im Hamburger Umland so gut wie unbekannt gewesen waren. Jenseits von Fragen des Designs war im Dehmelhaus alles auf die literarischen und gesellschaftlichen Bedürfnisse des Paares abgestimmt. Einerseits bot es genügend Platz für größere Zusammenkünfte, andererseits fanden sich Orte der Kontemplation und ein Privatarchiv, dessen Pflege Ida schon zu Lebzeiten ihres Mannes besonders wichtig war.

Herzstück der Sammlung war ein Schrank mit zahlreichen Holzfächern zur Ordnung und Aufbewahrung jener über 25 000 Briefe, die sich heute in der Staats- und Universitätsbibliothek befinden.[41] Auch der Schrank selbst hat sich erhalten. Die Namen an den Fächern lesen sich wie ein Register der prominentesten Künstler, Schriftsteller und Gelehrten um 1900: Alfred Lichtwark und der Großkritiker Julius Bab finden sich hier neben Richard Strauss und den heute vergessenen Dichterinnen Hedwig Lachmann und Elisabeth Paulsen, den Schriftstellern Waldemar Bonsels, Wilhelm Bölsche, Stefan

George, Gerhart Hauptmann, Alfred Mombert, Herbert Eulenberg, Stanisław Przybyszewski, Karl Wolfskehl und dem schweizerischen Nobelpreisträger Carl Spitteler. Die meisten von ihnen waren gelegentlich bei Dehmels zu Besuch. Ihr Gästebuch ging zwar verloren, nachweisbar ist aber, dass Max Liebermann, Max Reinhardt, Thomas Mann, Alma Mahler, Anita Rée und der französische Dramatiker Paul Claudel – für kurze Zeit war er Konsul in Hamburg – in der heutigen Richard-Dehmel-Straße 1 ein und aus gingen.[42]

Zu Fuß läuft man hierher knapp 20 Minuten vom Blankeneser Bahnhof. Dies war in den Zwanzigerjahren nicht anders, als die verwitwete Ida Dehmel regelmäßig zu Konzerten, Vorträgen und Lesungen einlud. Paul Theodor Hoffmann schreibt in seinen Erinnerungen, dass es in Blankenese wenige Häuser gab, in denen eine «lebhaftere kulturelle Geselligkeit herrschte». Vom Geist Richard Dehmels sei auch nach 1920 wenig verloren gegangen, und das Archiv sei eine «Fundgrube für alle Freunde der Literatur» gewesen: «ein wertvolles Zeugnis für das mitteleuropäische literarische Leben». Ida Dehmel, «eine große dunkle, energische und zugleich zwingende Erscheinung», habe die «Tradition des Dichterheims» bewahrt.[43]

Von 2014 bis 2016 wurde die Villa, die sich zwischenzeitlich in einem desaströsen Zustand befunden hatte, liebevoll restauriert. Heute kann man sie wieder als Gesamtkunstwerk erleben. Wie so vieles in der Hansestadt, machte dies die Hermann Reemtsma Stiftung möglich.[44] Es ist dieselbe Stiftung, die 1962 das Ernst Barlach Haus im Klein Flottbeker Jenischpark als privates Kunstmuseum eröffnete und seitdem großzügig fördert. Nicht zu verwechseln ist sie mit den Großprojekten des Literaturwissenschaftlers Jan Philipp Reemtsma, dem Hamburg das Institut für Sozialforschung am Mittelweg und die Stiftung zur Förderung von Wissenschaft und Kultur verdankt.[45] Letztere residiert in der ruhigen Feldbrunnenstraße, gleich hinterm Museum am Rothenbaum, das bis 2018 Museum für Völkerkunde hieß. In der Nachbarschaft findet sich die *ZEIT-Stif-*

Wir Welt!

Ida Dehmel am Archiv-Schrank, vor 1912

tung, die mit dem Bucerius Kunst Forum am Alten Wall eines der schönsten Ausstellungshäuser Norddeutschlands trägt.

Wie würde Hamburg ohne seine Mäzene dastehen? Die Kulturgeschichte der Stadt ist geprägt von eindrucksvollen Privatinitiativen. Ihnen stehen zahlreiche Versäumnisse der öffentlichen Hand gegenüber, was manchem schon im frühen 20. Jahrhundert als Indiz für die Dürftigkeit des geistigen Lebens in der Handelsstadt galt. Von Richard Dehmel wird gesagt, er sei der festen Überzeugung gewesen, von Hanseaten ohnehin nicht gelesen zu werden. Ihn selbst schien das nicht zu bekümmern, schließlich hatte er enge persönliche Verbindungen nach Berlin, München und Wien. Der Kritiker Hans W. Fischer empfand es hingegen als beschämend, dass ein bedeutender Dichter an der Elbe «fast die Hälfte seines Lebens» als «Fremder» habe verbringen können.[46]

In Berlin wäre das vermutlich anders gewesen, doch Ida und Richard Dehmel vermissten die Hauptstadt in Blankenese nicht wirklich. Nie waren sie glücklicher als hier, und das lag bestimmt nicht nur an ihrer Liebe. Dass sich weder Altona noch Hamburg zu Richard Dehmels Lebzeiten besonders um ihn gekümmert haben, war für ihn nicht unbedingt ein Nachteil. Eine gewisse Randständigkeit schafft auch Freiräume und bewahrt einen Schriftsteller davor, sich vereinnahmen zu lassen.

Mit der Hochbahn nach Norden. Sechs Betrachtungen

Menschen in Bewegung. In einer knappen Viertelstunde bringt uns die S-Bahn aus Blankenese zurück nach Altona. Wenn Detlev von Liliencron von der Villa der Dehmels nach Hause auf die andere Seite der Stadt fuhr, nach Alt-Rahlstedt, wo er zuletzt mit seiner Familie in der Bahnhofstraße wohnte, nahm er dieselbe Strecke. Sie wurde seit 1907 elektrifiziert. Wer heute über Altona hinaus zu den Landungsbrücken oder ins Stadtzentrum möchte, kann einfach sitzen bleiben. Auch Richard Dehmel ist oft mit den Vorortbahnen unterwegs gewesen.

Obwohl die Verbindung aus Blankenese sehr gut ist, wenn man dort draußen lebt, überfällt einen die Rastlosigkeit der Metropole mitunter nicht anders, als wäre man ein Fremder. Die Elbvororte sind dem ländlichen Schleswig-Holstein nicht nur geografisch genauso nah wie der Binnenalster und dem Rathausmarkt. Richard Dehmel hat dieses Lebensgefühl zwischen Stadt und Provinz in seinem Gedicht *Blick auf Hamburg* eingefangen. Entstanden ist es in der Zeit, als die Motorisierung den Alltag von Grund auf veränderte:

> In Hamburgs Wappen stehn drei feste Türme,
> die mit den Zinnen zu den Sternen ragen.
> In Hamburgs Hafen liegen tausend Schiffe,
> die mit den Masten all dasselbe wagen.
> Auf Hamburgs Mauern sitzen tausend Schlote,
> die jedem Sturmwind trotzen mit Behagen.

Mit der Hochbahn nach Norden. Sechs Betrachtungen

> Durch Hamburgs Landschaft fahren tausend Züge,
> die mit den Wolken um die Wette jagen.
> An Hamburgs Ufern schwimmen tausend Schwäne,
> die hälsereckend mit den Flügeln schlagen.
> In Hamburgs Straßen schreiten tausend Menschen,
> die auch bei Unwetter den Kopf hoch tragen.
> Und hohe Bäume stehn in Hamburgs Gärten,
> die über tausend Flaggen ragen, ragen.[1]

Die Verse könnten Dehmel am Jungfernstieg eingefallen sein, vielleicht auch an den Landungsbrücken, wo zu Beginn des 20. Jahrhunderts einer der wichtigsten Verkehrsknotenpunkte der Stadt entstand. Seit 1911 gab es hier die erste Unterführung der Elbe in Richtung Süden. Die Massengesellschaft weckte neue Mobilitätsbedürfnisse. Das Zeitalter der Bewegung brach an.

Die Erbauer des Elbtunnels orientierten sich an englischen und amerikanischen Vorbildern. Mit seinen beiden Röhren stellte er eine Pionierleistung dar, zumal man ihn von Anfang an nicht nur für Pferdefuhrwerke, sondern auch für Kraftfahrzeuge auslegte. Zum Modernisierungsprogramm gehörte auch, dass an den Landungsbrücken der Schiffsverkehr mit dem Netz der von Dehmel beschworenen «tausend Züge» verbunden wurde. 1912 wurde hier eine Haltestelle des ersten Hochbahn-Rings eröffnet, auf die bis zu den Zerstörungen im Zweiten Weltkrieg noch ein markanter Rotklinkerturm am Stintfang hinwies. Damals hieß die Station HAFENTOR. An kaum einem anderen Ort wurde die Verkehrsrevolution zu Wasser und zu Land offensiver ausgestellt.

An den Landungsbrücken steigen wir von der S-Bahn in die U 3, um weiter nach Norden zu fahren. ST. PAULI, FELDSTRASSE, STERNSCHANZE – den unterirdischen Bahnhöfen ist kaum anzusehen, dass sie zu den ältesten der Stadt gehören. Ab SCHLUMP geht es bei Tageslicht weiter bis HOHELUFTBRÜCKE. Diese Strecke sorgte auch in der unmittelbaren Nachkriegszeit für eine gute Anbindung des Wohngebiets am Grindelberg, von dem damals die meisten Straßen ausgelöscht waren. Die Nähe der Hochbahn war ein wichtiger Vorteil jenes Geländes, das die Militärregierung auserwählt hatte, um Angehörige der Verwaltung in neuen Hochhäusern unterzubringen. Man brauchte mehr Wohnungen und Büros, denn Hamburg sollte Hauptstadt der britischen Besatzungszone werden.

*

Aufzüge und Müllschlucker. Das Areal, auf dem zwischen 1946 und 1956 die Grindelhochhäuser errichtet wurden, eignete sich besonders gut für ein gigantisches Bauprojekt, weil die Straßen zwischen dem Grindelberg und der Brahmsallee nahezu vollständig in Trümmern lagen.[2] In der Brahmsallee 11 wohnten Gabriele und Hans Erich Nossack, bis ihr Viertel unterging. Dort, wo ihr Haus einst gestanden hatte, gibt es heute noch eine Bebauungslücke. Sie dient als Grünanlage und Feuerwehrzufahrt für die Hochhäuser.

Hamburg wurde niemals Hauptstadt, aber die zwölf lang gestreckten Scheibenhochhäuser stellte man fertig. Statt Unterkünften für die Verwaltung der britischen Zone wurden auf diese Weise dringend benötigte Wohnungen geschaffen. Den Propheten des Wirtschaftswunders dienten die gelb verklinkerten Neubauten als Symbol für den Aufbruch: ein Modell für zeitgemäßes Wohnen mit Aufzügen und Müllschluckern.

Zu den Mietern der ersten Stunde gehörte Kurt Hiller. Vor dem Krieg war er in Berlin einer der bekanntesten sozialistischen Publizisten. Als Pazifist, Jude und Gegner des unsäglichen Homosexuellen-Paragrafen 175 wurde er seit März 1933 gleich dreimal festgenommen und im Polizeipräsidium Berlin sowie in den Konzentrationslagern in Spandau, Brandenburg und Oranienburg inhaftiert. 1934 konnte er nach Prag fliehen; im Dezember 1938 entkam er von dort aus über

Paris nach London. 1955 zog er nach Hamburg, wo er für eine kleine Gruppe von Studenten zum Vorbild wurde. Später titulierten ihn manche als ‹Apo-Opa›, doch das Wortspiel passt nicht wirklich: Hiller blieb immer ein Einzelgänger.

Für einige linke Nachwuchsintellektuelle hatte seine Neubauwohnung in der Hallerstraße 5E/VIII eine ähnliche Anziehungskraft wie Hans Henny Jahnns Kavaliershaus im Hirschpark. Beide galten sie als Überlebende der großen Zeit des Expressionismus, beide strahlten besonders auf junge Männer etwas Geheimbündlerisches aus, beide waren sie Pazifisten – mit der bizarren Pointe, dass sie einander nicht ausstehen konnten.

Karlheinz Deschner gestand Hiller 1964: «Jahnn, das ist ein uralter Zankapfel zwischen einigen Freunden von mir und mir. Ich schlafe bei Jahnnschen Texten ein und werde nur manchmal durch bluboale Blitze darin geweckt. Er ist für mich ein ultrareaktionärer Schreiber, umwittert von allerdings anarchoiden Humoren. Auch wenn ich ihn nicht (1947) als stammelnden Quertreiber in politics erlebt hätte, würde ich seine Erzählkunst so beurteilen.»[3] Für Hiller war Jahnn kaum mehr als eine Witzfigur, mit der er weder politisch, künstlerisch noch menschlich etwas anfangen konnte. Es ist typisch für seine Schreibweise, schnell mal die Totschlagformel *Blubo*, also den Nazi-Slogan «Blut und Boden», zu reanimieren, um einen Kollegen zu diffamieren, der es zwischen 1933 und 1945 auch nicht leicht hatte.

Ende Mai 1947 reisten beide nach Hamburg, um Vorträge zu halten und sich im *Kulturrat der Hansestadt* nützlich zu machen. Der *Kulturrat* wurde im Vorjahr gegründet und sollte der Entnazifizierung und dem Wiederaufbau des kulturellen Lebens dienen. Neben dem Musikpädagogen Fritz Jöde, dem Maler Karl Hofer, dem Regisseur Erich Ziegel und dem Bildhauer Gerhard Marcks ernannte man Jahnn zum Ehrenmitglied.[4] Hiller kam zum ersten Mal seit seiner Flucht nach Deutschland und präsentierte sich am 31. Mai mit der Rede *Geistige Grundlagen eines schöpferischen Deutschlands der*

Zukunft. Sie sorgte für Aufsehen und wurde vom Rowohlt Verlag im Juli in großer Auflage als «Flugschrift» verbreitet.[5] Der Nazigegner hatte sich kämpferisch gegeben, aber seinem Publikum zugleich Hoffnung gemacht und offensichtlich den richtigen Ton getroffen. Dennoch kam es wenige Tage später zu einem Eklat. Am 8. Juni 1947 berichtete Jahnn einer Freundin nach Dänemark, was er in seiner Heimatstadt erleben musste: «Von den Schwierigkeiten hier könnt ihr euch nur eine ungenügende Vorstellung machen. [...] Gestern war ich Zeuge, wie es auf dem Journalistenkongress zu einer Ohrfeige kam, die ein Kommunist dem Dr. Kurt Hiller aus London gab. Das Ganze war so völlig absurd, haushoher Emigrantendreck, daß ich mich beinahe schäme, mit diesem Wort selbst behaftet zu sein. Möglicherweise wird der Zwischenfall all[er]lei parteipolitische Folgen haben.»[6]

Was war passiert? Zunächst wahrscheinlich nichts weiter, als dass Hiller die marxistische Ideologie infrage gestellt und damit die Vertreter aus der Sowjetischen Besatzungszone in Rage versetzt hatte. Im Saal wurde es unruhig. Auf dem Höhepunkt des Streits warf Hiller dem Journalisten Heinz Schmidt vor, deutsche Emigranten ohne Beweise als Nazispione denunziert zu haben. Schließlich wusste sich Schmidt, ein linientreuer Ostfunktionär, nur noch mit einer Ohrfeige zu helfen.[7]

Hiller und Jahnn gehörten zu den wenigen Autoren der älteren Generation, die Werner Riegel und Peter Rühmkorf in den Fünfzigerjahren in ihrer Untergrund-Zeitschrift *Zwischen den Kriegen* veröffentlichten. Später fanden sich Beiträge der beiden auch in *konkret*. Dessen Chef Klaus Rainer Röhl schildert seine Begegnung mit Hiller als eher befremdliche Erfahrung: «In Hamburg bezog er in den gerade neu gebauten und allgemein bestaunten Grindel-Hochhäusern eine recht geräumige Wohnung im achten Stock mit einem herrlichen Weitblick über die damals noch ziemlich ausgebombte Hansestadt. Hier besuchten Rühmkorf und ich den großen und be-

Mit der Hochbahn nach Norden. Sechs Betrachtungen

Wohnen und Fahren:
Hoheluftbrücke
mit Hochhäusern,
Fotomontage von 1957

wunderten Publizisten, aber von dieser ersten Begegnung habe ich nur behalten, daß sie seltsam zurückhaltend und kühl verlief. Das krasse Gegenteil zu der Herzlichkeit, mit der ein anderer prominenter Schriftsteller, Hans Henny Jahnn, uns empfangen hatte. War Hiller schwul? Niemals wurde eine Frau in seiner Umgebung gesehen. Aber darüber sprach man damals ja nicht.»[8]

In Zeiten extremer Wohnungsnot wirkten die Grindelhochhäuser auf Rühmkorf, Röhl und große Teile der Bevölkerung wie das Versprechen auf eine bessere Zukunft. Mit dem Anstieg des allgemeinen Lebensstandards ließ ihre Beliebtheit allerdings deutlich nach. Immer noch wurde die Anlage von ihren ungefähr 3000 Bewohnern liebevoll mit Manhattan verglichen, doch wie in den meisten Hochhaussiedlungen nahmen auch am Grindel die sozialen Spannungen zu, besonders in den Achtzigerjahren.

1949 hatte der Oberbaudirektor Otto Meyer-Ottens ernsthaft vorgeschlagen, weite Teile der Innenstadt durch ein ‹City-Band› aus ähnlichen Scheibenhochhäusern zu ersetzen. Die meisten vom Krieg verschonten Gebäude hätten hierfür geopfert werden müssen. Zu den radikalsten Wohnsilofanatikern gehörte der Stadtoberbaurat Wilhelm Ohm. Er verkündete, dass die «neuen Funktionen» einer Großstadt überhaupt nur erfüllt werden könnten, «wenn man alle Reminiszenzen an ästhetische Regeln, die sich aus den bisherigen Siedlungsformen erhalten haben», aufgebe.[9]

Die damaligen Sanierungspläne erinnern stark an jene der nationalsozialistischen Arbeitsgruppe für den ‹Wiederaufbau Hamburgs nach dem Endsieg›.[10] Mitunter erweist es sich als Segen, von größenwahnsinnigen Stadtplanern verschont zu bleiben.

*

Nekropolis. Kurt Hiller starb 1972 und wurde auf dem Ohlsdorfer Friedhof im Grab des 25 Jahre jüngeren Journalisten Walter Detlef Schultz beigesetzt. Die beiden Männer hatten sich 1934 im Konzentrationslager Oranienburg kennengelernt und später im Prager und im Londoner Exil zusammengewohnt. Seit Mai 1948 arbeitete Schultz beim Nordwestdeutschen Rundfunk. War er der eigentliche Grund dafür, dass Hiller 1955 ausgerechnet nach Hamburg zog? Waren die beiden jemals ein Liebespaar?

HOHELUFTBRÜCKE, EPPENDORFER BAUM – mit der U-Bahn sind es nur sieben Stationen bis in die Stadt der Toten. An der KELLINGHUSENSTRASSE muss man allerdings in die U 1 umsteigen. HUDTWALCKERSTRASSE, LATTENKAMP, ALSTERDORF. Als Kinder hatten wir Spaß daran, die Abfolge der Stationen auswendig zu können. SENGELMANNSTRASSE (CITY NORD). Zwischen den Bürohochhäusern der City Nord, die man aus den Zugfenstern sieht, fühlten wir uns damals wie auf einem fremden Planeten. Diese Monokultur großer Verwaltungsgebäude geht auf eine Idee zurück, die dem Stadtplaner Werner Hebebrand in den Fünfzigerjahren bei einem Besuch in New York gekommen sein soll. OHLSDORF. Hat man die Gärtnereien, Steinmetze, Bestattungsunternehmen und merkwürdig altmodischen Cafés hinter sich gelassen, den Geruch nach Beerdigungskuchen, weißen Lilien und die ganze moderne Hilflosigkeit im Umgang mit dem Sterben, kann man sich auf einem der größten Friedhöfe der Welt verlieren.

Im letzten Viertel des 19. Jahrhunderts machte Hamburg Schluss mit den Konfessionsunterschieden: Ohlsdorf sollte nach und nach die kirchlichen Friedhöfe ablösen und die inneren Stadtbezirke von der Last der Toten befreien. Mit den Jahren verwandelte sich das 389 Hektar große Gelände in einen Park der Erinnerung, einen weitläufigen Gedächtnisspeicher und nebenher in ein Paradies für Singvögel, Insekten, Fledermäuse und Eichhörnchen.

Wer genügend Zeit mitbringt, kann sich auf beiden Seiten der schnurgeraden Hauptallee, von der die Totenstadt durchschnitten wird, die Geschichte der vergangenen 150 Jahre vergegenwärtigen. In Ohlsdorf stößt man genauso auf Hans Albers, Albert Ballin, Wolfgang Borchert und Johann Jakob Brahms wie auf den Rowohlt-Lektor Kurt Wilhelm Marek, der unter dem Pseudonym ‹Ceram› mit *Götter, Gräber und Gelehrte* einen Weltbestseller schrieb. Man findet das Grab des impressionistischen Malers Ernst Eitner, des Hochkomikers Heinz Erhardt oder des vergessenen Lyrikers Peter Gan. Es gibt ein Mahnmal für die Opfer der Sturmflut von 1962, die Hamburg tief erschütterte und den damaligen Innensenator Helmut Schmidt als entschlossenen Krisenmanager landesweit bekannt machte. Alfred Kerr, Hans Erich Nossack und der Verleger Henry Goverts wurden hier beigesetzt, ebenso der Beat-Pionier Tony Sheridan, Carl Hagenbeck sowie Heinrich Hertz, Bernhard Nocht und Aby Warburg. Es gibt

Nekropolis

Anita Rées Grab auf dem
Althamburgischen Gedächtnisfriedhof

einen Jüdischen Friedhof und einen ‹Garten der Frauen›, Rondelle, Kapellen, verschlungene Nebenwege und kleine Wälder.

Zu den eindrucksvollsten Teilen gehört der Althamburgische Gedächtnisfriedhof, der einem Barockgarten gleicht und von einer weißen Christusstatue überragt wird. Seit 1895 bettet man hierher Persönlichkeiten aus aufgelassenen Grabstätten um, die für die Stadt eine besondere Rolle gespielt haben: eine Art Pantheon mit dem offenen Himmel als Gewölbe. Auf dem Gedächtnisfriedhof finden die sterblichen Überreste von Philipp Otto Runge, Anita Rée, Alfred Lichtwark, Alexis de Chateauneuf, Fritz Schumacher und vielen anderen zueinander. Auch die Theatergrößen Erich Ziegel, Ida Ehre und Gustaf Gründgens liegen in der Nähe, allerdings etwas abseits der Anlage.

Ohlsdorfs irritierende Unübersichtlichkeit hat kaum jemand so treffend dargestellt wie der junge Hubert Fichte in seiner Short

Story *Schlechte Zeiten*. Sie erzählt das unerhörte Schicksal einer Familie, die sich im Elend des Winters 1947 zu einer Trauerfeier in Kapelle 11 begibt. Die Wegbeschreibung eines Aufsehers spiegelt in ihrer Verworrenheit genau das Gefühl von Hilflosigkeit wider, das jeden Fremden angesichts der Größe des Friedhofs überkommen kann: «Sie gehen jetzt den Hauptweg geradeaus bis zum Rondell mit dem Segnenden Christus, dann schlagen Sie halbrechts die Allee zur Schünemanngedenkstätte ein; Sie lassen die Gefallenengräber 70/71 links liegen und biegen bei dem Engel mit der marmornen Taube scharf nach links ein, bis Sie zu dem Monument für die Politischen Opfer kommen, dann wieder links und immer wieder geradeaus – nein! Sie können auch abkürzen – bei den Politischen Opfern gehen Sie scharf rechts bis zu den Opfern der Terrorangriffe, und da folgen Sie einfach dem schmalen Weg an den Neuanlagen, bis Sie das Kapellchen zwischen den Lebensbäumen liegen sehen.»[11]

Die Kapelle 11 zu finden, erweist sich für die Familie in Fichtes Geschichte letztlich als gar nicht so schwierig. Während des Begräbnisses wird die gesamte Trauergesellschaft dann allerdings von schwer bewaffneten Männern gezwungen, sich vollständig auszuziehen. Mitten im Hungerwinter wird den Angehörigen und Freunden des Toten kurzerhand alles abgenommen, bis sie schließlich splitternackt herumirren, auf der Suche nach einem rettenden Ausgang. Die vereinzelten normal bekleideten Friedhofsbesucher, die ihnen begegnen, halten die ausgehungerten, erbärmlich frierenden Nackten für Gespenster, die soeben den Gräbern entstiegen sind, und ergreifen vor ihnen die Flucht.

*

Santa Fu. Der Haupteingang des Friedhofs Ohlsdorf und die Justizvollzugsanstalt Fuhlsbüttel sind weniger als einen Kilometer Luftlinie voneinander entfernt, allerdings werden sie durch die Bahngleise und die hier noch sehr schmale Alster voneinander getrennt. In Santa Fu verbüßen Schwerstverbrecher ihre Haftstrafen. Der umgangssprachliche Name des Gefängnisses beruht auf der Abkürzung ‹St. Fu.› für Strafanstalt Fuhlsbüttel, die früher gebräuchlich war. Politisch hatte Fuhlsbüttel besonders im Nationalsozialismus eine fatale Bedeutung. Von 1933 bis 1945 befand sich auf dem Gelände auch das ‹Kolafu›: das Konzentrationslager Fuhlsbüttel. Das Alte Torhaus am Suhrenkamp mit seinen beiden Türmen diente als Eingang in jene rechtsfreie Sphäre, in der Menschenleben keinen Wert mehr zu haben schienen.

Briefe aus den ersten zwei Jahren nach der Machtübernahme lassen keinen Zweifel daran, dass die Existenz dieses Konzentrationslagers sehr schnell stadtbekannt wurde. Kaum jemand machte sich Illusionen über die grausamen Zustände hinter den Gefängnismauern. Im Dezember 1934 veröffentlichte Willi Bredel in London einen Roman über seine Zeit in Fuhlsbüttel und als einer von 140 Regimegegnern im frühen Konzentrationslager auf dem Gelände der Torfverwertungsfabrik im Wittmoor[12]: *Die Prüfung*. In seiner «Vorbemerkung» berichtet der Autor, der am 1. März 1933 festgenommen worden war und über ein Jahr in Haft blieb: «Bis Ende August beaufsichtigten uns alte Beamte des Zuchthauses Fuhlsbüttel. Dann wurde das Zuchthaus als Konzentrationslager eingerichtet. Ein ‹Kommando zur besonderen Verwendung› und der Hamburger SS-Marinesturm übernahmen den Wachtdienst.»[13]

Welche Rolle das Konzentrationslager im Fuhlsbüttler Alltag spielte, wird besonders durch Bredels Schilderung der Entlassung seines Alter Egos Walter Kreibel im März 1934 deutlich. Kreibel ist stark traumatisiert. Er kann nicht glauben, tatsächlich wieder frei zu sein, und wittert überall Fallen und Hinterhalte. Zu Fuß will er so schnell wie möglich nach Barmbek: «Es treibt ihn die wahnsinnige Angst, alles könnte nur ein Versehen sein, und sie könnten ihn jeden Augenblick zurückholen.» Eine der wirksamsten Methoden des Terrors ist seine Willkür und Unberechenbarkeit. Kreibel kann gar nicht anders, als jedem zu misstrauen. Zugleich fühlt er sich ständig unter Beobachtung. Jeder sieht ihm sofort an, dass er direkt aus dem Konzentrationslager kommt: «Täglich gehen die Entlassenen mit ihren Kartons vorbei.» Doch die Demütigung, angestarrt zu werden wie ein Schwerverbrecher, berührt Kreibel kaum. Er möchte einfach nach Hause und rennt weiter: «An der Alsterschleuse wirft er einen Blick zurück auf die schmutzigroten Gebäude hinter der hohen Mauer, auf den häßlichen Turm am Eingang des Zuchthauses, in dem deutlich sichtbar die Glocke hängt; die Glocke mit dem abscheulich schrillen Klang.»[14]

Die Prüfung gehörte zu den am meisten gelesenen Büchern des Exils. Der Roman wurde oft übersetzt, bis 1945 sollen etwa eine Million Exemplare in verschiedenen Sprachen gedruckt worden sein. Einige Monate vor Bredels Entlassung aus Fuhlsbüttel erschien in Amsterdam allerdings noch ein früheres Buch über die Etablierung der nationalsozialistischen Gewaltherrschaft an der Elbe: der «Tatsachenroman» *Das Vaterland* von Heinz Liepmann. Der junge Hamburger Autor gehörte zu den Ersten, die das nationalsozialistische Lagersystem und die brutale Behandlung politischer Häftlinge genau beschrieben, wobei nicht sicher ist, welche Teile des Romans, der, wie der Autor sagt, ein «Pamphlet sein soll», auf eigenen Erlebnissen beruhen. Zumindest versichert Liepmann, das Buch enthalte «nicht ein Wort, das nicht in meiner Gegenwart gesprochen wurde», und keine Tat, die er nicht mit eigenen Augen gesehen habe; etwas unbeholfen setzt er in Klammern hinzu: «oder die nicht von langjährigen Kameraden, für deren Zuverlässigkeit ich bürge, gesehen und mir berichtet wurde».[15] Während Bredel einen autobiografischen Kolportageroman verfasste, amalgamierte Liepmann offenbar Erfahrungen seines gesamten Freundeskreises zu einem streckenweise unbeholfen erzählten, dadurch aber nicht weniger bedrückenden Panorama nationalsozialistischer Gewalt. Eine der frühesten Reaktionen auf Liepmanns Buch stammt von Albert Einstein. Am 18. Februar 1934 schrieb ihm der Physiker: «Ich habe Ihr Buch ‹Vaterland› mit größtem Interesse gelesen und glaube, dass es die bedeutendste Publikation ist, die mir über Hitlerdeutschland zu Gesicht gekommen ist. Die Verbindung der Tatsachen zu einer Erzählung erzielt eine Lebendigkeit des Eindrucks, wie [sie] durch eine Aneinanderreihung unzusammenhängender Tatsachen niemals erreicht werden kann.»[16]

Unwahrscheinlich ist, dass Liepmann selbst jemals im Konzentrationslager Wittmoor im heutigen Norderstedt gewesen ist, einem der Hauptschauplätze seines Romans.[17] Dies ändert aber nichts daran, dass dessen Schlusskapitel zu den eindrucksvollsten Darstellungen der Anfänge des nationalsozialistischen Lagersystems gehört. Es spielt in abgeschiedenen Baracken an der Elbe. Am erschütterndsten dabei ist, dass Liepmann bereits 1933 über brutalste Folterungen und Misshandlungen der Gefangenen berichtet, wie sie aus dem erst fünf Jahre später errichteten Konzentrationslager Neuengamme bekannt sind, ganz zu schweigen von den Todesfabriken im besetzten Weißrussland und in Polen.

*

Der Mond ist aufgegangen. In seiner autobiografischen Erzählung *Am Beispiel meines Bruders* ging Uwe Timm 2003 das Wagnis ein, über die Täter nachzudenken, ohne sie von vornherein zu verurteilen. Der namhafte Schriftsteller rekonstruiert das Leben seines älteren Bruders Karl Heinz, der 1924 in Hamburg geboren wurde und im Oktober 1943 in einem Feldlazarett in der Ukraine starb. Als er sich im Dezember 1942 freiwillig zur SS-Totenkopf-Division meldet, ist er ein Jugendlicher. Uwe Timm schildert den Moment jener Entscheidung, die seinen Bruder das Leben kosten wird. Schauplatz sind die nördlichen Ausläufer der Stadt. Karl Heinz Timm sucht den

Weg zur Langenhorner Kaserne der Waffen-SS. – Nach dem Zweiten Weltkrieg wurden ihre Gebäude zum Allgemeinen Krankenhaus Heidberg umgebaut. Heute erinnert fast nur noch das martialische Eingangstor an die Geschichte der Anlage.

Im Dezember 1942 ist diese Gegend ländlich und dünn besiedelt. Timm schreibt über seinen Bruder: «[A]n einem ungewöhnlich kalten Tag, spätnachmittags, war er nach Ochsenzoll, wo die SS-Kasernen lagen, hinausgefahren. Die Straßen waren verschneit. Es gab keine Wegweiser, und er hatte sich in der einbrechenden Dunkelheit verlaufen, war aber weiter an den letzten Häusern vorbei in Richtung der Kasernen gegangen, deren Lage er sich auf dem Plan eingeprägt hatte. Kein Mensch war zu sehen. Er geht hinaus ins offene Land. Der Himmel ist wolkenlos, und nur über den Bodensenken und Bachläufen liegen dünne Dunstschwaden. Der Mond ist eben über einem Gehölz aufgegangen.»[18]

Spielt Uwe Timm an dieser Stelle auf Matthias Claudius an, weil dessen bekanntestes Lied möglicherweise nicht weit von hier entstanden ist? *Der Wald steht schwarz und schweiget* – bei seinem ersten Versuch kommt Karl Heinz Timm nicht mehr rechtzeitig zur Musterung, weil er mit der alten Langenhorner Bahn zu weit gefahren ist, bis OCHSENZOLL, und sich verirrt. Am nächsten Morgen versucht er es noch einmal: Der 18-jährige blonde Junge wird «sofort genommen» und Panzerpionier.[19]

*

Revolution in Rotklinker. Von Santa Fu aus ist es zu Fuß viel näher zum Ohlsdorfer Bahnhof als zu den nördlicheren Haltestellen KLEIN BORSTEL und FUHLSBÜTTEL. Zurück in der U1 geht es an Gärten und Wohnstraßen vorbei weiter bis LANGENHORN MARKT. Die U-Bahn-Station befindet sich zwischen einem Parkhaus und einem kleinen Einkaufszentrum, direkt am Ring 3, der wichtigsten Verbindungsstraße zwischen Hamburgs westlichen und den nördlichen Vierteln. Wir folgen der viel befahrenen Ringstraße einen halben Kilometer in Richtung Westen und biegen dann rechts in die Langenhorner Chaussee ein. Auch sie ist schon lange nicht mehr ruhig, aber immerhin grün.

Auf dem Grundstück mit der Nummer 266 steht seit 1930 die Ansgar-Kirche. Von außen könnte man sie fast übersehen, so vertraut sind in Hamburg die dunkelroten Ziegelgebäude aus der Ära des Oberbaudirektors Fritz Schumacher. Auch wenn er auf den ersten Blick unscheinbar wirkt, gilt der steinerne Kubus mit dem stumpfen Glockenturm an seiner Seite als eines der wichtigsten sakralen Beispiele des ‹Neuen Bauens›, jener Bewegung, die das Gesicht der Stadt nach dem Ersten Weltkrieg wie keine andere verwandelt hat. Sei es das Chilehaus oder das Planetarium im Stadtpark, seien es die Klinkerbauten in Dulsberg, an der Schlankreye oder der Massenwohnungsbau der Jarrestadt – unter Schumachers Regie erfand sich Hamburg neu, und mitunter drang die Avantgarde bis an die ländlichen Stadtränder vor.

Als die Ansgar-Kirche – benannt nach dem legendären Apostel des Nordens – 1929/30 gebaut wurde, war der Entwurf für die erste Kirche in Langenhorn umstritten. Er stammt von den Architekten Hermann Geissler und Otto Wilkening. Äußerlich wirkt das vergleichsweise kleine Gotteshaus schroffer und abweisender als die schulbildenden Kontorhäuser von Schumacher und Fritz Höger. Zugleich weckt der archaische Kubus Erinnerungen an die norddeutsche Backsteingotik, an die großartigen Kirchen in Lübeck oder Wismar.

Bei aller Schlichtheit, das Aufregende der Langenhorner Kirche ist ihr Inneres.[20] Der Andachtsraum mit seinen sehr niedrigen Seitenschiffen und den mächtigen, elegant gewölbten Betonsäulen weckt ebenso Erinnerungen an traditionelle Kirchen wie an das Innere eines Schiffsrumpfes mit mächtigen Spanten. Maritimes wird bewusst herbeizitiert, das gilt besonders für die eigentümliche Abtrennung aus filigranen Betonsäulen, mit der die Orgel verborgen wird. Diese monumentale Blende hat den Querschnitt eines auf den Kopf gestellten Schiffsrumpfes. Ähnlich, wie das Äußere des Chilehauses von Fritz Höger Assoziationen an Ozeanriesen weckt, hatten auch Geissler und Wilkening die Seefahrt und den Hafen im Blick. So ist ein Andachtsraum entstanden, der archaisch und zugleich ausgesprochen modern wirkt – wie eine Arche für die Gegenwart der Weimarer Zeit.

Ohne den Nationalsozialismus wäre das kleine Gotteshaus heute wahrscheinlich als Musterbeispiel für die künstlerischen Leistungen bekannt, die um 1930 in Hamburg möglich waren. Allein schon, weil für das dreiteilige Altargemälde damals Anita Rée gewonnen werden konnte. Der Auftrag sollte für die Malerin eines ihrer Hauptwerke werden.[21] Als hätte sie sowohl den Expressionismus als auch die Neue Sachlichkeit durchschritten und hinter sich gelassen, schuf sie kraftvoll komponierte Szenen aus dem Leben und der Passion Christi. In ihrer ergreifenden Einfachheit wirken sie unmittelbar wie Bilder in Kinderbibeln. Heute findet man ähnliche Kunstwerke am ehesten in lateinamerikanischen Kirchen.

Die Ansgar-Gemeinde tat sich allerdings schon 1931 schwer mit den fertigen Bildern. Zur selben Zeit wurden die antisemitischen Angriffe gegen Rée immer schlimmer.[22] Anstatt Rückgrat und Solidarität mit der getauften Christin zu beweisen, wurden die Bildtafeln nie in Langenhorn aufgehängt. Vermutlich lagerte man sie im Keller der Nikolaikirche ein, wo sie 1943 verbrannten – zehn Jahre nach dem Suizid der Künstlerin, die zwar international renommiert war, sich in ihren letzten Jahren aber nicht einmal ein Atelier leisten konnte. Erhalten haben sich zwei farbige Aquarelle aus der Entwurfsphase sowie Schwarz-Weiß-Fotografien des fertigen Triptychons, die heute an der Orgelempore hängen.[23]

Nicht weniger umstritten als die Altarbilder war in Langenhorn seit 1931 die Orgel, die von der Hannoveraner Firma Furtwängler & Hammer gebaut wurde. Kritisiert wurde allerdings nicht ihre Qualität, sondern ihr Konstrukteur: Sie stammt von Hans Henny Jahnn. Selten konnte er seinen Grundsätzen so konsequent folgen wie hier. Im April 1933 musste Jahnn die bedrückende Erfahrung machen, dass die neue Ansgar-Orgel gerade in Expertenkreisen zwar großes Lob erntete, dabei der Name des Konstrukteurs aber systematisch unterdrückt wurde, nachdem er in der nationalsozialistischen Presse massiv angegriffen worden war.[24]

Das Instrument selbst geriet erst in den Sechzigerjahren in die Kritik: Die Instandhaltung war kostspielig, darüber hinaus wurden die schwere Spielbarkeit und Jahnns Klangideal bemängelt, das sich stark von den meisten anderen modernen Orgeln unterscheidet. Dies führte schließlich zur Stilllegung des Instruments. Für den Gottesdienst wurde 1989 eine zweite Orgel vor die Jahnn-Orgel gebaut, welche seitdem zunehmend in Vergessenheit geriet. Erst 2008 wurde sie restauriert und wieder zum Klingen gebracht. Heute gilt sie als Meilenstein des Orgelbaus im 20. Jahrhundert.[25]

Die Architekten Geissler und Wilkening hatten wie Jahnn mit seiner Orgel und Anita Rée mit ihren Altarbildern an mittelalterliche und barocke Vorbilder angeknüpft, um auf deren Grundlage eine zeitgemäße Formensprache zu entwickeln. Das Programm lautete Neuerfindung *und* Reminiszenz: Avantgarde und Traditionsverbundenheit wurden nicht als Gegensätze verstanden, sondern griffen wie auch bei Schumachers und Högers Meisterwerken des Backstein-Expressionismus ineinander. Vielleicht ist es kein Zufall, dass man ausgerechnet im bürgerlichen Hamburg auf diese Weise zu so überzeugenden Ergebnissen gelangte. Besonders Högers Chilehaus wirkte schon in den Zwanzigerjahren progressiv, gediegen, avantgardistisch und funktional zugleich. Als Kontorhaus ist es ein Tempel des Überseehandels und zugleich ein Monument der künstlerischen Moderne.

Es sollte bis zur Eröffnung der Elbphilharmonie dauern, bis die Hansestadt wieder ein ähnlich überzeugendes Wahrzeichen bekam. Auch die Architekten Herzog und de Meuron verbanden das Konservative mit dem Hypermodernen. Dabei haben sie das Stadtbild zwar nicht mit Backsteinen neu erfunden wie einst der ungeheuer einflussreiche Fritz Schumacher. Doch sie machen das Alte und Vertraute auf vollkommen überraschende Weise sichtbar: Zum einen spiegeln sich Hafen, Elbe und Himmel in der Fassade der Elbphilharmonie. Zum anderen wirkt die Silhouette Hamburgs, seine immer wieder zerstörte und auferstandene Skyline, von ihrer Plaza und ihren Balkonen aus eindrucksvoller als jemals zuvor.

Die Blicke erinnern an Stadtpanoramen aus dem 17. Jahrhundert. Eines der schönsten hat Joachim Luhn 1681 gemalt. Zunächst hing es im Sitzungssaal des Senats, doch schon seit 1819 gehört es zur Innenausstattung von St. Jacobi (siehe Tafel 12).[26] Das Gemälde zeigt die barocke Stadt von Süden, aus der Vogelperspektive. Auf dem Grasbrook weiden Pferde und Rinder. Dahinter trotzen mächtige Befestigungswälle feindlichen Eindringlingen. Dies alles gibt es schon lange nicht mehr. Die Türme der Hauptkirchen prägen Hamburgs Skyline hingegen nach wie vor: Aus der Ferne könnte man von St. Petri und St. Katharinen denken, dass sie niemals zerstört worden sind. Der Michel sieht seit dem vernichtenden Blitzeinschlag von 1750 vollkommen anders aus, doch er steht immer noch an derselben Stelle. Der Turm der Jacobi-Kirche trägt inzwischen einen modernistischen Kupferhelm, aber auch er fügt sich ins Bild, genau wie die düstere Kriegsruine von St. Nikolai. Nur vom gotischen Mariendom, der sich auf Joachim Luhns Bild inmitten der prächtigen Handelsstadt vor St. Petri erhebt, fehlt jede Spur.

ANHANG

Anmerkungen

Mottos

1 Joachim Maass, Hamburger ist man ganz und gar, in: Merian 9/XIV, 1961, Hamburg, S. 3–7, hier S. 3.
2 Friedrich Hebbel, Tagebücher, Neue historisch-kritische Ausgabe, Band 1: Text, hg. von Monika Ritzer, Berlin und Boston 2017, Aufzeichnung Nr. 1591, 14. September 1839, S. 191.

Unterwegs. Fünf Betrachtungen vorab

1 Hierzu: Daniel Frahm, Die Ringlinie. Hamburgs erste U-Bahn, in: Dirk Hempel und Ingrid Schröder (Hg.), Andocken. Hamburgs Kulturgeschichte 1848 bis 1933, Hamburg 2012, S. 205–218.
2 Hierzu: Gerhard Greß, Hamburg und seine Verkehrswege, Fürstenfeldbruck und Essen 2016.
3 Die Ausstellung wurde von der Stiftung Historische Museen Hamburg von Mai bis November 2017 gezeigt: *https://shmh.de/de/hamburg-wissen/dossiers/eitner* [abgerufen am 4.2.2020]; zu Eitner: Ulrich Schulte-Wülwer, Ernst Eitner 1867–1955. Leben und Werk des Hamburger Impressionisten, Fischerhude 2017.
4 Hermann Peter Piwitt, Lebenszeichen mit 14 Nothelfern. Geschichten aus einem kurzen Leben, Göttingen 2014, S. 70.
5 Hierzu: Eckart Kleßmann, Geschichte der Stadt Hamburg, Hamburg ^{6}1988, S. 316–329; Matthias Gretzschel, Kleine Hamburger Stadtgeschichte, Regensburg 2008, S. 78–93; Gabriele Hoffmann, Die Eisfestung. Hamburg im kalten Griff Napoleons, München 2012.
6 Vgl. *https://sammlungonline.mkg-hamburg.de/de/object/Blick+auf+die+Nikolaikirche+in+Hamburg+nach+dem+Brand+von+1842/PD2013.15/dc00044361* [abgerufen am 5.2.2020].

7 Horst Janssen, Hinkepott. Autobiographische Hüpferei in Briefen und Aufsätzen. Band I, Gifkendorf ³1988; ders., Johannes. Illustrierte Briefe. «Hinkepott II», Gifkendorf 1989.

Baumwall

1 Kunst als Protest: «Lasst den Scheiß!» Hamburg nur noch als «Marke», der wir Aura, Ambiente und Freizeitwert verpassen sollen? Das machen wir nicht mit, Die Zeit, Nr. 46/2009, 5.11.2009, *https://www.zeit.de/2009/46/Kuenstlermanifest* [abgerufen am 31.1.2020].
2 Hans Christian Andersen, Die Schneekönigin. In sieben Geschichten, in: ders., Sämmtliche Märchen. Einzige vom Verfasser besorgte deutsche Ausgabe, Leipzig ²⁷1884, S. 463–493, hier S. 490.
3 Hans Erich Nossack, Begegnung im Vorraum. Erzählungen, Frankfurt a. M. 1963, S. 187.
4 Hans Christian Andersen, Die frühen Reisebücher, hg. und aus dem Dänischen übertragen von Gisela Pelet, Leipzig und Weimar 1984, S. 148.
5 Vgl. Egbert Kossak, 1100 Jahre Stadtbild Hamburg. Mythos. Wirklichkeit. Visionen, München und Hamburg 2012, S. 113.
6 Hans Christian Andersen, Die frühen Reisebücher, wie Anmerkung 4, S. 149.
7 Ebd., S. 150.
8 Elise Averdieck, Lebenserinnerungen. Aus ihren eignen Aufzeichnungen zusammengestellt von Hannah Gleiss, Hamburg 1908, S. 248; vgl. Eckart Kleßmann, Hamburg. Ein Städte-Lesebuch, Frankfurt a. M. 1991, S. 138–149.
9 Friedrich Hebbel, Tagebücher, Neue historisch-kritische Ausgabe, Band 1: Text, hg. von Monika Ritzer, Berlin und Boston 2017, Aufzeichnung Nr. 2470, 13. Mai 1841, S. 312.
10 Hierzu: Hermann Hipp, Freie und Hansestadt Hamburg. Geschichte, Kultur und Stadtbaukunst an Elbe und Alster, Köln ³1996, S. 46 f.
11 Zahlen nach Dirk Meyhöfer und Franziska Gevert, Reclams Städteführer Architektur und Kunst Hamburg, Stuttgart 2015, S. 20, sowie *https://de.wikipedia.org/wiki/Einwohnerentwicklung_von_Hamburg#Von_1871_bis_1944* [abgerufen am 18.2.2020].
12 Hans Henny Jahnn, Dramen II 1930–1959, hg. von Uwe Schweikert, unter Mitarbeit von Ulrich Bitz, Jan Bürger und Sebastian Schulin, Hamburg 1993, S. 693.

13 «Besser als Wagner». Wolfgang Rihm hat das Eröffnungswerk komponiert. Viel lieber redet er über Sex und Bob Dylan, Interview: Christine Lemke-Matwey, in: Die Zeit, Nr. 46/2016 [Hamburg-Teil], 3.11.2016, *https://www.zeit.de/2016/46/wolfgang-rihm-komponist-elbphilharmonie-eroeffnungswerk* [abgerufen am 31.1.2020].
14 Zit. nach: Andreas Dey, Joachim Mischke, Die Elbphilharmonie war die Idee ihres Lebens, in: Hamburger Abendblatt, 29.10.2016, *https://www.abendblatt.de/hamburg/elbphilharmonie/article208609711/Die-Elbphilharmonie-war-die-Idee-ihres-Lebens.html* [abgerufen am 31.1.2020].
15 Hierzu: Philipp Spitta, Johann Sebastian Bach. Erster Band, Leipzig 1873, S. 627–641.
16 Johann Mattheson, Der musikalische Patriot, Hamburg 1728, S. 316; zit. nach: Spitta, ebd., S. 632.
17 Zit. nach: Spitta, ebd., S. 631.
18 Vgl. Dorothea Schröder, Carl Philipp Emanuel Bach, Hamburg ²2014, S. 49–57.
19 Vgl. Eckart Kleßmann, Geschichte der Stadt Hamburg, Hamburg ⁶1988, S. 280 f.
20 C. H. D. Schubart's Idee zu einer Aesthetik der Tonkunst, hg. von Ludwig Schubart, Stuttgart 1839, S. 185.
21 Ebd., S. 187.
22 Ebd., S. 188.
23 Matthias Claudius, Botengänge. Briefe an Freunde, hg. von Hans Jessen, Berlin 1967, S. 37.
24 Ebd., S. 38.
25 Hierzu: Siegbert Rampe, Carl Philipp Emanuel Bach und seine Zeit, Laaber 2014, S. 331.
26 Matthias Claudius, Botengänge, wie Anmerkung 23, S. 43 f.
27 Ebd., S. 44.
28 Ebd.
29 Ebd.
30 Ebd., S. 45.
31 So heißt es in *An Sie* von 1752, in: Friedrich Gottlieb Klopstock, Oden, Band 1: Text, hg. von Horst Gronemeyer und Klaus Hurlebusch, Berlin und New York 2010, S. 132.
32 Ebd., S. 141.
33 Zit. nach: Eberhard Kändler, «O ihr Gräber der Todten! Warum lieget ihr nicht in blühenden Thalen beysammen?». Grabstätten der Hamburger

Oberschicht in der ersten Hälfte des 19. Jahrhunderts, in: «Heil über dir, Hammonia»: Hamburg im 19. Jahrhundert, hg. von Inge Stephan und Hans-Gerd Winter, Hamburg 1992, S. 199–232, hier S. 209.

34 Matthias Claudius, Botengänge, wie Anmerkung 23, S. 46.
35 Friedrich Gottlieb Klopstock, Briefe 1759–1766, Band 2: Apparat/Kommentar, hg. von Helmut Riege, Berlin und New York 2004, S. 342 f.
36 Vgl. Brigitte Beier, Norbert Fischer, Ernst Christian Schütt und Hanna Vollmer-Heitmann, Altona und Ottensen, Hamburg 1993, S. 84–87.
37 Zit. nach: Klaus Hurlebusch, Friedrich Gottlieb Klopstock, Hamburg 2003, S. 11.
38 Hamburgs Vergangenheit und Gegenwart. Eine Sammlung von Ansichten, Hamburg 1896 [Reprint 1980], S. 461.
39 Vgl. Friedrich Hebbel, Tagebücher, wie Anmerkung 9, Aufzeichnung Nr. 637, 14. März 1837, S. 76, sowie Aufzeichnung Nr. 5516, 25. März 1859, S. 746.
40 Peter Rühmkorf, In meinen Kopf passen viele Widersprüche. Über Kollegen, hg. von Susanne Fischer und Stephan Opitz, Göttingen 2012, S. 213.
41 Siehe hierzu: Bernd Erhard und Angelika Fischer, Peter Rühmkorf in Altona, Berlin 2012, S. 30.
42 Heinrich Heine, Aus den Memoiren des Herren von Schnabelewopski, in: ders., Historisch-kritische Gesamtausgabe der Werke, in Verbindung mit dem Heinrich-Heine-Institut hg. von Manfred Windfuhr, Band 5, Hamburg 1994, S. 147–195, hier S. 157.
43 Ebd., S. 153.
44 Ebd., S. 169.
45 Friedrich Gottlieb Klopstock, Briefe 1767–1772, Band I: Text, hg. von Klaus Hurlebusch, Berlin und New York 1989, S. 274.
46 Gotthold Ephraim Lessing, Briefe in fünf Bänden, hg. von Franz Muncker. Erster Band: Briefe von Lessing aus den Jahren 1743–1771, Leipzig 1904, S. 371; vgl. Meine liebste Madam. Gotthold Ephraim Lessings Briefwechsel mit Eva König 1770–1776, hg. von Günter und Ursula Schulz, München 1979, S. 55.
47 Georg Christoph Lichtenberg, Brief an Johann Andreas Schernhagen, Stade, vermutlich Ende Juli 1773, in: ders., Briefwechsel, hg. von Ulrich Joost und Albrecht Schöne, Band I 1765–1779, München 1983, S. 336.

Gänsemarkt

1 Hierzu: Siegbert Rampe, Carl Philipp Emanuel Bach und seine Zeit, Laaber 2014, S. 392.
2 Hierzu: Sigrid Schambach, Aus der Gegenwart in die Zukunft denken. Die Geschichte der Patriotischen Gesellschaft von 1765, Hamburg 2004.
3 Hierzu: Eckart Kleßmann, Geschichte der Stadt Hamburg, Hamburg ^{6}1988, S. 263–270.
4 Vgl. Hermann Rauhe, Von der ersten deutschen Bürgeroper bis zur Elbphilharmonie, Hamburg 2017, S. 25–27.
5 Hierzu: Jan Philipp Reemtsma, Lessing in Hamburg 1766–1770, München 2007, S. 34.
6 Hierzu: Lessings Werke in fünf Bänden (Bibliothek Deutscher Klassiker), vierter Band, Hamburgische Dramaturgie, Ausgewählt von Karl Balser, Berlin und Weimar, ^{10}1988, S. 497 f.
7 Gotthold Ephraim Lessing, Hamburgische Dramaturgie. Erster Band, Zweytes Stück. Den 5ten May, 1767, Hamburg u. a. [1769], S. 13 f.; online im Deutschen Textarchiv: *http://www.deutschestextarchiv.de/book/view/lessing_dramaturgie01_1767?p=27*.
8 Johann Wolfgang von Goethe, Aus meinem Leben. Dichtung und Wahrheit, in: Goethes Werke, Band IX, Autobiographische Schriften 1, textkritisch durchgesehen von Lieselotte Blumenthal, kommentiert von Erich Trunz, München ^{11}1989, S. 568.
9 Gotthold Ephraim Lessing, Hamburgische Dramaturgie. Zweyter Band, Hundert und erstes, zweytes, drittes und viertes Stück. Den 19ten April, 1768, Hamburg u. a. [1769], S. 394; online im Deutschen Textarchiv: *http://www.deutschestextarchiv.de/book/view/lessing_dramaturgie02_1767?p=400*.
10 Ebd., S. 404; online im Deutschen Textarchiv: *http://www.deutschestextarchiv.de/book/view/lessing_dramaturgie02_1767?p=410*.
11 Gotthold Ephraim Lessings Gespräche nebst sonstigen Zeugnissen aus seinem Umgang, hg. von Flodoard von Biedermann, Berlin 1924, S. 134.
12 Gotthold Ephraim Lessing, Briefe in fünf Bänden, hg. von Franz Muncker. Erster Band: Briefe von Lessing aus den Jahren 1743–1771, Leipzig 1904, S. 227.
13 Ebd.
14 Jan Philipp Reemtsma, Lessing in Hamburg 1766–1770, München 2007, S. 10.

Anhang

15 Gotthold Ephraim Lessing, Briefe in fünf Bänden, hg. von Franz Muncker. Erster Band: Briefe von Lessing aus den Jahren 1743–1771, Leipzig 1904, S. 228.
16 Ebd., S. 227.
17 Ebd., S. 228.
18 Vgl. Otto Reiner, Lessing als Verleger, in: Imprimatur I, Leipzig 1930, S. 18–26.
19 Vgl. Jan Philipp Reemtsma, Lessing in Hamburg 1766–1770, München 2007, S. 30 f.
20 Johann Gottfried Herder, Gotthold Ephraim Leßing. Gebohren 1729, gestorben 1781, in: ders.: Zerstreute Blätter. Zweite Sammlung, Gotha 1786, S. 377–422, hier S. 401.
21 Vgl. Michael Töteberg und Volker Reissmann, Mach dir ein paar schöne Stunden. Das Hamburger Kinobuch, Bremen 2008, S. 55–57.
22 Ebd., S. 222 f.

Meßberg

1 Hans Henny Jahnn, Schriften zur Kunst, Literatur und Politik II, hg. von Ulrich Bitz und Uwe Schweikert, unter Mitarbeit von Sandra Hiemer und Werner Irro, Hamburg 1991, S. 275.
2 Vgl. Erich August Greeven, Johann Joachim Christoph Bode. Ein Hamburger Übersetzer, Verleger und Drucker, in: Imprimatur 8 (1938), S. 113–127, hier S. 118 f.
3 Vgl. Jan Philipp Reemtsma, Lessing in Hamburg 1766–1770, München 2007, S. 24.
4 Gotthold Ephraim Lessing, Briefe in fünf Bänden, hg. von Franz Muncker. Dritter Band: Briefe an Lessing aus den Jahren 1746–1770, Leipzig 1904, S. 227.
5 Jonas Ludwig von Heß, Hamburg topographisch, politisch und historisch beschrieben, Zweiter Theil, Hamburg ²1811, S. 382.
6 Ebd., S. 382.
7 Meine liebste Madam. Gotthold Ephraim Lessings Briefwechsel mit Eva König 1770–1776, hg. von Günter und Ursula Schulz, München 1979, S. 359.
8 Hierzu: Franklin Kopitzsch, Grundzüge einer Sozialgeschichte der Aufklärung in Hamburg und Altona, Hamburg 1982, S. 661–666.
9 Gotthold Ephraim Lessing, Briefe in fünf Bänden, hg. von Franz Muncker.

Zweiter Band: Briefe von Lessing aus den Jahren 1772–1781, Leipzig 1907, S. 259.
10 Ebd., S. 263.
11 Gotthold Ephraim Lessings Gespräche nebst sonstigen Zeugnissen aus seinem Umgang, hg. von Flodoard von Biedermann, Berlin 1924, S. 252.
12 Vgl. Hugh Barr Nisbet, Lessing. Eine Biographie, München 2008, S. 492.
13 Georg Christoph Lichtenberg, Brief an Friedrich Christian Lichtenberg, Stade, 13. August 1773, in: ders., Briefwechsel, hg. von Ulrich Joost und Albrecht Schöne, Band I 1765–1779, München 1983, S. 345.
14 Joseph von Eichendorff, Sämtliche Werke, Band XI/I, Tagebücher, hg. von Franz Heiduk und Ursula Regener, Tübingen 2006, S. 184 f.
15 Ebd., S. 186.
16 Jonas Ludwig von Heß, Hamburg topographisch, politisch und historisch beschrieben, Zweiter Theil, Hamburg ²1811, S. 383.
17 Vgl. Briefe von und an Lessing 1743–1770, hg. von Helmuth Kiesel unter Mitwirkung von Georg Braungart und Klaus Fischer, Frankfurt a. M. 1987, S. 528 f.

Mönckebergstraße

1 Zit. nach: Volker Plagemann, Kunstgeschichte der Stadt Hamburg, Hamburg 1995, S. 214.
2 Vgl. Hermann Hipp, Freie und Hansestadt Hamburg. Geschichte, Kultur und Stadtbaukunst an Elbe und Alster, Köln ³1996, S. 131.
3 Dies berichtet Garlieb Merkel 1801, zit. nach: Helmuth Thomsen (Hg.), Hamburg, München 1963, S. 52.
4 Vgl. Volker Plagemann, Kunstgeschichte der Stadt Hamburg, Hamburg 1995, S. 214–219.
5 Peter Bürger, Relektüre: «Fluss ohne Ufer». Hans Henny Jahnn zum 50. Todestag. Essay im Deutschlandfunk vom 29.11.2009, *http://www.deutschlandfunk.de/relektuere-fluss-ohne-ufer.1184.de.html?dram:article_id=185355* [abgerufen am 31.1.2020].
6 Hierzu: Egbert Kossak, 1100 Jahre Stadtbild Hamburg. Mythos. Wirklichkeit. Visionen, München und Hamburg 2012, S. 31.
7 Hierzu: Rainer-Maria Weiss und Anne Klamt (Hg.), Mythos Hammaburg. Archäologische Entdeckungen zu den Anfängen Hamburgs, Hamburg 2014; Rainer-Maria Weiss (Hg.), Hammaburg. Wie alles begann, Hamburg 2016.

8 Hierzu: Hamburg. Geschichte der Stadt und ihrer Bewohner, hg. von Werner Jochmann und Hans-Dieter Loose, Band I, Hamburg 1982, S. 23–46.
9 Giovanni di Lorenzo, Helmut Schmidt. Sein Gedankengebäude, in: Die Zeit, Nr. 2, 7.1.2016; *https://www.zeit.de/2016/02/helmut-schmidt-haus-pressehaus* [abgerufen am 31.1.2020].
10 Zit. nach: Ralf Dahrendorf, Liberal und unabhängig. Gerd Bucerius und seine Zeit, München 2000, S. 58 f.
11 Zit. nach: ebd., S. 59.
12 Hierzu: Marion Gräfin Dönhoff. Ein Leben in Briefen, hg. von Irene Brauer und Friedrich Dönhoff, Hamburg 2009, S. 96–99.
13 Zit. nach: Haug von Kuenheim, Marion Dönhoff, Reinbek bei Hamburg 1999, S. 47.
14 Marion Gräfin Dönhoff, Ein Leben in Briefen, hg. von Irene Brauer und Friedrich Dönhoff, Hamburg 2009, S. 98 f.
15 Hierzu: Dieter Schröder, Augstein, München 2004, S. 72 f.
16 Zit. nach: Peter Merseburger, Rudolf Augstein. Biographie, München 2007, S. 168.
17 Hierzu: Horst Pöttker, Meilenstein der Pressefreiheit – 50 Jahre «Spiegel»-Affäre, in: Aus Politik und Zeitgeschichte. Beilage zur Wochenzeitung Das Parlament, 62. Jg., H. 29–31, 2012, S. 39–46.
18 Hierzu: Peter Merseburger, Rudolf Augstein. Biographie, München 2007, S. 147–153.
19 Hierzu: Haug von Kuenheim, Marion Dönhoff, Reinbek 1999, S. 62–71, sowie – teilweise wörtlich übereinstimmend – Karl-Heinz Janßen, Die Zeit in der ZEIT. 50 Jahre einer Wochenzeitung, Berlin 1995, S. 108–110.
20 Zit. nach: Ralf Dahrendorf, Liberal und unabhängig. Gerd Bucerius und seine Zeit, München 2000, S. 114.
21 Ebd.
22 Hierzu: Haug von Kuenheim und Theo Sommer (Hg.), Ein wenig betrübt, Ihre Marion. Marion Gräfin Dönhoff und Gerd Bucerius. Ein Briefwechsel aus fünf Jahrzehnten, Berlin 2003, S. 23 f.
23 Hierzu: Haug von Kuenheim, Marion Dönhoff, Reinbek 1999, S. 63.
24 Anonym, Sie kamen in der Nacht, in: Der Spiegel, Nr. 45/1962, S. 54–85, hier S. 78.
25 Ebd., S. 73 f.
26 Besorgt, betroffen, alarmiert: Prominente äußern sich zur Aktion gegen den Spiegel, in: Der Spiegel, Nr. 45/1962, S. 82.

27 Marion Gräfin Dönhoff, Hinter der Bonner Nebelwand: Verfall der politischen Moral, in: Die Zeit, Nr. 46, 16.11.1962.
28 Hierzu: Dieter Schröder, Augstein, München 2004, S. 127 f.
29 Stephan Maus, Interview mit einem Großkotz. Fritz J. Raddatz ist tot. Der Literaturkritiker, der sich selbst als Großkotz bezeichnete, gab dem stern vor einem Jahr ein Interview, in dem er wie gewohnt kein Blatt vor den Mund nahm, *www.stern.de/kultur/buecher/fritz-j--raddatz-ist-tot---ein-interview-mit-einem-grosskotz-5952302.html* [abgerufen am 9.3.2019].
30 Joachim Ringelnatz, Mein Leben bis zum Kriege, Berlin 1931, S. 177.
31 Hamburgs Vergangenheit und Gegenwart. Eine Sammlung von Ansichten, Hamburg 1896 [Reprint 1980], S. 216.
32 Hierzu: Hermann Hipp, Freie und Hansestadt Hamburg. Geschichte, Kultur und Stadtbaukunst an Elbe und Alster, Köln ³1996, S. 174.
33 Zit. nach: Volker Plagemann, Kunstgeschichte der Stadt Hamburg, Hamburg 1995, S. 242.

Rödingsmarkt

1 Hierzu: Hermann Hipp, Freie und Hansestadt Hamburg. Geschichte, Kultur und Stadtbaukunst an Elbe und Alster, Köln ³1996, S. 140 f.
2 Bodo Kirchhoff, Dämmer und Aufruhr. Roman der frühen Jahre, Frankfurt a. M. 2018, S. 24 f.
3 Zit. nach: Herrliches Hamburg, hg. von Rolf Italiaander, Nachwort von Hans Henny Jahnn, Zeichnungen von Hans Leip, Hamburg 1957, S. 226 f.
4 Hubert Fichte, Schlechte Zeiten, in: ders.: Der Aufbruch nach Turku und andere Erzählungen, Frankfurt a. M. 1988, S. 62–72, hier S. 62.
5 Alfred Andersch, Wintersende in einer frierenden Stadt, in: ders., Gesammelte Werke, hg. von Dieter Lamping, Band 8, Zürich 2004, S. 93–99, hier S. 93.
6 Ebd., S. 94.
7 Wolf Biermann, Warte nicht auf bessre Zeiten! Die Autobiographie, Berlin 2016, S. 47.
8 Alfred Andersch, Wintersende in einer frierenden Stadt, wie Anmerkung 5, S. 94.
9 Brief an Iris Kaschnitz, 12.2.1950, DLA Marbach, A: Kaschnitz, Marie Luise.
10 Hierzu: Volker Plagemann, Kunstgeschichte der Stadt Hamburg, Hamburg 1995, S. 341.

11 Arno Schmidt, Porträt einer Klasse, zit. nach: Arno Schmidt in Hamburg, hg. von Joachim Kersten, Hamburg 2011, S. 24.
12 Zit. nach: Hans Brunswig, Feuersturm über Hamburg, Stuttgart ^{8}1987, S. 191. – Vgl. Jörg Friedrich, Der Brand. Deutschland im Bombenkrieg, München 2002, S. 109.
13 Vgl. Hans Brunswig, Feuersturm über Hamburg, Stuttgart ^{8}1987, S. 191 f.
14 Zahlen nach: ebd., S. 187 f.
15 Marione Ingram, Kriegskind. Eine jüdische Kindheit in Hamburg, hg. und übersetzt von Ulrike Sparr, München und Hamburg 2016 [Originalausgabe: New York 2013], S. 91 f.
16 Alle Zitate: Hans Erich Nossack, Geben Sie bald wieder ein Lebenszeichen. Briefwechsel 1943–1956, Band 1, hg. von Gabriele Söhling, Frankfurt a. M. 2001, S. 8–10.
17 Hans Erich Nossack, Der Untergang, in: ders., Dieser Andere. Ein Lesebuch mit Briefen, Gedichten, Prosa, hg. von Christof Schmid, Frankfurt a. M. 1976, S. 120.
18 Ebd., S. 144 f.
19 Mittelwerte nach Brunswick, S. 243 und 400–409, sowie Jörg Friedrich, Der Brand, S. 113 f.; hierzu auch: Ursula Büttner, «Gomorrha» und die Folgen. Der Bombenkrieg, in: Hamburg im «Dritten Reich», hg. von der Forschungsstelle für Zeitgeschichte in Hamburg, Göttingen ^{2}2008, S. 613–632.
20 Der Spiegel, 28.5.1952, S. 32 f.
21 Hans Erich Nossack, Die Tagebücher 1943–1977, hg. von Gabriele Söhling, Frankfurt a. M. 1997, Band 1, S. 256.
22 Hierzu: Matthias Gretzschel, Kleine Hamburger Stadtgeschichte, Regensburg 2008, S. 110 f.
23 Unveröffentlichter Brief, DLA, A: Kasack.
24 Hans Erich Nossack, Die Tagebücher 1943–1977, hg. von Gabriele Söhling, Frankfurt a. M. 1997, Band 1, S. 480 f.
25 Brief Carl Zuckmayers an Wolfgang Borchert, 14.11.1947, zit. nach: Wolfgang Borchert, Allein mit meinem Schatten und dem Mond. Briefe, Gedichte und Dokumente, hg. von Gordon J. A. Burgess und Michael Töteberg unter Mitarbeit von Irmgard Schindler, Reinbek 1996, S. 240; vgl. Peter Rühmkorf, Wolfgang Borchert, Reinbek ^{9}2007 [erstmals 1961], S. 165.
26 Zit. nach: ebd., S. 66.
27 Klaus Mann, Hamburg, in: Volker Hage (Hg.), Hamburg 1943. Literarische Zeugnisse zum Feuersturm, Frankfurt a. M. 2003 [erstmals am 9.9.1943], S. 13–17, hier S. 15.

28 Ebd.
29 Wolfgang Borchert, Das Gesamtwerk. Mit einem biographischen Nachwort von Bernhard Meyer-Marwitz, Hamburg und Stuttgart 1949, S. 100.
30 Ebd., S. 104.
31 Imre Kertész, Der Betrachter. Aufzeichnungen 1991–2001, aus dem Ungarischen von Heike Flemming und Lacy Kornitzer, Reinbek 2016, S. 99.
32 Wolfgang Borchert, Das Gesamtwerk, wie Anmerkung 29, S. 105.
33 Ebd., S. 113.
34 Ebd., S. 118.
35 Ebd., S. 106.
36 Hans Erich Nossack, Der Untergang, wie Anmerkung 17, S. 149 f.
37 Hans Leip, Das Tanzrad oder Die Lust und Mühe eines Daseins. Frankfurt a. M. und Berlin 1979, S. 219.
38 Vgl. Brunswick, S. 258.
39 Hans Erich Nossack, Der Untergang, wie Anmerkung 17, S. 150.
40 Vgl. Hermann Hipp, Freie und Hansestadt Hamburg. Geschichte, Kultur und Stadtbaukunst an Elbe und Alster, Köln ³1996, S. 163 f.

Dammtor

1 Georges-Arthur Goldschmidt, Über die Flüsse. Autobiographie, aus dem Französischen übersetzt vom Verfasser, Zürich 2001, S. 34.
2 Fritz Schumacher, Selbstgespräche. Erinnerungen und Betrachtungen, Hamburg 1949, S. 91; vgl. Rainer Nicolaysen, Wandlungsprozesse der Hamburger Universität im 20. Jahrhundert, *www.uni-hamburg.de/einrichtungen/weitere-einrichtungen/arbeitsstelle-fuer-universitaetsgeschichte/geschichte.html* [abgerufen am 13.2.2019].
3 Schumacher, ebd., S. 92.
4 Zit. nach: Rainer Nicolaysen, Demokratische Impulse in Schule und Universität, in: Hans-Jörg Czech, Olaf Matthes und Ortwin Pelc (Hg.), Revolution! Revolution? Hamburg 1918/19, Hamburg und Kiel 2018, S. 233–243, hier S. 236.
5 Hans W. Fischer, Hamburger Kulturbilderbogen. Eine Kulturgeschichte 1909–1922, neu hg. und kommentiert von Kai-Uwe Scholz, Mathias Mainholz und Rüdiger Schütt, Hamburg 1998, S. 125.
6 Hierzu: Rainer Nicolaysen, Glanzvoll und gefährdet. Über die Hamburger Universität in der Weimarer Republik, in: Dirk Hempel und Ingrid Schrö-

der (Hg.), Andocken. Hamburgs Kulturgeschichte 1848–1933, Hamburg 2012, S. 114–131.
7 Fritz Schumacher, Selbstgespräche. Erinnerungen und Betrachtungen, Hamburg 1949, S. 299.
8 Ebd., S. 303.
9 Toni Cassirer, Mein Leben mit Ernst Cassirer, Hildesheim 1981, S. 125.
10 Ebd., hierzu auch: Susanne Wittek, «So muss ich fortan das Band als gelöst ansehen». Ernst Cassirers Hamburger Jahre 1919–1933, Göttingen 2019, S. 72–82.
11 Hierzu: Wolfram Eilenberger, Zeit der Zauberer. Das große Jahrzehnt der Philosophie, Stuttgart 2018, S. 151–160.
12 In einem Brief an Fritz Saxl, 24. März 1923, zit. nach: Susanne Wittek, «So muss ich fortan das Band als gelöst ansehen». Ernst Cassirers Hamburger Jahre 1919–1933, Göttingen 2019, S. 74.
13 Gustav Pauli, Erinnerungen aus sieben Jahrzehnten, Tübingen 1936, S. 347 f.
14 Vgl. Jan Assmann, Die übersetzten Götter. Ein Gespräch mit Elisabetta Colagrossi, in: Zeitschrift für Ideengeschichte, Heft XII/4, Winter 2018, S. 75–90, hier S. 76.
15 Zur Systematik der K. B. W.: *www.warburg-haus.de/kulturwissenschaftliche-bibliothek-warburg/* [abgerufen am 3.5.2020].
16 Ernst Cassirer, [gedruckte Zueignung vom 13. Juni 1926], in ders., Individuum und Kosmos in der Philosophie der Renaissance [Studien der Bibliothek Warburg], Wiesbaden 1927.
17 Hierzu: Peter Sloterdijk, Weltanschauungsessayistik und Zeitdiagnostik, in: Literatur der Weimarer Republik 1918–1933, [Hanser Sozialgeschichte der deutschen Literatur, Band 8], hg. von Bernhard Weyergraf, München 1995, S. 323.
18 Fritz Saxl, Die Geschichte der Bibliothek Warburgs (1886–1944), in: Ernst H. Gombrich, Aby Warburg. Eine intellektuelle Biographie, aus dem Englischen von Mathias Fienbork, Hamburg 2012, S. 615–640, hier S. 617.
19 Ebd., S. 617 f.
20 Toni Cassirer, Mein Leben mit Ernst Cassirer, Hildesheim 1981, S. 126.
21 Fritz Saxl, Die Geschichte der Bibliothek Warburgs (1886–1944), wie Anmerkung 18, S. 618.
22 Ebd., S. 619.
23 Vgl. Susanne Wittek, «So muss ich fortan das Band als gelöst ansehen.» Ernst Cassirers Hamburger Jahre 1919–1933, Göttingen 2019, S. 76–79.

24 Toni Cassirer, Mein Leben mit Ernst Cassirer, Hildesheim 1981, S. 177.
25 Hierzu: Thomas Meyer, Ernst Cassirer, Hamburg 2006, S. 176 f.
26 Max Tau, Das Land, das ich verlassen mußte, Hamburg 1961, S. 145.
27 Über die Pläne wurde ausführlich in der Tagespresse berichtet: Till Briegleb, Jetzt erst recht. Neubau der Hamburger Synagoge, in: Süddeutsche Zeitung, 13.2.2020; Eva Eusterhus, Synagoge am Bornplatz. Ein Zeichen allein reicht nicht allen, in: Die Welt, 10.2.2020.
28 Jenny V. Wirschky, Zehn Jahre Jüdischer Salon am Grindel [Gespräch mit Sonia Simmenauer zur Wiedereröffnung des Salons am 15.1.2018], in: Szene Hamburg, *https://szene-hamburg.com/zehn-jahre-juedischer-salon-am-grindel/* [abgerufen am 23.3.2019].
29 Hierzu: Stephan Reinhardt, Alfred Andersch. Eine Biographie, Zürich 1990, S. 62–69.
30 Alfred Andersch, Gesammelte Werke, hg. von Dieter Lamping, Band 5: Erzählungen 2. Autobiographische Berichte, Zürich 2004, S. 360.
31 Ebd., S. 363.
32 Peter Rühmkorf, Wolfgang Borchert, Reinbek ^{9}2007 [erstmals 1961], S. 134.
33 Hierzu: Verena Joos, «Mutter Courage des Theaters». Ida Ehre, München 1999, S. 105–109.
34 Hierzu: Barbara Müller-Wesemann, Theater als geistiger Widerstand. Der Jüdische Kulturbund in Hamburg 1934–1941, Stuttgart 1997, S. 151–161; Erika Hirsch, Die Henry-Jones-Loge und jüdische Vereine, in: Ursula Wamser und Wilfried Weinke (Hg.), Jüdisches Leben am Grindel, Hamburg 1991, S. 64–78.
35 Zit. nach: Barbara Müller-Wesemann, ebd., S. 160.
36 Hierzu: Geleitwort von Gerd Wietek, in: Maler der Brücke. Farbige Kartengrüße an Rosa Schapire von Erich Heckel, Ernst Ludwig Kirchner, Max Pechstein, Karl Schmidt-Rottluff, Wiesbaden 1958 [ohne Seitenzählung].
37 Zit. nach: Roswitha Quadflieg, Beckett was here. Hamburg im Tagebuch Samuel Becketts von 1936. Mit einem Vorwort von Mark Nixon, Berlin 2014, S. 126.
38 Hierzu: Barbara Müller-Wesemann, «Seid trotz der schweren Last stets heiter». Der Jüdische Kulturbund Hamburg (1934–1941), in: Ursula Wamser und Wilfried Weinke (Hg.), Jüdisches Leben am Grindel, Hamburg 1991, S. 135–144.

Anhang

Hallerstraße

1 Peter Härtling, Leben lernen. Erinnerungen, Köln 2003, S. 141.
2 Helmut Heißenbüttel, Kombinationen. Gedichte 1951–1954, Esslingen 1954, ohne Seitenzahl.
3 Bruchstück 3, in: ebd., ohne Seitenzahl.
4 Peter Härtling, Leben lernen. Erinnerungen, Köln 2003, S. 144.
5 Helmut Heißenbüttel, D'Alemberts Ende. Projekt 1, Stuttgart 1988, S. 74.
6 Internetpräsenz der Hamburger Arbeitsstelle des Goethe-Wörterbuchs, *www.slm.uni-hamburg.de/germanistik/forschung/arbeitsstellen-zentren/goethe-woerterbuch.html* [abgerufen am 18.5.2019].
7 Helmut Heißenbüttel, D'Alemberts Ende. Projekt 1, Stuttgart 1988, S. 55 f.
8 Friedrich Hebbel, Reisebriefe. 1853, in: ders., Sämtliche Werke, Historisch-kritische Ausgabe, besorgt von Richard Maria Werner, Band 10, Berlin 1904, S. 193–201, hier S. 196.
9 Hoffmann von Fallersleben, Mein Leben. Aufzeichnungen und Erinnerungen, Hannover 1868, S. 210 f.; vgl. Gert Ueding, Hoffmann und Campe. Ein deutscher Verlag. In Zusammenarbeit mit Bernd Steinbrink, Hamburg 1981, S. 398–400.
10 Vgl. Horst Gronemeyer, Friedrich von Hagedorn. Hamburgs vergessener Dichter, Hamburg 2008.
11 Friedrich von Hagedorn, Die Alster, in: ders., Poetische Werke, Dritter Theil, Hamburg 1760, S. 115 f.
12 Ebd., S. 116.
13 Friedrich Hebbel, Tagebücher, Neue historisch-kritische Ausgabe, Band 1: Text, hg. von Monika Ritzer, Berlin und Boston 2017, Aufzeichnung Nr. 1755, 23.11.1839, S. 209.
14 Rudolf G. Binding, Der Opfergang, in: ders. Die Geige. Vier Novellen, Frankfurt a. M. 1927, S. 125–183, hier S. 140.
15 Ebd., S. 139 f.
16 Carl von Ossietzky, Eine Fahrt auf der Alster, in: Ja, in Hamburg bin ich gewesen. Dichter in Hamburg, vorgestellt von Matthias Wegner, Hamburg 2000, S. 301 f., hier S. 301.
17 Gertrud Kolmar, Das lyrische Werk. Gedichte 1927–1937, hg. von Regine Nörtemann, Göttingen 2003, S. 542.
18 Ebd., S. 543 f.
19 Gertrud Kolmar, Briefe, hg. von Johanna Woltmann, durchgesehen von

Johanna Egger und Regina Nörtemann, Göttingen 2014; vgl. auch Jüdisches Städtebild Hamburg, hg. von Erika Hirsch und Thomas Sparr, Frankfurt a. M. 1999, S. 188–195.

20 Hierzu: Hermann Hipp, Freie und Hansestadt Hamburg. Geschichte, Kultur und Stadtbaukunst an Elbe und Alster, Köln ³1996, S. 206–209; Eckart Kleßmann, Geschichte der Stadt Hamburg, Hamburg ⁶1988, S. 138–142; Volker Plagemann, Kunstgeschichte der Stadt Hamburg, Hamburg 1995, S. 132–137; Egbert Kossak, 1100 Jahre Stadtbild Hamburg. Mythos. Wirklichkeit. Visionen, München und Hamburg 2012, S. 55–77.

21 Zit. nach: Eckart Kleßmann, Hamburg. Ein Städte-Lesebuch, Frankfurt a. M. 1991, S. 118.

22 Hamburgs Vergangenheit und Gegenwart. Eine Sammlung von Ansichten, Hamburg 1896 [Reprint 1980], S. 522.

23 Hierzu: Hermann Rauhe, Von der ersten deutschen Bürgeroper bis zur Elbphilharmonie. Die Musikstadt Hamburg und ihr neues Wahrzeichen, Hamburg 2017, S. 220.

24 Heinz Liepmann, ... wird mit dem Tode bestraft, Zürich 1935, S. 144.

25 Hierzu: Frank Bajohr, Gauleiter in Hamburg. Zur Person und Tätigkeit Karl Kaufmanns, in: Vierteljahrshefte für Zeitgeschichte, Jg. 43 (1995), Heft 2, S. 267–295, insbesondere S. 271–275.

26 Ebd., S. 276.

27 Hierzu: Joachim Mischke, Hamburg Musik!, Hamburg 2008, S. 331–338.

28 Hierzu: Hermann Rauhe, Von der ersten deutschen Bürgeroper bis zur Elbphilharmonie. Die Musikstadt Hamburg und ihr neues Wahrzeichen, Hamburg 2017, S. 230–237.

29 György Ligeti, Hamburg, in: ders., Gesammelte Schriften, hg. von Monika Lichtenfeld, Band 2, Mainz 2007, S. 57–61, hier S. 58 f.

30 John Rockwell, Jazz Opera in Hamburg: A Look at Bessie Smith, in: The New York Times, 13.6.1988; vgl. Rolf Michaelis, «Cosmopolitan Greetings» – ein Multi-Media-Spektakel von Robert Wilson. Totentanz für Amerika in Europa, in: Die Zeit, 17.6.1988.

31 Hans Erich Nossack, Die Tagebücher 1943–1977, hg. von Gabriele Söhling, Frankfurt a. M. 1997, Band 1, S. 254 f.

32 Josef Marein, Olivier Messiaen, in: Die Zeit, Nr. 22, 29.5.1952.

33 Erst 2014 erschienen die Aufnahmen vom 14.6.1972 bei Jarretts Münchner Label ECM unter dem Titel *Hamburg '72* als CD.

34 Brief an Joseph Breitbach, Hamburg, 14.2.1955, A: Breitbach, Joseph, DLA Marbach; Hans Erich Nossack, Geben Sie bald wieder ein Lebenszeichen.

Briefwechsel 1943–1956, Band 1, hg. von Gabriele Söhling, Frankfurt a. M. 2001, S. 565.
35 Brief an Peter Suhrkamp, 3.6.1955, zit. nach: Hans Erich Nossack, Dieser Andere. Ein Lesebuch mit Briefen, Gedichten, Prosa, hg. von Christof Schmid, Frankfurt a. M. 1976, S. 97.
36 Hans W. Fischer, Hamburger Kulturbilderbogen. Eine Kulturgeschichte 1909–1922, neu hg. und kommentiert von Kai-Uwe Scholz, Mathias Mainholz und Rüdiger Schütt, Hamburg 1998, S. 20.
37 Zit. nach: Hans Harbeck, Hamburg, München 1930, S. 130.
38 Einschlägig zur Hamburger Gruppe und ihrem Umfeld: Rüdiger Schütt, Bohemiens und Biedermänner. Die Hamburger Gruppe 1925 bis 1931, Hamburg 1996.
39 Hans Harbeck, Hamburg, München 1930, S. 131.
40 Hans W. Fischer, Hamburger Kulturbilderbogen, wie Anmerkung 36, S. 98.
41 Ebd., S. 116.
42 Ebd., S. 121.
43 Ebd., S. 130 f.
44 Walter Muschg, Gespräche mit Hans Henny Jahnn, Frankfurt a. M. 1967, S. 163.
45 Grundlegend hierzu: Martin Hielscher, Antikult und Kulturpolitik. Hans Henny Jahnns Weg von Ugrino zur Freien Akademie der Künste, in: «Liebe, die im Abgrund Anker wirft». Autoren und literarisches Feld im Hamburg des 20. Jahrhunderts, hg. von Inge Stephan und Hans-Gerd Winter, Hamburg 1990, S. 252–276; Jan Bürger, Der gestrandete Wal. Das maßlose Leben des Hans Henny Jahnn. Die Jahre 1894–1935, Hamburg 2017 [erstmals 2003], besonders S. 99–165 und 241–295.
46 Hans Henny Jahnn, Briefe II, hg. von Ulrich Bitz, Jan Bürger, Sandra Hiemer und Sebastian Schulin, Hamburg 1994, S. 727.
47 Walter Muschg, Gespräche mit Hans Henny Jahnn, Frankfurt a. M. 1967, S. 165.
48 Heinz Liepmann, ... wird mit dem Tode bestraft, Zürich 1935, S. 76 f.
49 Vgl. Thomas Meyer, Ernst Cassirer, Hamburg 2006, S. 207.
50 Toni Cassirer, Mein Leben mit Ernst Cassirer, Hildesheim 1981, S. 190.
51 Hierzu: Wilfried Weinke, Ich werde vielleicht später einmal Einfluß zu gewinnen suchen ... Der Schriftsteller und Journalist Heinz Liepman (1905–1966) – Eine biographische Rekonstruktion, Göttingen 2017, S. 127–136.
52 Wolf Biermann, Warte nicht auf bessre Zeiten! Die Autobiographie, Berlin 2017, S. 38.

Anmerkungen zu S. 161–180

53 Hierzu: Ursula Büttner, «Gomorrha» und die Folgen. Der Bombenkrieg, in: Hamburg im «Dritten Reich», hg. von der Forschungsstelle für Zeitgeschichte in Hamburg, Göttingen ²2008, S. 613–632, Abb. auf S. 629.
54 Paul Th. Hoffmann, Mit dem Zeiger der Weltenuhr. Bilder und Erinnerungen, Hamburg 1949, S. 347.
55 Ebd., S. 348.

Hauptbahnhof

1 Hubert Fichte, Der kleine Hauptbahnhof oder Lob des Strichs. Roman. Die Geschichte der Empfindlichkeit, Band II, hg. von Gisela Lindemann, Frankfurt a. M. 1988, S. 105.
2 Ebd., S. 110.
3 Fritz J. Raddatz, Tagebücher. Jahre 1982–2001, Reinbek 2010, S. 123.
4 Vgl. Hermann Hipp, Freie und Hansestadt Hamburg. Geschichte, Kultur und Stadtbaukunst an Elbe und Alster, Köln ³1996, S. 257.
5 Uwe Timm, Von Anfang und Ende. Über die Lesbarkeit der Welt. Frankfurter Poetikvorlesungen, Köln 2009, S. 85.
6 Hierzu: Sigrid Schambach, Aus der Gegenwart in die Zukunft denken. Die Geschichte der Patriotischen Gesellschaft von 1765, Hamburg 2004, S. 124–129.
7 Vgl. «Himmel auf Zeit». Die Kultur der 1920er Jahre in Hamburg, hg. von Dirk Hempel und Friederike Weimar, Neumünster 2010, S. 84.
8 Ebd., S. 129.
9 Zum Leben Albert Ballins vgl. Johannes Gerhardt, Albert Ballin, Hamburg 2009 (Open access: *http://hup.sub.uni-hamburg.de/volltexte/2009/95/pdf/HamburgUP_MfW_06_Ballin.pdf* [abgerufen am 1.9.2019]); Susanne Wiborg, Albert Ballin, Hamburg ⁴2013.
10 Zit. nach: Michael Joho, «Dies Haus soll unsere geistige Waffenschmiede sein» (August Bebel). 100 Jahre Hamburger Gewerkschaftshaus 1906–2006, Hamburg 2006, S. 30; vgl. Hermann Hipp, Freie und Hansestadt Hamburg. Geschichte, Kultur und Stadtbaukunst an Elbe und Alster, Köln ³1996, S. 264.
11 Eckart Kleßmann, Barthold Hinrich Brockes, Hamburg 2003, S. 112–117.
12 Alfred Lichtwark, Makartbouquet und Blumenstrauß, Berlin ²1905, S. 48 f.
13 Beide Kurzzitate: Peter Rühmkorf, Die Jahre die Ihr kennt. Anfälle und Erinnerungen, Werke 2, hg. von Wolfgang Rasch, Reinbek 1999 [erstmals 1972], S. 181.

Anhang

14 Hans Blumenberg, Die Lesbarkeit der Welt, Frankfurt a. M. 1986, S. 180 f.
15 Ebd., S. 183.
16 Barthold Heinrich Brockes, Die Welt, in: ders., Irdisches Vergnügen in GOTT, bestehend in Physicalisch= und Moralischen Gedichten, Mit Musicalischen Compositionen begleitet von Johann Caspar Bachofen, Zürich 1740, S. 502–507, hier S. 502.
17 Ebd., S. 505.
18 Paul Th. Hoffmann, Mit dem Zeiger der Weltenuhr. Bilder und Erinnerungen, Hamburg 1949, S. 228.
19 Hans Harbeck, Hamburg, München 1930, S. 55.
20 Ebd., S. 55 f.
21 Zu den Spielplänen und zum Stil der Hamburger Bühnen in der Weimarer Zeit ausführlich: Michaela Giesing, Kräftefelder. Die Theaterszene, in: «Himmel auf Zeit». Die Kultur der 1920er Jahre in Hamburg, hg. von Dirk Hempel und Friederike Weimar, Neumünster 2010, S. 37–62.
22 Vgl. Hans W. Fischer, Hamburger Kulturbilderbogen. Eine Kulturgeschichte 1909–1922, neu hg. und kommentiert von Kai-Uwe Scholz, Mathias Mainholz und Rüdiger Schütt, Hamburg 1998, S. 66.
23 Heinz Liepmann, Hamburger Theater, in: Die Weltbühne 26, 20.5.1930, S. 764–767, hier S. 765 f.; vgl. auch Wilfried Weinke, Ich werde vielleicht später einmal Einfluß zu gewinnen suchen ... Der Schriftsteller und Journalist Heinz Liepman (1905–1966) – Eine biographische Rekonstruktion, Göttingen 2017, S. 90 f.
24 Hans Henny Jahnn, Dramen I, hg. von Ulrich Bitz, Hamburg 1988, S. 897.
25 Hubert Fichte, Detlevs Imitationen ‹Grünspan›, Reinbek 1971, S. 12.
26 Vgl. Klaus Mann, Briefe, hg. von Friedrich Albrecht, Berlin und Weimar 1988, S. 34 f.
27 Klaus Mann, Der Wendepunkt. Ein Lebensbericht, Reinbek 2014, S. 221 f.
28 Klaus Mann, Mephisto – Roman einer Karriere, München 1965, S. 84.
29 Vgl. Hans Henny Jahnn, Dramen I, hg. von Ulrich Bitz, Hamburg 1988, S. 1150 f.
30 Hans Henny Jahnn, Dramen II, hg. von Uwe Schweikert, unter Mitarbeit von Ulrich Bitz, Jan Bürger und Sebastian Schulin, Hamburg 1993, S. 1061.
31 Ivo Hauptmann, [Antwort auf die Umfrage «Merkur, von den Musen verhört»], in: Merian 9/XIV, 1961, Hamburg, S. 25.
32 Gustav Pauli, Erinnerungen aus sieben Jahrzehnten, Tübingen 1936, S. 339.
33 Fritz Schumacher, Stufen des Lebens. Erinnerungen eines Baumeisters, Stuttgart 1949 [erstmals 1935], S. 367.

34 Hierzu: Eckart Kleßmann, Geschichte der Stadt Hamburg, Hamburg ^{6}1988, S. 493 f.; Gustav Schiefler, Eine Hamburgische Kulturgeschichte 1890–1920. Beobachtungen eines Zeitgenossen, bearbeitet von Gerhard Ahrens, Hans Wilhelm Eckardt und Renate Hauschild-Thiessen, Hamburg 1985, S. 39.

35 Gustav Pauli, Erinnerungen aus sieben Jahrzehnten, Tübingen 1936, S. 345 f.

36 Ebd., S. 341.

37 Ebd.

38 Hierzu: Karen Michels, Sokrates in Pöseldorf. Erwin Panofskys Hamburger Jahre, Göttingen 2017, S. 29–46.

39 Gustav Pauli, Erinnerungen aus sieben Jahrzehnten, Tübingen 1936, S. 346 f.

40 Ebd., S. 399.

41 Hierzu: Ulrich Luckhardt, Die Sammlung des Hausmeisters Wilhelm Werner, Hamburg 2011, besonders S. 24 f.

42 Vgl. Maike Bruhns, Anita Rée. Leben und Werk einer Hamburger Malerin 1885–1933, Hamburg 1986, S. 9–12.

43 Zit. nach: Maike Bruhns, Die Hamburgische Secession, in: Die Hamburgische Secession [Katalog zur Ausstellung der Galerie Herold], Hamburg 1992, S. 3–6, hier S. 3.

44 Zu Anita Rées Leben grundlegend ist der von Karin Schick im Auftrag der Hamburger Kunsthalle herausgegebene Katalog zur Retrospektive 2017/18. Hier finden sich auch Fotografien der zerstörten Wandbilder (S. 168 f.).

45 Zit. nach: Tanz des Lebens. Die Hamburgische Sezession 1919–1933, hg. von Maike Bruhns, Anja Dauschek, Nicole Tiedemann-Bischop für das Jenisch Haus, Dresden 2019, S. 107.

46 Hierzu: Tanz des Lebens, ebd., S. 98–101.

47 Hierzu: Annegret Erhard, Anita Rée. Der Zeit voraus. Eine Hamburger Künstlerin der 20er Jahre, Berlin 2013.

48 Zit. nach: Paul Th. Hoffmann, Neues Altona 1919–1929. Zehn Jahre Aufbau einer deutschen Großstadt, Band II, Jena 1930, S. 529.

49 Hans Henny Jahnn, Heinrich Stegemann malt mich, in: Der Kreis, 1931, zit. nach: ders., Schriften zur Literatur, Kunst und Politik 1915–1935, hg. von Ulrich Bitz und Uwe Schweikert, unter Mitarbeit von Sandra Hiemer und Werner Irro, Hamburg 1991, S. 772–779, hier S. 774.

50 Malerei und Plastik in Deutschland 1936, Hamburg Kunstverein [Ausstellungskatalog], Hamburg 1936, S. 6.

51 Die Ausstellung, ihre Schließung und die Folgen sind ausführlich dokumentiert in: «Malerei und Plastik in Deutschland 1936». Die Geschichte einer

verbotenen Ausstellung. Schriften der Kunststiftung Heinrich Stegemann Nr. 3, Hamburg 2016.
52 Zit. nach: ebd., S. 24.
53 Postkarte an Jahnn auf Bornholm, Nachlass Jahnn, SUB Hamburg.
54 Hans Harbeck, Hamburg, München 1930, S. 48.

St. Pauli

1 Zit. nach: Roswitha Quadflieg, Beckett was here. Hamburg im Tagebuch Samuel Becketts von 1936. Mit einem Vorwort von Mark Nixon, Berlin 2014, S. 22; hierzu auch: Mark Nixon und Dirk Van Hulle, German Fever. Beckett in Deutschland, Marbacher Magazin 158–159/2017, Marbach a. N. 2017.
2 Klaus Mann, Hamburg, in: Volker Hage (Hg.), Hamburg 1943. Literarische Zeugnisse zum Feuersturm, Frankfurt a. M. 2003 [erstmals am 9.9.1943], S. 13–17, hier S. 15 f.
3 Heinz Liepmann, ... wird mit dem Tode bestraft, Zürich 1935, S. 151 f.
4 Ebd. – Liepmann schreibt durchgehend *Davidswache*, so wie man es fälschlicherweise oft hört.
5 Alfred Kerr, Herrliches Hamburg [ca. 1928], in: Herrliches Hamburg, hg. von Rolf Italiaander, Nachwort von Hans Henny Jahnn, Zeichnungen von Hans Leip, Hamburg 1957, S. 11–15, hier S. 11.
6 Vgl. Andrea Stoll, Ingeborg Bachmann. Der dunkle Glanz der Freiheit. Biografie, München 2013, S. 121 f.
7 Hans Erich Nossack, Die Tagebücher 1943–1977, Band 1, Frankfurt a. M. 1997, S. 255 f.
8 Zu Ilse Schneider-Lengyel: Helmut Böttiger, Die Gruppe 47. Als die deutsche Literatur Geschichte schrieb, München 2012, S. 22–26.
9 Ebd., S. 256.
10 Walter Muschg, Gespräche mit Hans Henny Jahnn, Frankfurt a. M. 1967, S. 39.
11 Beide Zitate: Hans Henny Jahnn, Fluß ohne Ufer. Roman in drei Teilen. Die Niederschrift des Gustav Anias Horn II, hg. von Uwe Schweikert, Hamburg 1992, S. 42.
12 Hans Harbeck, Hamburg, München 1930, S. 86.
13 Paul Th. Hoffmann, Die Elbchaussee. Ihre Landsitze, Menschen und Schicksale, Hamburg ^{4}1952, S. 217.

14 Theo Sommer, Hamburg. Weltstadt im Wellengang der Zeiten. Mit einem Geleitwort von Helmut Schmidt, Hamburg 2004, S. 90.
15 Vgl. Lars Amenda, «Welthafenstadt». Globalisierung, Migration und Alltagskultur in Hamburg 1880 bis 1930, in: Dirk Hempel und Ingrid Schröder (Hg.), Andocken. Hamburgs Kulturgeschichte 1848–1933, Hamburg 2012, S. 396–408.
16 Franz Kafka, Der Verschollene. Roman, hg. von Jost Schillemeit, Frankfurt a. M. 1993, S. 8.
17 Vgl. Lars Amenda, China in Hamburg, Hamburg 2011, S. 37–41.
18 Joachim Ringelnatz, Mein Leben bis zum Kriege, Berlin 1931, S. 177.
19 So auf einer Scherzpostkarte mit einem Motiv aus dem «Original Hamburger Straßenleben», die um 1910 verbreitet war, abgebildet in: Lars Amenda, China in Hamburg, Hamburg 2011, S. 44.
20 Vgl. ebd., S. 50–67.
21 Vgl. Paul Th. Hoffmann, Mit dem Zeiger der Weltenuhr. Bilder und Erinnerungen, Hamburg 1949, S. 207.
22 Hans Harbeck, Hamburg, München 1930, S. 88.
23 Alle Zitate: Heinz Liepmann, … wird mit dem Tode bestraft, Zürich 1935, S. 20 f.
24 Hierzu: Joachim Mischke, Hamburg Musik!, Hamburg 2008, S. 249.
25 Hierzu: The Hamburg Sound. Beatles, Beat und Große Freiheit, hg. von Ulf Krüger und Ortwin Pelc, Hamburg 2006.
26 Horst Fascher, Let The Good Times Roll! Der Star-Club-Gründer erzählt, Frankfurt a. M. 2006, S. 77.
27 Hierzu: Joachim Mischke, Hamburg Musik!, Hamburg 2008, S. 248–264.
28 Vgl. The Hamburg Sound. Beatles, Beat und Große Freiheit, hg. von Ulf Krüger und Ortwin Pelc, Hamburg 2006, S. 54 f.; ferner Ulf Krüger, Star-Club Hamburg. Der bekannteste Beat-Club der Welt (13.04.1962–31.12.1969), Höfen 2010.
29 Ebd., S. 59.
30 Hubert Fichte, Die Palette. Roman, Reinbek 1968, S. 47.
31 Die Aufnahmen erschienen 2004 beim Kölner Label supposé: Hubert Fichte. Beat und Prosa. Live im Star-Club, Hamburg 1966.
32 Hubert Fichte, Detlevs Imitationen ‹Grünspan›. Roman, Reinbek 1971, S. 48; vgl. Hartmut Böhme, Hubert Fichte. Riten des Autors und Leben der Literatur, Stuttgart 1992, S. 164.
33 Rocko Schamoni, Große Freiheit. Roman, München 2019.
34 Hubert Fichte, Die Geschichte der Empfindlichkeit. Band V. Alte Welt.

Anhang

    Glossen, hg. von Wolfgang von Wangenheim und Ronald Kay, Frankfurt a. M. 1992, S. 175.
35 Anonym, St. Pauli. Lust und List, in: Der Spiegel, Heft 35/1970, 24.8.1970, S. 72.
36 Hubert Fichte, Die Geschichte der Empfindlichkeit. Band V. Alte Welt. Glossen, hg. von Wolfgang von Wangenheim und Ronald Kay, Frankfurt a. M. 1992, S. 175.
37 Christian Kracht, Faserland. Roman, Köln 1997 [erstmals 1995], S. 21.
38 Beide Zitate von Clemens Grün nach: Christoph Twickel, 1982–1993: Von Disko bis Dancefloor. Anfänge von Clubkultur, in: ders. (Hg.), Läden, Schuppen, Kaschemmen. Eine Hamburger Popkulturgeschichte, Hamburg 2003, S. 92–127, hier S. 115.
39 Yoko Tawada, Überseezungen, Tübingen 2006 [erstmals 2002], S. 27.
40 Jonas Ludwig von Heß, Hamburg, topographisch, politisch und historisch beschrieben, Dritter Theil, Hamburg ²1811, S. 41.
41 Hierzu: Heß, ebd., S. 30–35.
42 Hans Henny Jahnn, Fluß ohne Ufer. Roman in drei Teilen. Die Niederschrift des Gustav Anias Horn II, hg. von Uwe Schweikert, Hamburg 1992, S. 48 f.
43 Joachim Ringelnatz, Mein Leben bis zum Kriege, Berlin 1931, S. 167.
44 Carl Hagenbeck, Von Tieren und Menschen. Erlebnisse und Erfahrungen, Berlin 1909, S. 30.
45 Joachim Ringelnatz, Mein Leben bis zum Kriege, Berlin 1931, S. 167.

Königstraße

1 Joachim Ringelnatz, Kuttel-Daddeldu. Mit 25 Zeichnungen von Karl Arnold, München 1923, S. 48.
2 Hierzu: Brigitte Beier, Norbert Fischer, Ernst Christian Schütt und Hanna Vollmer-Heitmann, Altona und Ottensen, Hamburg 1993, S. 6 f.; ferner: Jonas Ludwig von Heß, Hamburg, topographisch, politisch und historisch beschrieben, Dritter Theil, Hamburg ²1811, S. 49.
3 Ebd., S. 49 f.
4 Paul Th. Hoffmann, Mit dem Zeiger der Weltenuhr. Bilder und Erinnerungen, Hamburg 1949, S. 329.
5 Hierzu: Holmer Stahncke, Altona. Geschichte einer Stadt, Hamburg 2014, S. 256–285.

6 Paul Th. Hoffmann, Neues Altona 1919–1929. Zehn Jahre Aufbau einer deutschen Großstadt, Band II, Jena 1930, S. I.
7 Vgl. Gabriele Zürn, Die Altonaer jüdische Gemeinde (1611–1873). Ritus und soziale Institutionen des Todes im Wandel, Hamburg 2001, S. 17–24.
8 Vgl. Hermann Hipp, Freie und Hansestadt Hamburg. Geschichte, Kultur und Stadtbaukunst an Elbe und Alster, Köln ³1996, S. 288 f.
9 Vgl. Brigitte Beier, Norbert Fischer, Ernst Christian Schütt und Hanna Vollmer-Heitmann, Altona und Ottensen, Hamburg 1993, S. 12–13.
10 Bevor Jüdinnen und Juden von europäischen Bürokratien registriert wurden, trugen sie keine Familiennamen, sondern nur die Namen ihrer Väter.
11 Denkwürdigkeiten der Glückel von Hameln, aus dem Jüdisch-Deutschen übersetzt, mit Erläuterungen versehen und hg. von Alfred Feilchenfeldt, Berlin ⁴1923 [erstmals 1913], S. 14 f.
12 Ebd., S. 15.
13 Hierzu: Michael Studemund-Halévy und Gaby Zürn, Zerstört die Erinnerung nicht. Der jüdische Friedhof Königstraße in Hamburg, Hamburg und München ²2004.
14 Vgl. Gabriele Zürn, Die Altonaer jüdische Gemeinde (1611–1873). Ritus und soziale Institutionen des Todes im Wandel, Hamburg 2001, S. 46; Brigitte Beier, Norbert Fischer, Ernst Christian Schütt und Hanna Vollmer-Heitmann, Altona und Ottensen, Hamburg 1993, S. 62–68.
15 Hierzu: Michael Studemund-Halévy, Unter jedem Grabstein liegt eine Weltgeschichte. Der Portugiesenfriedhof an der Königstraße als Welterbe-Kandidat der UNESCO, in: Inge Gotzmann (Hg.), Friedhöfe in Deutschland – Kulturerbe entdecken und gestalten. Beiträge der Tagung «Historische Friedhöfe in Deutschland» am 12. und 13. Juni 2015 in Kassel (Museum für Sepulkralkultur) sowie ergänzende Beiträge, Bonn 2015, S. 127–136; Inna Guodz, Steinernes Archiv: Kleine Geschichte des Friedhofs an der Königstraße, in: Verborgene Pracht. Der jüdische Friedhof Hamburg Altona – Aschkenasische Grabmale, hg. von Michael Brocke, Dresden 2009, S. 50–53.
16 Der ausführliche Bericht von Käthe Hoffmann findet sich in Paul Th. Hoffmann, Mit dem Zeiger der Weltenuhr. Bilder und Erinnerungen, Hamburg 1949, S. 337–343, alle Zitate S. 340; vgl. Holmer Stahncke, Altona. Geschichte einer Stadt, Hamburg 2014, S. 316–319.
17 Hierzu: Holmer Stahncke, Altona. Geschichte einer Stadt, Hamburg 2014, S. 322 f.; Ortwin Pelc, Hamburg. Die Stadt im 20. Jahrhundert, Hamburg 2002, S. 109 f.

18 Vgl. Holmer Stahncke, Altona. Geschichte einer Stadt, Hamburg 2014, S. 322 f.; Ortwin Pelc, Hamburg. Die Stadt im 20. Jahrhundert, Hamburg 2002, S. 42; Eckart Kleßmann, Geschichte der Stadt Hamburg, Hamburg ^{6}1988, S. 544.
19 Vgl. Hermann Hipp, Freie und Hansestadt Hamburg. Geschichte, Kultur und Stadtbaukunst an Elbe und Alster, Köln ^{3}1996, S. 293 f.
20 Detlev von Liliencron, Kampf und Spiele. Der gesammelten Gedichte erster Band, Berlin und Leipzig o. J. [1900], S. 155.
21 *www.udo-lindenberg.de/ich_traeume_oft_davon_ein_segelboot_zu_klau_n.57908. htm* [abgerufen am 14.12.2019].
22 Hierzu: Heinrich Spiero, Detlev von Liliencron. Sein Leben und seine Werke, Berlin und Leipzig 1913, S. 331.
23 Hierzu: Hans J. Fröhlich, Schubert, Frankfurt a. M. 1980 [erstmals 1978], S. 113–115.
24 Lieder von Schmidt von Lübeck. Herausgegeben von Heinrich C. Schumacher, Altona 1826, S. 77. – Schubert hat dem Gedicht den neuen Titel «Der Wanderer» gegeben.
25 Gustav Schiefler, Eine Hamburgische Kulturgeschichte 1890–1920. Beobachtungen eines Zeitgenossen, bearbeitet von Gerhard Ahrens, Hans Wilhelm Eckardt und Renate Hauschild-Thiessen, Hamburg 1985, S. 207; hierzu auch: Indina Woesthoff, «Der glückliche Mensch». Gustav Schiefler (1857–1935). Sammler, Dilettant und Kunstfreund, Hamburg 1996, S. 158.
26 Hierzu: Joachim Kersten und Friedrich Pfäfflin, Detlev von Liliencron entdeckt, gefeiert und gelesen von Karl Kraus, Göttingen 2016, S. 54–61.
27 Detlev von Liliencron, Ausgewählte Briefe. Erster Band, hg. von Richard Dehmel, Berlin 1910, S. 261.
28 Hierzu: Heinrich Spiero, Detlev von Liliencron. Sein Leben und seine Werke, Berlin und Leipzig 1913, S. 337 f.
29 Richard J. Evans, Tod in Hamburg. Stadt, Gesellschaft und Politik in den Cholera-Jahren 1830–1910. Aus dem Englischen von Karl A. Klewer, Reinbek 1996 [erstmals Oxford 1987].
30 Zahlen nach Heinrich Garrn, Notzeiten – große Zeiten. Aus Hamburgs alten Tagen und jüngster Zeit, Hamburg 1894, S. 108; Richard J. Evans, Tod in Hamburg, S. 324 f.
31 Heinrich Garrn, Notzeiten – große Zeiten. Aus Hamburgs alten Tagen und jüngster Zeit, Hamburg 1894, S. 109.
32 Richard J. Evans, Tod in Hamburg, S. 373.

33 Heinrich Garrn, Notzeiten – große Zeiten. Aus Hamburgs alten Tagen und jüngster Zeit, Hamburg 1894, S. 121.
34 Ebd., S. 122.
35 Brief von Detlev von Liliencron an Richard Dehmel, 30.8.1892, Staats- und Universitätsbibliothek Hamburg, Nachlass Richard und Ida Dehmel, Signatur: DA: BR: L: 428. Dreifach und fünffach unterstrichene Wörter erscheinen fett unterstrichen; gekürzt wurde der Brief mehrfach veröffentlicht, u. a. in: Detlev von Liliencron, Ausgewählte Briefe. Erster Band, hg. von Richard Dehmel, Berlin 1910, S. 270 f., sowie in: Mathias Mainholz, Rüdiger Schütt und Sabine Walter, Artist Royalist Anarchist. Das abenteuerliche Leben des Baron Detlev Freiherr von Liliencron 1844–1909, Herzberg 1994, S. 119 f.
36 Hierzu: Volker Griese, Detlev von Liliencron. Chronik eines Dichterlebens, Münster 2009, S. 173–178.
37 Staats- und Universitätsbibliothek Hamburg, Nachlass Richard und Ida Dehmel, Signatur: DA: BR: D 1103.
38 Mathias Mainholz, Rüdiger Schütt und Sabine Walter, Artist Royalist Anarchist. Das abenteuerliche Leben des Baron Detlev Freiherr von Liliencron 1844–1909, Herzberg 1994, S. 219 f.
39 Jonas Ludwig von Heß, Hamburg topographisch, politisch und historisch beschrieben, Erster Theil, Hamburg ²1810, S. 444.
40 Memoiren einer Prostituirten oder die Prostitution in Hamburg. Nach dem Original-Manuscript bearbeitet von Dr. J. Zeisig, Hamburg-Altonaer Volksbuchhandlung in St. Pauli 1847, S. 165 [die Herausgeber- und Verlagsnamen sind fingiert]; vgl. Jan-Christoph Hauschild, «Schöne Wiege meiner Leiden», in: ders. (Hg.), Heinrich Heine: Doch Hamburg hat bessere Austern. Eine literarische Stadtrundfahrt, Hamburg 2014, S. 7–18, hier S. 17.
41 Hierzu: Martin Geck, Johannes Brahms, Reinbek 2013, S. 10–14.
42 Robert Schumann, Neue Bahnen, in: Neue Zeitschrift für Musik, Leipzig, Band 39, Nr. 18, 28.10.1853, S. 185 f., hier S. 185.
43 Hierzu und zum Leben des jungen Brahms in Hamburg ausführlich und grundlegend: Matthias Kornemann, Johannes Brahms, Hamburg 2014, insbesondere S. 72–101.
44 Detlev von Liliencron, Ausgewählte Briefe. Erster Band, hg. von Richard Dehmel, Berlin 1910, S. 282 f.

Anhang

Altona

1. Alle Zitate: Karl Gutzkow, Rückblicke auf mein Leben, Berlin S. 1875, S. 115 f.
2. Zum Leben von Salomon Heine: Sylvia Steckmest, Salomon Heine – Bankier und Philantrop, in: Stadt und Zivilgesellschaft. 250 Jahre Patriotische Gesellschaft von 1765 für Hamburg. Geschichte – Gegenwart – Perspektiven, hg. von Sigrid Schambach, Göttingen 2015, S. 94 f.; ferner: Paul Th. Hoffmann, Die Elbchaussee. Ihre Landsitze, Menschen und Schicksale, Hamburg ⁴1952, S. 53 f.
3. Hierzu: Hermann Hipp, Freie und Hansestadt Hamburg. Geschichte, Kultur und Stadtbaukunst an Elbe und Alster, Köln ³1996, S. 312.
4. Fritz J. Raddatz, Heine. Ein deutsches Märchen, Hamburg 1977, S. 17 f.
5. Heinrich Heine, Säkularausgabe, Band 20, Briefe 1815–1831, bearbeitet von Fritz H. Eisner, Berlin und Paris 1970, S. 19.
6. Vgl. Jan-Christoph Hauschild und Michael Werner, «Der Zweck des Lebens ist das Leben selbst». Heinrich Heine. Eine Biographie, Frankfurt a. M. 2005 [erstmals 1997], S. 30–33; Klaus Briegleb, Bei den Wassern Babels. Heinrich Heine, jüdischer Schriftsteller in der Moderne, München 1997, S. 24–31.
7. Heine, Säkularausgabe, Band 20, S. 20.
8. Ebd., S. 20 f.
9. Deutschland. Ein Wintermährchen, in: ders., Historisch-kritische Gesamtausgabe der Werke, in Verbindung mit dem Heinrich-Heine-Institut hg. von Manfred Windfuhr, Band 4, hg. von Winfried Woesler, Hamburg 1985, S. 89–157, hier S. 137 f.
10. Heinrich Heine, Säkularausgabe, Band 20, S. 18.
11. Hierzu: Hans Brecht, Friedrich Clemens Gerke, ein fast vergessener Hamburger Schriftsteller und Erfinder, in: Zeitschrift des Vereins für Hamburgische Geschichte, Band 86, 2000, S. 43–88.
12. Memoiren einer Prostituirten oder die Prostitution in Hamburg. Nach dem Original-Manuscript bearbeitet von Dr. J. Zeisig, Hamburg-Altonaer Volksbuchhandlung in St. Pauli 1847; den Hinweis auf dieses Buch und Heines Bordellbesuche verdanke ich Jan-Christoph Hauschilds hervorragendem Nachwort «Schöne Wiege meiner Leiden», in: ders. (Hg.), Heinrich Heine: Doch Hamburg hat bessere Austern. Eine literarische Stadtrundfahrt, Hamburg 2014, S. 7–18, hier S. 17; vgl. Heinrich Heine, Atta Troll. Ein Sommernachtstraum. Deutschland. Ein Wintermärchen, Düsseldorfer

Heine-Ausgabe, Band 4, bearbeitet von Winfried Woesler, Hamburg 1985, S. 1196 f.
13 Kurz nach dem Millionenerfolg von Böhmes «Tagebuch einer Verlorenen» erschien in der Tat eine Neuausgabe der «Memoiren einer Prostituirten», allerdings in Form eines Plagiats. Geändert wurden der Titel und der Herausgebername, außerdem wurden verschiedene Daten gelöscht, um zu verbergen, dass der Text bereits 60 Jahre alt war. Das Buch trug nun folgende Titelei, die bewusst auf Böhme anspielt: Tagebuch einer andern Verlorenen. Auch von einer Toten. Nach dem Original-Manuscript herausgegeben von Rudolf Felseck (Leipzig 1906 im Verlag Walther Fiedler).
14 Memoiren einer Prostituirten oder die Prostitution in Hamburg, S. 125.
15 Peter Rühmkorf, Strömungslehre I. Poesie, Reinbek 1978, S. 300.
16 Mathes Rehder, Beifall für Lyrik und Jazz. Die Optimisten behielten recht, in: Hamburger Abendblatt Nr. 193, 19. Jg., 20.8.1966, S. 3; vgl. Peter Rühmkorf, Michael Naura und Wolfgang Schlüter, Phönix voran, Reinbek 1987.
17 Peter Rühmkorf, Walther von der Vogelweide, Klopstock und ich, Reinbek 1975, S. 178.
18 Vgl. Peter Rühmkorf, Die Jahre die Ihr kennt. Anfälle und Erinnerungen. Werke 2, hg. von Wolfgang Rasch, Reinbek 1999 [erstmals 1972], S. 34.
19 Peter Rühmkorf, Einmalig wie wir alle, Reinbek 1989, S. 129.
20 Ebd., beide Zitate S. 134.
21 Peter Rühmkorf, Die Jahre die Ihr kennt. Anfälle und Erinnerungen. Werke 2, hg. von Wolfgang Rasch, Reinbek 1999 [erstmals 1972], S. 77.
22 Vgl. Peter Rühmkorf, In meinen Kopf passen viele Widersprüche. Über Kollegen, hg. von Susanne Fischer und Stephan Opitz, Göttingen 2012, S. 12.
23 Beide Zitate: ebd., S. 327.
24 Die Zeitschrift erschien 1952–1956 und liegt als hervorragend dokumentierter und kommentierter Nachdruck vor: Zwischen den Kriegen. Blätter gegen den Krieg. Eine Zeitschrift von Werner Riegel und Peter Rühmkorf, hg. von Martin Kölbel, Göttingen 2019.
25 Klaus Rainer Röhl hat dies in den Siebzigerjahren in einer «Selbstanzeige» bekannt gemacht, siehe ders., Fünf Finger sind keine Faust, mit einem Nachwort von Jochen Steffen, Köln 1975, S. 9–14.
26 Zit. nach: Bettina Röhl, So macht Kommunismus Spaß! Ulrike Meinhof, Klaus Rainer Röhl und die Akte KONKRET, München 2018 [erstmals 2006], S. 133.
27 Zit. nach: ebd., S. 134.
28 Vgl. Peter Rühmkorf, Die Jahre die Ihr kennt. Anfälle und Erinnerungen.

Werke 2, hg. von Wolfgang Rasch, Reinbek 1999 [erstmals 1972], S. 357; Bettina Röhl, So macht Kommunismus Spaß! Ulrike Meinhof, Klaus Rainer Röhl und die Akte KONKRET, München 2018 [erstmals 2006], S. 651–656.

29 Hubert Fichte, Die Geschichte der Empfindlichkeit. Band V, Alte Welt. Glossen, hg. von Wolfgang von Wangenheim und Ronald Kay, Frankfurt a. M. 1992, S. 175 f.

30 Ebd., S. 177.

31 Peter Rühmkorf, Lütt bei Lütt: Övelgönne, in: Merian, Hamburg, September 1972, S. 31–33, hier S. 31.

32 Peter Rühmkorf, Kunststücke. Fünfzig Gedichte nebst einer Anleitung zum Widerspruch, Reinbek 1962, S. 86 f.

33 Hierzu: Peter Martin, Schwarze Teufel, edle Mohren. Afrikaner in Bewußtsein und Geschichte der Deutschen, Hamburg 1993, S. 162–169.

34 Matthias Claudius, Sämtliche Werke. Gedichte, Prosa, Briefe in Auswahl, hg. von Hannsludwig Geiger, Wiesbaden 1975, S. 17; vgl. Martin Geck, Matthias Claudius. Biographie eines Unzeitgemäßen, München 2014, S. 100–112.

35 Ebd., S. 10.

36 Margarete Susman, Ich habe viele Leben gelebt. Erinnerungen, Stuttgart 1964, S. 14.

37 Frauke Meyer-Gosau, «Ich bin ein Augenblicksmensch». Von der Kunst der Wahrnehmung und der Laufbahn einer Schriftstellerin, vom Krieg und von Ostende. Eine Begegnung mit Brigitte Kronauer, der Büchnerpreisträgerin des Jahres 2005, in: Literaturen. Das Journal für Bücher und Themen, Nr. 10/Oktober 2005, S. 56–61, hier S. 58.

38 Brigitte Kronauer, Teufelsbrück. Roman, Stuttgart 2000, S. 296.

39 Ebd., S. 323.

40 Ebd., S. 293 f.

41 Zit. nach: Christoph Twickel (Hg.), Läden, Schuppen, Kaschemmen. Eine Hamburger Popkulturgeschichte, Hamburg 2003, S. 17.

42 Willi Bredel, Maschinenfabrik N. & K. Ein Roman aus dem proletarischen Alltag, Wien, Berlin und Zürich (Internationaler Arbeiterverlag) 1930.

43 Zit. nach: Christoph Twickel (Hg.), Läden, Schuppen, Kaschemmen. Eine Hamburger Popkulturgeschichte, Hamburg 2003, S. 17 f.

44 Vgl. Hermann Hipp, Freie und Hansestadt Hamburg. Geschichte, Kultur und Stadtbaukunst an Elbe und Alster, Köln ³1996, S. 310 f.

45 Hierzu: Holmer Stahncke, Altona. Geschichte einer Stadt, Hamburg 2014, S. 339 f.

46 Wolf Biermann, Aber Küssen, in: ders., Affenfels und Barrikade. Gedichte / Lieder / Balladen, Köln 1986, S. 74 f., hier S. 74.
47 Yoko Tawada, Überseezungen, Tübingen 2006 [erstmals 2002], S. 23.
48 Siehe: *https://youtu.be/C6_Uk_2rkQg* [abgerufen am 11.1.2020].
49 Zur Hamburger Musik- und Clubszene: Joachim Mischke, Hamburg Musik!, Hamburg 2008, S. 275–317.

Blankenese

1 Alfred Kerr, Herrliches Hamburg [ca. 1928], in: Herrliches Hamburg, hg. von Rolf Italiaander, Nachwort von Hans Henny Jahnn, Zeichnungen von Hans Leip, Hamburg 1957, S. 11–15, hier S. 14.
2 Hamburger Kunsthalle, Inventarnummer 1597; im Besitz des Hotels befindet sich das Gemälde «Elbblick – Terrasse an der Elbe – Restaurant Jacob».
3 Vgl. Hermann Hipp, Freie und Hansestadt Hamburg. Geschichte, Kultur und Stadtbaukunst an Elbe und Alster, Köln ³1996, S. 347; vgl. Kurt Grobecker, Louis C. Jacob. Zwei Jahrhunderte Restaurant- und Hotel-Geschichte, Hamburg 1996, S. 17.
4 Hierzu: Hamburg. Von Altona bis Zollenspieker. Das Haspa-Handbuch für alle Stadtteile der Hansestadt, Hamburg 2002, S. 766 f.
5 Hierzu: Hubert Fichte, Ich beiße Dich zum Abschied ganz zart. Briefe an Leonore Mau, hg. von Peter Braun, Frankfurt a. M. 2016.
6 Zur Geschichte des Hirschparks siehe: Paul Th. Hoffmann, Die Elbchaussee. Ihre Landsitze, Menschen und Schicksale, Hamburg ⁴1952, S. 210–219; vgl. Hermann Hipp, Freie und Hansestadt Hamburg. Geschichte, Kultur und Stadtbaukunst an Elbe und Alster, Köln ³1996, S. 352.
7 Ralph Giordano, Die Bertinis. Roman, Hamburg 2009 [erstmals Frankfurt a. M. 1982], S. 195.
8 We., Orgelmusik unter freiem Himmel, in: Hamburger Anzeiger, 4.8.1932.
9 Paul Th. Hoffmann, Mit dem Zeiger der Weltenuhr. Bilder und Erinnerungen, Hamburg 1949, S. 303.
10 Hans Henny Jahnn, Briefe I, hg. von Ulrich Bitz, Jan Bürger, Sandra Hiemer und Sebastian Schulin, Hamburg 1994, S. 442.
11 Ebd., S. 492.
12 Hamburger Tageblatt, 12. März 1933; ausführlich hierzu: Jan Bürger, Der gestrandete Wal. Das maßlose Leben des Hans Henny Jahnn, Hamburg 2017 [erstmals 2003], S. 296–312.

13 Vgl. Karlheinz Deschner, Poeten und Schaumschläger. Von Jean Paul bis Enzensberger. 24 Aufsätze zur Literatur und Literaturkritik, mit einem Vorwort von Lutger Lütkehaus, Freiburg i. Br. 2007, S. 289.
14 Karlheinz Deschner, Kitsch, Konvention und Kunst. Eine literarische Streitschrift, München 1957; vgl. auch: Hans Henny Jahnn und Ernst Kreuder, Der Briefwechsel 1948–1959, hg. von Jan Bürger, Mainz 1995.
15 Hans W. Fischer, Hamburger Kulturbilderbogen. Eine Kulturgeschichte 1909–1922, neu hg. und kommentiert von Kai-Uwe Scholz, Mathias Mainholz und Rüdiger Schütt, Hamburg 1998, S. 128.
16 Zit. nach: Merian 9/XIV, 1961, Hamburg, S. 26.
17 Rolf Italiaander, Akzente eines Lebens, Düsseldorf 1980, S. 27 f.
18 Hans Erich Nossack, Die Tagebücher 1943–1977, Band 1, hg. von Gabriele Söhling, Frankfurt a. M., 1997, S. 380.
19 Zit. nach: Roswitha Quadflieg, Beckett was here. Hamburg im Tagebuch Samuel Becketts von 1936. Mit einem Vorwort von Mark Nixon, Berlin 2014, S. 146.
20 Dies wird z. B. aus dem Brief von Gustav Schiefler an Edvard Munch vom 19.9.1924 deutlich, MM K 3261, Munchmuseet; *https://www.emunch.no/HYBRIDNo-MM_K3261.xhtml#ENo-MM_K3261-01* [abgerufen am 9.1.2020].
21 Vgl. die Informationen zur Provenienz der Staatlichen Museen zu Berlin – Preußischer Kulturbesitz über Munchs «Paar am Strand» (1906/07) in der Nationalgalerie: *http://www.galerie20.smb.museum/werke/960134.html* [abgerufen am 9.1.2020].
22 Vgl. Malerei und Plastik in Deutschland 1936, Hamburg Kunstverein [Ausstellungskatalog], Hamburg 1936, S. 22.
23 Zit. nach: Matthias Wegner, Aber die Liebe. Der Lebenstraum der Ida Dehmel, München 2002 [erstmals 2000], S. 356.
24 Bericht mit dem Kürzel ‹br.› im Hamburger Fremdenblatt, 10.9.1932.
25 Zum Wirken, Leben und Nachruhm von Ida und Richard Dehmel in Hamburg hat Carolin Vogel eine hervorragende Monografie vorgelegt, der ich wichtige Informationen und Anregungen verdanke: Das Dehmelhaus in Blankenese. Künstlerhaus zwischen Erinnern und Vergessen (Hamburg 2019).
26 Schönbergs Brief vom 16.11.1913 an Dehmel zit. nach: Carolin Vogel, Das Dehmelhaus in Blankenese. Künstlerhaus zwischen Erinnern und Vergessen, Hamburg 2019, S. 48; Else Lasker-Schüler, Richard Dehmel, in: dies., Gedichte 1902–1942, München 1986, S. 246.
27 Fritz Schumacher, Stufen des Lebens. Erinnerungen eines Baumeisters, Stuttgart 1949 [erstmals 1935], S. 407 f.

28 Gustav Pauli, Erinnerungen aus sieben Jahrzehnten, Tübingen 1936, S. 356.
29 Richard Dehmel an Ida Auerbach, 24. Juni 1898, DLA: A: Dehmel.
30 Vgl. Matthias Wegner, Aber die Liebe. Der Lebenstraum der Ida Dehmel, München 2002 [erstmals 2000], S. 164 f.
31 Richard Dehmel, Zwei Menschen. Roman in Romanzen [erstmals 1903], in: ders., Gesammelte Werke, Fünfter Band, Berlin 1908, S. 115.
32 Gustav Pauli, Erinnerungen aus sieben Jahrzehnten, Tübingen 1936, S. 356.
33 Fritz Schumacher, Stufen des Lebens. Erinnerungen eines Baumeisters, Stuttgart 1949 [erstmals 1935], S. 408.
34 Ida Dehmel an Richard Voigt, Postkarte, 23.1.1933 [Poststempel], DLA: A: Voigt, Rudolf.
35 Vgl. Ida Dehmel 1870–1942. Ausstellung 14. Januar bis 27. Februar 1970, bearbeitet von Elisabeth Höpker-Herberg, Hamburg 1970, S. 73; Matthias Wegner, Aber die Liebe. Der Lebenstraum der Ida Dehmel, München 2002 [erstmals 2000], S. 364 f.; Carolin Vogel, Das Dehmelhaus in Blankenese. Künstlerhaus zwischen Erinnern und Vergessen, Hamburg 2019, S. 286 f.
36 Ida Dehmel an Karl Wolfskehl, 18.10.1937 [Abschrift], DLA: A: Wolfskehl, Karl.
37 Ida Dehmel an Marie Stern, 25.10.1941, zit. nach: Elisabeth Höpker-Herberg, Ida Dehmel. Maklerin in rebus litterarum, in: «Liebe, die im Abgrund Anker wirft». Autoren und literarisches Feld im Hamburg des 20. Jahrhunderts, hg. von Inge Stephan und Hans-Gerd Winter, Hamburg 1990, S. 13–39, hier S. 33.
38 Vgl. Carolin Vogel, Das Dehmelhaus in Blankenese. Künstlerhaus zwischen Erinnern und Vergessen, Hamburg 2019, S. 313.
39 Richard Dehmel an Roger de Campagnolle, Blankenese, 25.11.1913, in: ders., Ausgewählte Briefe aus den Jahren 1902 bis 1920, Berlin 1923, S. 328.
40 Vgl. Carolin Vogel, Das Dehmelhaus in Blankenese. Künstlerhaus zwischen Erinnern und Vergessen, Hamburg 2019, S. 87–102.
41 Vgl. Ida Dehmel 1870–1942. Ausstellung 14. Januar bis 27. Februar 1970, bearbeitet von Elisabeth Höpker-Herberg, Hamburg 1970, S. 48 f.
42 Vgl. Carolin Vogel, Das Dehmelhaus in Blankenese, Hamburg 2019, S. 177–181.
43 Paul Th. Hoffmann, Mit dem Zeiger der Weltenuhr. Bilder und Erinnerungen, Hamburg 1949, S. 304.
44 Vgl. Carolin Vogel, Das Dehmelhaus in Blankenese. Künstlerhaus zwischen Erinnern und Vergessen, Hamburg 2019, S. 402–405; *https://www.dehmelhaus.de/sanierung.html* [abgerufen am 12.1.2020].

45 Vgl. Erik Lindner, Die Reemtsmas. Geschichte einer deutschen Unternehmerfamilie, Hamburg 2007, besonders S. 495–551.
46 Hans W. Fischer, Hamburger Kulturbilderbogen. Eine Kulturgeschichte 1909–1922, neu hg. und kommentiert von Kai-Uwe Scholz, Mathias Mainholz und Rüdiger Schütt, Hamburg 1998, S. 9.

Mit der Hochbahn nach Norden. Sechs Betrachtungen

1 Richard Dehmel, Schöne wilde Welt. Neue Gedichte und Sprüche, Berlin 1913, S. 29.
2 Zur Geschichte der Grindelhochhäuser: Axel Schildt, Die Grindelhochhäuser. Eine Sozialgeschichte der ersten deutschen Wohnhochhausanlage Hamburg-Grindelberg 1945–1956, Hamburg 2007 [erstmals 1988].
3 Hiller an Karlheinz Deschner, 22.10.1964, DLA, A: Deschner, Karlheinz; veröffentlicht in: «Sie Oberteufel!» Briefe an Karlheinz Deschner, hg. von Bärbel und Katja Deschner, Hamburg 1992, S. 469 f.
4 Vgl. Hans Henny Jahnn, Hamburger Ansprache 1946, mit einer Vorbemerkung von Sandra Hiemer, in: Sinn und Form 4/2015, S. 437–447; Kurt Hiller, Leben gegen die Zeit [Logos], Reinbek 1969, S. 356.
5 Kurt Hiller, Geistige Grundlagen eines schöpferischen Deutschlands der Zukunft, Hamburg und Stuttgart 1947.
6 Hans Henny Jahnn, Briefe II, hg. von Ulrich Bitz, Jan Bürger, Sandra Hiemer und Sebastian Schulin, unter Mitarbeit von Uwe Schweikert, Hamburg 1994, S. 1289.
7 Vgl. Daniel Münzer, Kurt Hiller. Der Intellektuelle als Außenseiter, Göttingen 2015, S. 253.
8 Klaus Rainer Röhl, «Einige Eiffelturmlängen über allem übrigen!» Erinnerungen an Kurt Hiller, in: Rüdiger Schütt (Hg.), Zwischen den Kriegen. Werner Riegel, Klaus Rainer Röhl und Peter Rühmkorf – Briefwechsel mit Kurt Hiller 1953–1971, mit einem Nachwort von Peter Rühmkorf und Erinnerungen von Klaus Rainer Röhl, München 2009, S. 334–336, hier S. 335.
9 Zit. nach: Egbert Kossak, 1100 Jahre Stadtbild Hamburg. Mythos. Wirklichkeit. Visionen, München und Hamburg 2012, S. 164.
10 Hierzu: ebd., S. 163–165.
11 Hubert Fichte, Schlechte Zeiten, in: ders., Der Aufbruch nach Turku und andere Erzählungen, Frankfurt a. M. 1988 [erstmals 1963], S. 62–72, hier S. 66.

12 Zu den frühen Konzentrationslagern in Hamburg: Hamburg. Geschichte der Stadt und ihrer Bewohner, hg. von Werner Jochmann und Hans-Dieter Loose, Band II, Hamburg 1986, S. 330–332.
13 Willi Bredel, Die Prüfung. Roman aus einem Konzentrationslager, London 1935 [erschienen Dezember 1934], S. 9.
14 Ebd., S. 358.
15 Heinz Liepmann, Das Vaterland, Amsterdam 1933, S. 7.
16 Zit. nach: Wilfried Weinke, Ich werde vielleicht später einmal Einfluß zu gewinnen suchen... Der Schriftsteller und Journalist Heinz Liepman (1905–1966) – Eine biographische Rekonstruktion, Göttingen 2017, S. 153.
17 Vgl. ebd., S. 127–175.
18 Uwe Timm, Am Beispiel meines Bruders, Köln 2003, S. 11.
19 Ebd., S. 12.
20 Vgl. Hermann Hipp, Freie und Hansestadt Hamburg. Geschichte, Kultur und Stadtbaukunst an Elbe und Alster, Köln ³1996, S. 465.
21 Vgl. Maike Bruhns, Anita Rée. Leben und Werk einer Hamburger Malerin 1885–1933, Hamburg 1986, S. 153–169.
22 Vgl. ebd.; Annegret Erhard, Anita Rée. Der Zeit voraus. Eine Hamburger Künstlerin der 20er Jahre, Berlin 2013, S. 85–87.
23 Hierzu: Anita Rée. Retrospektive [Katalog], im Auftrag der Hamburger Kunsthalle hg. von Karin Schick, München 2017, S. 168–173.
24 Vgl. Hans Henny Jahnn, Briefe II, hg. von Ulrich Bitz, Jan Bürger, Sandra Hiemer und Sebastian Schulin, unter Mitarbeit von Uwe Schweikert, Hamburg 1994, S. 1210–1216.
25 Vgl. Ev.-Luth. Kirchengemeinde Ansgar Hamburg-Langenhorn (Hg.), Orgel Festschrift zum 20. September 2008 [über die Restaurierung der Hans-Henny-Jahnn-Orgel durch die Firma Jehmlich, Dresden], Hamburg 2008; *https://www.orgelstadt-hamburg.de/interaktiver-stadtrundgang/ansgar-kirche-in-langenhorn/* [abgerufen am 1.2.2020].
26 Hierzu: Hermann Hipp, Freie und Hansestadt Hamburg. Geschichte, Kultur und Stadtbaukunst an Elbe und Alster, Köln ³1996, S. 180; Volker Plagemann, Kunstgeschichte der Stadt Hamburg, Hamburg 1995, S. 143 f.

Literatur

Friedrich Ahlers-Hestermann, Pause vor dem dritten Akt, mit einem Vorwort von Carl Georg Heise, Hamburg 1975.

Henning Albrecht, Horst Janssen. Ein Leben, Reinbek 2016.

Lars Amenda, China in Hamburg, Hamburg 2011.

Lars Amenda, «Welthafenstadt». Globalisierung, Migration und Alltagskultur in Hamburg 1880 bis 1930, in: Dirk Hempel und Ingrid Schröder (Hg.), Andocken. Hamburgs Kulturgeschichte 1848–1933, Hamburg 2012, S. 396–408.

Alfred Andersch, Gesammelte Werke, hg. von Dieter Lamping, Zürich 2004.

Hans Christian Andersen, Die frühen Reisebücher, hg. und aus dem Dänischen übertragen von Gisela Pelet, Leipzig und Weimar 1984.

Hans Christian Andersen, Sämmtliche Märchen. Einzige vom Verfasser besorgte deutsche Ausgabe, Leipzig ^{27}1884.

Anonym, Memoiren einer Prostituirten oder die Prostitution in Hamburg. Nach dem Original-Manuscript bearbeitet von Dr. J. Zeisig, Hamburg-Altonaer Volksbuchhandlung in St. Pauli 1847 [die Herausgeber- und Verlagsnamen sind fingiert].

Jan Assmann, Die übersetzten Götter. Ein Gespräch mit Elisabetta Colagrossi, in: Zeitschrift für Ideengeschichte, Heft XII/4, Winter 2018, S. 75–90.

Elise Averdieck, Lebenserinnerungen. Aus ihren eignen Aufzeichnungen zusammengestellt von Hannah Gleiss, Hamburg 1908.

Frank Bajohr, Gauleiter in Hamburg. Zur Person und Tätigkeit Karl Kaufmanns, in: Vierteljahrshefte für Zeitgeschichte, Jg. 43 (1995), Heft 2, S. 267–295.

Brigitte Beier, Norbert Fischer, Ernst Christian Schütt und Hanna Vollmer-Heitmann, Altona und Ottensen, Hamburg 1993.

Wolfgang Beutin und Rüdiger Schütt (Hg.), «Zu allererst ANTIKONSERVATIV». Kurt Hiller (1885–1972), Hamburg 1998.

Susanne Bienwald, Hans Erich Nossack. Nachts auf der Lombardsbrücke, Hamburg 2007.

Literatur

Wolf Biermann, Affenfels und Barrikade. Gedichte / Lieder / Balladen, Köln 1986.
Wolf Biermann, Warte nicht auf bessre Zeiten! Die Autobiographie, Berlin 2016.
Rudolf G. Binding, Die Geige. Vier Novellen, Frankfurt a. M. 1927.
Stefan Blessin, Horst Janssen. Eine Biographie, Hamburg 1984.
Hans Blumenberg, Die Lesbarkeit der Welt, Frankfurt a. M. 1986.
Hartmut Böhme, Hubert Fichte. Riten des Autors und Leben der Literatur, Stuttgart 1992.
Helmut Böttiger, Die Gruppe 47. Als die deutsche Literatur Geschichte schrieb, München 2012.
Wolfgang Borchert, Allein mit meinem Schatten und dem Mond. Briefe, Gedichte und Dokumente, hg. von Gordon J. A. Burgess und Michael Töteberg unter Mitarbeit von Irmgard Schindler, Reinbek 1996.
Wolfgang Borchert, Das Gesamtwerk. Mit einem biographischen Nachwort von Bernhard Meyer-Marwitz, Hamburg und Stuttgart 1949.
Wolfgang Borchert, Die traurigen Geranien und andere Geschichten aus dem Nachlaß, hg. von Peter Rühmkorf, Reinbek 1962.
Beate Borowka-Clausberg (Hg.), Salomon Heine in Hamburg. Geschäft und Gemeinsinn, Göttingen 2013.
Heike Brandstädter und Torsten Flüh (Hg.), Hamburger Textgänge, Hamburg 2001.
Hans Brecht, Friedrich Clemens Gerke, ein fast vergessener Hamburger Schriftsteller und Erfinder, in: Zeitschrift des Vereins für Hamburgische Geschichte, Band 86, 2000, S. 43–88.
Horst Bredekamp und Claudia Wedepohl, Warburg, Cassirer und Einstein im Gespräch. Kepler als Schlüssel der Moderne, Berlin 2015.
Willi Bredel, Die Prüfung. Roman aus einem Konzentrationslager, London 1935 [erschienen Dezember 1934].
Willi Bredel, Maschinenfabrik N. & K. Ein Roman aus dem proletarischen Alltag, Wien, Berlin und Zürich 1930.
Willi Bredel, Unter Türmen und Masten. Geschichte einer Stadt in Geschichten, Berlin und Weimar ³1983.
Anna Brenken, Ida Ehre, Hamburg 2002.
Klaus Briegleb, Bei den Wassern Babels. Heinrich Heine, jüdischer Schriftsteller in der Moderne, München 1997.
Barthold Heinrich Brockes, Irdisches Vergnügen in GOTT, bestehend in Physicalisch= und Moralischen Gedichten. Mit Musicalischen Compositionen begleitet von Johann Caspar Bachofen, Zürich 1740.

Maike Bruhns, Anita Rée. Leben und Werk einer Hamburger Malerin 1885–1933, Hamburg 1986.

Maike Bruhns, Die Hamburgische Secession, in: Die Hamburgische Secession [Katalog zur Ausstellung der Galerie Herold], Hamburg 1992.

Maike Bruhns, Anja Dauschek, Nicole Tiedemann-Bischop (Hg.), Tanz des Lebens. Die Hamburgische Sezession 1919–1933, Dresden 2019.

Hans Brunswig, Feuersturm über Hamburg, Stuttgart ^{8}1987.

Jan Bürger, Der gestrandete Wal. Das maßlose Leben des Hans Henny Jahnn, Hamburg 2017 [erstmals 2003].

Ursula Büttner, «Gomorrha» und die Folgen. Der Bombenkrieg, in: Hamburg im «Dritten Reich», hg. von der Forschungsstelle für Zeitgeschichte in Hamburg, Göttingen ^{2}2008, S. 613–632.

Gordon Burgess, Wolfgang Borchert. Ich glaube an mein Glück. Eine Biographie, Berlin 2007.

Gordon Burgess und Hans-Gerd Winter (Hg.), «Pack das Leben bei den Haaren». Wolfgang Borchert in neuer Sicht, Hamburg 1996.

Ernst Cassirer, Individuum und Kosmos in der Philosophie der Renaissance [Studien der Bibliothek Warburg], Wiesbaden 1927.

Toni Cassirer, Mein Leben mit Ernst Cassirer, Hildesheim 1981.

Matthias Claudius, Botengänge. Briefe an Freunde, hg. von Hans Jessen, Berlin 1967.

Matthias Claudius, Sämtliche Werke. Gedichte, Prosa, Briefe in Auswahl, hg. von Hannsludwig Geiger, Wiesbaden 1975.

Thomas Combrink, Sammler und Erfinder. Zu Leben und Werk Helmut Heißenbüttels, mit einem Nachwort von Alexander Kluge, Göttingen 2011.

Hans-Jörg Czech, Olaf Matthes und Ortwin Pelc (Hg.), Revolution! Revolution? Hamburg 1918/19, Hamburg und Kiel 2018.

Ralf Dahrendorf, Liberal und unabhängig. Gerd Bucerius und seine Zeit, München 2000.

Günter Dammann (Hg.), Hans Erick Nossack. Leben – Werk – Kontext, Würzburg 2000.

Richard Dehmel, Ausgewählte Briefe aus den Jahren 1902 bis 1920, Berlin 1923.

Richard Dehmel, Schöne wilde Welt. Neue Gedichte und Sprüche, Berlin 1913.

Richard Dehmel, Zwei Menschen. Roman in Romanzen [erstmals 1903], in: ders., Gesammelte Werke, Fünfter Band, Berlin 1908.

Karlheinz Deschner, Kitsch, Konvention und Kunst. Eine literarische Streitschrift, München 1957.

Karlheinz Deschner, Poeten und Schaumschläger. Von Jean Paul bis Enzensber-

Literatur

ger. 24 Aufsätze zur Literatur und Literaturkritik, mit einem Vorwort von Lutger Lütkehaus, Freiburg i. Br. 2007.

Karlheinz Deschner, «Sie Oberteufel!» Briefe an Karlheinz Deschner, hg. von Bärbel und Katja Deschner, Hamburg 1992.

Marion Gräfin Dönhoff, Ein Leben in Briefen, hg. von Irene Brauer und Friedrich Dönhoff, Hamburg 2009.

Joseph von Eichendorff, Sämtliche Werke, Band XI/I, Tagebücher, hg. von Franz Heiduk und Ursula Regener, Tübingen 2006.

Wolfram Eilenberger, Zeit der Zauberer. Das große Jahrzehnt der Philosophie, Stuttgart 2018.

Annegret Erhard, Anita Rée. Der Zeit voraus. Eine Hamburger Künstlerin der 20er Jahre, Berlin 2013.

Bernd Erhard und Angelika Fischer, Peter Rühmkorf in Altona, Berlin 2012.

Richard J. Evans, Tod in Hamburg. Stadt, Gesellschaft und Politik in den Cholera-Jahren 1830–1910. Aus dem Englischen von Karl A. Klewer, Reinbek 1996 [erstmals Oxford 1987].

Hoffmann von Fallersleben, Mein Leben. Aufzeichnungen und Erinnerungen, Hannover 1868.

Horst Fascher, Let The Good Times Roll! Der Star-Club-Gründer erzählt, Frankfurt a. M. 2006.

Hubert Fichte, Alte Welt. Glossen. Die Geschichte der Empfindlichkeit. Band V, hg. von Wolfgang von Wangenheim und Ronald Kay, Frankfurt a. M. 1992.

Hubert Fichte, Der Aufbruch nach Turku und andere Erzählungen, Frankfurt a. M. 1988.

Hubert Fichte, Der kleine Hauptbahnhof oder Lob des Strichs. Roman. Die Geschichte der Empfindlichkeit. Band II, hg. von Gisela Lindemann, Frankfurt a. M. 1988.

Hubert Fichte, Detlevs Imitationen ‹Grünspan›. Roman, Reinbek 1971.

Hubert Fichte, Die Palette. Roman, Reinbek 1968.

Hubert Fichte, Ich beiße Dich zum Abschied ganz zart. Briefe an Leonore Mau, hg. von Peter Braun, Frankfurt a. M. 2016.

Hubert Fichte, Interviews aus dem Palais d'Amour etc., Reinbek 1972.

Hans W. Fischer, Hamburger Kulturbilderbogen. Eine Kulturgeschichte 1909–1922, neu hg. und kommentiert von Kai-Uwe Scholz, Mathias Mainholz und Rüdiger Schütt, Hamburg 1998.

Ludwig Fischer, Klaas Jarchow, Horst Ohde und Hans-Gerd Winter (Hg.), «Dann waren die Sieger da». Studien zur literarischen Kultur in Hamburg 1945–1950, Hamburg 1999.

Daniel Frahm, Die Ringlinie. Hamburgs erste U-Bahn, in: Dirk Hempel und Ingrid Schröder (Hg.), Andocken. Hamburgs Kulturgeschichte 1848 bis 1933, Hamburg 2012, S. 205–218.

Jörg Friedrich, Der Brand. Deutschland im Bombenkrieg, München 2002.

Hans J. Fröhlich, Schubert, Frankfurt a. M. 1980.

Heinrich Garrn, Notzeiten – große Zeiten. Aus Hamburgs alten Tagen und jüngster Zeit, Hamburg 1894.

Martin Geck, Johannes Brahms, Reinbek 2013.

Martin Geck, Matthias Claudius. Biographie eines Unzeitgemäßen, München 2014.

Johannes Gerhardt, Albert Ballin, Hamburg 2009.

Michaela Giesing, Kräftefelder. Die Theaterszene, in: «Himmel auf Zeit». Die Kultur der 1920er Jahre in Hamburg, hg. von Dirk Hempel und Friederike Weimar, Neumünster 2010, S. 37–62.

Ralph Giordano, Die Bertinis. Roman, Hamburg 2009.

Johann Wolfgang von Goethe, Aus meinem Leben. Dichtung und Wahrheit, in: Goethes Werke, Band IX, Autobiographische Schriften 1, textkritisch durchgesehen von Lieselotte Blumenthal, kommentiert von Erich Trunz, München ^{11}1989.

Georges-Arthur Goldschmidt, Über die Flüsse. Autobiographie, aus dem Französischen übersetzt vom Verfasser, Zürich 2001.

Ernst H. Gombrich, Aby Warburg. Eine intellektuelle Biographie, aus dem Englischen von Mathias Fienbork, Hamburg 2012.

Erich August Greeven, Johann Joachim Christoph Bode. Ein Hamburger Übersetzer, Verleger und Drucker, in: Imprimatur 8 (1938), S. 113–127.

Gerhard Greß, Hamburg und seine Verkehrswege, Fürstenfeldbruck und Essen 2016.

Matthias Gretzschel, Kleine Hamburger Stadtgeschichte, Regensburg 2008.

Volker Griese, Detlev von Liliencron. Chronik eines Dichterlebens, Münster 2009.

Kurt Grobecker, Louis C. Jacob. Zwei Jahrhunderte Restaurant- und Hotel-Geschichte, Hamburg 1996.

Horst Gronemeyer, Friedrich von Hagedorn. Hamburgs vergessener Dichter, Hamburg 2008.

Inna Guodz, Steinernes Archiv: Kleine Geschichte des Friedhofs an der Königstraße, in: Verborgene Pracht. Der jüdische Friedhof Hamburg Altona – Aschkenasische Grabmale, hg. von Michael Brocke, Dresden 2009, S. 50–53.

Karl Gutzkow, Rückblicke auf mein Leben, Berlin 1875.

Literatur

Volker Hage (Hg.), Hamburg 1943. Literarische Zeugnisse zum Feuersturm, Frankfurt a. M. 2003.

Friedrich von Hagedorn, Poetische Werke, Dritter Theil, Hamburg 1760.

Carl Hagenbeck, Von Tieren und Menschen. Erlebnisse und Erfahrungen, Berlin 1909.

Hamburg. Von Altona bis Zollenspieker. Das Haspa-Handbuch für alle Stadtteile der Hansestadt, Hamburg 2002.

Hamburgs Vergangenheit und Gegenwart. Eine Sammlung von Ansichten, Hamburg 1896 [Reprint 1980].

Hans Harbeck, Hamburg, München 1930.

Peter Härtling, Leben lernen. Erinnerungen, Köln 2003.

Ivo Hauptmann, [Antwort auf die Umfrage «Merkur, von den Musen verhört»], in: Merian 9/XIV, 1961, Hamburg, S. 25.

Jan-Christoph Hauschild, «Schöne Wiege meiner Leiden», in: ders. (Hg.), Heinrich Heine. Doch Hamburg hat bessere Austern. Eine literarische Stadtrundfahrt, Hamburg 2014, S. 7–18.

Jan-Christoph Hauschild und Michael Werner, «Der Zweck des Lebens ist das Leben selbst». Heinrich Heine. Eine Biographie, Frankfurt a. M. 2005 [erstmals 1997].

Friedrich Hebbel, Sämtliche Werke, Historisch-kritische Ausgabe, besorgt von Richard Maria Werner, Band 10, Berlin 1904.

Friedrich Hebbel, Tagebücher, Neue historisch-kritische Ausgabe, Band 1: Text, hg. von Monika Ritzer, Berlin und Boston 2017.

Heinrich Heine, Atta Troll. Ein Sommernachtstraum. Deutschland. Ein Wintermärchen, Düsseldorfer Heine-Ausgabe, Band 4, bearbeitet von Winfried Woesler, Hamburg 1985.

Heinrich Heine, Aus den Memoiren des Herren von Schnabelewopski, in: ders., Historisch-kritische Gesamtausgabe der Werke, in Verbindung mit dem Heinrich-Heine-Institut hg. von Manfred Windfuhr, Band 5, Hamburg 1994.

Heinrich Heine, Deutschland. Ein Wintermährchen, in: ders., Historisch-kritische Gesamtausgabe der Werke, in Verbindung mit dem Heinrich-Heine-Institut hg. von Manfred Windfuhr, Band 4, hg. von Winfried Woesler, Hamburg 1985, S. 89–157.

Heinrich Heine, Säkularausgabe, Band 20, Briefe 1815–1831, bearbeitet von Fritz H. Eisner, Berlin und Paris 1970.

Carl Georg Heise, Persönliche Erinnerungen an Aby Warburg, hg. von Björn Biester und Hans-Michael Schäfer, Wiesbaden 2005.

Helmut Heißenbüttel, D'Alemberts Ende. Projekt 1, Stuttgart 1988.

Helmut Heißenbüttel, Kombinationen. Gedichte 1951–1954, Esslingen 1954.
Dirk Hempel und Friederike Weimar (Hg.), «Himmel auf Zeit». Die Kultur der 1920er Jahre in Hamburg, Neumünster 2010.
Dirk Hempel und Ingrid Schröder (Hg.), Andocken. Hamburgs Kulturgeschichte 1848 bis 1933, Hamburg 2012.
Johann Gottfried Herder, Zerstreute Blätter. Zweite Sammlung, Gotha 1786.
Jonas Ludwig von Heß, Hamburg topographisch, politisch und historisch beschrieben, Erster Theil, Hamburg ²1810.
Jonas Ludwig von Heß, Hamburg topographisch, politisch und historisch beschrieben, Zweiter Theil, Hamburg ²1811.
Jonas Ludwig von Heß, Hamburg, topographisch, politisch und historisch beschrieben, Dritter Theil, Hamburg ²1811.
Martin Hielscher, Antikult und Kulturpolitik. Hans Henny Jahnns Weg von Ugrino zur Freien Akademie der Künste, in: «Liebe, die im Abgrund Anker wirft». Autoren und literarisches Feld im Hamburg des 20. Jahrhunderts, hg. von Inge Stephan und Hans-Gerd Winter, Hamburg 1990, S. 252–276.
Kurt Hiller, Geistige Grundlagen eines schöpferischen Deutschlands der Zukunft, Hamburg und Stuttgart 1947.
Kurt Hiller, Leben gegen die Zeit [Logos], Reinbek 1969.
Hermann Hipp, Freie und Hansestadt Hamburg. Geschichte, Kultur und Stadtbaukunst an Elbe und Alster, Köln ³1996.
Erika Hirsch, Die Henry-Jones-Loge und jüdische Vereine, in: Ursula Wamser und Wilfried Weinke (Hg.), Jüdisches Leben am Grindel, Hamburg 1991, S. 64–78.
Erika Hirsch und Thomas Sparr (Hg.), Jüdisches Städtebild Hamburg, Frankfurt a. M. 1999.
Elisabeth Höpker-Herberg, Ida Dehmel 1870–1942. Ausstellung 14. Januar bis 27. Februar 1970, Hamburg 1970.
Elisabeth Höpker-Herberg, Ida Dehmel. Maklerin in rebus litterarum, in: «Liebe, die im Abgrund Anker wirft». Autoren und literarisches Feld im Hamburg des 20. Jahrhunderts, hg. von Inge Stephan und Hans-Gerd Winter, Hamburg 1990, S. 13–39.
Gabriele Hoffmann, Die Eisfestung. Hamburg im kalten Griff Napoleons, München 2012.
Paul Th. Hoffmann, Die Elbchaussee. Ihre Landsitze, Menschen und Schicksale, Hamburg ⁴1952.
Paul Th. Hoffmann, Mit dem Zeiger der Weltenuhr. Bilder und Erinnerungen. Hamburg 1949.

Literatur

Paul Th. Hoffmann, Neues Altona 1919–1929. Zehn Jahre Aufbau einer deutschen Großstadt, Band II, Jena 1930.
Gunter Hofmann, Marion Dönhoff. Die Gräfin, ihre Freunde und das andere Deutschland. Eine Biographie, München 2019.
Marione Ingram, Kriegskind. Eine jüdische Kindheit in Hamburg, hg. und übersetzt von Ulrike Sparr, München und Hamburg 2016.
Olaf Irlenkäuser und Stephan Samtleben, Hamburg. 69 Dichter und ihre Stadt, Hamburg 2006.
Rolf Italiaander, Akzente eines Lebens, Düsseldorf 1980.
Rolf Italiaander (Hg.), Herrliches Hamburg, Nachwort von Hans Henny Jahnn, Zeichnungen von Hans Leip, Hamburg 1957.
Hans Henny Jahnn, Briefe, zwei Bände, hg. von Ulrich Bitz, Jan Bürger, Sandra Hiemer und Sebastian Schulin, unter Mitarbeit von Uwe Schweikert, Hamburg 1994.
Hans Henny Jahnn, Dramen I, hg. von Ulrich Bitz, Hamburg 1988.
Hans Henny Jahnn, Dramen II, hg. von Uwe Schweikert, unter Mitarbeit von Ulrich Bitz, Jan Bürger und Sebastian Schulin, Hamburg 1993.
Hans Henny Jahnn, Fluß ohne Ufer. Roman in drei Teilen. Die Niederschrift des Gustav Anias Horn II, hg. von Uwe Schweikert, Hamburg 1992.
Hans Henny Jahnn, Frühe Schriften. Deutsche Jugend. Norwegisches Exil, hg. von Ulrich Bitz, unter Mitarbeit von Jan Bürger und Sebastian Schulin, Hamburg 1993.
Hans Henny Jahnn, Hamburger Ansprache 1946, mit einer Vorbemerkung von Sandra Hiemer, in: Sinn und Form 4/2015, S. 437–447.
Hans Henny Jahnn, Schriften zur Kunst, Literatur und Politik, zwei Bände, hg. von Ulrich Bitz und Uwe Schweikert, unter Mitarbeit von Sandra Hiemer und Werner Irro, Hamburg 1991.
Hans Henny Jahnn und Ernst Kreuder, Der Briefwechsel 1948–1959, hg. von Jan Bürger, Mainz 1995.
Horst Janssen, Hinkepott. Autobiographische Hüpferei in Briefen und Aufsätzen, Band I, Gifkendorf ³1988.
Horst Janssen, Johannes. Illustrierte Briefe. «Hinkepott II», Gifkendorf 1989.
Karl-Heinz Janßen, Die Zeit in der ZEIT. 50 Jahre einer Wochenzeitung, Berlin 1995.
Jennifer Jenkins, Provincial Modernity. Local Culture & Liberal Politics in Fin-de-Siècle Hamburg, Ithaca 2003.
Werner Jochmann und Hans-Dieter Loose (Hg.), Hamburg. Geschichte der Stadt und ihrer Bewohner, zwei Bände, Hamburg 1982 und 1986.

Anhang

Michael Joho, »Dies Haus soll unsere geistige Waffenschmiede sein« (August Bebel). 100 Jahre Hamburger Gewerkschaftshaus 1906–2006, Hamburg 2006.

Verena Joos, «Mutter Courage des Theaters». Ida Ehre, München 1999.

Eberhard Kändler, «O ihr Gräber der Todten! Warum lieget ihr nicht in blühenden Thalen beysammen?». Grabstätten der Hamburger Oberschicht in der ersten Hälfte des 19. Jahrhunderts, in: «Heil über dir, Hammonia». Hamburg im 19. Jahrhundert, hg. von Inge Stephan und Hans-Gerd Winter, Hamburg 1992, S. 199–232.

Franz Kafka, Der Verschollene. Roman, hg. von Jost Schillemeit, Frankfurt a. M. 1993.

Joachim Kersten, Arno Schmidt in Hamburg, Hamburg 2011.

Joachim Kersten und Friedrich Pfäfflin, Detlev von Liliencron entdeckt, gefeiert und gelesen von Karl Kraus, Göttingen 2016.

Imre Kertész, Der Betrachter. Aufzeichnungen 1991–2001, aus dem Ungarischen von Heike Flemming und Lacy Kornitzer, Reinbek 2016.

Harry Graf Kessler, Gesichter und Zeiten. Erinnerungen, Frankfurt a. M. 1962.

Bodo Kirchhoff, Dämmer und Aufruhr. Roman der frühen Jahre, Frankfurt a. M. 2018.

Eckart Kleßmann, Barthold Hinrich Brockes, Hamburg 2003.

Eckart Kleßmann, Geschichte der Stadt Hamburg, Hamburg ⁶1988.

Eckart Kleßmann, Hamburg. Ein Städte-Lesebuch, Frankfurt a. M. 1991.

Friedrich Gottlieb Klopstock, Briefe 1759–1766, Band 2: Apparat/Kommentar, hg. von Helmut Riege, Berlin und New York 2004.

Friedrich Gottlieb Klopstock, Briefe 1767–1772, Band I: Text, hg. von Klaus Hurlebusch, Berlin und New York 1989.

Friedrich Gottlieb Klopstock, Oden, Auswahl und Nachwort von Karl Ludwig Schneider, Stuttgart 1966.

Friedrich Gottlieb Klopstock, Oden, Band 1: Text, hg. von Horst Gronemeyer und Klaus Hurlebusch, Berlin und New York 2010.

Meta Klopstock, Es sind wunderliche Dinger, meine Briefe. Meta Klopstocks Briefwechsel mit Friedrich Gottlieb Klopstock und ihren Freunden 1751–1758, hg. von Franziska und Hermann Tiemann, München 1980.

Martin Kölbel (Hg.), Zwischen den Kriegen. Blätter gegen den Krieg. Eine Zeitschrift von Werner Riegel und Peter Rühmkorf, Göttingen 2019.

Gertrud Kolmar, Briefe, hg. von Johanna Woltmann, durchgesehen von Johanna Egger und Regina Nörtemann, Göttingen 2014.

Gertrud Kolmar, Das lyrische Werk. Gedichte 1927–1937, hg. von Regina Nörtemann, Göttingen 2003.

Literatur

Franklin Kopitzsch, Grundzüge einer Sozialgeschichte der Aufklärung in Hamburg und Altona, Hamburg 1982.
Matthias Kornemann, Johannes Brahms, Hamburg 2014.
Egbert Kossak, 1100 Jahre Stadtbild Hamburg. Mythos. Wirklichkeit. Visionen, München und Hamburg 2012.
Christian Kracht, Faserland. Roman, Köln 1997.
Joseph Kraus, Hans E. Nossack, München 1981.
Brigitte Kronauer, Favoriten. Aufsätze zur Literatur, Stuttgart 2010.
Brigitte Kronauer, Teufelsbrück. Roman, Stuttgart 2000.
Ulf Krüger, Star-Club Hamburg. Der bekannteste Beat-Club der Welt (13.04.1962–31.12.1969), Höfen 2010.
Ulf Krüger und Ortwin Pelc (Hg.), The Hamburg Sound. Beatles, Beat und Große Freiheit, Hamburg 2006.
Joseph Anton Kruse, Heinrich Heine. Leben und Werk in Texten und Bildern, Frankfurt a. M. 1983.
Haug von Kuenheim, Marion Dönhoff, Reinbek 1999.
Haug von Kuenheim und Theo Sommer (Hg.), Ein wenig betrübt, Ihre Marion. Marion Gräfin Dönhoff und Gerd Bucerius. Ein Briefwechsel aus fünf Jahrzehnten, Berlin 2003.
Else Lasker-Schüler, Gedichte 1902–1942, München 1986.
Hans Leip, Das Tanzrad oder Die Lust und Mühe eines Daseins. Frankfurt a. M. und Berlin 1979.
Gotthold Ephraim Lessing, Briefe in fünf Bänden, hg. von Franz Muncker. Erster Band: Briefe von Lessing aus den Jahren 1743–1771, Leipzig 1904.
Gotthold Ephraim Lessing, Briefe in fünf Bänden, hg. von Franz Muncker. Zweiter Band: Briefe von Lessing aus den Jahren 1772–1781, Leipzig 1907.
Gotthold Ephraim Lessing, Briefe in fünf Bänden, hg. von Franz Muncker. Dritter Band: Briefe an Lessing aus den Jahren 1746–1770, Leipzig 1904.
Gotthold Ephraim Lessing, Briefe von und an Lessing 1743–1770, hg. von Helmuth Kiesel unter Mitwirkung von Georg Braungart und Klaus Fischer, Frankfurt a. M. 1987.
Gotthold Ephraim Lessing, Gespräche nebst sonstigen Zeugnissen aus seinem Umgang, hg. von Flodoard von Biedermann, Berlin 1924.
Gotthold Ephraim Lessing, Hamburgische Dramaturgie, zwei Bände, Hamburg u. a. [1769].
Gotthold Ephraim Lessing, Meine liebste Madam. Briefwechsel mit Eva König 1770–1776, hg. Günter und Ursula Schulz, München 1979.
Lessings Werke in fünf Bänden (Bibliothek Deutscher Klassiker), vierter Band,

Anhang

Hamburgische Dramaturgie, ausgewählt von Karl Balser, Berlin und Weimar, ^{10}1988.

Emily J. Levine, Dreamland of Humanists. Warburg, Cassirer, Panofsky, and the Hamburg School, Chicago 2013.

Georg Christoph Lichtenberg, Briefwechsel, hg. von Ulrich Joost und Albrecht Schöne, Band I, 1765–1779, München 1983.

Alfred Lichtwark, Makartbouquet und Blumenstrauß, Berlin ^{2}1905.

Christian Liedtke und Sylvia Steckmest, Heinrich Heine in Hamburg, Halle 2014.

Ruth Liepman, Vielleicht ist Glück nicht nur Zufall. Erzählte Erinnerungen, Köln 1993.

Heinz Liepmann, Das Vaterland, Amsterdam 1933.

Heinz Liepmann, Hamburger Theater, in: Die Weltbühne 26, 20.5.1930, S. 764–767.

Heinz Liepmann, ... wird mit dem Tode bestraft, Zürich 1935 [Reprint Hildesheim 1986].

György Ligeti, Hamburg, in: ders., Gesammelte Schriften, hg. von Monika Lichtenfeld, Band 2, Mainz 2007, S. 57–61.

Detlev von Liliencron, Gedichte, hg. von Günter Heintz, Stuttgart 1981.

Detlev von Liliencron, Ausgewählte Briefe. Erster Band, hg. von Richard Dehmel, Berlin 1910.

Erik Lindner, Die Reemtsmas. Geschichte einer deutschen Unternehmerfamilie, Hamburg 2007.

Hans-Dieter Loose (Hg.), Gelehrte in Hamburg im 18. und 19. Jahrhundert, Hamburg 1976.

Ulrich Luckhardt, Die Sammlung des Hausmeisters Wilhelm Werner, Hamburg 2011.

Joachim Maass, Hamburger ist man ganz und gar, in: Merian 9/XIV, 1961, Hamburg, S. 3–7.

Mathias Mainholz, Rüdiger Schütt und Sabine Walter, Artist Royalist Anarchist. Das abenteuerliche Leben des Baron Detlev Freiherr von Liliencron 1844–1909, Herzberg 1994.

Klaus Mann, Briefe, hg. von Friedrich Albrecht, Berlin und Weimar 1988.

Klaus Mann, Der Wendepunkt. Ein Lebensbericht, Reinbek 2014.

Klaus Mann, Mephisto – Roman einer Karriere, München 1965.

Peter Martin, Schwarze Teufel, edle Mohren. Afrikaner in Bewußtsein und Geschichte der Deutschen, Hamburg 1993.

Johann Mattheson, Der musikalische Patriot, Hamburg 1728.

Literatur

Peter Merseburger, Rudolf Augstein. Biographie, München 2007.
Thomas Meyer, Ernst Cassirer, Hamburg 2006.
Frauke Meyer-Gosau, «Ich bin ein Augenblicksmensch». Von der Kunst der Wahrnehmung und der Laufbahn einer Schriftstellerin, vom Krieg und von Ostende. Eine Begegnung mit Brigitte Kronauer, der Büchnerpreisträgerin des Jahres 2005, in: Literaturen. Das Journal für Bücher und Themen, Nr. 10/Oktober 2005, S. 56–61.
Dirk Meyhöfer, Hamburg. Der Architekturführer, hg. von Markus Sebastian Braun, fotografiert von Jörn Hustedt, Salenstein und Berlin ²2009.
Dirk Meyhöfer und Franziska Gevert, Reclams Städteführer Architektur und Kunst Hamburg, Stuttgart 2015.
Karen Michels, Aby Warburg. Im Bannkreis der Ideen, hg. von Christian Olearius, mit einem Vorwort von Martin Warnke, München 2007.
Karen Michels, Sokrates in Pöseldorf. Erwin Panofskys Hamburger Jahre, Göttingen 2017.
Joachim Mischke, Hamburg Musik!, Hamburg 2008.
Barbara Müller-Wesemann, «Seid trotz der schweren Last stets heiter». Der Jüdische Kulturbund Hamburg (1934–1941), in: Ursula Wamser und Wilfried Weinke (Hg.), Jüdisches Leben am Grindel, Hamburg 1991, S. 135–144.
Barbara Müller-Wesemann, Theater als geistiger Widerstand. Der Jüdische Kulturbund in Hamburg 1934–1941, Stuttgart 1997.
Daniel Münzer, Kurt Hiller. Der Intellektuelle als Außenseiter, Göttingen 2015.
Walter Muschg, Gespräche mit Hans Henny Jahnn, Frankfurt a. M. 1967.
Rainer Nicolaysen, Glanzvoll und gefährdet. Über die Hamburger Universität in der Weimarer Republik, in: Dirk Hempel und Ingrid Schröder (Hg.), Andocken. Hamburgs Kulturgeschichte 1848–1933, Hamburg 2012, S. 114–131.
Hugh Barr Nisbet, Lessing. Eine Biographie, München 2008.
Mark Nixon und Dirk Van Hulle, German Fever. Beckett in Deutschland, Marbacher Magazin 158–159/2017, Marbach a. N. 2017.
Hans Erich Nossack, Begegnung im Vorraum. Erzählungen, Frankfurt a. M. 1963.
Hans Erich Nossack, Die Tagebücher 1943–1977, Frankfurt a. M. 1997.
Hans Erich Nossack, Dieser Andere. Ein Lesebuch mit Briefen, Gedichten, Prosa, hg. von Christof Schmid, Frankfurt a. M. 1976.
Hans Erich Nossack, Geben Sie bald wieder ein Lebenszeichen. Briefwechsel 1943–1956, hg. von Gabriele Söhling, Frankfurt a. M. 2001.
Hans Erich Nossack, Pseudoautobiographische Glossen, Frankfurt a. M. 1971.
Gustav Pauli, Erinnerungen aus sieben Jahrzehnten, Tübingen 1936.

Anhang

Ortwin Pelc, Hamburg. Die Stadt im 20. Jahrhundert, Hamburg 2002.
Ortwin Pelc (Hg.), Kriegsende in Hamburg. Eine Stadt erinnert sich, Hamburg 2005.
Hermann Peter Piwitt, Lebenszeichen mit 14 Nothelfern. Geschichten aus einem kurzen Leben, Göttingen 2014.
Volker Plagemann, Kunstgeschichte der Stadt Hamburg, Hamburg 1995.
Horst Pöttker, Meilenstein der Pressefreiheit – 50 Jahre «Spiegel»-Affäre, in: Aus Politik und Zeitgeschichte. Beilage zur Wochenzeitung Das Parlament, 62. Jg., H. 29–31, 2012, S. 39–46.
Roswitha Quadflieg, Beckett was here. Hamburg im Tagebuch Samuel Becketts von 1936. Mit einem Vorwort von Mark Nixon, Berlin 2014.
Paul Raabe, Eva König, Hamburg 2005.
Uwe Rada, Die Elbe. Europas Geschichte im Fluss, München 2013.
Fritz J. Raddatz, Heine. Ein deutsches Märchen, Hamburg 1977.
Fritz J. Raddatz, Tagebücher. Jahre 1982–2001, Reinbek 2010.
Siegbert Rampe, Carl Philipp Emanuel Bach und seine Zeit, Laaber 2014.
Siegbert Rampe, Georg Philipp Telemann und seine Zeit, Laaber 2017.
Hermann Rauhe, Von der ersten deutschen Bürgeroper bis zur Elbphilharmonie. Die Musikstadt Hamburg und ihr neues Wahrzeichen, Hamburg 2017.
Ulrich Raulff, Wilde Energien. Vier Versuche über Aby Warburg, Göttingen 2003.
Birgit Recki, Cassirer, Stuttgart 2013.
Jan Philipp Reemtsma, Lessing in Hamburg 1766–1770, München 2007.
Marcel Reich-Ranicki, Mein Leben, Stuttgart 1999.
Otto Reiner, Lessing als Verleger, in: Imprimatur I, Leipzig 1930, S. 18–26.
Stephan Reinhardt, Alfred Andersch. Eine Biographie, Zürich 1990.
Joachim Ringelnatz, Kuttel-Daddeldu. Mit 25 Zeichnungen von Karl Arnold, München 1923.
Joachim Ringelnatz, Mein Leben bis zum Kriege, Berlin 1931.
Bettina Röhl, So macht Kommunismus Spaß! Ulrike Meinhof, Klaus Rainer Röhl und die Akte KONKRET, München 2018.
Klaus Rainer Röhl, Fünf Finger sind keine Faust, mit einem Nachwort von Jochen Steffen, Köln 1975.
Peter Rühmkorf, Die Jahre die Ihr kennt. Anfälle und Erinnerungen, Werke 2, hg. von Wolfgang Rasch, Reinbek 1999.
Peter Rühmkorf, Einmalig wie wir alle, Reinbek 1989.
Peter Rühmkorf, In meinen Kopf passen viele Widersprüche. Über Kollegen, hg. von Susanne Fischer und Stephan Opitz, Göttingen 2012.

Literatur

Peter Rühmkorf, Kunststücke. Fünfzig Gedichte nebst einer Anleitung zum Widerspruch, Reinbek 1962.
Peter Rühmkorf, Lütt bei Lütt: Övelgönne, in: Merian, Hamburg, September 1972, S. 31–33.
Peter Rühmkorf, Strömungslehre I. Poesie, Reinbek 1978.
Peter Rühmkorf, Tabu I. Tagebücher 1989–1991, Reinbek 1995.
Peter Rühmkorf, Tabu II. Tagebücher 1971–1972, Reinbek 2004.
Peter Rühmkorf, Walther von der Vogelweide, Klopstock und ich, Reinbek 1975.
Peter Rühmkorf, Wolfgang Borchert, Reinbek [9]2007.
Peter Rühmkorf, Michael Naura und Wolfgang Schlüter, Phönix voran, Reinbek 1987.
Sigrid Schambach, Aus der Gegenwart in die Zukunft denken. Die Geschichte der Patriotischen Gesellschaft von 1765, Hamburg 2004.
Rocko Schamoni, Große Freiheit. Roman, München 2019.
Rosa Schapire, Maler der Brücke. Farbige Kartengrüße an Rosa Schapire von Erich Heckel, Ernst Ludwig Kirchner, Max Pechstein, Karl Schmidt-Rottluff, Wiesbaden 1958.
Karin Schick (Hg.), Anita Rée. Retrospektive [Katalog], im Auftrag der Hamburger Kunsthalle, München 2017.
Gustav Schiefler, Eine Hamburgische Kulturgeschichte 1890–1920. Beobachtungen eines Zeitgenossen, bearbeitet von Gerhard Ahrens, Hans Wilhelm Eckardt und Renate Hauschild-Thiessen, Hamburg 1985.
Axel Schildt, Die Grindelhochhäuser. Eine Sozialgeschichte der ersten deutschen Wohnhochhausanlage Hamburg-Grindelberg 1945–1956, Hamburg 2007.
Schmidt von Lübeck, Lieder, hg. von Heinrich C. Schumacher, Altona 1826.
Percy Ernst Schramm, Hamburg, Deutschland und die Welt, Hamburg [2]1952.
Dieter Schröder, Augstein, München 2004.
Dorothea Schröder, Carl Philipp Emanuel Bach, Hamburg [2]2014.
C. H. D. Schubart, Idee zu einer Aesthetik der Tonkunst, hg. von Ludwig Schubart, Stuttgart 1839.
Rüdiger Schütt, Bohemiens und Biedermänner. Die Hamburger Gruppe 1925 bis 1931, Hamburg 1996.
Rüdiger Schütt (Hg.), Zwischen den Kriegen. Werner Riegel, Klaus Rainer Röhl und Peter Rühmkorf – Briefwechsel mit Kurt Hiller 1953–1971, mit einem Nachwort von Peter Rühmkorf und Erinnerungen von Klaus Rainer Röhl, München 2009.

Ulrich Schulte-Wülwer, Ernst Eitner 1867–1955. Leben und Werk des Hamburger Impressionisten, Fischerhude 2017.

Fritz Schumacher, Selbstgespräche. Erinnerungen und Betrachtungen, Hamburg 1949.

Fritz Schumacher, Stufen des Lebens. Erinnerungen eines Baumeisters, Stuttgart 1949.

Robert Schumann, Neue Bahnen, in: Neue Zeitschrift für Musik, Leipzig, Band 39, Nr. 18, 28.10.1853, S. 185 f.

Peter Sloterdijk, Weltanschauungsessayistik und Zeitdiagnostik, in: Literatur der Weimarer Republik 1918–1933, hg. von Bernhard Weyergraf, München 1995, S. 309–339.

Gabriele Söhling, Hans Erich Nossack, Hamburg 2003.

Theo Sommer, Hamburg. Weltstadt im Wellengang der Zeiten, mit einem Geleitwort von Helmut Schmidt, Hamburg 2004.

Heinrich Spiero, Detlev von Liliencron. Sein Leben und seine Werke, Berlin und Leipzig 1913.

Philipp Spitta, Johann Sebastian Bach. Erster Band, Leipzig 1873.

Holmer Stahncke, Altona. Geschichte einer Stadt, Hamburg 2014.

Sylvia Steckmest, Salomon Heine – Bankier und Philantrop, in: Stadt und Zivilgesellschaft. 250 Jahre Patriotische Gesellschaft von 1765 für Hamburg. Geschichte – Gegenwart – Perspektiven, hg. von Sigrid Schambach, Göttingen 2015, S. 94 f.

Heinrich Stegemann (Hg.), Malerei und Plastik in Deutschland 1936, Hamburg Kunstverein [Ausstellungskatalog], Hamburg 1936.

Inge Stephan und Hans-Gerd Winter (Hg.), «Heil über dir, Hammonia». Hamburg im 19. Jahrhundert, Hamburg 1992.

Andrea Stoll, Ingeborg Bachmann. Der dunkle Glanz der Freiheit. Biografie, München 2013.

Heinz Strunk, Der goldene Handschuh. Roman, Hamburg 2016.

Michael Studemund-Halévy, Unter jedem Grabstein liegt eine Weltgeschichte. Der Portugiesenfriedhof an der Königstraße als Welterbe-Kandidat der UNESCO, in: Inge Gotzmann (Hg.), Friedhöfe in Deutschland – Kulturerbe entdecken und gestalten. Beiträge der Tagung «Historische Friedhöfe in Deutschland» am 12. und 13. Juni 2015 in Kassel (Museum für Sepulkralkultur) sowie ergänzende Beiträge, Bonn 2015, S. 127–136.

Michael Studemund-Halévy und Gaby Zürn, Zerstört die Erinnerung nicht. Der jüdische Friedhof Königstraße in Hamburg, Hamburg und München ^{2}2004.

Literatur

Margarete Susman, Ich habe viele Leben gelebt. Erinnerungen, Stuttgart 1964.
Max Tau, Das Land, das ich verlassen mußte, Hamburg 1961.
Yoko Tawada, Überseezungen, Tübingen 2006.
Helmuth Thomsen (Hg.), Hamburg, München ²1963.
Uwe Timm, Am Beispiel meines Bruders, Köln 2003.
Uwe Timm, Die Entdeckung der Currywurst. Novelle, Köln 1993.
Uwe Timm, Von Anfang und Ende. Über die Lesbarkeit der Welt. Frankfurter Poetikvorlesungen, Köln 2009.
Michael Töteberg und Volker Reissmann, Mach dir ein paar schöne Stunden. Das Hamburger Kinobuch, Bremen 2008.
Christoph Twickel (Hg.), Läden, Schuppen, Kaschemmen. Eine Hamburger Popkulturgeschichte, Hamburg 2003.
Gert Ueding, Hoffmann und Campe. Ein deutscher Verlag, Hamburg 1981.
Carolin Vogel, Das Dehmelhaus in Blankenese. Künstlerhaus zwischen Erinnern und Vergessen, Hamburg 2019.
Matthias Wegner, Aber die Liebe. Der Lebenstraum der Ida Dehmel, München 2002.
Matthias Wegner, Hanseaten. Von stolzen Bürgern und schönen Legenden, Berlin 1999.
Matthias Wegner (Hg.), Ja, in Hamburg bin ich gewesen. Dichter in Hamburg, Hamburg 2000.
Wilfried Weinke, Ich werde vielleicht später einmal Einfluß zu gewinnen suchen ... Der Schriftsteller und Journalist Heinz Liepman (1905–1966) – Eine biographische Rekonstruktion, Göttingen 2017.
Rainer-Maria Weiss (Hg.), Hammaburg. Wie alles begann, Hamburg 2016.
Rainer-Maria Weiss und Anne Klamt (Hg.), Mythos Hammaburg. Archäologische Entdeckungen zu den Anfängen Hamburgs, Hamburg 2014.
Susanne Wiborg, Albert Ballin, Hamburg ⁴2013.
Susanne Wittek, «So muss ich fortan das Band als gelöst ansehen». Ernst Cassirers Hamburger Jahre 1919–1933, Göttingen 2019.
Indina Woesthoff, «Der glückliche Mensch». Gustav Schiefler (1857–1935). Sammler, Dilettant und Kunstfreund, Hamburg 1996.
Elsbeth Wolffheim, Hans Henny Jahnn, Reinbek 1989.
Mathilde Wolff-Mönckeberg, Briefe, die sie nicht erreichten. Briefe einer Mutter an ihre fernen Kinder in den Jahren 1940–1946, Hamburg 1980.
Gabriele Zürn, Die Altonaer jüdische Gemeinde (1611–1873). Ritus und soziale Institutionen des Todes im Wandel, Hamburg 2001.

Anhang

Online-Quellen, zum Teil unveröffentlichte Quellen aus der Staats- und Universitätsbibliothek Hamburg Carl von Ossietzky (SUB), dem Deutschen Literaturarchiv Marbach (DLA) sowie aus Zeitungen werden in den Anmerkungen nachgewiesen.

Hundert Bücher zum Weiterlesen – eine Auswahl von Romanen, Erzählungen, Erinnerungen und Gedichten aus und über Hamburg

Jürgen Abel, Robert Galitz, Wolfgang Schömel bzw. Jürgen Abel und Antje Flemming (Hg.), Hamburger Jahrbuch für Literatur. Ziegel, Nr. 1–16, Hamburg 1992–2019.
Stefan Beuse, Das Buch der Wunder. Roman, Hamburg 2017.
Stefan Beuse, Gebrauchsanweisung für Hamburg, München 2001.
Mirko Bonné, Der junge Fordt. Roman, Köln 1999.
Mirko Bonné, Wimpern und Asche. Gedichte, Frankfurt a. M. 2018.
Simone Buchholz, Revolverherz. Ein Hamburg-Krimi, München 2008.
Simone Buchholz, Blaue Nacht. Kriminalroman, Berlin 2016.
John le Carré, Marionetten. Roman, aus dem Englischen von Sabine Roth und Regina Rawlinson, Berlin 2008.
Daniel Dubbe, Jungfernstieg oder die Schüchternheit. Roman, Augsburg 2010.
Karen Duve, Taxi. Roman, Frankfurt a. M. 2008.
Per Olov Enquist, Der Besuch des Leibarztes, aus dem Schwedischen von Wolfgang Butt, München 2001.
Hans Fallada, Wer einmal aus dem Blechnapf frißt. Roman, Berlin 1934.
Hubert Fichte, Versuch über die Pubertät. Roman, Hamburg 1974.
Gorch Fock, Seefahrt ist not! Roman, Hamburg 1913.
Ilse Frapan, Bescheidene Liebesgeschichten. Hamburger Novellen, Hamburg 1888.
Ilse Frapan, Zwischen Elbe und Alster. Hamburger Novellen, Berlin 1890.
Gerd Fuchs, Die Auswanderer. Roman, Hamburg 2003.
Christian Geissler, Kamalatta. Romanfragment, Berlin 1988.
Matthias Göritz, Loops. Gedichte, Graz 2001.
Georges-Arthur Goldschmidt, Die Schreibspanne. Hamburger Poetikvorlesungen 1995, mit einem Nachwort von Jan Bürger, Marbach a. N. 2013.
Georges-Arthur Goldschmidt, Vom Nachexil, Göttingen 2020.

Norbert Gstrein, Handwerk des Tötens. Roman, Frankfurt a. M. 2003.
Anna Katharina Hahn, Sommerloch. Erzählungen, Hamburg 2000.
Ulla Hahn, Gesammelte Gedichte, München 2013.
Ulla Hahn, Spiel der Zeit. Roman, München 2014.
Nino Haratischwili, Das achte Leben (Für Brilka). Roman, Frankfurt a. M. 2014.
Geno Hartlaub, Der Mond hat Durst. Erzählung, Hamburg 1963.
Geno Hartlaub, Muriel. Roman, München 1985.
Wolfgang Hegewald, Lexikon des Lebens, Berlin 2017.
Finn-Ole Heinrich, Räuberhände. Roman, Hamburg 2007.
Joachim Helfer, Cohn & König. Roman, Frankfurt a. M. 1998.
Patricia Highsmith, Ripley's Game oder Der amerikanische Freund. Roman, aus dem Amerikanischen von Matthias Jendis, Zürich 1977.
Hans Henny Jahnn, Liebe ist Quatsch. Briefe an Ellinor, hg. von Jan Bürger und Sandra Hiemer, Hamburg 2014.
Otmar Jenner, Sarajevo Safari. Roman, Köln 1998.
Marcus Jensen, Oberland. Roman, Frankfurt a. M. 2004.
Sarah Khan, Gogo-Girl. Roman, Reinbek 1999.
Karen Köhler, Wir haben Raketen geangelt. Erzählungen, München 2014.
Brigitte Kronauer, Das Schöne, Schäbige, Schwankende. Romangeschichten, Stuttgart 2019.
Brigitte Kronauer, Die gemusterte Nacht. Erzählungen, Stuttgart 1981.
Brigitte Kronauer, Die Tricks der Diva. Geschichten, Stuttgart 2004.
Hans Leip, Der Nigger auf Scharhörn, Hamburg 1927.
Hans Leip, Der Pfuhl. Roman, München 1923.
Hans Leip, Godekes Knecht. Roman, Leipzig u. a. 1925.
Hans Leip, Jan Himp und die kleine Brise. Roman, Hamburg 1934.
Siegfried Lenz, Arnes Nachlaß. Roman, Hamburg 1999.
Siegfried Lenz, Leute von Hamburg, Hamburg 1968.
Siegfried Lenz, Der Mann im Strom. Roman, Hamburg 1957.
Edgar Maass, Das große Feuer. Roman, Hamburg 1950.
Joachim Maass, Die unwiederbringliche Zeit. Roman, Berlin 1935.
Macht – organisierte Literatur, Hamburg 2002.
Hans-Jürgen Massaquoi, Hänschen klein, ging allein. Mein Weg in die Neue Welt, aus dem Amerikanischen von Ulrike Wasel und Klaus Timmermann, Frankfurt a. M. 2004.
Hans-Jürgen Massaquoi, Neger, Neger, Schornsteinfeger! Meine Kindheit in Deutschland, aus dem Amerikanischen von Ulrike Wasel und Klaus Timmermann, Bern 1999.

Hundert Bücher zum Weiterlesen

Gerhard Neumann, Splittergelächter. Lyrik und Prosa aus dem Nachlaß, Aachen 2005.
Hans Erich Nossack, Spätestens im November. Roman, Frankfurt a. M. 1955.
Hans Erich Nossack, Spirale. Roman einer schlaflosen Nacht, Frankfurt a. M. 1956.
Sabine Peters, Feuerfreund. Roman, Göttingen 2010.
Sabine Peters, Narrengarten. Roman, Göttingen 2013.
Hermann Peter Piwitt, Drei Freunde. Erzählungen, Göttingen 2017.
Hermann Peter Piwitt, Ein unversöhnlich sanftes Ende. Roman, Reinbek 1998.
Hermann Peter Piwitt, Steinzeit. Notate zur Nacht 1989 bis 2002, Hannover 2003.
Matthias Politycki, Weiberroman. Historisch-kritische Gesamtausgabe, München 1997.
Matthias Politycki, Sämtliche Gedichte 2017–1987, mit einem Nachwort von Wolfgang Frühwald, Hamburg 2018.
Jan Philipp Reemtsma, Im Keller, Hamburg 1997.
Sven Regener, Magical Mystery oder: Die Rückkehr des Karl Schmidt. Roman, Berlin 2013.
Hendrik Rost, Das Liebesleben der Stimmen. Gedichte, Göttingen 2016.
Peter Rühmkorf, Sämtliche Gedichte, hg. von Bernd Rauschenbach, Reinbek 2016.
Schuldt, Hamburgische Schule des Lebens und der Arbeit. Die vergehende Vergangenheit, Berlin 2019.
Frank Schulz, Onno Viets und der Irre vom Kiez. Roman, Berlin 2012.
Frank Schulz, Kolks blonde Bräute. Eine Art Heimatroman, Zürich 1991.
Frank Schulz, Morbus fonticuli oder die Sehnsucht des Laien. Roman, Frankfurt am Main 2002.
Paul Schurek, Die brennende Stadt. Erzählung, Hamburg 1926.
Farhad Showghi, Ende des Stadtplans. Gedichte, Basel 2003.
Farhad Showghi, Wolkenflug spielt Zerreißprobe. Gedichte, Berlin 2017.
Max Sidow und Cornelius Witt (Hg.), Hamburger Anthologie. Lyrik der letzten fünfzig Jahre, Hamburg 1965.
Saša Stanišić, Vor dem Fest. Roman, München 2014.
Saša Stanišić, Herkunft, München 2019.
Yoko Tawada, Ein Balkonplatz für flüchtige Abende, Tübingen 2016.
Uwe Timm, Heißer Sommer. Roman, München u. a. 1974.
Tina Uebel, Last Exit Volksdorf. Roman, München 2011.
Regula Venske, Die alphabetische Autorin, Graz und Wien 1997.

Anhang

Regula Venske, Der Bajazzo. Kriminalroman, Frankfurt a. M. 2009.
Michael Weins, Goldener Reiter. Roman, Reinbek 2002.
Wolf Wondratschek, Einer von der Straße. Roman, München 1991.
Ulf Erdmann Ziegler, Hamburger Hochbahn. Roman, Göttingen 2007.
Arnold Zweig, Das Beil von Wandsbek. Roman, Stockholm 1947.

Dank

Im Laufe der Arbeit ist mir immer bewusster geworden, wie stark mich die Museen, Bibliotheken, Archive, die Universität Hamburg und viele andere kulturelle Institutionen der Stadt seit meiner Kindheit geprägt haben. All diesen Institutionen, die oft unter schwierigen Bedingungen arbeiten, sei dieses Buch gewidmet, insbesondere der Staats- und Universitätsbibliothek Carl von Ossietzky mit ihren Spezialsammlungen für Handschriften und Hamburgensien, den Hamburger Bücherhallen, der Hamburger Kunsthalle, dem Museum für Hamburgische Geschichte, dem Museum für Kunst und Gewerbe sowie dem Altonaer Museum, der Laeiszhalle (für mich noch immer die Musikhalle), der Fabrik, dem Literaturhaus, der Freien Akademie der Künste, den Orchestern, Theatern, Clubs und dem Norddeutschen Rundfunk.

Ein Buch wie das vorliegende wäre ohne zahlreiche Hinweise, Tipps, Verbesserungsvorschläge und Hilfestellungen von Freunden, Angehörigen und Kollegen undenkbar. Deshalb sei an dieser Stelle folgenden Personen stellvertretend für viele besonders gedankt: Jürgen Abel, Mark Emanuel Amtstätter, Lisa Breitsameter, Ulrich von Bülow, Dietrich Bürger, Moritz und Nicolas Bürger, Daniel Graf, Karin Graf, Franziska Günther, Michael Hahn†, Jakob Hessing, Martin Hielscher, Sandra Hiemer, Joachim Kersten, Chris Korner, Ulrich Raulff, Sandra Richter, Farhad Showghi, Carolin Vogel, Tanja Warter, Ulrike Wegner, Meike G. Werner, Katharina von Wilucki und natürlich Anna Katharina Hahn.

Bildnachweis

S. 17, 24, 67, 131, Tafel 1: Stiftung Historische Museen Hamburg, Museum für Hamburgische Geschichte

S. 22, 55, 62, 91, 188: Museum für Kunst und Gewerbe Hamburg

S. 28: Photographenatelier Gebr. Dransfeld, 1924 | Wikimedia Commons

S. 32: © bpk | Staatsbibliothek zu Berlin | Ruth Schacht

S. 41, 237: Deutsches Literaturarchiv Marbach

S. 49, 135, 156, 245, 284, 290, 297, Tafel 2: Staats- und Universitätsbibliothek Hamburg Carl von Ossietzky

S. 68: Münchner Stadtmuseum

S. 73: © bpk | Hamburger Kunsthalle | Christoph Irrgang

S. 74: Atelier Schaul, nach Ortwin Pelc, Hamburg. Die Stadt im 20. Jahrhundert, Hamburg 2002

S. 81: © akg-images | picture-alliance | dpa

S. 96, Tafel 10: Wikimedia Commons

S. 104, 242: © bpk

S. 106, Tafel 5: Staatsarchiv Hamburg

S. 108: © bpk | Hans Brunswig

S. 111: © Rosemarie Clausen künstlerischer Nachlass GBR – All rights reserved | Deutsches Literaturarchiv Marbach

S. 120, 160, 233, 307: Jan Bürger, Stuttgart

S. 129: © Bildarchiv Pisarek | akg-images

S. 149: Harvard Map Collection | Johannes Mejer, 1651

S. 165: Sammlung Maike Bruhns, Hamburg

S. 186: © Rosemarie Clausen künstlerischer Nachlass GBR – All rights reserved

S. 206: Library of Congress, Washington, D. C.

S. 208: © Alfred Strobel | Süddeutsche Zeitung Photo

S. 216: © bpk | Germin

S. 219: © bpk | S. Fischer Stiftung | Leonore Mau

S. 261: Deutsches Literaturarchiv Marbach | Foto: Christoph Derschau

Bildnachweis

S. 269: Matthias Claudius, Sämmtliche Werke des Wandsbecker Bothen, I. und II. Teil, Hamburg 1775

S. 272: Deutsches Literaturarchiv Marbach | Foto: Chris Korner

S. 304: Stiftung Historische Museen Hamburg, Museum der Arbeit | Foto: Hermann Tiede, 1957

Tafel 3: © bpk | Das Gleimhaus, Halberstadt | Ulrich Schrader

Tafel 4: Herzog August Bibliothek Wolfenbüttel: B78

Tafel 6, 7, 8, 9: © bpk | Hamburger Kunsthalle | Elke Walford

Tafel 11: Stiftung Historische Museen Hamburg, Altonaer Museum, Inv.-Nr. 1934–146

Tafel 12: Hauptkirche St. Jacobi, Hamburg | Foto: Nicolai Stephan

Vorsatz: Library of Congress, Washington, D.C. | Zeit: Zwischen 1890 und 1900

Nachsatz: Hamburger Verkehrsverbund GmbH

Namenregister

Ackermann, Konrad Ernst 48–50
Adenauer, Konrad 84, 88 f.
Adler, Friedrich 162
Adolf III. von Schauenburg, Graf 77
Ahlers, Conrad 88
Ahlers-Hestermann, Friedrich 194 f.
Aichinger, Ilse 203
Albers, Hans 16, 176, 207, 306
Albert, Fritz 132 f.
Anders, Richard 283
Andersch, Alfred 98, 132 f.
Andersen, Hans Christian 19–21
Andersen, Lale 114, 157
Andreas-Salomé, Lou 290
Ansgar, Benediktinermönch, Heiliger 76
Arnould, Georg 242
Artaud, Antonin 256
Asmus, Dieter 271, 273
Assmann, Jan 123
Atlantis (Band) 276
Auerbach, Leopold 291
Augstein, Rudolf 82 f., 85–89, 267
Aust, Stefan 266
Averdieck, Elise 23

Bab, Julius 295
Bach, Carl Philipp Emanuel 29, 31–37, 43, 46, 64, 190
Bach, Johann Sebastian 29–31, 69

Bach, Johann Philipp 32
Bachmann, Ingeborg 203
Baedeker, Walther 294
Baker, Chet 276
Ballin, Albert 92, 176–178, 211, 306
Banco, Alma del 196, 293
Bargheer, Eduard 201
Barlach, Ernst 183, 199, 296
Bartling, Frank 141
Baumbauer, Frank 188
Baumgart, Reinhard 267
The Beatles (Band) 214–217
Beauvoir, Simone de 291
Bebel, August 178
Beckett, Samuel 136, 201, 287
Beckmann, Max 198
Beginner (Band) 277
Beier, Karin 188
Beneckendorff, Wolf von 185
Benn, Gottfried 37, 264
Berghaus, Ruth 189
Berlioz, Hector 248
Bernstorff, Johann Hartwig Ernst Graf von 43, 45
Bertram, Meister 190
Best, Pete 214
Bierbaum, Otto Julius 239 f., 244
Biermann, Wolf 98 f., 169, 261, 276
Binding, Rudolf G. 144 f.
Binswanger, Ludwig 122

Namenregister

Biow, Hermann 15, 24
Bissinger, Manfred 266
Blumenberg, Hans 180 f.
Blumfeld (Band) 276
Blunck, Hans Friedrich 164, 229
Böckenhauer, Arthur 152
Bode, Johann Joachim Christoph 34, 53 f., 59 f., 63, 69, 80
Bohrer, Karl Heinz 267
Bölsche, Wilhelm 295
Bonnard, Pierre 190
Bonsels, Waldemar 295
Borchert, Wolfgang 17, 107–111, 113, 133, 135, 265, 273, 306
Börne, Ludwig 142
Böttger, Gottfried 275
Brahms, Johann Jakob 247, 306
Brahms, Johannes 246–248
Brauer, Max 228 f., 235, 280, 283
Brecht, Bertolt 168, 183, 264
Bredel, Willi 275, 309 f.
Breitbach, Joseph 161
Brinckmann, Justus 192
Broch, Hermann 283
Brockes, Barthold Heinrich 178–182, 189, 265
Brod, Max 168
Brunner, Constantin 237
Buber, Martin 136
Bucerius, Gerd 79 f., 84, 86
Budge, Henry und Emma 151–154
Bülow, Bernhard von 279
Bundsen, Jes 72 f., Tafel 11
Burckhardt, Carl Jacob 81
Bürger, Peter 73
Burroughs, William S. 189
Büsch, Johann Georg 43, 46, 64, 80, 265, 279

Cage, John 155
Campe, Julius 142
Carlebach, Joseph 130, 136
Caruso, Enrico 151
Cassirer, Ernst 121–125, 128–130, 167
Cassirer, Paul 286
Cassirer, Toni 122, 126, 129, 168
Celan, Paul 203
Ceram, C. W. (Kurt Wilhelm Marek) 306
Charles, Ray 217
Chateauneuf, Alexis de 307
Cherry, Don 157 f.
Christian IV., König von Dänemark 233
Christian VII., König von Dänemark 231
Claassen, Eugen 99
Claudel, Paul 296
Claudius, Hermann 229
Claudius, Matthias 34–37, 39, 268–270, 312
Coleman, Ornette 158, 276
Corinth, Lovis 190
Cossel, Otto Friedrich Willibald 247
Cramer, Johann H. 54

Danzel, Theodor-Wilhelm 124
Davidson, Willy 165
Davis, Miles 157, 275
Davoût, Louis-Nicolas 14, 223, 250
Delay, Jan (Jan Philipp Eißfeldt) 276
Dehmel, Ida 195, 239, 288–299
Dehmel, Richard 239 f., 243, 245 f., 288–300
Deluxe, Samy (Samy Sorge) 276
Deschner, Karlheinz 283, 302

Anhang

Deutsch, Ernst 185
Diederichsen, Diedrich 266
Dietrich, Horst 274 f.
Dix, Otto 198
Döblin, Alfred 37, 168
Dönhoff, Marion Gräfin 80 f., 85, 88
Douala-Bell, Alexander 210
Drascher, Lisi 141
Dultz, Hinrich 236
Durand, René 219 f.

Ehre, Ida 134, 307
Eichendorff, Joseph von 68 f.
Einstein, Albert 311
Eitner, Ernst 12 f., 195, 306, Tafel 1
Ekhof, Conrad 50
Engel, Semmy 130
Enzensberger, Hans Magnus 107
Eppendorfer, Hans 172
Erhardt, Heinz 306
Ernst zu Holstein-Schaumburg, Graf 230
Ernst, Otto 237, 248
Eschenburg, Johann Joachim 66
Eulenberg, Herbert 296
Evans, Richard J. 240 f.

Falke, Gertrud 163
Falke, Gustav 163, 237, 244
Falke, Ursula 163
Fascher, Horst 214, 216 f.
Feininger, Lyonel 198
Fest, Joachim 267
Feuerbach, Ludwig 42
Fichte, Hubert 98, 172, 184, 218–220, 266–268, 279, 284, 307 f.
Filter, Emma Mina 209
Fischer, Hans W. 119, 163 f., 284, 297

Flimm, Jürgen 188
Flitner, Wilhelm 279
Fontane, Theodor 36
Forsmann, Franz Gustav Joachim 75
Förster-Nietzsche, Elisabeth 239
Francke, Meister 190
Freud, Martha und Sigmund 117
Friedheim, Ernst 130
Friedrich V., König von Dänemark 38
Friedrich, Caspar David 148
Frisé, Adolf 99
Fröhlich, Hans Jürgen 283

Gan, Peter (Richard Moering) 306
Garrn, Heinrich 242
Geissler, Christian 266
Geissler, Hermann 313–315
Gentleman (Tilmann Otto) 277
George, Stefan 296
Gérard, Alexander 26
Gerke, Friedrich Clemens 258
Germin (Gerd Mingram) 216
Gerstenberg, Heinrich Wilhelm von 34 f., 39, 54
Gertberg, Hans 159
Gillespie, Dizzy 157
Ginsberg, Allen 157, 218, 261
Giordano, Ralph 280
Gleim, Johann Wilhelm Ludwig 52 f., 60
Glikl bas Judah Leib 231 f.
Gobert, Boy 188
Godeffroy, Johan Cesar IV 280
Goebbels, Joseph 79, 153
Goethe, Johann Wolfgang von 50, 140, 187
Goldschmidt, Georges-Arthur 116

Namenregister

Gorski, Peter 186
Goverts, Henry 306
Grass, Günter 106, 267
Grignard, Ferre 218
Grimm, Willem 201
Groothoff, Hugo 175
Groth, Klaus 246 f.
Grün, Clemens 221 f.
Gründgens, Gustaf 25, 163, 185–187, 307
Gruntz, George 157
Gutzkow, Karl 142, 251, 259
Gzuz (Kristoffer Klauß) 277

Haden, Charlie 159
Hagedorn, Friedrich von 69, 143 f.
Hagen, Nina 276
Hagenbeck, Carl 16, 225 f., 306
Haley, Bill 214, 217
Haller, Martin 90, 92, 151
Hamann, Hilde und Paul 196
Hancock, Herbie 275
Händel, Georg Friedrich 48
Hansen, Christian Frederik 235 f., 280
Hansen, Johann Matthias 235
Harbeck, Hans 162, 164, 182 f., 199, 208 f., 213
Harms, Gottlieb 29, 166
Harms, Sibylle 282
Harris, Arthur 100
Harrison, George 214
Härtling, Peter 137–142
Hasenclever, Walter 183
Hauptmann, Gerhart 205, 239, 296
Hauptmann, Ivo 161, 189 f., 196
Haydn, Joseph 143
Hebbel, Friedrich 5, 23, 40, 142, 144

Hebebrand, Werner 285, 306
Hegewisch, Helga 267
Heine, Amalie 254–256
Heine, Heinrich 41–43, 142, 250 f., 253–256, 258, 260, 262 f., 265, 268
Heine, Salomon 250–253, 257
Heine, Samson 255
Heißenbüttel, Helmut 137–142
Heitmann, Johann Joachim 30
Hendrix, Jimi 217
Hensel, Sophie Friederike 50
Henze, Hans Werner 155
Herder, Johann Gottfried von 35, 55, 179, 180
Herrmann, Kai 222
Herschel, Olga 294
Hertz, Heinrich 306
Herzog, Jacques 19, 27, 316
Heß, Jonas Ludwig von 61, 223, 228, 247
Heuer, Wilhelm 67
Heyde, Bernhard 134
Hiller, Kurt 265, 301–305
Himmler, Heinrich 134
Hindemith, Paul 151
Hitler, Adolf 79 f., 85, 98, 101 f., 110, 152, 170, 185, 193, 202, 293
Hofer, Karl 198, 302
Hoffmann, E. T. A. 248
Hoffmann, Käthe 234
Hoffmann, Paul Theodor 169 f., 209, 228–230, 234, 282, 296
Hoffmann von Fallersleben, August Heinrich 142 f.
Hofmann, Werner 190
Höger, Fritz 27 f., 92, 164, 313–315
Hudtwalcker, Heinrich C. 286 f.
Hudtwalcker, Johann Michael 38

Ian & The Zodiacs (Band) 218
Ibsen, Henrik 205
Illies, Arthur 195
Ingram, Marione 17, 101, 168
Italiaander, Rolf 283, 285

Jacob, Daniel Louis 279
Jäger, Georg und Herbert 284
Jahnn, Ellinor 156, 165 f.
Jahnn, Hans Henny 25 f., 29, 58, 73 f., 155 f., 161, 164, 166, 184, 187, 197–199, 205–207, 210, 224, 265, 270, 279, 281–288, 302–304, 315, Tafel 8
Jahr, John 82
Janssen, Horst 15 f., 267, 270
Jarnach, Philipp 154
Jarrett, Keith 159
Jawlensky, Alexej von 198
Jiménez-Berroa, José Manuel 210
Jöde, Fritz 302
Jud, Felix 141 f.

Kabel, Heidi 173, 279
Kafka, Franz 111, 155, 204, 210, 256
Kaiser, Georg 183
Kalckreuth, Leopold von Tafel 6
Kallmorgen, Werner 27, 89 f., 141, 188
Kant, Immanuel 128
Kasack, Hermann 101 f., 105
Kaschnitz, Marie Luise 99
Kästner, Erich 88
Kaufmann, Karl 78, 152 f.
Keiser, Reinhard 48
Keller, Karl Joseph 146
Kepler, Johannes 128

Kerr, Alfred 203, 278, 306
Kertész, Imre 110, 112
Kessler, Harry Graf 239
Khan, Chaka 276
Kickstat, Paul 288
Kickstat-Wülfken, Martha 288
King, B. B. 276
Kirch, August 229
Kirchherr, Astrid 215 f.
Kirchhoff, Bodo 97
Kirchner, Ernst Ludwig 198, 287
Kirsten, Pauline 150
Kleist, Heinrich von 36
Klopstock, Friedrich Gottlieb 17, 33–35, 37–46, 54, 64, 69, 143, 179, 250, 252, 258, 261, 263, 265, 268, 279, Tafel 2
Klopstock, Meta (geb. Moller) 37–39, 43 f., 65
Kluth, Karl 161, 196, 198, 201, 287
Koch, Robert 242
Köhler, Wolfgang «Wolli» 172, 219
Kolmar, Gertrud (Gertrud Chodziesner) 146 f.
König, Engelbert 64
König, Eva 44, 58, 64, Tafel 4
Koppmann, Georg 22, 68, 206
Kortner, Fritz 185
Koschmider, Bruno 214 f.
Kracht, Christian 221
Kraus, Karl 239
Kreuder, Ernst 283
Krogmann, Carl Vincent 78, 198
Kronauer, Brigitte 17, 266, 271–273, 279
Krug, Heinrich 178
Kubrick, Stanley 154
Kühn, Joachim 276

Namenregister

Lachmann, Hedwig 295
Laeisz, Sophie und Carl 32 f.
Landahl, Heinrich 166 f.
Landauer, Gustav 290
Lange, Helene 167
Langmaack, Gerhard 127
Lasker-Schüler, Else 289
Lederer, Hugo 203
Ledig-Rowohlt, Heinrich Maria 267
Lehmann, Wilhelm 209
Leibniz, Gottfried Wilhelm 180
Leip, Hans 113 f., 162 f., 264
Lennon, John 214 f., 291
Lenz, Siegfried 143, 271
Leonardo da Vinci 93
Lessing, Gotthold Ephraim 17, 34–37, 44, 47, 49–66, 69 f., 80, 259, Tafel 3
Lewis, Jerry Lee 217
Lichtenberg, Georg Christoph 44, 66, 69
Lichtwark, Alfred 13, 71, 179 f., 189–192, 199 f., 278, 295, 307, Tafel 6
Liebermann, Max 189 f., 192, 195, 278 f., 296, Tafel 7
Liebermann, Rolf 155–159
Liepmann, Heinz 152, 167 f., 184 f., 202 f., 213, 310 f.
Ligeti, György 154 f., 161
Liliencron, Detlev von 235–237, 239–241, 243, 245 f., 248–250, 262 f., 265, 291, 299
Lindenberg, Udo 16, 176, 237 f., 275 f.
Liszt, Franz 248
Littmann, Corny 221 f.
Löhndorf, Henriette 240 f., 245

Lorenzo, Giovanni di 77
Löwen, Johann Friedrich 48–52
Löwengard, Kurt 196
Ludwig der Fromme, Kaiser 76
Luhn, Joachim 316, Tafel 12
Lütkens, Peter 47

Maack, Johann Hermann 150
Mahler, Alma 296
Makeba, Miriam 276
Manga Bell, Andrea 209 f.
Manga Bell, Andrea Tüke Ekedi 210
Mann, Erika 185
Mann, Heinrich 209, 168
Mann, Klaus 109, 112, 185, 201 f.
Mann, Thomas 209, 239, 296
Manthey, Jürgen 265 f.
Marcks, Gerhard 302
Marko, Jana 26 f.
Marquet, Albert 190
Marxsen, Eduard 247
Mattheson, Johann 30
Mau, Leonore 279
McCartney, Paul 214 f.
Meinhof, Ulrike 266, 268
Melle, Werner von 117–119
Messiaen, Olivier 158 f.
Metheny, Pat 159
Meuron, Pierre de 19, 27, 316
Meyer, Franz Andreas 20
Meyer-Ottens, Otto 305
Mingus, Charles 276
Mombert, Alfred 296
Mönckeberg, Johann Georg 92
Motian, Paul 159
Munch, Edvard 286 f.
Musil, Robert 283

Anhang

Nagel, Ivan 187
Napoleon Bonaparte 14
Naura, Michael 159, 260
Nicolai, Friedrich 35, 54
Nielsen, Asta 185
Nielsen, Jens C. 168
Nietzsche, Friedrich 239
Nissen, Peter Norman 99
Nocht, Bernhard 306
Nono, Luigi 155
Nossack, Gabriele 102, 156, 301
Nossack, Hans Erich 20, 101–108, 113–115, 156, 158, 161, 203–205, 209, 283, 286, 301, 306

Oelsner, Gustav 161, 229, 283
Ohm, Wilhelm 305
Olden, James F. 134
Ono, Yoko 291
Orlik, Emil 295
Ossietzky, Carl von 145
Otto V. von Schauenburg, Graf 235

Panofsky, Erwin 121, 124, 193
Parnass, Peggy 265
Paul, Adolf 246
Pauli, Gustav 123, 190–196, 291 f.
Paulsen, Elisabeth 295
Petersen, Carl Friedrich 192
Petersen, Carl Wilhelm 166 f.
Peiffer, Engelbert 77
Piwitt, Hermann Peter 13, 266
Plange, Georg 252
Przybyszewski, Stanisław 246, 296
Pyritz, Hans 139, 264

Quadflieg, Will 186 f.
Quinn, Freddy 207

Raddatz, Fritz J. 89, 172, 253 f., 267
Rathenau, Walther 290
Rée, Anita 194–197, 293, 296, 307, 314 f., Tafel 9, Tafel 10
Reemtsma, Jan Philipp 53, 296
Rehburg, Elise 240
Reich-Ranicki, Marcel 267 f.
Reimarus, Hermann Samuel 46
Reimarus, Johann Albrecht Heinrich 47
Reincken, Johann Adam 30, 47
Reinhardt, Max 296
Reiser, Rio (Ralph Christian Möbius) 276
Rennert, Günther 160
Riegel, Werner 265, 303
Rihm, Wolfgang 26, 29
Rilke, Rainer Maria 239
Ringelnatz, Joachim (Hans Bötticher) 90, 211, 224–228, 265
Röbbeling, Hermann 183 f.
Robinsohn, Hans 167
Röhl, Klaus Rainer 265 f., 303 f.
Rosenberg, Alfred 139
Ross, Erwin 217
Rowohlt, Ernst 266
Rühmkorf, Eva 41, 260, 263 f., 267
Rühmkorf, Peter 17, 40 f., 106, 133, 180 f., 260–268, 270, 283, 303 f.
Runge, Philipp Otto 148, 190, 307
Ruwoldt, Hans Martin 201

Sartre, Jean-Paul 103 f., 291
Saxl, Fritz 124–127

Namenregister

Schamoni, Rocko
 (Tobias Albrecht) 219
Schaper, Fritz 55 f.
Schapire, Rosa 136, 287, 293
Scherer, Orgelbauerfamilie 281
Schiefler, Gustav 190, 239, 286
Schimmelmann, Heinrich Carl von 269 f.
Schlemmer, Oskar 198
Schlüter, Wolfgang 260
Schmidt, Arno 99 f., 176, 180 f., 265
Schmidt, Charlotta Henriette 65
Schmidt von Lübeck, Georg Philipp 238, 253
Schmidt, Heinz 303
Schmidt, Helmut 77 f., 84, 284, 306
Schmidt, Johann Friedrich 63
Schmidt, Johanna Christiana 63 f.
Schmidt, Loki 284
Schmidt-Rottluff, Karl 136, 198
Schmitt, Carl 85
Schnabel, Ernst 133, 203
Schneider-Lengyel, Ilse 204
Schnitger, Arp 29, 281
Schnittke, Alfred 154
Schnitzler, Arthur 239
Schoeps, Hans Joachim 136
Schönberg, Arnold 289
Schopenhauer, Arthur 175
Schott, Gerhard 47
Schreiber, Armin 271
Schröder, Friedrich Ludwig 34, 65
Schröder, Wilhelm 178
Schubart, Christian Friedrich Daniel 33, 35
Schubert, Franz 238, 253
Schultz, Walter Detlef 305

Schulz, Lavinia 178
Schumacher, Fritz 56, 75, 117 f., 121, 191, 194, 202, 289 f., 292 f., 307, 313, 315 f.
Schumann, Clara und Robert 248
Scott, George Gilbert 94
Seghers, Anna 166, 168
Semper, Gottfried 94 f.
Sethe, Christian 254, 256, 258
Sheridan, Tony 214–216, 306
Shorter, Wayne 276
Sibelius, Jean 289
Siebelist, Arthur 195, 197
Siemers, Edmund J. A. 117, 119
Silva-Bruhns, Julia da 209
Simmenauer, Sonia 131–133
Simone, Nina 276
Slevogt, Max 192
Smith, Bessie 157 f.
Sommer, Theo 210
Sonnin, Ernst Georg 28, 46
Spender, Stephen 97
Spitteler, Carl 296
Springer, Axel 86
Starr, Ringo 214, 217
Stegemann, Heinrich 196–199, 286 f., Tafel 8
Stegemann, Ingeborg 199
Steinhagen, Heinrich 195
Stern, William 120, 129 f.
Sterne, Laurence 70
Stockhausen, Karlheinz 155
Stolterfoht, Greta 139, 141 f.
Storm, Theodor 36
Strauß, Franz Josef 83 f., 86–89
Strauss, Richard 289, 295
Strindberg, August 187, 246, 290
Struensee, Johann Friedrich 231

Susman, Margarete 270 f.
Sutcliffe, Stuart 214–216
Suttner, Bertha von 246
Szymanowski, Karol 289

Tau, Max 129 f.
Tawada, Yoko 222 f., 264, 277
Telemann, Georg Philipp 29–33, 47, 68 f.
Theodorakis, Mikis 276
Timm, Karl Heinz 311 f.
Timm, Uwe 173 f., 176, 311 f.
Toller, Ernst 183
Trede, Yngve Jan 283
Tucholsky, Kurt 168, 239
Tüngel, Richard 80, 85 f.
Turner, William 71

U2 (Band) 276

Valckenburgh, Johan van 148 f.
Venske, Henning 266
Vincent, Gene 217
Voght, Caspar 279
Voigt, Rudolf 293
Vollmer, Jürgen 215
Voormann, Klaus 215
Voß, Johann Heinrich 265, 279
Vuillard, Édouard 190

Wallraff, Günter 266
Walther von der Vogelweide 261

Warburg, Aby 121–128, 130, 193, 195, 306
Warburg, Max Moritz 134
Warburg, Moritz M. 130
Warhol, Andy 219
Webber, Andrew Lloyd 221
Weber, Gerhard 160
Webern, Anton 289
Wedekind, Frank 183
Weiss, Rainer-Maria 76
Weissleder, Manfred 216 f.
Werner, Wilhelm 194, 196
Werner, Zacharias 238
Wigman, Mary 163
Wilhelm II., Kaiser 171, 177
Wilkening, Otto 313–315
Wilson, Robert 157, 189
Wimmel, Carl Ludwig 75, 150
Winthem, Johann Martin von 46
Woermann, Adolph und Carl 210
Wohlwill, Gretchen 196, 201
Wolf, Johann Christian und Johann Christoph 61
Wolff, Christian 180
Wolfskehl, Karl 293, 296
Wunderlich, Paul 267

Zadek, Peter 188
Zawinul, Joe 276
Zeuner, Friedhelm 274
Ziegel, Erich 178, 182 f., 185–187, 302, 307
Zuckmayer, Carl 107, 133